中西文化纵横论（修订版）

Longitudinal and Transverse Theories on the Chinese and Western Cultures

张忠利 著

天津大学出版社
TIANJIN UNIVERSITY PRESS

内容提要

本书从总论文化的角度，探讨了中西文化的成因与起源，重点论述了中国文化的历史发展阶段——先秦诸子文化、两汉经学文化、魏晋玄学文化、隋唐佛学文化、宋明理学文化、明清实学文化与西方文化的发展阶段——西方古典文化、中世纪基督教文化、文艺复兴时期的文化、近代启蒙文化、现代人文主义文化、现代科学主义文化，考察了西学东渐与东学西传，进而概括了中西文化的特质并对中西文化进行了比较。

本书适合文、史、哲等专业的本科生、研究生、教师及广大文化爱好者阅读参考。

图书在版编目(CIP)数据

中西文化纵横论(修订版)/张忠利著.—天津:天津大学出版社，2002.4(2024.1重印)

ISBN 978-7-5618-1575-5

Ⅰ.中…　Ⅱ.张…　Ⅲ.比较文化—中国、西方国家　Ⅳ.G04

中国版本图书馆CIP数据核字(2002)第018248号

出版发行	天津大学出版社
地　　址	天津市卫津路92号天津大学内(邮编:300072)
电　　话	发行部:022-27403647
网　　址	www.tjupress.com.cn
印　　刷	天津泰宇印务有限公司
经　　销	全国各地新华书店
开　　本	710mm×1010mm　1/16
印　　张	18.25
字　　数	406千
版　　次	2008年8月第2版
印　　次	2024年1月第17次
定　　价	45.00元

序

文化是人类所独具的一种精神现象，作为一种符号系统，它构成了人与动物的本质区别，它以人类为载体，是人类的一种属性，与人类共存亡。可以说，文化是人类精神的主体设计者与承担者，是人类自我意识的最高凝聚。只有学习研究文化产生、发展的过程，掌握文化产生、发展的规律，才能发现人的奥秘，真正地了解人本身。故此，文化成为所有脑力劳动者的终极关怀。

在谈及任何一种文化时，人们首要关注的是宗教、哲学与科学三大领域。一种文化的本质和类型，都可以以蕴藏于其中的宗教观念、哲学观念和科学观念来加以界定。宗教、哲学、科学的产生与发展都离不开人的存在。人是宇宙中最独特的存在物，这种独特存在集中表现为人具有二重性，也就是说，人既是肉体存在、躯体存在、生物存在、感性存在、经验存在、自然存在、物质存在，又是灵魂存在、精神存在、社会存在、理性存在、天使存在、思维存在。人们关注前者，对其进行探寻，对这种探寻的过程及其结果进行知识性计算，导致了自然科学的产生与发展，研究人的物理运动是物理学，研究人的生命运动是生理学，等等。这种探究使用的是定量分析、逻辑分析的方法，以追求结论的确定性、唯一性、严密性、缜密性、客观性，也就是达到结论与研究对象的吻合。这其中允许有误差，但误差必须在合理的范围之内，否则即为错误，错误则是自然科学研究所不允许的。自然科学研究追求的最高境界是真，真就是主观与客观相符合。人们关注后者，对其进行探寻，导致了宗教的产生与发展。宗教关注人的灵魂，贱视肉体，其目的是净化灵魂、升华人生，其使用的是定性研究的方法。宗教追求的最高境界是善，善就是行为与客观真理相符合。正统的宗教如基督教、佛教、伊斯兰教等都训导人们弃恶从善、止恶行善，即在于此。人自身存在的两种属性导致了自然科学、宗教两种学问的产生与发展。如果没有第三种学问作为中介、桥梁，这两种学问是平行发展、没有交叉的。哲学将人自身存在的两种属性结合起来进行研究，这样哲学从研究对象上就将自然科学与宗教联系起来了。哲学研究既使用定量分析研究方法，也使用定性分析研究方法。在追求的最高境界上，哲学与自然科学、宗教都有明显的不同，哲学是将自然科学追求的真与宗教追求的善结合起来，而将真与善结合起来的感性形象则是美，真、善、美的统一是哲学追求的最高境界，真、善、美的统一是人所具有的一种精神境界、精神意境。哲学与人生的关系就如同菩萨与庙的关系一样，庙之所以为庙，在于其中供奉着菩萨，如果将菩萨移走，就是一座普通的房子，而不是庙。人生之所以为人生，在于任何人都有对真、善、美的追求，都有哲学修养。当然，哲学修养因人的学识不同而有差异，学识高的人，哲学修养高，反之则低。若没有了真、善、美，没有了哲学修养，人生即变成了畜生，从这个角度来说，哲学是随着人类的产生而产生的，是随着人类的发展而发展的，是与人类共始终的。

在上面的分析中我们看到，哲学是介于自然科学和宗教之间的一门学问，它既不能归于自然科学，也不能归于宗教，否则它就没有独立存在的必要。任何一种哲学学说，其中都有科学的成分与宗教的成分，也就是说它具有科学性和意识形态性两个特点。在不同的时期，哲学与自然科学、宗教的关系是不一样的。在古代、中世纪甚至近代前期，由于自然科学不发达，宗教兴盛，哲学与宗教的关系更为密切，出现了宗教哲学流派，如西方中世纪的基督教哲学。从近代后期至现在，由于自然科学的发达、技术的进步，哲学与自然科学的关系尤为密切，出现了科学哲学流派，如西方库恩的科学范式理论与波普的证伪主义学说。人类历史无论如何发展，自然科学、宗教、哲学三门学问都会永远各自独立存在和发展的，原因在于自然科学只能解决真的问题而不能解决善与美的问题，宗教只能解决善的问题而不能解决真与美的问题，唯有哲学能解决真、善、美的统一问题，而真、善、美的统一是人类的终极关怀。

宗教信仰、哲学假设、科学实证是科学发现的一般模式。宗教、哲学、科学在中西方文化中的表现是显著不同的，三者在西方文化中得到了长期的、系统的、典型的发展，而在中国传统文化中没有得到充分的发展，由此奠定了中西文化的本质区别。

在西方文化发展史上，柏拉图做出了开创性的贡献，他首倡主客二分的思维方式，将世界分为现象世界与理念世界，认为现象世界是人的日常生活世界，理念世界远离人的日常生活世界，两者之间横着一条不可逾越的鸿沟。日常生活世界是变动不拘的，是不完满的，当然生活于其中的人也是不完满的，人与现象世界有待于完满；而理念世界是完满的，是人与现象世界追求的目标，人与现象世界要以理念世界为楷模完善自己。实际上，柏拉图是将理念世界看作人的认识对象与加强自身修养的价值目标，人对理念世界进行寻求并对这种寻求过程及其结果进行知识性计算，其结果即是科学的产生，西方文化的科学精神由此诞生。可以说，柏拉图是“开辟自然研究、挺立科学主体”。人们以理念世界为价值目标，不断完善自己以接近理念世界，则是人文精神的产生，可以说柏拉图又“开辟人文研究，挺立道德主体”。西方文化的科学精神与人文精神由柏拉图开创后，得到了一贯的赓续。亚里士多德在柏拉图学说的基础上研究自然界、社会和思维问题，在物理学、哲学、逻辑学、法学、政治学、思维科学等领域都取得了重大的成就，成为历史上著名的有神论者、自然科学家与社会科学家，被恩格斯誉为“百科全书式的学者”。在其思想中，宗教、哲学、科学是并行不悖的。他的“第一推动力”属于宗教领域，而哲学是沟通其科学领域与宗教领域的中介。他是一个典型的有神论者、哲学家与科学家，他的“第一推动力”则是引导后来的科学家们不断探索自然奥秘的一种信仰。基督教《圣经》则是在托勒密的地球中心说与柏拉图的两个世界学说的基础上产生的。《圣经》将世界分为地狱与天堂，实际上是现象世界与理念世界的另一种表述。人在现实生活中，生老病死都是痛苦的，人要摆脱现世的痛苦，灵魂进入天堂，就要不断按上帝的标准要求自己，净化灵魂，实际上就是在弘扬人文精神；而人们对天堂的寻求，客观上是对远离人们日常生活的自然界的寻求，这种寻求在客观上是对科学精神的发展。所以说，基督教在西方文化的科学精神与人文精神的发展上占有举足轻重的地位。牛顿是近代欧洲科学家中最具有代表性的人物，享有“现代科学之父”、“世界上最伟大的哲学家”、“近代科学的象征”等美誉。他对宗教、哲学、科学的执着追求与辉煌的知识成就，为自然科学的发展做出了巨大的贡献。他的研究领域覆盖数学、力学、光学及神学。他认为：上帝是唯一的主宰，而且无时不在、无处不在，它是《圣经》与自然两部“书”的作者，上帝要通过自然原因采取行动，支配万物，而且这种支配方式是有规律的；神学思想与科学思想是紧密相联系的，是一个有机的整体，其中一个领域的智慧可以启迪另一个领域的智慧。上帝是万物主宰者的形象推动牛顿去研究大自然，上帝按照某种规律创造的世界可以通过科学研究予以证明的信念激发牛顿去进行各种实验与研究。故而，人能够体验上帝的本质成为牛顿“实验哲学”的动力。牛顿通过科学与宗教的相互影响，实现了用数学描述自然真理的方法，并建立起近似于经典几何的严格的物理学（自然哲学）知识体系。18世纪德国著名的数学家、哲学家伊曼努尔·康德在探讨自然、社会、思维问题时，承袭了柏拉图、亚里士多德、《圣经》、牛顿的世界二分法，他认为世界有现象世界与自在之物世界之分，作为人所在的现象世界是科学认识的对象，是已知世界、科学世界；而自在之物世界是人的认识达不到的，人的认识是有限度的，只能及于现象世界；上帝、至善存在于自在之物世界，对于自在之物世界人们只能信仰，自在之物世界是信仰的对象，是宗教世界。人们在现象世界不断地追求自在之物世界，这种追求过程一如既往地发展着西方文化中的两大精神——科学精神与人文精神。

爱因斯坦的相对论是通过宗教信仰、哲学假设与科学实证这一科学发现的模式来创立的。他在30岁之前创立了广义相对论和狭义相对论，在此之前，他重演了前人所创立的科学成果，站在了科学世界的最前沿，此时他的研究视野超越了已知世界，转向了未知世界、宗教世界。在这一过程中，他借助于哲学做出了关于未知世界的假设，将后来的相对论作为一种哲学假设提了出来，通过哲学世界将宗教世界与科学世界联系起来。而后，他通过科学实证证明了这种哲学假设与客观世界的本来面目及其规律相符合，哲学假设即变成了科学的理论，相对论得以创立，科学世界向前推进了，宗教世界向后退却了，哲学作为由科学世界向宗教世界推进的桥梁，又开始承担起新的假设的任务。由此可见，科学世界、哲学世界、宗教世界是并行的，三者并不矛盾。在科学已经占领的领域，没有宗教的位置；在宗教统治的世界里，科学是缺失的。宗教信徒、哲学家、科学家是可以完美地结合在一个人身上的，只是这样的人需要隔一定的历史周期才能出现，即"五百年有圣人兴"。

杨振宁先生对陈省身先生推崇备至，其称赞陈省身先生"不但是划时代的贡献，也是十分美妙的构想"。他在《赞陈氏级》云：天衣岂无缝，匠心剪接成。浑然归一体，广邃妙绝伦。造化爱几何，四力纤维能。千古寸心事，欧高黎嘉陈。他是以此赞叹陈先生在几何学上的历史性的贡献。我们可以对此略作变通，来肯定柏拉图、亚里士多德、牛顿、康德、爱因斯坦等在人类知识进化史上的贡献，即：天衣岂无缝，匠心剪接成。浑然归一体，广邃妙绝伦。前定于学术，知识即力量。千古寸心事，柏亚牛康爱。柏亚牛康爱作为集科学、哲学、宗教（神学）造诣于一身的、具有划时代影响的学界巨擘，他们在事实判断（科学）与价值判断（哲学、宗教或神学）领域都取得伟大成就，为人类实现科学技术与价值关怀的统一、工具理性与价值理性的统一提供了正确的范式，因而，他们真正代表了"千古寸心事"。笔者以中西学进而通俗表达为：盘古天地开，理一分殊来。千古寸心事，柏亚牛康爱。学术有周期，先达已出彩。为我之物外，后昆继续猜。

柏拉图所开创的主客二分的思维方式及世界的两分法，使得西方文化具备了产生科学、民主的文化基因，在具备了这种先天条件的基础上，后来的科学家、思想家们不断地将自然界从现实生活中孤立出去，使其存在得到彰显，使其成为人们认识和改造的对象。西方人在对自然界进行探索的过程中，不断强化对自然界的知识性计算，并将这种计算的惯性应用到处理人与人的关系、人与群体的关系、人与社会的关系上，从而产生了民主。这样，科学与民主成为西方文化的核心内容，科学与民主铸就了西方文化的本质。

中国古代所谓的"学问"不是关于自然的纯知识，而是关于如何安身立命的伦理道德信条和如何治国平天下的经世致用之学。也就是说，伦理道德与治国之术构成了中国传统文化的核心。各学派与经典书籍都以探讨这两个问题为主。《大学》提倡："大学之道，在明明德，在亲民，在止于至善。""古之欲明明德于天下者，先治其国，欲治其国者，先齐其家，欲齐其家者，先修其身，欲修其身者，先正其心，欲正其心者，先诚其意，欲诚其意者，先致其知，致知在格物，物格而后知至，知至而后意诚，意诚而后心正，心正而后身修，身修而后家齐，家齐而后国治，国治而后天下平，自天子以至于庶人一是皆以修身为本。”这著名的“三纲领八条目”奠定了中国传统文化的基本框架。儒家主张:“太上立德,其次立功,其次立言”;“为天地立心,为生民立命,为往圣继绝学,为万世开太平。”这种“内圣外王”之道就是由伦理道德修养着手开拓出事功。宋代宰相赵普曾说“手执半部《论语》治天下”,是强调儒家学说的一半内容是教人如何治国平天下的,而另一半内容则是治国平天下的前提条件——如何诚意、正心、修身的伦理道德问题。中国国学侧重治国方面的实用技艺的探讨,儒学被称为儒术,道家学说被称为君人南面之术,法家学说则被称为法术等等。

“盛世修书,易代修史”是中国人的传统。前者如宋代的《太平御览》、明代的《永乐大典》、清代的《四库全书》。后者则表现为卷帙浩繁的史书。一般来说,在前一个朝代灭亡之后,即起的朝代都要对其建立、发展、衰亡的过程进行历史描述,总结其经验教训,为后人所借鉴,以达到“读史明智”的目的。这样在中国漫长的历史长河中,出现了《二十四史》(而后又有《清史稿》《中华民国史》等)。中国史书作为国学的重要组成部分,从一个侧面验证了中国传统文化是非常注重治国平天下的经世致用之学的。

古代许多书籍的名称就体现出其核心内容,如《大学》讲大学之道,即是讲治国之道。东汉思想家荀悦的《申鉴》意为重申历史经验,供皇帝借鉴,就是总结历史上治国安邦的经验教训,使当政者做到前事不忘,后事之师。宋代政治家、文学家司马光的《资治通鉴》开宗明义地指出,本书的目的是为治国者提供治国之道。明末清初的思想家黄宗羲著有《明夷待访录》,“明夷”是《周易》六十四卦中的一卦,是指日落地中,喻贤才不遇明主。黄宗羲生于明朝衰亡、清贵族问鼎中原与绾毂华夏之际,他出于汉族的立场,曾组织义军奋力抵抗清军铁骑,在失败之后,隐而著述。在武王伐纣纣王自焚之后,纣王大臣箕子隐居起来,武王求贤若渴,拜请箕子出山襄助,箕子为武王讲述《洪范·九畴》,即为讲述治国方略。此时黄宗羲以箕子自比,希望能像箕子一样,能襄助当政者治国安邦,成就伟业,遂写下了《明夷待访录》。由此,治国安邦问题就成为《明夷待访录》关注的首要问题,经世致用成为《明夷待访录》的核心内容就是很自然的了。

中国国学以伦理道德和经世致用为主体内容,就在于中国传统文化是以主客不分、主客合一的思维方式建立、发展起来的。这种主客混沌一体的思维方式没有将自然界分离出去,与人的日常生活世界对立起来,并作为认识和改造的对象加以彰显,也就是说,在中国国学中,没有世界的两分法,没有成熟的宗教、系统的哲学、典型的科学建立发展的文化基因,进而使得宗教、哲学、科学没有成为中国国学的主体内容。《论语》作为中国传统文化的奠基人孔子的言行记录,我们从中找不出有代表性的宗教观念、哲学观念和科学观念。他的学生问他死之后如何,他回答说:“未知生,焉知死!”对于学生问如何事鬼,他答道:“未能事人,焉能事鬼!”《论语》中说:“子不语怪力乱神”;“敬鬼神而远之”。所以,孔子具有无神论倾向。没有了宗教观念,哲学观念就可想而知了,黑格尔在《哲学史讲演录》中说:孔子是一个世间智者派,在他那里一点思辨哲学也没有。后人以“世事洞明皆学问,人情练达即文章”来解读中国传统文化和中国人,即是基于此点。没有成熟的宗教观念、哲学观念,科学观念在中国传统文化中只能处于末流。在博大精深的中国传统文化中,我们能找到的科学与技术内容只有勾股定理、祖冲率、四大发明等寥寥几项,这些与西方的科学和技术是无法相颉颃的。科学与民主是一脉相承的,民主是以科学为基础的,中国传统文化中也是缺乏民主的。

可以说,科学与民主在中国是先天不足,后天多难。先天不足是指中国传统文化中缺乏产生科学、民主的文化基因。后天多难是指在鸦片战争之后,中国在社会动荡中开始移植、学习西方文化中的科学与民主。社会的动荡使得学习西方科学、民主历经磨难,成效甚微。在20世纪70年代末期开启的新一轮的中西文化交流,使得中国文化走上了发展科学、民主的康庄大道。

这篇序言,为我们学习、研究中西文化提供了思路。

作者序于天津市中海御湖瀚苑鮚蝦斋

公元2014年端午节

目　　录

1 文　化

1.1 文化的概念

1.1.1 界定文化的必要性

多年以来，人们热衷于有关文化问题的探讨和论争。“文化”一词的随意使用，常常引起思想和论述的混乱。文化是什么？中外学者感到茫然，而且难以一言蔽之。正如罗威勒(A. Lawrence Lowell)所言：“……我被托付一项困难的工作，就是谈文化。但是，在这个世界上，没有别的东西比文化更难捉摸。我们不能分析它，因为它的成分无穷无尽；我们不能叙述它，因为它没有固定形状。我们想用文字来界定它的意义，这正像要把空气抓在手里似的。当我们去寻找文化时，除了不在我们手里以外，它无所不在。”①

在近代人类学史上，“文化”一词最早于 1871 年由英国人类学家泰勒使用，德文中则始于 1793 年。19 世纪到 20 世纪初叶，人们所谈文化正如克鲁伯等人类学家所说，只能算是似是而非的历史重现。在中国，有些人士将“历史”与“文化”随意地联系在一起，并且染以“道统”和“理学”色彩，也是属于这一类。这也许是志在恢复正在激变中的原有文化，而不是认知文化。要认知文化，最好是阅读以研究文化为专业的人的研究成果。要想接近这些成果，最好是先知道他们对于文化所下的定义。

显然，要了解文化，所需触及的方面极其广泛。从历史、文学、艺术、宗教、制度到科学和工业，无一不包含在文化之内。因此，要了解文化，不可不从了解文化的众多方面着手。但是，就所要达到的目的而论，不需要触及这么广，也不可能触及这么广。

---

① Quoted from A. L. Kroeber and Clyde Kluckhohn. Culture, a Critical Review of Concepts and Definitions. 1952.

而只需知道文化人类学或社会学所论及的关于文化之最基本的部分，就可回答“文化是什么”。

关于近代中国文化问题论争，从大学士倭仁于 1867 年上书同治皇帝的奏折算起，到现在已一百多年。在长久的论争中，有传统主义者的回向源头论，有中体西用论，有本位文化论，还有全盘西化论，可谓五花八门、种类繁多。在频繁的论争中，大家都忙着各抒己见，或者抨击对方。然而，如前所述，关于文化究竟是什么这个基本问题，却很少有人把它弄清楚到一个足够的程度。这正是近代中国文化问题之一。围绕近代中国文化问题的论争，许多论点之所以相左，最重要的原因有三种：第一，各方态度和基本出发点不同；第二，不讲究；第三，认知不清楚。如果一个人的态度和基本出发点与别人不同，而且他的逻辑推演程序又不对，那么他所发的议论会与别人不同。有的人一谈到中国文化，便像中国人提到自己的父亲似的，有意无意地把父亲意象化，对之有无穷的爱慕和敬仰。因此，如果你对中国文化作批评所得结论有不利于文化尊严的部分，即使你所作的批评是极有根据的，他也不能接受，甚至冒火。与此相反，有些人士一提到中国文化，认为系万恶之源，务必扫除尽净而后快。还有些人士则以做和事老为己任，两边的议论都舍弃一部分，又都抓住一部分，糅合在一起。这些态度和基本出发点的不同，正是由于各方的性格、情感生活和价值观念不同所致。这些因素的构成非一朝一夕。因此，在讨论时，要其改变态度和基本出发点，除非采用不太文明的“洗脑”办法或付之巨棒，否则是一件非常困难的事。讨论的技术和认知的获得则是客观的，是属于训练方面的事情。现在不妨从认知层面开始，任何人有权利也有自由主张保持中国传统文化；任何人有权利也有自由，主张全盘西化；任何人有权利也有自由，做文化论争中的和事老。但是，人们在各事所事以前，必须认知文化是什么。

1.1.2 文化的概念

美国有代表性的人类学家克鲁伯（A. L. Kroeber）和克罗孔（Clyde Kluckhohn）借翁特瑞纳（Wayne Untereiner）的协助，合著了一本书“Culture, a Critical Review of Concepts and Definitions”（《文化，关于概念和定义的检讨》）。在这本书里，罗列了从 1871 年到 1951 年 80 年间关于文化的定义至少有 164 种。本文把这些定义中特别精彩的挑选出来，并加以归纳。

1.1.2.1 记述的定义（第一组定义）

（1）泰勒（Tylor）（1871 年）

文化，或文明……是一种复杂丛结之全体。这种复杂丛结的全体包括知识、信仰、艺术、法律、道德、风俗以及任何其他人所获得的才能和习惯。这里所说的人，是指社会的一个分子。

(2)博亚斯(Boas)(1930 年)

文化包含着一个社会群体里社会习惯的一切表现形式,个人对于他所在的群体习惯之影响产生的种种反应,以及受这些习惯所决定的人类活动之产品。

(3)林顿(Linton)(1936 年)

文化是……这些东西的总和观念,是受制约的情绪反应和习惯行为的模型。这些东西是一个社会里的分子借着训练或模仿而得到的,而且社会里的分子多少是分享着这些东西的。

(4)洛维(Lowie)(1937 年)

我们所了解的文化是一个人从他的社会所获得的事物之总和。这些事物包含信仰、风俗、艺术形式、食物习惯和手工艺。这些事物并非由他自己的创造活动而来,而是由过去正式或非正式的教育所传递下来的。

(5)克罗孔(Kluckhohn)和凯利(Kelly)(1945 年)

文化是一整个的丛结。这一整个的丛结包含器物、信仰、习惯以及被这些习惯所决定的人的活动的一切产品。

……当我们把一般的文化看做一个叙述的概念时,意即人类创造所累积起来的宝藏,也即书籍、绘书、建筑等等。除此以外,还有我们适应人事和自然环境的知识,即语言、风俗、成套的礼仪、伦理、宗教和道德,都在文化范围以内。

(6)克鲁伯(Kroeber)(1948 年)

……一堆学得的和传承的自动反应、习惯、技术、观念和价值以及由之而导出的行为,乃是构成文化的东西。文化是人类所特有的,别的动物没有文化;文化是人类在宇宙间特有的性质……文化同时是社会人的全部产品,而且也是影响社会和个人的巨大力量。

(7)赫尔柯维兹(Herskovits)(1948 年)

文化根本就是一种造型。我们借着这种造型来记述全部的信仰、行为、知识、制裁、价值以及那标志任何民族的特殊生活方式之目的。也就是说,虽然文化可做客观的研究,但毕竟是一般人所有的资产,是他们所做的事情以及他们所想的念头。

第一组定义所着重的是文化之整体性,并且列举了文化内容的主要方面。

1.1.2.2 历史的定义(第二组定义)

(1)巴尔克(Park)和波尔格斯(Bugess)(1921 年)

一个群体的文化乃社会遗产之全部及其组织。这些遗产获得了社会意义,因为各个种族各有不同的气质以及群体之历史的生活。

(2)萨皮尔(Sapir)(1921 年)

文化是人类的物质生活及精神生活之任何由社会传衍而来的要素。

(3)博斯(Bose)(1929 年)

……文化包含着在一群人之间流行着的行为。这种行为可以代代相传下去,或者从这一国流传到那一国。

(4)梅德(Mead)(1937 年)

文化乃传统行为的全部丛结。这样的丛结为人类所发展,且为每一代继续不断学习着。我们常说"一种文化",这种说法并不够精确。文化可以指一个社会所特有的传统行为形式;有时可以指一群社会的传统行为形式;有时可以指某一种族的传统行为形式;有时可以指某一地区的传统行为形式;有时也可以意指某一时期的传统行为形式。

(5)苏伯兰特(Sutberland)和乌德吾(Woodward)(1940 年)

文化包含着能够从这一代传给另一代的每一事物。一个民族的文化乃是其社会遗产。这种社会遗产包含知识、信仰、艺术、道德、法律、使用工具的技术以及交通方法。

(6)戴维斯(Davis)和达拉德(Dollard)(1940 年)

群体和群体间之所以有差异,是因各有不同的文化,各有不同的社会遗产。成年人的行为之所以各不相同,系因他们的文化各不相同。人成长于不同的习惯与生活方式之中。人只好依照这些方式生活下去,因为他们别无选择。

(7)克罗孔(Kluckhohn)(1942 年)

文化是由行动和反行动的那些抽象的要素所构成的。那些要素可追溯到一种或多种社会脉搏里去。

第二组定义不是从文化的实质对文化下定义,而是从文化的特色、社会遗产或社会传统对文化下定义。根据克鲁伯、克罗孔和乌特纳所说,从静态方面观察文化,所谓"种族气质"概念,人类学家已不大采用了。因为,人类学家找不到证据来证明人群之生物的禀赋或民族的差异与文化之不同有何关联。这一点必须特别注意。再次,上面所列诸定义容易给人一种印象,即以为人是文化之被动的传递者。其实,除了传衍文化以外,人还可能是文化的创造者。自古至今,许多人固然"墨守成规",但是,也有少数人吸收新的因素,制造文化。

1.1.2.3 规范性的定义(第三组定义)

规范性的定义又分为两个组次。

1. 注重规律的

(1)维斯勒(Wissler)(1929 年)

文化是一个社会群体或部落所遵循的生活方式。文化包含一切标准化的社会程序。一个部落文化乃该部落所遵循的信仰和程序之聚集。

(2)波格都斯(Bogardus)(1930 年)

文化是一个社会过去和现在怎样动作和怎样思想的全部总和。文化是传统,是代代相似的信仰、风俗或行动程序的总和。

(3)吉琳与吉琳(Gillin and Gillin)(1942年)

各式各样支配社会行为的风俗、传统、态度、观念,便是文化。每一群体,每一社会,都有一套明显的或不明显的行为模式。这些行为模式多多少少都是该一群体的分子所共有的。这些模式从上一代传到下一代,而且也常常会改变。这些共同的行为模式我们称其为文化。

(4)克罗孔(Kluckhohn)和凯利(Kelly)(1945年)

所谓文化乃是在历史里为生活而创造出来的一切设计。在这一切设计中,有些是显明的,有些是隐含的;有些是合乎理智的,有些则是反理智的;也有些是非理的。这些设计在任何时候都是人的行为之潜在的指导。

由此可见文化中有理智的成分,但文化并非全部是理智的。全部是理智的文化,只存在于一相情愿的幻想之中。即便是文化的基本前提,也有非理智的成分。

(5)班纳特(Bennett)和杜明(Tumin)(1949年)

文化是一切群体的行为模式。我们把这些行为模式叫做“生活方式”。生活方式是一切人群之可观察的特色。“文化”事实乃一切人类所有。这一群体与那一群体各有不同的文化模型。这不同的文化模型将任何社会与所有其他的社会分别开。

2. 注重理想或价值与行为的

(1)卡富尔(Carver)(1935年)

文化乃人类充分发挥较高能力时剩余精力的散发。

(2)汤玛斯(Thomas)(1937年)

文化是任何一群人之物质的和社会的价值。无论是野蛮人或文明人都有文化。

(3)比得尼(Bidney)(1946年)

文化可从一个整体的概念来了解。文化的整体概念,包含社会中一个人习得的行为、情感和思想及其有关知识的、社会的和艺术的理想。这些东西是人类社会从历史中习得的。

(4)索洛金(Sorokin)(1947年)

超有机体的领域之社会层界乃由诸交互影响的个人构成的,乃互动形式构成的,乃未经组织和已经组织的群体构成的,乃个人之际与群体之际的关系构成的。这一超有机体的领域之文化层界包含意义、价值、规范及其交互关系,以及已经整合与未经整合的群体(系统和聚集)。这些东西是借着鲜明的行为和经验界里社会文化层内别的工具而客观化的。

在第三组诸定义中,卡富尔对文化所下定义也许是属于“精神”文化类型的定义。索洛金的定义是先认为有一个“超有机体的领域”,然后又把文化层界和社会层界分开。照他的看法,价值是最基本的,而行为和器用乃是价值客观化的工具。由此可见索洛金的思想系统是唯心论或观念论的。

1.1.2.4 心理的定义(第四组定义)

(1)史莫勒(Small)(1905年)

文化是机械的、心灵的和道德的技术之全部准备。在某一时期,人用这些技术来达到他们的目标。文化系由人借以增进个人或社会目标的方法构成的。

(2)克茨(katz)和施恩克(Schanck)(1938年)

文化之于社会,正犹如人的性格之于人的机体。文化包括一个社会里特殊建构的内容。文化是个人在特殊社会里所遭遇的气氛。

(3)潘伦齐阿(Panunzio)(1939年)

文化是人为的或超有机的秩序。文化发生作用时是自发的,并且是有动力的。文化是一种创造模型的秩序。文化也是概念系统与效用,组织、技巧和工具之复合的全体。人类借着这复合的全体可以处理物理的、生物的以及人性的因素并满足自己的需要。

(4)福尔特(C. S. Ford)(1942年)

文化系由解决问题的传统方法构成的。文化也由许多反应形式构成。在一个文化中,大家都曾接受这些反应形式。因为这些反应形式在实际生活中曾经行之有效。简单地说,文化是由学习得来的解决问题的方式构成的。

(5)克罗孔(Kluckhohn)和莱顿(Leighton)(1946年)

在人类所遭遇的问题之中,有许多问题是一再出现的,有些问题则是不可避免的。而人类应付这些问题的方法受人类禀赋的生物学的装备限制,而且也受外界某些事实限制。但是,对于最大多数问题,解决的可能途径则千差万别。任何文化系由一组习惯的和传统的思想方式、情绪和反应方式构成。这些方式足以表现一个特殊社会在一个特殊的情境里应付问题时特别不同的地方。

(6)莫利斯(Morris)(1948年)

一种文化是生活的蓝图。一群互相影响的人本着这一蓝图而特别崇尚某些行为动机而不崇尚别的行为动机;或者,他们宁愿采用某些方法而不采用其他方法来实现这些动机。我们在这里所应当注重的字眼是"崇尚"。选择,是生物生存的一要素。生存即是作选择。人们宁愿选择某些目标而不选择别的目标,并且宁愿选择某些方法来达到所定目标而不愿用别的方法。一种文化是一种被一群人所采用且在时间中传袭下来的选择模型。

任何文化是适应外界环境和人为环境的一套技术。就文化的这一方面来说,第四组定义触及文化的发生条件。然而,文化的产生不仅由于适应环境,也由于创造性的行动所致。人类如果没有创造性的活动,那么人类的文化至少要比现有的少一半。人们不会说,哲学、诗歌、文学、艺术是产生于实际的需要。

1.1.2.5 结构的定义（第五组定义）

这组定义着重的是文化的模型或组织。

(1)维利（Willey）(1929 年)

一种文化是一个相互关联的和相互依赖的反应习惯模型之系统。

(2)奥格本（Ogburn）和尼门可夫（Nimkoff）(1940 年)

一种文化包含许多特征，这些特征可以整合为一个系统。这个系统的各部分之间有不同程度的相关。文化之器用的特征和非器用的特征是围绕着满足人的需要而组织起来的。这些特征乃文化的核心。一种文化内部的各种各样的构建互相联结起来形成一个模型，而这个模型是每个社会所独有的。

(3)蔻图（Coutu）(1949 年)

文化是一切聚集形态中包含最广的一种。这些聚集形态我们称它为互动场。像中国、西欧、美国这些区域里全体人民的生活方式便是互动场。文化与一簇人口的关系，正如人的性格与一个人的关系。而意索（ethos）与文化的关系，正如自我与性格的关系①。

第五组定义是把“文化”看做一抽象的构造。所谓文化，便成为一个概念模式。因此解释人的行为时必须以此为根据。

1.1.2.6 发生的定义（第六组定义）

发生的定义包括两个组次。

1. 第一组次

第一组次注重的是把文化看做一个产品和器物。

(1)温斯顿（Winston）(1933 年)

从一重要的意义来说，文化是社会互动的产品。人的行为在某种程度以内是文化行为。个人的习惯模型是由适应既成的习惯模型形成的。在这个范围以内，人的行为就是文化行为。这种既成的习惯模型是文化不可分割的一部分。而个人是生长在文化里的。

(2)孟达克（Murdock）(1949 年)

学习过程与社会二者的交互影响，在每个人群里产生一套借社会来传递的适应行为。这一套应用行为是超乎每个人的。因为，同一个文化为每个人分享。它的作用比个人生存的时间长；它的质和量大大地超过任何单独的个人独自努力所获得的成就。“文化”一词是用来表示这一由后天习得并且由社会传递的系统。

第一组次的定义显然是从社会学的观点着手的。

---

① 意索是英文“ethos”的音译，指社会的精神气质。

2. 第二组次

第二组次注重观念。

(1)华尔德(Ward)(1903 年)

如果任何人愿意这么选择的话,那么我们可以说,一个文化是一个社会结构、一个社会有机体,而观念是它的胚芽。

(2)维斯勒(Wissler)(1916 年)

文化是观念之确定的联结丛。

(3)布洛门塔勒(Blumenthal)(1937 年)

文化是过去的与现在的文化观念之总全。所谓文化观念,乃是该文化所能借符号来交流的东西。因此,所谓"文化的"意即"可借符号以行交流"的东西。

(4)太洛尔(Taylor)(1948 年)

如果我们把全体的文化看做一个记述的概念,那么所谓全体的文化意即一个人一生下来由学习得到的或由创造得到的一切心灵建构或观念。"观念"一词包含态度、意义、情操、情感、价值、目的、兴趣、知识、信仰、关系、组合等范畴,而不是克罗孔与凯利所说的"设计"因子。

如果把全体的文化看做一个说明的概念,那么所谓全体的文化意即人们的一切心灵构造,用这些心灵构造来了解并且反映经验世界里内起的和外来的刺激。文化本身是由观念构成的,而不是由程序构成的。

(5)福尔德(J. Ford)(1949 年)

简单地说,文化可以定义为观念之流。这一观念之流借行为、语言、指导或模仿从这个人传递到另一个人。

第二组次定义似乎把文化界定得太窄。因为,仅仅是观念不足以概括文化之全部。把文化看做是观念的想法,与德国 19 世纪若干哲学家所说"精神文化"血缘极近。这种看法可借人类学家所引用的一段对话表达出来:"严格地说,没有所谓'物质文化'这样的东西。一个壶并非文化——所谓文化者乃是器物背后的观念。祈祷或礼仪只不过是一个文化观念之可见及的表现方式而已。"[①]这种说法,颇合观念论者的脾胃,但是对于想获得人类文化学特定知识的人类学家却缺少帮助。显然,同一观念可有许多可见及的表现方式,足见观念不就是表现方式。没有某一观念就没有某一表现方式;但是仅有某一观念却不必具有某一表现方式。

1.1.2.7 其他定义

除上面所选 6 组共计 40 个定义以外,20 世纪五六十年代文化学中还新出了不少关于文化的定义。现就笔者所知再选择 3 个。

---

① Quoted from A. L. Kroeber and Clyde Kluckhohn. Culture, a Critical Review of Concepts and Definitions. 1952, P67.

(1)马尔库塞(H. Marcuse)(1955 年)

用有秩序的方法来消减人的力比多(Libido),消减力比多对有益于社会的活动及表现方式之有力的妨害,即是文化①。

(2)奇森(F. M. Keesing)(1958 年)

文化是由学习得到的,是由社会传递而来的行为或风俗。分开来说,一种文化意即有地域限制的、多少各不相同的和有独特性的行为系统,例如,爱斯基摩文化、卡奇印第安文化。

(3)提第也夫(M. Fitiev)(1963 年)

文化是事物、价值、符号的意义及再复现的行为方式之全部范围。这一再复现的行为方式的功能是指引社会里个人的动作。文化的任何层面都不能借生物遗传的途径传递给下一代,而且每个人必须在出生以后学习属于他的文化。即使某个人死亡,文化的模式或罗聚形态还是继续存在的。

以上列举了 43 个关于文化的定义。显然,任何一个定义只说到文化的一个或若干个层面或要点。也就是说,这些定义中没有任何一个足以一举无遗地将文化的实有内容囊括而尽。之所以如此,是由于文化实有的内容太复杂了,复杂到非目前的语言技术及少数的表达方式能提挈出来。如果把上列 43 个文化定义合起来看,就可略知文化是什么了。综上,可以推论如下各条。

第一,在文化全部实有之中,不可有意无意把认为"好的"或"要得的"看做是文化;而把认为"不好的"或"要不得的"不看做文化,而看做是"历史中的偶然"。在文化全部实有之中,任何一个层面或要件或事物,无一不是文化所有的层面或要件或事物。就西方文化来说,基督教的教义、哥白尼的天文学以及牛顿力学固然是文化;妇女束细腰、火焚圣女贞德和虐待伽利略,也是文化。天空的飞鸟、水里的游鱼做不出这些成绩。就中国文化而论,孔孟之道、四库全书、文言文、白话文以及仁、义、道、德、孝、悌、忠、信固然是文化;撒谎、走八字路、裹小脚以及太监,还是文化。从认知作用来看,它们全在同一平面之上。这才是对文化的科学态度。

第二,文化包括层进中的各层。文化是人适应环境与创造活动及其成果的总和。任何文化无一不含有"精神"和"物质"成分。

第三,文化之所指不仅限于所谓文明人,"野蛮人"同样有文化。所谓文明与野蛮之分,以及认为自己总是站在"文明"这一边,这种念头是出于自我重要感、声威要求和对文化知识的贫乏。基于"文明"与"野蛮"区别之上的文化观,是文化的价值观。文化的价值观,常投射于我族中心主义。因而,这种文化观毫无科学意义可言。事实上,文化是地球表面的一种普遍现象。在这个地球表面,除了传说中的或极少数的狼人以外,凡是有人的地方就一定有文化。完全没有文化的人是很难生存下去的。巴黎、纽约、东京、台北固然有文化;新几内亚、班克斯群岛(Banks Islands)、麦伦尼西亚

① Herbert Marcuse. Eros and Civilization. New York, 1962, p. 3.

岛(Melaresia)同样有文化。只是文化各不相同罢了。

第四,文化并非一成不变的化石,而是在变动之中。有的文化变动较快,有的文化变动较慢,有的文化变动缓慢使生在其中的文化分子感觉不出来。于是,他们就武断地下个结论,说有不变的永恒文化。

第五,价值观念是文化构成的必要条件。不能想象没有价值含在其中的任何文化。价值是支配行为的要素。价值在不同的具体环境里发芽、滋长有各种特殊情况。玄学家对文化中的价值观念依其玄学观点构思。文化中的价值观念是实际生活的产品,但又可支配实际生活。

第六,文化与文化价值都是相对的。在世界文化典型尚未出现以前,很难笼统地说哪一种文化优秀或不优秀。

我们认为:文化具有十分丰富的内容,它是与自然物相对应的人类所创造的物质产品和精神产品的总和。文化是人类适应和改造自然环境,进行共同的社会生活的经验。文化有三个层次:第一个层次是有形的、具有物质特征的物质文化,它不但是人类创造的器物,具有实际的使用价值,而且带有某种文化价值;第二个层次是以行为规范为主体的规范文化,这是人们的行为方式、办事规则和共处规范,即制度文化;第三个层次是认知文化,是指人们的各种知识,包括态度、价值和信仰等,即精神文化。

1.2 文化与人

1.2.1 人是文化的动物

什么是人?什么是人的本质?在历史的长河中,这个问题牵动了多少人为之激动、为之思索、为之困惑。多少血性男女为了做一个人或者像一个人一样地生活,不怕邪恶,不畏强暴,宁死不肯低下高贵的头!多少志士仁人为了人之生存或者人之价值,与非人的待遇、非人的条件、非人的本质进行过呐喊和抗争!但是,究竟什么是人?什么是人的本质?人们对这个问题并没有真正理解、认识。人创造了人类大约两三百万年的历史,并在这漫长的历史中创造了巨大的物质财富和精神财富。在宏观领域已经认识了从太阳系到银河系以及比银河系更大的空间。在微观领域,已经认识了电子、中子、质子、光子以及在宇宙射线和高能原子核实验中发现的一系列粒子。但是,人们却不能正确理解和认识自己。这说明人们理解和认识自己是多么不容易!

什么是人?什么是人的本质?这个问题之所以难回答,除了人们对自己认识不够以外,人的出现及其本身的复杂性也是一个原因。亚里士多德说:“人们在好几种意义上,把一件东西说成是第一的,但是实体在任何意义上,如在定义上、在认识的程序上、在时间上都是第一的。"[①]人的出现及特性是非常复杂的，从不同的特性可以对人做出不同的界定。亚里士多德曾举例说："能够学习语法，乃是人的一个特性。因为，如果某甲是一个人，他就能够学习语法，而如果他能够学习语法，他就是一个人。"[②]不要以为亚里士多德在开玩笑！人的确是很复杂的，具有各种不同的特性，人们可以从任何一个特性给"人"下定义。众所周知，亚里士多德就从人的不同特性给"人"下过不同的定义。例如他在不同的场合说过人是"两栖两脚的动物"、"政治的动物"或"社会的动物"等等，并在不同的场合把"求知"、"理性"、"美德"等看做是人的特性。这些"人"的定义还是从实体性的人出发做出来的。如果把人看做是由个体、实体的人概括出来的，一般的、抽象的哲学概念上的人，看做是对人类的一般概括，即亚里士多德所说的人的"属"，那么，人的存在就不是"动物"加上"两脚"或"动物"加上"政治"、"社会"了，而是"第二实体"——人类共同性了。亚里士多德所说的"第二实体"就是个体人的一般的抽象物。从哲学上他把人看成是个体人与一般人的统一体，即他所谓现实的形式与潜在的质料的统一物。

什么是人及其本质？不仅哲学家思考这个问题，而且历史学家、伦理学家、社会学家和人类学家等也思考这个问题。他们从不同的角度对人的特性进行抽象概括，给人下的定义是多方面的，归纳如下。

第一，历史性的定义。这个定义多从人的起源方面说明人的本质。我国古代有人与万物"混生"说或"俱生"说。所谓元气蒙鸿、启阴感阳、乃孕中和，是为人也[③]；所谓阴阳相成，万物乃形，烦气为虫，精气为人[④]，如此等等。这无非是说阴阳二气生万物、生男女，人的本质就是元气、精气。西方有上帝造人说。从柏拉图的神用各种金属造成各种各样不同等级的人，到奥古斯丁的上帝根据自己的形象造人，都是说人的本质是上帝的意志。近代最伟大、真实的说法是达尔文的进化论：人是从动物古猿进化而来的，人与动物具有一样的本质，就是生存的本能。从起源上只能说明人的来源问题，并不能说明人的本质和人的规定性。即使像达尔文这样伟大的生物学家，在理解人的规定性时也是非常模糊的，常常把人的本质归结为先天的本能，虽然他看到了文化的影响和作用。

第二，规范性的定义。这个定义多从伦理、道德、宗教信仰等方面解释人的本质。我国孔子把人归于仁，甚至把敬心父母的"孝"看做是区别于犬马一类动物的标志。孟子把人归于仁、义、礼、智、信之德行，也是从规范上看待人的本质的。在西方，柏拉图把人归结为宗教信仰。柏拉图之后，托马斯·阿奎那、圣·奥古斯丁等，都把宗教信仰看成是人与动物的根本区别。道德规范是人类社会关系发展的产物，而宗教信

---

① 《古希腊罗马哲学》，262～263页，北京，商务印书馆，1982。

② 《古希腊罗马哲学》，296页，北京，商务印书馆，1982。

③ 《绎史》卷一，引《五运历年纪》。

④ 《淮南子·精神篇》。

仰本身是社会文化发展的形式，因此，它们都不能真正说明人的本质。

第三，心理性的定义。它多从情绪、爱、恶、理性、意志力等解释人的本质或人的属性。我国孟子曾把人性归于善。西方哲学家苏格拉底拐弯抹角不直接回答人是什么，一会儿说人是正义、豪爽的，一会儿说人能节制并很勇敢，但是如果把苏格拉底的潜台词说出来，那就是说人是理性的存在物。柏拉图总是企图把人拉到宗教世界里去，用神性代替人的理性。亚里士多德虽然力图从理性、善、美等说明实体的人，但当他把人的来源归结为神秘的"没有质料的形式"的时候，也就悄悄地向神性让步了。到了托马斯·阿奎那，人的理性就必得有神来指引和启发了。文艺复兴、启蒙运动时期的思想家用世俗的人性反对天国的神性，无疑是一个进步。但是，他们所说的人性、爱等，乃是资产阶级本身的思想、感情，乃是那个时代特殊的社会心理。人的感觉、感觉的人性以及意志、爱等，虽然是人的一种本质力量，但它们都只是由于人的社会文化环境等对象的存在才产生出来的，而不是相反。

第四，遗传性的定义。这种定义多注重人的生物属性和社会属性的遗传来源。中国古代有所谓少典娶蟜氏生黄帝炎帝之说①，所谓黄帝游华胥或母曰华胥生庖牺之说②。不管这些古帝是怎样的牛头龙首、人面蛇身，但他们作为人，都是一代一代遗传下来的，具有人的生性和行为，具有人的生物规定性。这种人的生物规定性发展到后来，则被人的社会规定性所取代，产生了人的地位、权力、财富等的遗传性。从这种观点看来，人的社会地位、权力、等级、特定的职业、能力、行为等等，都是家族积累和遗传的结果，而没有看到人"作为国家成员、作为社会生物的规定，才成为他的人的规定"③。

第五，结构—功能性的定义。这个定义多从人体的结构及其功能适应环境的过程解释人的本质。这种观点可以追溯到达尔文的进化论。到了现代，随着生物遗传学、人体解剖学以及社会生物学、社会学、心理学、行为科学的发展，愈来愈从自然科学和社会科学两个方面解释人的结构及其功能适应环境的过程，以说明人的本质。如美国社会生物学家威尔逊在《新的综合》一书中从个体、群落、基因群、基因库等结构性变化说明人性、人的行为之本质。这种观点与历史性的定义一样，只能说明人的发展及结构——功能性变化。它虽然较之给人下一个抽象、空洞的定义要切实一些，但它并不能真正回答人究竟是什么。即使推导出意识是人的本质，它仍然不能说出人与动物的根本区别。因为高等动物也存在着低级的"意识"，如高等动物在不同程度上存在着"记忆、注意、联想乃至少量的想象和推理的各种能力"④。

除了上述人的定义外，还有描述性的定义，如莎士比亚说："人类是一件多么了不

---

① 《国语·晋语四》。

② 《云笈七签》卷一百，《轩辕本纪》，《史记·补三皇本纪》。

③ 《马克思恩格斯全集》第1卷，345页。

④ 达尔文：《人类的由来》，125页。

起的杰作！多么高贵的理性！多么伟大的力量！多么优美的仪表！多么文雅的举动！在行为上多么像个天使！在智慧上多么像个天神！宇宙的精华！万物的灵长！”①这类定义只是描述人的各种特性，并不能真正说明什么是人，什么是人的本质。

关于什么是人，什么是人的本质，这本来是马克思主义经典作家已经解决了的问题，但这几年人们在考察人的问题时，由于出自不同的需要，把这个问题弄得极为混乱。有的人强调劳动在人的发展过程中的作用，引用恩格斯“劳动创造了人本身”、“人同其他动物的最后的本质的区别……还是劳动”的话，就说“劳动是人的本质”，而忘记了恩格斯是对从猿到人的转变过程讲这个话的，忘记了恩格斯是为了强调劳动在这一历史性转变过程中的作用而说这个话的。有的人为了强调人的社会性，则引用马克思“人的本质并不是单个人所有的抽象物，在其现实性上，它是一切社会关系的总和”的话，就说“人的本质就是一切社会关系的总和”，而忘记了马克思是从人的“现实性”上讲这个话的，是从人的现实生活的联系、关系上讲这个话的。持这两种观点的人相互争论时，不是用马克思的“现实性”否定恩格斯的“历史性”，就是用恩格斯的“历史性”否定马克思的“现实性”。不管他们是否意识到了这一点，争论的实质就是这样。于是在这两种观点争执不下的时候，又掺和进来第三种观点。第三种观点抓住人的活动的自觉性，即类意识，引用马克思“人类的特性恰恰就是自由的自觉的活动”的话，说“人的本质就是自由自觉的活动”，而忘记了马克思是在论及区别于动物的“人的生命活动的性质”时说这个话的，忘记了这是指人自觉地支配自己及外部环境的类意识而言的。如果说前两种争论是让马克思和恩格斯争吵的话，那么这种观点掺和进来，则是让马克思自己和自己争吵了。目前我国关于什么是人及其本质的观点不下八九种之多，其实都不过是持马克思主义经典作家著作之一端，从而说明自己所强调的人的某种特性而已。幸亏马克思主义经典作家关于人的论述极为丰富。

无疑，马克思主义经典作家的那些话都是对的，但是他们都是从不同的角度对人的某种特性、规定性进行概括的。当恩格斯说“人同其他动物的最后的本质的区别……还是劳动”或者马克思说“人的类特性恰恰就是自由的自觉的活动”时，他们是从“历史哲学”或普列汉诺夫称之为“历史唯物主义的哲学”角度对人的特性进行概括的。他们所强调的是人与动物的区别。恩格斯从人的劳动上区别于动物，马克思从人的类意识上区别于动物，但他们的出发点都是从历史哲学的角度把人从动物中分离出来。恩格斯所讲的劳动，不是生物人的自我满足的活动，或者“动物式的本能的劳动形式”，而是指马克思所说的社会物质生产的创造性特征及人类自我实现的能力及手段。它表现为人支配自然力的活动及驱使自然力为自己和人类服务的活动过程。而马克思所讲的“人的类特性”的“自由自觉”的类意识，也不是指作为生物人的

① 莎士比亚：《哈姆雷特》，见《莎士比亚全集》第9卷，49页。

记忆、注意、联想以及原始的想象、推理的各种能力，而是指恩格斯所阐明的“人离开动物愈远，他们对自然界的作用就愈带有经过思考的、有计划的、向着一定的和事先知道的目标前进的特征”①。对此，马克思和恩格斯的历史哲学思想是完全一致的。他们从人的不同特性所揭示的人的本质是没有任何矛盾的。

同样，马克思关于“人的本质是一切社会关系的总和”的论述也是正确的。不过马克思更着重来阐述人的特性及其本质。他是在考察“人在积极实现自己本质的过程中创造、产生人的社会联系、社会本质”后，才说明“人的本质是人的真正的社会联系”，说明“人的本质是一切社会关系的总和”。这同恩格斯所阐明的随着劳动的发展及产品的增加，人的血缘关系愈来愈让位于社会关系的支配的观点，是完全一致的。如果说马克思、恩格斯关于“人的本质是劳动”、“人类的特性是自由自觉的活动”等历史哲学的观点是从由猿到人的历史性转变过程来说的，那么，他们的“社会哲学”则是把这种“历史哲学”推进到整个人类社会活动的过程，推进到整个人类自我实现的物质和精神的创造活动及由此产生的现实的关系上。这里，马克思主义的“历史哲学”和“社会哲学”是前后一致的，它表现为人类史上的自我创造、自我实现的历史唯物主义过程，表现为恩格斯所说的“关于现实的人及其历史发展”的科学性。

由此可见，人们完全不可能用马克思的话来否定恩格斯，或者用恩格斯的话来否定马克思。人的本质及其所显现的特性是多方面的，它表现为人的活动的不同方面及各种特征。各种哲学社会科学揭示的人的本质及其特性是有差别的，但都从不同的方面来把握和揭示人的本质所显示的不同特性。人们在研究人的本质及其特性时，既可以从马克思主义的历史哲学观点考察，也可以从马克思主义的社会哲学观点分析。自然，如果人们用马克思主义文化哲学的观点来考察、研究、分析人的本质及其特性，也同样可以对人进行认识和概括。

那么，什么是马克思主义的文化哲学呢？怎样从文化哲学对人进行认识和概括呢？我们认为，马克思主义的文化哲学就是把人看做是整个人类生命的现实的表现者，看做是为了生命的自我实现而不断进行物质文化和精神文化创造的历史活动者。在这种文化的创造活动中，人一方面作为历史活动的主体不断获得自我实现、自我解放的能力和手段；另一方面，人又作为他所创造的文化环境即“人化自然的客体”，不断受环境的影响和制约，发展着历史的和现实的价值意识。人就是在这种不断的文化创造的革命实践过程中自我完善，从而在历史和现实中取得统一。因而，人们可以从马克思主义的文化哲学上给人下一个简单的定义：人是文化的动物。

这个定义同马克思主义经典作家从“历史哲学”或“社会哲学”上给人所下的定义是没有矛盾的，与马克思主义的历史唯物论也是一致的。

众所周知，当马克思说人的类特性是“自由自觉的活动”时，是把人作为追求自己目的的历史活动者来看待，作为活动者与环境的改变者的一致性来看待的，并把这

---

① 《马克思恩格斯选集》第3卷，516页。

“看做并合理地理解为革命的实践”①。什么是“革命的实践”呢？就是“通过实践创造对象世界，即改造无机界”②。所谓“革命的实践”、“创造对象世界”，就不是一般的物质生活活动，而是一种文化创造活动，它包括工具的创造、活动方式的创造以及经验、知识、科学、技术的积累。由此可见，马克思所说的人的类特性的“自由自觉的活动”并不是别的，而是一种有意识、有目的的文化创造活动，正是这种活动才把人与动物区别开来。

同样，当恩格斯说“人的本质是劳动”的时候，也不是“动物本能的劳动形式”，而是人为了满足自身的需要而有意识、有目的的创造活动，即创造性的劳动。马克思说，社会物质生产只有在下列情况下才能获得创造的特征，并成为个人自我实现的手段：①劳动具有社会性；②劳动具有科学性③。劳动作为驱使自然力为人类服务的一种转化过程，首先不表现为一般劳动，而是表现为“科学过程的转化”，表现为人的创造性劳动。只有这种创造性劳动，才能使人获得自我实现的能力和手段，才能转化为一般的劳动，转化为社会的物质生产活动。因此，恩格斯所说的“人的本质是劳动”，首先或主要的是指人的创造性劳动。过去，人们在理解“人的本质是劳动”或“劳动创造了人”的时候，往往忽视人的创造性劳动，即忽视人的脑力劳动，而过分强调体力劳动对人的进化的作用。日复一日的重复性的体力劳动虽然对人的四肢发展、进化具有巨大的作用，但这种劳动并不创造什么，并不能真正改变人的生活环境，因此也不可能真正提高人的智力并使人达到完善的程度。只有脑力劳动，只有创造性劳动，才能改变人的环境，才能发展人的智力，才能使人更加完善。这种创造性劳动实际上就是人类文化特质的创造劳动。它包括工具的创造、活动方式的创造以及经验、知识、科学、技术的积累。正是这种文化创造和积累才使人“比其他一切动物强，能够认识和正确运用自然规律”④。

这里，马克思主义的文化哲学不仅和它的历史哲学相一致，而且和它的社会哲学及整个历史唯物论相一致。正是因为人类创造了文化，创造了工具、活动方式以及经验、知识、科学、技术等特质，才获得了自我实现的能力和手段，才使区别于动物的“文化人”成为巨大的生产力，成为进行物质生产活动的历史的主人，并在这种物质生产活动中发生各种各样的社会联系，产生各种各样的社会关系以及家庭、市民社会、国家等社会形式。这些社会关系和社会形式一方面是人存在的现实的基础和实际的载体，另一方面它又使人更加具有现实性和普遍性，从而更加具有社会的本质，使人的生活、行为及类意识更具有社会的现实性与完整性。这既是人类文化特质不断创造、积累、丰富的过程，也是人类文化特质转化为社会物质生产活动及由此产生的社会现

---

① 《马克思恩格斯选集》第1卷，17页。

② 《马克思恩格斯全集》第42卷，96页。

③ 《马克思恩格斯全集》第46卷下册，113页。

④ 《马克思恩格斯选集》第3卷，518页。

实的过程。这里充分体现了马克思主义文化哲学与其历史哲学和社会哲学即历史唯物论的完全一致性。

“人是文化的动物。”这就是人们从马克思主义文化哲学上对人所进行的抽象与概括。

1.2.2 文化和人的实现

美国人类学家摩尔根认为:“人类是从发展阶梯的底层开始迈进,通过经验知识的缓慢积累,才从蒙昧社会上升到文明社会的。”①摩尔根所说的“经验知识”就是文化。我们可以说,人从猿的转变、人之成为人、人的实现及其发展,都是通过文化的创造和积累而达到的。

恩格斯在论述由猿到人的转变时,提出了“正在形成的人”和“完全形成的人”两个概念,用以代表人类发展史上不同的时代。值得注意的是,无论是“正在形成的人”,还是“完全形成的人”,都指的是人,而不是动物。

那么,拿什么区分最初的人和动物呢?人类史告诉我们:是文化。当20世纪初在非洲发现距今300万年的南方古猿时,由于当时尚未发现石器文化,这些南方古猿究竟是人还是猿,人们曾经打了50年的笔墨“官司”。直到前些年发现了南方古猿创造的石器文化之后,这场官司才算了结。结论是:他们是人,而不是猿。这些南方古猿就是“正在形成的人”,是能够进行创造性劳动、制造工具的直立人。人与猿的最初区分就在于这种创造性劳动的出现,在于这种创造性劳动所制造出来的文化——石器工具,因为“没有一只猿手曾经制造过一把哪怕是最粗笨的石刀”②。由此可见,人和文化是同时出现的,人类创造了文化,同时也就开始逐渐形成了人的本质及其特征,从此也就进入了“人”的范畴。

文化是怎样使最初的人与动物区分开来的呢?人们知道,当人类还没有文化的时候,猿是整个自然界生物群落中的一种。它本身及生存活动都是属于自然界的,是自然界的一部分。可是当人类创造了文化的时候,他不仅把自然界变成了有意义的存在物,而且通过创造性劳动使“自然界表现为他的作品和他的现实”③。这些“作品”和“现实”就是文化环境,它作为“人化自然”就把人从自然界的生物群落中分化出来,也就改变了人仅仅作为动物的属性,从此逐渐变成了文化的人,具有人的本质属性,最后成了“宇宙的精华,万物的灵长”。

人之所以成为人,不仅在于他创造了一个文化环境,创造了一个“人化自然”,更主要的还在于他从文化环境中、从“人化自然”中获得区别于动物的文化心理结构。由于人有了这种文化心理结构,才产生了区别于动物本能的意志和意识。也正是在

---

① 摩尔根:《古代社会》上册,3页,北京,商务印书馆,1977。

② 《马克思恩格斯选集》第3卷,509页。

③ 《马克思恩格斯选集》第42卷,97页。

这个意义上，马克思才说："有意识的生命活动把人同动物的生命活动直接区别开来，正是由于这一点，人才是类存在物。或者说，正是因为人是类存在物，他才是有意识的存在物……反之由于这一点，人类的活动才是自由的活动。"①

那么，人是怎样由心理生物机制建立起文化心理结构的呢？或者说是什么灵丹妙药改变了这种心理生物机制的自然秩序的呢？德国人类文化哲学家恩斯特·卡西勒从人类符号系统的出现及作用给予解释。他所说的符号系统，就是人类的文化。他认为，任何生命体都有一套感受器系统（即察觉之网（Merknetz））和一套效应器系统（即作用之网（Wirknetz）），但是文化的出现，使人类获得了第三个环节——符号系统。这个新的获得物改变了整个人类的生活。与其他动物相比，人不仅生活在更为宽广的实在之维中，而且可以说，他还生活在新的实在之维中。这个"新的实在之维"，卡西勒称之为"符号宇宙"。而"语言、神话、艺术和宗教则是这个符号宇宙的各个部分，它们是组织成符号之网的不同丝线，是人类经验的交织之网。人类在思想和经验之中取得的一切进步都使这符号之网更为精巧和牢固"。由于有了符号之网，人就不再直接地面对现实了，而是凭着符号活动能力，以此为媒介物来认识世界了，从而形成人的语言哲学、神话哲学、艺术哲学、宗教哲学……一句话，形成人的文化哲学，形成人的文化心理结构。卡西勒认为："符号思维和符号活动是人类生活中最富有代表性的特征。"符号的创造及其自觉性是一切人类活动的核心所在，是人的最高力量，同时也标志了我们人类世界与自然界的天然分界线。因此，他把人定义为"符号的动物"②。卡西勒把人类整个文化创造归结为符号（文化不是符号所能概括了的），把人归结为"符号的动物"，这自然不仅限制了文化的含义，同时也使人失去了存在的意义。但是，当卡西勒看到"符号是人类的意义世界之一部分"并用他的人类文化哲学寻求人与文化"不是结果的统一性而是活动的统一性，不是产品的统一性而是创造过程的统一性"时，即用此说明人只有在文化创造活动中才是真正意义上人的本质，它仍然可以使我们洞见人的文化心理结构是怎样产生的。

文化作为人类自我实现的手段所创造的各种特质，并不仅仅是符号，而是有意义、有价值并对人的实现有积极功能的特殊形式的质料。如果忽视文化的质料，即内容、意义、价值等，而仅仅把它看成是形式或符号，那么，文化也就成了纯粹物理存在的外表了。这样，它也就不能对人的实现起支配作用了。我们这样说自然不是不管或抛弃文化存在的形式。任何文化的存在或者说作为一种特质被创造出来，都有一定的形式，如工具的形状、房屋的构造、衣服的样式、社会交往和社会组织的独特形式。在精神文化中，不仅各种各样的精神文化产品，如文艺作品、绘画、音乐等具有独特的形式，即便像伦理、道德、宗教信仰等社会意识，也是社会存在的独特思维形式。正是由于文化具有一定的形式，当它构成人们的生活环境并作用于人的感官系统时，

① 《马克思恩格斯选集》第42卷，96页。

② 恩斯特·卡西勒：《人论》，32～34页，上海，上海译文出版社，1985。

它才能被感受、被思维、被抽象、被综合，才能形成人的观念、观念形式、概念和蓝图等。但这并不仅仅是文化形式或符号的作用，而是由它的质料（内容、意义、价值）与其特殊的形式结合成的人类生活的现实文化世界对于人的感觉系统的作用。离开文化的质料，只讲它的形式，那仍然不过是一个物理性世界，它对人的心理生物机制的作用也仍然不过是物理性世界对物理性世界而已。这就像动物的心理机制与自然界的关系一样，不能建构起人的文化心理结构。文化是人类通过创造性劳动为实现自己的目的使自然界发生特殊变化的形式，一开始它就打上了人的意志的印记，这正是人区别于动物的行为。所以，文化并不仅仅是符号、形式，而是包含着人的需要、目的、意义和价值，是对人发生功能的特殊世界。正是文化存在的这种特殊价值和功能，才能在人的心理生物机制上发生作用，才能建构人的文化心理结构以及由此产生的价值观念。可以说，人的文化心理结构是他的心理生物机制与文化世界交互作用的产物。

自然，人的心理生物机制和文化世界都是在历史活动过程中逐渐产生、发展的。这里，人不是抽象的人，文化也不是抽象的文化，它们都经历了一个创造性活动的历史过程。只有在这个活动过程中，它们才存在着统一性。现代解剖学告诉我们，作为人的心理生物机制主要物质基础的脑组织的基本构造与高等动物猿类的脑结构大致相同，基本功能也差不多。正是人的心理生物机制与动物的心理生物机制有着基本相同的构造和功能，所以"整个悟性活动，即归纳、演绎以及抽象（类概念在狄多那里：四足动物和两足动物），对未知对象的分析（一个果核之剖开已经是分析的开端）、综合（动物的狡狯伎俩），以及作为二者的综合的实验（在新的阻碍和不熟悉的场合下），是我们和动物所共有的"①。由此可见，史前人作为猿群存在的时候，其心理生物机制和高等动物（如猩猩）是一样的，它们都具有低级思维能力，或者说，那时候人的心理生理机制就是动物性心理机制。现代人类考古学的化石材料也告诉我们，在 300 万年前正在形成中的人（古猿）的脑量和现代猿类的脑量差不多（现代猿类脑量占现代人脑量的 1/3，而正在形成人的古猿则占现代人脑量的 1/3 略强）。但是经过史前人长期的经验积累，经过由使用工具到制造工具的漫长的黎明文化时期，当人类学会通过创造性劳动——制造工具、按照自己的目的改变自然界的形式——创造出有决定意义的文化世界以后，人的心理生物机制就因营养结构的变化及自身发展的需要而得到了迅速的发展和完善。到 50 万年前"北京人"出现时，人类的脑量已经发展到占现代人脑量的 2/3 了。不仅脑量迅速增长，而且脑的结构也发生了巨大变化，即前额区大大进化，出现了高等动物（如猩猩）所不发达的新皮质；由高度发达的额叶组成的大脑特殊结构——语言中枢区、大脑皮层第二机能联合区、第三机能联合区。这是人的心理生物机制不同于动物心理机制的地方，也是人的心理、意识、意志得以产生的物质基础。特别是第三机能联合区的出现，使人的心理生物机制大大不同于动物

---

① 恩格斯：《自然辩证法》，184～185 页，北京，人民出版社，1963。

的心理机制。现代自然科学的研究结果告诉我们，人的思想、意识、意志不是在一般高等动物都有的小脑间产生的，而是在人的大脑特殊结构中形成的。大脑皮层的第一机能联合区、第二机能联合区具有记录感觉信息、分类及组织信息、编码的功能，是产生人的行为目的和程序的机制。特别是大脑皮层的第二机能联合区，具有对信息接受和加工的功能，人的知觉、记忆、语言、思维等都是在这个机能联合区产生的。而大脑皮层的第三机能联合区更是动物所没有的。这个联合区不仅有对信息再加工的功能，而且还有对信息贮存的功能，人类的经验、知识积累都贮存在这个机能联合区里。正是人的大脑皮层有了这种对经验、知识等贮存、再加工的功能，才可以使人把祖传的文化经验、知识以及现实文化世界的教育、训练等保留在记忆中，并在生活中不断提取、再加工，形成人的意识、意志，从而使人的意识具有对事物借鉴、评价的能力。这正是人的意识与动物"意识"所不同的地方。人的整个情感、思想、意志等都是在这种特殊的大脑结构中形成的。大脑皮层第三机能联合区对外界信息不断贮存、加工并形成人的意志的过程，也是人的心理生物机制不断接受文化世界的作用而建构文化心理结构的过程。这是一个由动物性心理机制到人的心理机制、由动物的纯生物性心理结构到人的文化心理结构发展的过程，是人的心理生物机制与文化的产生、发展交互作用的漫长历史过程。正是在这个过程中，人才慢慢地完成了自己的实现——由"正在形成的人"逐渐发展为"已经形成的人"。

人创造了文化，文化帮助人完成了自己的实现，在这个过程中片刻也没有离开过文化。人类作为猿群从赤手空拳地生活在地球上创造出第一根木棍、第一个石器文化开始，经过了一两千万年的进化。他们是怎样在饥寒交迫中忍受过来的呢？我们无法想象。但是，自从人类创造了文化之后，就为自己从自然界通向人类社会架起了一座文化桥梁。这座文化桥梁没有把他们超度到天国去，而是一步步地把他们从动物界的群落中超度到了人的世界。恩格斯说："最初的、从动物界分化出来的人，在一切方面都是和动物一样不自由的，但是文化上的每一进步，都是迈向自由的一步。"①最初，粗糙、简单的文化所架设的桥梁是歪歪斜斜、又狭又窄的，人颤颤巍巍地沿着这条桥梁攀登前进。后来，人不断在攀登中前进并总结经验，进行创造性劳动，用愈来愈复杂的文化把这座桥梁铺宽、加大。这就大大地改变了自己实现的条件，也加快了人的实现的速度。摩尔根说，人类发展的"每一阶段都包括一种不同的文化，并代表一种特定的生活方式"②。人们还可以说，这不同的文化和特定的生活方式还标志着每一阶段上人的实现中的本质和特征。人类在蒙昧社会中先使用木棒、石器显示自己与动物不同的本质和特征，接着是用火，特别是弓箭的发明和使用显示自己特殊的智力和本领。到了野蛮时代，人类学会了制陶术以及驯养、繁殖动物和种植植物，这就高傲地把动植物置于自己的奴役之下而成了"万物的灵长"。在野蛮时代的高级阶

---

① 《马克思恩格斯选集》第3卷，154页。

② 摩尔根：《古代社会》上册，9页，北京，商务印书馆，1977。

段，人类学会了铁器的制造以及由此而来的火器的应用和文字的发明，把自己推向了一个文明时代，从而显示了自己的才能和本领。人的文化创造愈丰富多样，就使人离开动物愈远，愈对自然界有支配作用，也就愈对自然界的作用“带有经过思考的、有计划的、向着一定的和事先知道的目标前进的特征”①。人正是沿着这条文化桥梁把自己超度到彼岸。这个功能，不是上帝，也不是王母娘娘，而是人类为自己的实现所创造的文化。

1.3 文化的特征

文化特征(trait of culture)是文化之最小限度的有意义的单位。这样的单位在时间和空间中可以当做一个观察单位进行观察。来客倒茶，喝咖啡，天热在户外纳凉，包小脚，男人脑后留长辫子，家里供奉着“天地君亲师位”的牌子，教堂中摆十字架，等等，都是文化特征。特征可依种种联系而形成特征丛结(trait-complex)或这样那样的制度。文化特征可分为四种，分述于下。

1.3.1 规范特征

一个文化系统中，对文化分子的思想、行为甚至情感，规定其应当或不应当、善或恶等等预规(prescriptions)或应迫(imperatives)，就是规范特征。伦理和道德是规范特征的总汇。宗教有很强烈的规范层面。德国 18 世纪著名哲学家伊曼努尔·康德所说的“无上道德律令”就在这种特征范围以内。文化的规范特征常透过社会控制、传统力量、奖惩、批评等展示出来。社会把个人的行为纳入社会模式中的程序就是社会控制。社会控制方式有两种：①诉诸镇制力，例如，假若有人当街裸体，那么就会受到管制；②规劝，小儿子对父亲大不敬，在从前的中国至少会受到大哥的规劝。风俗、习惯、道德等都是社会控制的动因。

规范特征常为一主宰特征。不同文化的最核心差别乃是规范特征之不同。许多文化冲突之最后“决战”乃规范特征之战。就中国传统文化来说，住洋房、坐汽车，所遇到的抗力较小。可是，要人不拜祖宗、不孝亲、打破男女界线，那是极其困难的事情。

1.3.2 艺术特征

文学、音乐、绘画、舞蹈、歌唱、装饰……都属于艺术特征。很显然，在文化的一切特征之中，艺术特征是最富于特殊色调的一种特征。它是文化最直接呈现于感觉的层相。因此，当不同的文化分子接触时，最易引起彼此注意且借以识别彼此之文化类别的就是这一特征。印度妇女的装饰与法国妇女的装饰是迥然不同的。文化的艺术

---

① 《马克思恩格斯选集》第 1 卷，36 页。

特征并不出于实用的需要，而是起于人的创造冲动或爱美的心理追求。这么一来，文化的内容因之丰富，且人生的趣味由之增加。衣服的器用作用本来只为蔽体御寒，但是，把衣服裁成各式各样或绣上花鸟鱼虫，那就与实用无关，而是为了赏心悦目。

1.3.3 认知特征

认知特征是一个文化的文化分子对他们所在的自然环境、历史传统以及人事周遭所做的认知了解的总和。这一特征的典型成就当然是经验科学。

1.3.4 器用特征

器用特征是一种文化的文化分子因生存或求知等需要而采用的工具之特征。器用特征在人类文化的演变历程中，就已有的记录来说，似乎出现最早。从旧石器时算起，器用特征之出现距现在至少已经一百万年了。之所以如此，是因器用常为人类基本生存所需。人类自出现在地球上以来，第一件大事就是求食以维持生存。这就必须用工具来帮助。

以上简略地陈述了文化的四种特征，其中有以下几点值得注意。

第一，上列四种特征在实际上多少有点相互渗透，而不是各自完全独立的。其实，在文化事物之中，很不容易找出任何两个特征是各自截然独立而不相互牵连的。上述文化的四种特征，从方法上着眼，是四种构造(constructs)，借这四种特征可以比较方便地聚摄并且观察文化的特征。现以写字为例加以说明。现代西方人写字是有器用作用的，也就是说，写字是为了表达或交流。除此之外，西方人写字有时也讲求美观。这就是把艺术特征和器用特征在写字这件事情上糅合在一起。从前，中国士大夫写字除了表达和交流以外，特别讲求书法。而且，磨墨时必须把墨拿得很正，否则就是“墨磨偏，心不正”。除此之外，又注重写字时整个身体的姿势——必须“正襟危坐”，以达到“正心”之境地。这就是把中国文化之器用的、艺术的和规范的三种特征在写字这件事上“合一炉而冶之”了。妇女穿上空装是器用特征加艺术特征。但是，不准穿上空装，说穿上空装“伤风败俗”，那就是牵涉到规范特征。规范特征在穿衣这件事上起拘束或干涉作用。触电能死人，这是认知的结果。依据这一结果，我们发出“不可触电”的告诫。在这一关联上，我们把认知特征和规范特征合在一起了。

第二，在上列文化的四种特征之中，并非任何一种特征与其他三种特征同样重要或同样不重要，而是同一文化在不同的时代所着重的特征可能不同，或同一时代不同的文化所着重的特征可能不同。在欧洲中世纪时代教权盛行，因而规范特征居于主宰一切的地位。可是，工业革命以来的欧洲，经济发展成为富国强民的主导力量，于是器用特征凌驾于其他特征之上。在中国文化未受到西方文化挑战以前，道德伦理的价值被特别强调，别的“奇技淫巧”受到轻视，于是规范特征特别肥肿，而认知特征、艺术特征、器用特征受到规范特征的抑压，相对显得消瘦。

第三，既然文化的四种特征多少相互关联，而且其中常有轻重之别，于是某一特征过分膨胀时别的特征可能相应萎缩。例如，有些人唯钱是务，为了赚钱不择手段，为了赚钱要冲破一切宗教、道德、伦理的仿制。甚至一些文化分子为了赚一点点钱不惜“出卖灵魂”，为了赚小钱不惜“卑躬折节”。在美国，曾出现过替人构成离婚条件的男女职业分子。钱财成为推动社会的主导力量，甚至荡决道德、伦理和宗教的戒律。经济几乎决定一切，道德成了空虚的口头禅，导致器用特征空前发达，而规范特征由于被压缩而失去对行为的规范力。时至今日，由于器用特征空前发达，不仅规范特征被压缩，而且认知的努力受其左右，艺术活动必须向其靠拢以求生存。所以，纯科学的研究在今日不及19世纪那个时代受到尊重，纯艺术愈来愈难以维持其独立性了。

第四，在上述文化的四种特征中，各种文化的规范特征和艺术特征还在“各持其是”，人们还不容易树立一个公认的标准来评判孰优孰劣。道德的高下是很不容易作比较的，但是，认知必须是客观的，而且有一个经验世界摆在那里。因此，认知活动的结果是贯穿于一切特殊文化。美国文化和俄罗斯文化固然颇不相同，但总不能说美国物理学和俄罗斯物理学是两种不同的物理学。据此，如果一定要区别一个文化“进步”与否，那么可采用的标尺有而且只有看它的科学发展到什么程度。于是，在这一意义上说，科学高度发展的文化较高，科学低度发展的文化较低。当然，这完全是就现有的成就而论。就现有的科学成就来评判文化之高低，是唯一可行而且比较客观的标准或参考点。除此以外，人们还找不到任何其他可用的比较标准。而且，这样的标准之应用对文化评判得高或低与“先天”无关，何况没有任何文化是“先天”存在的。

1.4 文化的结构与功能

1.4.1 文化的结构

1. 文化元素

文化元素指文化中最小而有意义的单位，它是能独立地反映某种文化意义的东西。在人类社会中，人们常常首先将自己行动的意义用某种器物或符号表示出来，这些器物和符号就是文化元素。例如，对于传统的农民来说，镰刀、犁头是文化元素；对学生来说，他手中的笔和桌子上的课本也是文化元素。文化元素可以独立存在并表明某种意义，但是，只有将不同的文化元素结合起来才会真正发挥应有的作用。

2. 文化丛

相关的文化元素相互结合而形成的功能单位被称为文化丛，这种文化丛在时空中可以作为一个单位存在并发挥作用。比如，农民的犁头、耕牛、套具等会形成一个文化丛，它们的结合可以发挥耕地的功能。学生的笔、课本、作业本也构成一个文化丛或功能单位。文化丛是相关文化元素按照内在的功能逻辑进行整合的产物。也就是说,相关的文化元素之间的联系是有一定逻辑的,不符合逻辑的文化元素的堆放并不能形成文化丛,也不能发挥作用。当然,更不能将根本不相关的文化元素放在一起,因为它们并不能形成文化丛,这种奇怪的"组合"并不能发挥任何作用。

3. 文化模式

文化模式是相关的文化丛经过有秩序、有条理的整合而形成的整体。社会学和社会人类学在两个层面上理解文化模式:第一种文化模式的理解用于不同民族文化的本质性区别,比如东方文化与西方文化是两种文化模式(文化类型),不同民族(族群)也可能有自己独特的文化模式;第二种对文化模式的理解是从功能角度出发的,它指的是任何文化体系中在较大时空中发挥功能的、由文化丛结合而成的整体。在比较文化研究中常常采用前一种理解,即发现不同文化类型之间的差异。在研究某一族群的生活时则采用后一种理解,其目的是分析文化的功能意义。

实际上,文化模式也是分层次的。相关的文化丛通过有条理的整合,会形成在一个较大领域发挥作用的功能体系即文化模式,那些相关的、在一定领域内发挥作用的文化模式还可以结合成更大的文化模式。比如,在传统的中国农村有指导人们婚姻行为的婚嫁文化,而且构成了一种文化模式。家庭生活的规则体系构成了家庭文化,也构成了一种文化模式。然而,它们都属于特定的婚姻家庭文化——一种更大的文化模式,而后者与独特的社会交往的规范体系(也是一种文化模式)和农耕制度一起又都属于农耕文化这种最大的文化模式。又比如,东方文化、西方文化是两种不同的宏观的文化模式(文化类别),它们又各自分为不同领域的较低层次的文化模式,这些较低层次的文化模式反映着各自的价值和规范,也具体地反映着两种文化模式的差异。区分不同层次的文化模式的目的,就在于分析何种文化模式在何种范围内和何种程度上对人们的行为发生影响,指导人们的行为。

1.4.2　文化的功能

1. 整合功能

文化的整合功能是指它对于协调群体成员的行动所发挥的作用。社会群体中不同的成员都是独特的行动者,他们基于自己的需要、根据对情境的判断和理解采取自己的行动。然而这种满足自己需要的行动在何种程度上会得到其他成员的理解与合作,则要看他们的行动、行动的价值和意义在多大程度上被他人认可。在这里,二者之间沟通的中介就是文化。如果二者共享文化,能够有效地沟通,那么就有可能消除隔阂、促成合作。这里的有效沟通是指双方在关于文化的基本价值、文化符号及其所代表的意义的共识基础上的沟通和互动。显然,如果人们不能共享文化,对行动、符号的意义和价值有不同的理解,他们就不能有效沟通,也难以进行合作。

文化的整合功能不仅发生在价值认同的层面,也发生于规范认同的层面。所谓规范认同是指相关行动者对应该如何做的共同的看法。比如,同事之间应该有怎样的关系,同事之间的何种行为方式是大家都认可的,这种共识就是规范认同,它包含行动技术,更主要的则是行动的意义。

2. 导向功能

文化的导向功能是指文化可以为人们的行为提供方向和可供选择的方式。在群体和社会生活中,人们根据自己的需要可能会采取多种行为,或者为了达到目标会采取不同的行为方式。然而,并非所有行为都能有效地达到目标,因为某一行动者的目标必须通过他人(同样是行动者)合适的回应才能实现。什么是合适的行为和行为方式,这必须通过共享文化来做出判断。文化的一个重要的组成部分是价值观,价值观是社会成员所共有的关于好与坏、对与错的观念。也就是说,任何文化都包含着对于人们行为的价值判断,即什么样的行为是应该的或合理的,什么样的行为是不应该或不合适的。实际上,文化尤其是规范文化包含着对合乎根本价值的行为模式的认可和对不符合根本价值的行为的排拒。站在对方的角度来看,共享文化包含着行动者对对方合理行为的预期或对对方行为的可预期性,正是这种合理的预期及其实现才会达致相互之间的合作。这样,共享文化向人们提供着可供选择的行为方式,通过共享文化,行动者可以知道自己的何种行为在对方看来是适宜的、可以引起积极回应的,并倾向于选择有效的行动,这就是行为的导向。

3. 维持秩序的功能

文化是人们在以往共同生活中的经验积累,是人们通过比较来选择认为是合理并被普遍接受的东西。某种文化的形成和确立意味着某种价值观和行为规范的被认可和被遵从,也意味着某种秩序的形成。而且只要这种文化仍然在起作用,那么由这种文化所确立的社会秩序就会被维持下去,这就是文化的维持秩序的功能。这对一个社会来说是十分必要的,一个没有深厚文化底蕴的社会可能会处于不停的、无方向的变动或混乱之中。

维持秩序的功能反映了文化的相对稳定性,而过于沉稳和成熟的文化可能会陷入保守,它可能会压抑成员的创新,阻碍社会的变迁。这是文化的负功能。

4. 传续功能

从世代的角度来看,如果文化能向新的世代流传,即下一代也认同、共享上一代的文化,那么,文化就有了传续功能。在任何社会中文化都有传续功能,其机制是文化占有者通过社会化等方式"迫使"下一代或后来者认同本群体、本社会占统治地位的价值和行为规范。后者在接受这种文化的同时也就接受了这种文化背景下生活的的"知识"。一般说来,文化是成系统的,即文化的各个部分会结合成一个系统更能保存人类的知识。正如马克思所说,任何世代都遇到了以往世代积累起来的经验与文化,这些经验和文化构成了新世代的生存环境。新世代适应这种文化环境的过程就是认同。

1.5 文化多样性与文化变迁

1.5.1 文化的多样性

从文化的特性来看,文化在总体上是自我生成的,即它常常不是人们刻意建造的,而是在人们的物质生活和社会生活中自然而然形成的。当人类脱离动物而成为人类,即当人的活动主要不再受其动物性驱使而是从事社会活动(包括劳动和其他社会活动)时,人类就开始在创造文化,所以文化的生成是嵌入人类的社会活动之中的。

从总体上来讲,文化的形成和发展受人类生活的自然环境,即人类与环境关系的影响。人类在谋求自我生存和发展的过程中探索生存之道,形成了两种关系,即人与外部物质环境的关系和人与人的关系,也就生产出两种类型的成果——物质产品和精神产品。由于人们生活的环境不同,人们谋生的手段和方式不同,所以他们所创造的文化也不同。这样,文化就具有多样性。

文化的多样性表现在诸多层面。从宏观层面看,文化可以分为不同的文化类型或文化模式:如从地域角度分,有东方文化与西方文化,在东方文化内部又有不同国别文化;从经济类型角度分,有游牧文化、农耕文化和工商文化等。这些与国家、地域相关的文化模式同地理环境及人们谋生的方式(生产方式)有密切关系。在狭小的岛屿上或地表自然资源比较贫乏的地域中生活的民族与在自然资源富饶的地区生活的民族的文化是有明显差异的。这些差异反映在人对自然的观念和关系、人与人的关系以及日常生活方式等诸多方面。

在中观层次上文化的多样性更加明显:不同阶层、不同职业群体、不同性别群体、不同年龄群体、不同地域群体等都有自己的文化,这表现为不同群体处理问题的方式不同,这是文化的亚类型。比如,产业工人阶层与农民阶层在劳动方式和生活方式上有所不同,管理阶层(干部群体)与平民百姓对政治问题的感知和处理方式有所不同,山区农民与平原地区农民的生活方式不同,男女性别群体有不同的文化,老年人群体与青年群体在看待事业和人生的态度以及处世方式方面也有所不同,这在社会发生快速变化时尤其明显。应该说明的是,在这些亚文化类型之下,还可以对文化的差异性进行进一步划分。

文化上的差异实际上是指文化的特殊性,它反映了人类社会的复杂性和人们处理自己生存与发展方式的多样化,反映了在不同条件下人们处理相关问题的经验与智慧。

文化不但有特殊性,也有普同性。普同性是不同文化类型对同一类现象相同或相近的认知、评价,这既表现在物质文化方面,也表现在精神文化方面。比如,不同文化类型的许多物质文化的型态、使用方式、意义的象征常常是共通的,在规范文化方面也有许多相同或相似之处。文化的普同性来自于人类有相同的需要结构和人们在满足需要时相同或相近的资源和手段，这也与文化的传播及不同文化之间的互相借鉴有关。

1.5.2 文化的相对差异性

文化的差异性是指不同文化之间的差别。文化之间的差异表现在许多方面，这里要说明的是如何看待这些差异性，即从本质上对不同文化进行评价。

1. 主文化与亚文化

即使是在同一族群之内，文化也可能是有分别的，即由于人口流动或文化传播等原因，该族群中不同的群体可能认同并不完全相同的文化，即可能出现主文化和亚文化。主文化是指在一定族群中占主导或统治地位的文化，也称主流文化；相对地，亚文化是指在这一范围内处于次要地位的文化。显而易见，主文化与亚文化是就一定地域中的社会群体而言的，在这一范围内，大多数成员认同的价值观、采取的行为方式即为主文化，而只有少数成员认同的价值观及所采取的行为方式则为亚文化。在该范围内，主文化作为正统文化有一定的行为导向功能，同时也就对不认同主文化的成员具有压力。亚文化在某种程度上被视为“另类”，与主文化相对比常常处于劣势，但有时它又具有新意。

主文化与亚文化之间的差异一般发生于局部，即生活的某一方面，也可能发生在诸多方面。比如在城市小区内，本地居民与外来人口可能会有不同的行为方式；在老一代和年轻一代之间，老一代更坚持传统，而年青一代更容易接受新的观念和生活方式；同住一个地区的不同民族的生活方式有所不同，其中主体民族的文化是主文化，少数民族的文化是亚文化。实际上，主文化与亚文化之分具有相对性。当群体范围发生变化之后，原来的主文化可能会变为亚文化，而亚文化也有可能变为主文化。

主文化与亚文化的区分有时并没有特殊的含义，因为在许多情况下不同的文化模式只是处理具体问题方式上的差异。比如，在城市中是举行传统婚礼还是新式婚礼，节日饮食采用何种菜系都是具体问题，在这些方面主文化与亚文化之别一般不会产生族群内部的冲突。但是在有些情况下，主文化与亚文化之别却是本质上的。比如，婚居与未婚同居两种行为模式有本质性差别，有宗教信仰与无宗教信仰（或者两种不同的宗教信仰）之间的差异带有某种程度的本质性。在主文化与亚文化之间的差异具有本质含义时，经常发生的是两种文化之间的冲突。

2. 我族中心主义与文化相对主义

在研究不同民族的文化差异时，可能会发现某一民族的成员因过分认同本族文化，而对其他民族的文化不理解甚至贬低的现象，这种现象被称为我族中心主义（或称民族中心主义）。我族中心主义是指站在本民族文化的立场上，认为本民族的文化优于其他民族的文化，进而排斥和否定其他民族文化的现象。人们习惯于自己的行为方式和生活方式，对本民族的文化高度认同并有自豪感，对其他文化不易理解，这是正常的现象，这并不是我族中心主义。我族中心主义是比较极端地认同本族群文化而否定其他文化的现象。比如有的人认为某些民族中为男孩举行成年礼是野蛮的，因为这种成年礼通常采用劳役折磨、对勇气和耐力的艰辛考验以及痛苦的割礼来完成。我族中心主义并不只发生于民族文化的层面，有时也发生于同一民族的亚文化之间，即某一群体对另一群体文化的贬斥。我族中心主义常常导致文化冲突。

与我族中心主义相对应的是文化相对主义（或称文化相对论）。文化相对主义认为，文化没有高低优劣之分，文化之间的差异是相对的，因此不能站在本民族文化的立场上、用本民族文化的价值观念去评价其他民族的文化。要判断或解释他人的行为就应该依照他群（对方所属的族群、社会）的文化逻辑或文化模式，并以此为标准。从民族文化的角度来看，文化相对论反对强势民族对于弱势民族的歧视，强调民族文化之间的平等，这对保护弱小民族的利益，抵消我族中心主义的消极影响有一定意义。比如，在国际关系方面，强调文化的多样性，尊重不同民族的文化，强调不同文化之间共存和互相吸收对方的长处，就是文化相对论的表现。文化相对论对于分析同一民族内不同群体的文化差异也是有意义的。它强调要认识其他族群的文化，就要把这一文化类型放到特定的、与这一文化相关的背景中去理解。可见，文化相对论是有一定进步意义的。

但是，在强调文化的相对性时也不能走向极端，用文化的相对性来保护落后的东西。比如，一些文化有歧视妇女、虐待女婴的做法，无论如何不能用文化相对论来支持这种做法。

1.5.3 文化变迁

任何文化都不会永远保持不变，因为人们的实践活动在发生变化，而且不同文化之间会有交流。从最本质的角度来讲，文化的变迁来自人们的发现和发明。人们的新发现和新发明的成果是新的物质产品，也可以是新的思想（精神产品）。这些新产品会在一定程度上改变人们的生活方式、行为规范或价值观念。文化变迁的另一个原因是由于不同文化的接触而发生的文化传播。文化传播是一个群体向另一个群体或社会借取文化要素，并把它们融入自己文化之中的过程。当一个群体向另一个群体借取了文化要素，并将之融入自己的文化时，自己本来的文化就发生了变化。文化传播的模式主要有两种：两个不同文化的直接接触和通过媒介将某种文化传至另一个社会。

在两种文化发生接触时常常会发生文化冲突。文化冲突是两种文化接触时在价值观念、行为规范、行为方式等方面发生的互相反对的情况。它常表现为某种文化的拥有者排斥、抵触另一种文化。当一个族群刻意要抵制另一种文化时，他们或者采取封闭的策略，或者对异文化进行否定性的批判。文化冲突可能发生在根本的价值领域，也可能发生于日常生活的表层，当然前者要激烈得多，同时由根本的价值冲突导致的文化变迁更加深刻。

两种文化的接触也不一定发生文化冲突，而是发生文化融合。文化融合以拥有两种文化的群体的相互交往（被迫的或自愿的）为基础，通过长期的相互交往，原来的两种文化相互吸收对方的长处而趋于一致。

2 中西文化的成因和起源

2.1 中国文化的成因和起源

2.1.1 中国文化的成因

林林总总的文化形态的特质是从何而来，历来众说纷纭。有学者从地理环境立论，认为文化特质源于先民们居住的地域特征；另有学人从一以贯之的民族精神发展，断定文化特质发自不同民族的先验意识；而主张物质资料生产方式决定论的思想家，则认为不同空间存在的文化特征是物质资料生产方式发展历史不同时期的阶段性展现。宏论种种，各成体系。然而，总揽诸家之说，各民族独具的文化特征，由自然、社会和民族心理三重对象关系的特点所决定，则是多数学者共同接受的论点。其中，与自然作物质交换的特殊方式，又起着基础的和决定的作用。

马克思主义经典作家以社会经济结构对上层建筑的决定作用为理论的基石。马克思在《〈政治经济学批判〉序言》中指出，与生产力的一定水平相适应的社会经济结构是“法律的与政治的上层建筑竖立其上并有一定的社会意识形式与之相适应的现实基础”。这一原理在马克思主义经典著作中曾多次反复出现，得到充分的论述。而且，马克思主义经典作家并不是仅仅论证了社会现实基础与上层建筑的性质同一，而是以物质经济生活条件来说明“一切历史事变和观点，一切政治、哲学和宗教”①。

中华民族文化的最为深厚的沃土是单一的农耕经济结构。中国境内最早进入文明社会的华夏诸族，是以黄河流域为摇篮发展起来的，在黄河、淮河流域平原上，形成了最早的部族联盟国家，留下了以“东夫一柱”泰岳为原型的有关昆仑山多种历史神话。在这个华北平原的东北部是燕山山脉，南部则是起伏连绵的桐柏山、大别山，西

---

① 恩格斯：《论住宅问题》。

部为太行山脉、秦岭、大巴山,东临太平洋的浩瀚波涛。在这些原始人类难以逾越的天然屏障以内,气候温和,雨量充足,土地肥沃,河流众多,有广阔的回旋余地,为原始农业的发展提供了良好条件,于是形成了“中国”雏形,奠定了中国文化的始基。自秦国振长策而并天下,汉、唐、明、清建立泱泱大国,在扩展的基础上,中国的四周又一次被天然绝域所隔断。此时,中国东临沧海,西北横亘大漠,西南耸立“世界屋脊”之称的青藏高原与人迹罕至的横断山脉,南部则是一望无际的印度洋,形成半封闭的大陆性地理环境。在古代社会,尤其是对于原始初民,“地理环境的特性决定着经济关系以及随在经济后面的所有其他社会关系的发展”①。由于“生产力发展的首要条件就是这种地理环境的特性”②,因而在中国这个特定的地理环境之中,形成了不同于希腊式商业文明也有别于印度式“森林文明”的田园式农业文明。

远古的帝王神话为我们载传了初民们以农耕立国的起源信息。如黄帝族以龙为图腾,播种百谷草木,孵化鸟兽虫蛾③。在远古时代最早“建典”的炎帝族,“人身牛首,长以姜水”④,其别号“神农氏”,“始教天下耕种五谷而食之”。此外,“伏羲服牛乘马”,“伏羲仰则观象于天,俯则观法于地”,“少昊以鸟为纪,玄鸟司分,伯赵司圣”,区分春分、秋分、夏冬至农耕节令,后羿氏射十日变革历法,以求与农业节令一致。商族团以风为纪,依季节而识南北信风,“禹、稷躬稼而有天下”⑤。进入史载文明时代,中国历朝以农立国,重本抑末,以农耕为主的、与自然作物质交换的特殊方式,在中华民族的全部经济生活中占统治地位。

中国古代社会生产结构形式是小农经济。小农经济以经营规模小和家庭劳动为主要特征,并与自然经济形式紧密结合,农民不但生产自己需要的农产品,而且生产自己所需的大部分手工业品。以粮为主的单一农业经济结构和农耕、手工业的家内结合,是中国古代社会经济结构的重要表现形式。由于生活必需品的生产和消费紧密结合于家庭内部,生产者消费者不需要与外部世界发生更多的社会联系,所以,农民谋取生活资料的方式是与自然而不是与社会交换。产品进入社会流通领域作民事流转,仅仅是偶然、局部和孤立的现象。

农业经济以外的手工业,是古代社会另一主要生产部门。城市的私营手工业作坊和个体手工业小作坊,在狭小的市场范围限制下,生产经营同样打上了自然经济的烙印。手工业生产不是为了扩大资本积累财富,而是以谋生为目的的经济活动。官营手工业则主要满足战争用品和皇室、贵族奢侈生活的需要。尽管古代官营手工业一直很发达,但它并不属于创造交换价值的商品生产,仍然是自然经济形态内部的附属因素。

---

① 《列宁全集》第 38 卷,459 页。

② 《列宁全集》第 38 卷,459 页。

③ 《史记·黄帝纪》。

④ 《帝王世纪》。

⑤ 《论语·宪问》。

历代统治集团出于狭隘的财富观念和维护等级秩序的需要，代代相承实行抑商、贱商的政策，有关抑商的论著、奏疏、条陈、法规、诏令，不绝史书，比比皆是。一方面，历代统治阶级采用超经济强制的方式，颁布法规法令，贱商抑商。战国时代魏有《奔命》律，“叚门、逆族”，“寡人弗欲，且杀之”，秦有“七科滴”，曾有“市籍”，“父母有市籍”，“大父母有市籍”，一律入“滴戎”之列。汉武帝实行“告缗”，“中产以上大抵破家”，《晋令》贱商，使着履一黑一白。《唐令》以工商为贱业，士族不得经营，从而使中国社会成为由士、农、工、商四阶层构成的“四民社会”。直至晚近明代，洪武十四年令，商贾穿着止绢、布（即不允许用绫锣绸缎，只能用绢、布质地的衣料），竹路禁轿骑。凡此种种，使经商成为人所不齿的贱业。另一方面，统治集团还不断充实经济抑商措施，使经济生活中形成阻止商品经济发展的内在机制。这些措施首先是“重关市之赋”，“重市厘之租”，苛捐杂税使商人“家若被盗”，“归心于农”。其次，从春秋管仲相齐开始，后世封建国家实行禁榷制度，重要商品的生产与远销，完全由政府垄断。凡铁、盐、茶、酒、矾、香药都曾列入禁榷范围。而官营商品，生产上不计成本，价格上实行垄断，是封建官府对商业生产和流通领域的控制、独占，中断了生产物的商品化进程。再次，封建王国之内，实行土贡制度，阻止农副土特产品的商品化。最后，自奴隶制时代开始，实行官工制度。统治集团在赋税、贡纳物品外，无法满足的奢侈需求，则通过官办作坊提供，致使官营作坊的规模越来越大。宋代制御用婚嫁物品有八十一作，明代景德镇御瓷厂年产量达四十余万件。但是，官营手工业作坊产品自产自用，是以使用价值为目的的非商品化生产，数量繁多的消费品由官府自行制造，各地能工巧匠为官府无偿服徭役，商业活动的范围就狭窄有限了。

在漫长的古代社会中，中国封建经济结构形成了自身稳定的特点。这就是小农业与家庭手工业相结合，单一的农业经济结构以及商业资本与土地、高利贷资本相结合。这些特点使以小市场为生存条件的小商品生产远远达不到瓦解自然经济的现实水平，大部分经济关系始终无法冲破家族宗法关系的樊篱。

每一民族的经济生存方式，必然产生由此决定的社会组织结构，而社会组织结构，由不同社会成员之间彼此确定的社会关系组成。古代希腊和罗马城邦国家，由于平民的革命，建立起古代民主制度。居民按地缘身份参加选举，意味着宗法关系在“公法”领域的消失；海商贸易的发展，使社会成员不得不放弃族内财产转移的各种习惯方式，而依契约转移财产所有权。于是社会成员之间，依照“平等”意义上的公共关系管理国家行政权，依照“契约”关系联结社会不同经济组织，实现与自然的物质交换。全部社会组织的构成，以平等交换的契约关系为基础，以契约的平等观念向立法领域的渗透为条件，按照契约关系的另一种表现——无数个平等个体的个别意志的集合制定了法律，从而决定了社会组织成员之间行为的准则。社会组织表现出血缘宗法关系分离的多样性，有国家权力组织、行政管理组织、仲裁审判组织、经济协作组织与部分私法领域中存在的家族组织。

中国的原始社会向奴隶制社会发展中，以农耕作为与自然作物质交换的单一生存条件，原始农业的族内协作耕种方式，在奴隶制社会发展为“十千维耦”“千人籍于亩”的耕作方式。它与奴隶的大规模家内占有相结合，生产关系的变化在宗族财产共有的形式内部实现，没有导致宗法关系的解体。

原始社会中，血缘关系是人们唯一的社会关系。梅因指出：“一切古代社会都自认为是来自一个原祖，并且除此之外，他们虽经努力，但仍无法想出他们所以会结合在一个政治团体内的任何其他理由。”①问题在于，宗法血缘关系所构成的社会组织，不能满足西方社会以海商贸易为主的生存条件，因此它在原始经济的进一步发展中解体了。而同样的组织却能够容纳农耕民族的几乎整部古代史，因此在中国得以长期延续。

中国古代社会的政治权力关系由原始亲权关系发展而来。最早的部族首领的权力，来源于各民族之血缘尊长的身份。上古社会各部落联盟国家，无不在族内由尊长统率卑幼，族外由祖、父氏族统帅子、孙氏族。政治权力的分配，以宗法血缘关系为原则。同样，奴隶制社会，大宗率小宗，小宗率群弟，国家组织的设置按亲属尊卑为序。“夫子建国，诸侯立象，卿置侧室，大夫有武宗，士有隶子弟”②，成为人所共知的史实。汉代贾谊说：“今自王侯三公之贵，皆天子所改容而礼之也，古天子之所谓伯文、伯舅也。”这反映的正是以宗法规范国家的政治权力关系。

中国进入封建社会后，地主阶级以“万物皆有法式”的立法追求，大规模地制定法规，实行变法，破坏了世卿世禄制度，国家机关的权力关系不再以血缘宗法为基础。但君臣、官属关系的准则，仍然是宗法关系的延伸：“君子之事亲，故忠可移于君；事兄悌，故顺可移于长；居家理，故治可移于官。”③君臣、官属之间，根本不存在以法为基础的领属、权责、制约关系，而只有君恩臣忠、官令吏从的“愚忠”要求。所谓“君者，国之隆也；父者，家之隆也。隆一而治，二而乱”④。“君亲无将，将而必诛”⑤。“臣事君、子事父、妻事夫”为“天下常道”⑥。说明在政治权力领域，权力分配仍表现出宗法模式，古人是“视君臣如父子”的。

古代社会的财产关系，绝大部分依宗族血缘关系进行调整。从原始社会直至奴隶制社会晚期，“大宗能率小宗，小宗能率群弟，通其有无，所以统理族人也”。一族之内“异居而同财，有余则归之宗，不足则资之宗”。奴隶主贵族把财产与“家”、“室”作同义语使用。“胜敌而归，必立新家”。“子为我召之，吾信其室”。“斗谷于菟为令尹，自毁其家以纾楚国之难”。“吾出季氏，而归其室于公”。在一家内，财产从属宗法关系，“子妇无私货，无私蓄，无私器，不敢私假，不敢私与”，由人身身份权力决定财产公

① 梅因：《古代法》，74页，北京，商务印书馆，1996。

② 《左传·桓公二年》。

③ 《孝经·广扬名》。

④ 《荀子·致士篇》。

⑤ 《公羊传》。

⑥ 《韩非子·忠孝》。

用、处分。

在整个封建社会，财产关系仍然主要依宗法关系进行调整，家内实行共财“称同居亲属者，谓同居共财者”。子孙“别籍异财”，“若供养有缺”“大伤亲心”，是严重的刑事犯罪。而家人共有的财产中，“凡一家之内，必有尊长”。财产处分，依家尊意志。子孙私擅用财，则为无效法律行为。如《宋杂令》规定，子孙弟侄，“概不得以奴婢六畜田宅及其他财物私自出卖或质举。违者物即还主，财没不追”。在家庭以外，宗族又依血缘宗法关系，设立“祭田”、“义庄”等共有田产权，或追祭远祖，或周济同族，利益分配依宗法关系进行。

财产继承关系，又以宗祧继承为前提。在奴隶制时代，嫡长继承食邑封号以后，对同母弟及庶弟进行分封，由此附着财产继承内容。封建社会，统治者倡导孝廉，几世共财，在一家之内，尊长故去，即由新的尊长继承家长身份，共财并不因此分割。东汉蔡邕，三世不分财，举孝廉为官吏；唐代张公艺“九世同居”，被奉为师范人伦的楷模。如果出现分家析产，则按同辈男性亲属财产均分原则，分给“房份额”。唐宋以后，庶出诸弟又减半。如果说，当继承发生以后，财产仍以共有形态存在，而以后的按房份分割家产，就田析地表现了财产继承的话，那么，这种继承完全以宗祧继承为前提(继嗣尊主持析产)，反映嫡庶有别、男尊女卑等一系列宗法原则。例如庶诸房份减半，出嫁女无财产继承权，奸生无权继嗣，寡妇代夫继承时仅有遗产管理权，等等。所以，“财产继承”关系实则为宗法关系的财产表现。由于宗法关系的模式，原无宗法可循的纯粹经济关系，也按宗法准则调整。例如，雇工与地主的雇佣关系，法律视为主奴，又同于尊卑。以雇佣反抗主人，适用以卑犯尊的一切规定。

“权利”实体关系如此，在法律的诉讼关系中，就自然表现为“必原父子之亲立君臣之义”。奴隶制时代禁父子、君臣诉讼。《 匜铭》所载：牧牛与“乃师讼”，就被判处“鞭宜千”的刑罚。封建社会禁子告父，“违者不孝”；禁妻告夫，禁卑幼告尊长，违者均“不睦”，构成列入“十恶”的重罪。而且在国家诉讼审判的争端裁决方式以外，大量的纠纷由民间宗法组织依宗族法则自行解决。据瞿同祖先生《中国法律与中国社会》以及《中华风俗总录》所述，族长权重，甚至可以处死违反族规的宗族成员。可见诉讼关系也具有宗法性。

因此，中国古代社会是依宗法关系结构而成。一切社会关系均依宗法关系进行调整，非宗法关系也表现为宗法关系的形式。社会秩序赖此为基础。所有社会关系的调整准则可以完全概括为：“君令臣恭，父慈子孝，兄爱弟敬，夫和妻柔，姑慈妇听。”①

古代中国的地理环境是中国传统文化的自然成因，单一的农耕经济形式是中国传统文化的经济成因，宗法等级制度则是中国传统文化的政治成因。

---

① 《左传·昭公二十六年》。

2.1.2　中国文化的起源

中华民族有五千年的历史，文化发生很早。中华民族的主体汉族最初就和苗族接触，不久又和东夷族接触，文化中吸收了苗族和东夷族的成分。关于上古文化，只有传说，而无可靠的记载。司马迁世为史官，生在两千多年前，还说："学者多称五帝，尚矣，然《尚书》独载尧以来，而百家言黄帝，其文不雅驯，荐绅先生难言之。"孔子删《书》，也只断自唐、虞。唐、虞以前的情形，在两千多年以前的人看来，就不大明白，因此要将上古文化的情形写成一个有系统而可置信的记述，更是一件困难而不可能的事了。不过从《诗》《书》《左传》《国语》一类书籍的追述中，可以看到春秋以前学术文化的大概情形。现分四项论述于下。

1.鬼神

原始时代，人类知识浅薄，以为宇宙间万事万物都有神主宰。《国语》中《楚语》说：

"昭王问于观射父，曰：'《周书》所谓重、黎实使天地不通者，何也？若无然，民将能登天乎？'对曰：'非此之谓也。古者民神不杂，民之精爽不携贰者，而又能齐肃衷正，其知能上下比义，其圣能光远宣朗，其明能光照之，其聪能听彻之，如是则神明降之。在男曰觋，在女曰巫。是使制神之处位次主，而为之牲器时服。而后使先圣之后之有光烈，而能知山川之号，高祖之主，宗庙之事，昭穆之世……而敬恭明神者，以为之祝。使名姓之后，能知四时之生、牺牲之物……坛场之所、上下之神、氏姓之出，而心率旧典者为之宗。于是乎有天、地、神、明、类物之官，是谓五官，各司其序，不相乱也。民是以能有忠信，神是以能有明德，民神异业，敬而不渎。故神降之嘉生，民以物享，祸灾不至，求用不匮。及少皞之衰也，九黎乱德，民神杂糅，不可方物。夫人作享，家为巫史，无有要质。民匮于祀，而不知其福。烝享无度，民神同位。民渎齐盟，无有严威。神狎民则，不蠲其为。嘉生不降，无物以享。祸灾荐臻，莫尽其气。颛顼受之，乃命南正重司天以属神，命火正黎司地以属民，使复旧常，无复侵渎，是谓绝地天通。'"

又，《左传・昭公二十九年》说：

"秋，龙见于绛郊，魏献子问于蔡墨曰：'吾闻之，虫莫知于龙，以其不生得也，谓之知，信乎？'对曰：'人实不知，非龙实知。古者畜龙，故国有豢龙氏，有御龙氏。……及有夏孔甲，扰于有帝，帝赐之乘龙，河、汉各二，各有雌雄。孔甲不能食，而未获豢龙氏。有陶唐氏既衰，其后有刘累，学扰龙于豢龙氏，以事孔甲，能饮食之。夏后嘉之，赐氏曰御龙。'……献子曰：'今何故无之？'对曰：'夫物，物有其官，官修其方，朝夕思之。一日失职，则死及之，失官不食。官宿其业，其物乃至。若泯弃之，物乃坻伏，郁湮不育。故有五行之官，是谓五官，实列受氏姓，封为上公，祀为贵神。社稷五祀，是尊是奉。木正曰句芒，火正曰祝融，金正曰蓐收，水正曰玄冥，土正曰后土。龙，水物也，水官弃矣，故龙不生得。'……献子曰：'社稷五祀，谁氏之五官也？'对曰：'少皞氏有四叔，曰重、曰该、曰修、曰熙，实能金、木及水，使重为句芒，该为蓐收，修及熙为玄冥，世不失职，遂济穷桑，此其三祀也。颛顼氏有子曰犁，为祝融，共工氏有子曰句龙，为后土，此其二祀也。后土为社；稷，田正也。有烈山氏之子曰柱为稷，自夏以上祀之，周弃亦为稷，自商以来祀之。'"

上面两段话，都是追述。相传少皞是黄帝之子，颛顼(Zhuānxū)是黄帝之孙。黄帝之事既然难而置信，则这两段记载少皞、颛顼的话，也为传说。但是，从社会进化史看来，人类在原始时代的确经过这样一个阶段。当时人智浅薄，不解自然现象，不解人生之理，所以不得不把宇宙万物都归之于鬼神。当时的鬼神，不外天神、地祇、人鬼、物鬼四者，大都出于人们对自然和灵魂的崇拜。《周礼》一书中，从叙大宗伯之职一段，可以看出上古对鬼神崇拜的情形。它说：

"以禋祀祀昊天上帝；以实柴祀日月星辰；以槱燎祀司中、司命、风师、雨师。"

这种崇拜，无不与当时的日常生活有关，得天时之和，所以拜天；受地利之饶，所以拜地；土可殖财，所以有社；谷可养生，所以有稷；山林川泽可以利人，所以拜山林川泽。至于人之有才能功烈为人所崇仰者，死后即成为神。凡此，都是生民不解自然现象与生人之理所致。

从上面所引用的《左传》与《国语》两段话中，更可以窥见以下所述几点：第一，当时所谓神，一定是多神，所以说"制神之处位次主"；第二，当时所谓神，一定是拟人的，一定是具有人格的神，所以说"上下之神氏姓所出"，所以说神能降福受享，能凭降于人；第三，当时有专门事神的官，如觋、巫、宗、祝之类，他们为一部落中的最高主权者，和埃及的法老、犹太的祭司长一样，由此足见古时政教不分。

2. 术数

既信鬼神能够主宰宇宙万物，于是立数术之法，以探鬼神之意，以察福祸之机。《汉书·艺文志》说：

"数术者，皆明堂羲和史卜之职也。史官之废久矣，其书既不能具，虽有其书而无其人。《易》曰：'苟非其人，道不虚行。'……序数术六种。"

"天文者，序二十八宿，步五星日月，以纪吉凶之象，圣王所以参政也。《易》曰：'观乎天文，以察时变。'"

"历谱者，序四时之位，正分至之节，会日月五星之辰，以考寒暑杀生之实。故圣王必正历数，以定三统服色之制。又以探知五星日月之会。凶厄之患，吉隆之喜，其术皆出焉。此圣人知命之术也……"

"五行者，五常之形气也。《书》云：'初一曰五行，次二曰羞用五事。'言进用五事以顺五行也。貌、言、视、听、思心失，而五行之序乱，五星之变作，皆出于律历之数而分为一者也。其法亦起五德终始，推其极则无不至。"

"蓍龟者，圣人之所用也。《书》曰：'汝则有大疑，谋及卜筮。'《易》曰：'定天下之吉凶，成天下之亹亹者，莫善于蓍龟'。'是故君子将有为也，将有行也，问焉而以言，其受命也如响，无有远近幽深，遂知来物。非天下之至精，其孰能与于此！'"

“杂占者,纪百事之象,候善恶之征。《易》曰:‘占事知来。’众占非一,而梦为大,故周有其官。而《诗》载熊罴虺蛇众鱼旐旟之梦,著明大人之占,以考吉凶,益参卜筮。”

“形法者,大举九州之势以立城郭室舍形,人及六畜骨法之度数、器物之形容以求其声气贵贱吉凶。犹律有长短,而各征其声,非有鬼神,数自然也。然形与气相首尾,亦有有其形而无其气,有其气而无其形,此精微之独异也。”

以上所述天文、历谱、五行、蓍龟、杂占、形法六者,便是当时的术数,屡见于《春秋左氏传》中,今分述如下。

昭公八年:“楚灭陈。晋侯问于史赵曰:‘陈其遂亡乎!’对曰:‘未也。……岁在鹑火,是以卒灭。……今在析木之津,犹将复由。’”

昭公十年:“春五正月,有星出于婺女。郑裨灶言于子产曰:‘七月戊子,晋君将死。’”

昭公十五年:“春,将禘于武公,戒百官。梓慎曰:‘禘之日其有咎乎!吾见赤黑之祲,非祭祥也,丧氛也。其在莅事乎!’”

昭公十七年:“冬,有星孛于大辰,西及汉。申须曰:‘彗所以除旧布新也。天事恒象,今陈于火,火出必布焉,诸侯其有火灾乎!’梓慎曰:‘若火作……其四国当之。……在宋、卫、陈、郑乎!……其以丙子若壬午作乎!’郑裨灶言于子产曰:‘……若我用瓘斝玉瓒,郑必不灭。’”

昭公十八年:“春王二月乙卯,周毛得杀毛伯过,而代之。苌弘曰:‘毛得必亡。是昆吾稔之日也。’”

昭公二十年:“春王二月己丑,日南至。梓慎望氛,曰:‘今兹宋有乱,国几亡,三年而后弭,蔡有大丧。’”

昭公三十二年:“夏,吴伐越。……史墨曰:‘不及四十年,越有其吴乎?越得岁而吴伐之,必受其凶。’”

以上天文历谱五行。

庄公二十二年:“初,懿氏卜妻敬仲。其妻占之,曰:‘吉,是谓凤凰于飞,和鸣锵锵,有妫之后,将育于姜。五世其昌,并为正卿。八世之后,莫之与京。’……周史有以《周易》见陈侯者,陈侯使筮之遇观䷓之否䷋,曰:‘是谓观国之光,利用宾于王。’”

襄公二十五年:“崔武子将娶棠姜,筮之,遇困䷮之大过䷛。陈文子曰:‘妻不可娶也。其繇曰:困于石,据于蒺藜,入于其宫,不见其妻,凶。’”

以上蓍龟一案卜筮为二术,卜以龟,筮以蓍。

桓公二年:“初,晋穆侯之夫人姜氏以条之役生太子,命之曰仇。其弟以千亩之战生,命之曰成师。师服曰:‘异哉!君之名子也。……始兆乱矣,兄其替乎!’”

僖公五年:“八月甲午,晋侯围上阳,问于卜偃曰:‘吾其济乎?’对曰:‘克之。’公曰:‘何时?’对曰:‘童谣云:丙之晨,龙尾伏辰,均服振振,取虢之旂,鹑之奔奔,天策贲贲，火中成军，虢公其奔。其九月十月之交乎！丙子旦，日在尾，月在策，鹑火中，必是时也。’”

以上杂占。

文公元年：“王使内史叔服来会葬。公孙敖闻其能相人也，见其二子焉。叔服曰：‘谷也食子，难也收子。谷也丰下，必有后于鲁国。’”

以上形法。

这六种术数，在上古时代是很重要的，都有专门的官来掌管。在上面引用的《国语》中，便有觋、巫、祝这些官职，又有“命南正重司天以属神，命火正黎司地以属民”这两句话。《尧典》也说：“乃命羲和，钦若昊天，历象日月星辰，敬授民时。”又说：“璇玑玉衡，以齐七政。”这都可以窥见上古重术数的情形。至于商代，则因“甲骨”的出现，更证明当时深信占卜。当时所谓祝，其职务除司祀之外，还负有以下三种责任：第一，协时月正日以便民事；第二，推终始五德以定天命；第三，占星象卜筮以决吉凶。史官以外，这种“祝”便是上古思想文化的中心点。

这种术数，在春秋时还很盛行，观以上所引《左传》各节，便可知道。那时楚国的梓慎、郑国的裨灶、晋国的卜偃、宋国的子韦都精通这种术数而备国君的顾问。他们都着重于“天人之际”的道理，后此阴阳家与五行家，即由此推衍而生。

3. 天

以上所讲鬼神，是原始社会中的普遍现象。夏商以后，天帝之观念起，遂由多神而进为一神，然多神论亦并未消灭。天是最高的神，或称皇天（《召雅》），或称上天（《信南山》），或称帝（《洪范》），或称上帝（《尧典》），或称皇天上帝。总之，这些都是就主宰宇宙万物的天而言。分而言之，称其体则曰天，称其德则曰帝，所以孔颖达说：

“据其在上之体谓之天，天为体称，故《说文》云：‘天，颠也。’因其生育之功谓之帝，帝为德称也，故《毛诗传》云：‘审谛如帝。’”①

此外还有形体的天，是指有形的苍穹而言，这是天的本义。如“怀山襄陵，浩浩滔天”、“鹤鸣于九的九皋，声闻于天”之类是；又有形容的天，如《诗》、《鄘风》、《柏舟》称父为天者是，这是以天去形容父；又有科学的天，如《荀子·天论篇》把天解释“自然”者是；更有哲学的天，如《中庸》所说：“天命之主谓性”及宋儒以“理”释天者是；又把主宰宇宙万物的天，叫做宗教的天。这种天，是有意识的人格神。第一，他能生育万民，为之立君。这有如下说法。

“郑子曰：‘天生民，而树之君，以利之也。’”②

“晋师旷曰：‘天生民，而立之君，使司牧之，勿使失性。’”③

第二，要尊崇天，要敬事天，然后可以得天佑。这有如下说法。

① 《礼记·郊特牲疏》。

② 《左传·文公十三年》。

③ 《左传·襄公十四年》。

“小心翼翼，昭事上帝，聿怀多福。”①

“敬天之怒，无敢戏豫；敬天之渝，无敢驰驱。”②

“皇天无亲，惟德是辅。”③

第三，天掌赏罚之权。这有如下说法。

“天命有德，五服五章哉；天讨有罚，五刑五用哉。”④

“宋公曰：‘孤实不敬，天降之灾。’”⑤

第四，天监督一切政治。这有如下说法。

《皇矣》曰：“皇矣上帝，临下有赫。监观四方，求民之莫。”

第五，天命非人力所能左右。这有如下说法。

《左传·僖公二十三年》载：“楚子曰：‘天将兴之，谁能废之，违天必有大咎。’”

《左传·宣公三年》载：“王孙满曰：‘周德虽衰，天命未改，鼎之轻重，未可问也。’”

以上所述，认为天是有人格、有意识的神。天既能为民立君，则人君所行种种制度法典亦必为天定。这有如下说法。

《皇矣》载：“不识不知，顺帝之则。”

《烝民》载：“天生烝民，有物有则。民之秉彝，好是懿德。”

《皋陶谟》载：“无旷庶官，天工，人其代之。天叙有典，敕我五典五惇哉。天秩有礼，自我五礼有庸哉。”

《吕刑》载：“皇帝亲问下民。……乃命三后，恤功于民。伯夷降典，折民惟刑。禹平水土，主名山川。稷降播种，农殖嘉谷。三后成功，惟殷于民。”

《洪范》载：“我闻在昔，鲧堙洪水，汨陈其五行。帝乃震怒，不畀洪范九畴，彝伦攸斁。鲧则殛死，禹乃嗣兴。天乃锡禹洪范九畴，彝伦攸叙。”

所谓“有物有则”，所谓“帝之则”，所谓“天叙有典”，“天秩有礼”，所谓“洪范九畴”，都是天所制定。是一种十足的神权政治。

执行这种政治的，就是天子，所以《洪范》载：“天子作民父母，以为天下王。”

但是，“天生烝民”，明明就是说万民都是天之子，何以五者独称天下呢？《尚书·召诰》说：“有王虽小，元子哉。”

这里所谓元子，就是指天子而言。郑公更解释道：“言首子者，凡人皆云天之子，天子为之首耳。”

《谷梁传·庄公三年》也论及这一点：

“母之子也可，天之子也可，尊者取尊称焉，卑者取卑称焉。”

范宁注曰：“王者尊故称天子，众人卑故称母子。”

---

① 《大明》。

② 《木板》。

③ 《左传·僖公五年》，宫之奇引《周书》。

④ 《皋陶谟》。

⑤ 《左传·庄公十一年》。

这样看来，可见王者就是生民中有高德受天宠独厚而即君师之位的人，以其尊贵，所以称为天子。《表记》所谓“惟天子受命故曰天子”就是这个意思。换句话说，君主就是天之元子，臣民就是天子之庶子，从而君主与臣民都是以天为祖的一个大家族，君主便是家长，臣民便是子弟。所以《洪范》说：“天子作民父母以为天下主。”这样的政治，可以说是家族主义的神权政治。

元子既是由天所命，所以天又可以“改厥元子”。要“改厥元子”，则大必有所本。它本于什么？就是本于民意。所以有如下说法。

《皋陶谟》载：“天聪明，自我民聪明，天明畏，自我民明威。”

《孟子·万章上》引《泰誓》载：“天视自我民视，天听自我民听。”

《左传·襄公三十一年》穆叔引《泰誓》载：“天矜于民，民之所欲，天必从之。”

此后孟子言“民贵君轻”，便是从这种思想出发。

4. 祖

《礼·郊特牲》说：“万物本乎天，人本乎祖。”所以敬天与敬祖并重。敬祖的意思有二，最初是享鬼神，为的是求福避祸；后来民智日进，才有“慎始追远”、“反古复始”的意思。

《小戴礼·祭义》载：“气也者，神之盛也；魄也者，鬼之盛也；兮鬼与神，教之至也。众生必死，死必归士，此之谓鬼，骨肉毙于下阴为野土，其气发扬于上为昭明；焄蒿凄怆，此百物之精也，神之著也。因物之精，制为之极，明命鬼神，以为黔首，则百众以畏，万民以服。圣人以是为未足也，筑为宫室，设为宗祧，以别亲疏远迩，教民反古复始，不忘其所由生也。”

这段话表明了祭祖的意义。但是，敬祖这件事，却含有宗法的意思。子孙敬祖，必敬其族之，所以有以下论述。

《左传·僖公十年》载：“神不歆非类，民不祀非族。”

《左传·僖公三十一年》载：“鬼神非其族类，不歆其祀。”

《论语·为政篇》载：“非其鬼而祭之，谄也。”

所谓“不孝有三，无后为大”，便是从这宗法的观点而发生的。

从庙数方面，更可以看出这宗法的意味。《尧典》所谓“受位于文祖”、“归格于艺祖用特”，虽未明指所祀为何人，但指尧之祖庙而言，却无疑义。到了夏世，便规定为天子五庙；殷世，天子六庙。降及周世，则更详备：即天子于天下为大宗，有七庙；诸侯则其始封者为别子，即为祖，不得复祖天子，故五庙；顺是大夫三庙，士一庙；庶人无庙而祭于寝。惟其敬祖含有宗法的意味，所以《大传》载：“人道，亲亲也。亲亲故尊祖，尊祖故敬宗，敬宗故收族。”

此敬祖观念与敬天观念相结合，可以推论为：全人类为一大家族。中国的政治以家族为本位，中国的社会以家族为本位，都是由此观点出发的（自然我们不应忘记：这是农业经济的反映）。惟其如此，所以有如下论述。

《中庸》载：“明乎郊社之礼，禘尝之义，治国其如示诸掌乎？”

《孟子》载："天下之本在国，国之本在家。"

《大学》载："欲治其国者先齐其家。"

家族既这样重要，而维系这家族的规范就是孝。孟子言孝，首称大舜。他说："舜尽事亲之道而瞽瞍厎豫，瞽瞍厎豫而天下化，瞽瞍而天下之为父子者定，此之谓大孝。"据此说法，简直以孝为治天下之大本。后来契敷五教，把父子有亲列在君臣有义、夫妇有别、长幼有序、朋友有信之前；《周官》六行，则孝居友、睦、姻、任、恤之首。孝之重要，由此可见。后来竟有百行孝为先之说，而孝也就成为中华民族的唯一道德。所以有如下论述。

《孝经》载："夫孝始于事亲，中于事君，终于立身。""夫孝，德之本也。""人之行莫大于孝。"

《礼·祭义》载："居处不庄，非孝也。事君不忠，非孝也。莅官不敬，非孝也。朋友不信，非孝也。战阵无勇，非孝也。""孝有三：小孝用力，中孝用劳，大孝不匮；思兹爱忘劳，可谓用力矣；尊仁安义，可谓用劳矣；博施备物，可谓不匮矣。"

以上所论，便是中国上古思想文化的梗概，而且此后的思想文化，也都与此有关。其影响中华民族之大，将在后面论述。

2.2　西方文化的成因和起源

2.2.1　西方文化的成因

这里所说的西方文化是需要界定的。一般来说，它有广义与狭义之分。广义的西方文化是指产生于西半球而与东方文化相对应的文化体系。狭义的西方文化即仅指欧洲文化。在论及西方文化之成因、起源时，本文取狭义之西方文化。

欧洲文化起源于由欧洲、亚洲、非洲所围挠的地中海沿岸地区，特别是地中海东部的爱琴海诸岛和希腊半岛。所以，古代希腊文化可以说是欧洲文明的摇篮。黑格尔说："一提到希腊这个名字，在有教养的欧洲人心中，尤其是在我们德国人心中，自然会引起一种家园之感。"①这是一种典型的西方学者的传统看法。当然，这种看法往往或多或少地与资产阶级的"欧洲中心论"的偏见混杂在一起。但是，希腊文化对以后欧洲各国文化的发展产生了巨大的影响，这一点是不容否认的。今天，欧洲学术文化的各个方面都有着希腊文化的烙印。古代希腊和罗马在文化上的成就确实是辉煌的，欧洲人一般称之为"古典文化"。

古希腊罗马文化的产生绝不是偶然的。作为一种社会意识和观念，归根结底，它是被社会物质生活条件所制约的，是当时社会历史发展的产物。

首先，必须对古代的希腊和罗马有正确的地域观念。古代的希腊并不限于现今

---

① 黑格尔：《哲学史讲演录》第1卷，157页，北京，商务印书馆，1981。

称为希腊半岛的那一块地方。早在公元前一千多年之前,也就是在希腊奴隶制开始形成之时,希腊人就开始向外移民。往东,他们移民到了爱琴海诸岛并且扩展到小亚细亚沿海一带,而后甚至扩展到了黑海沿岸以远;向西,他们移民到了西西里、意大利南部以及现今的法兰西、西班牙的地中海沿岸地区。所以,西方史书一般把古代希腊世界分为东西两部分。东部希腊包括希腊半岛、爱琴海诸岛以及小亚细亚沿海地区;西部希腊则包括西西里、意大利南部以及法兰西、西班牙沿岸。值得注意的是,古希腊经济和文化的繁荣正是从希腊人在东西方的殖民地区特别是从东方的小亚细亚沿海地区开始的。同样,古代的罗马也不仅限于现今的意大利半岛。经过长期的扩展,它囊括了环绕地中海的全部土地,远远超过了希腊的范围。古罗马思想文化的形成与发展受古希腊思想文化的影响较大。古罗马的思想文化则是古希腊思想文化的继续,是一脉相承的。出现这种情况不是偶然的,而是与古希腊罗马政治历史的演变密切联系的。

大约在公元前 11 世纪至公元前 8 世纪之间,希腊开始了从原始氏族社会向阶级社会的过渡。这一时期的主要史料是古希腊的西部史诗《伊利亚特》和《奥德赛》。传说史诗作者是一位盲诗人荷马,因此这一时期也称之为“荷马时代”。公元前 8 世纪至公元前 6 世纪,古希腊社会生产力有很大发展,铁器使用日益普遍。原始氏族制度已经瓦解,氏族贵族占据愈来愈多的土地和财富,并且把大批的战俘变为奴隶,普通氏族则流亡破产,沦为小农或奴隶。工商业的发展更加速了阶级的分化,终于形成了奴隶制国家。古希腊各地出现的奴隶制国家是以一个城市为中心,包括附近若干城镇的小国,叫做“城邦”,即城市国家。这种奴隶制历史上称之为城邦奴隶制。在古希腊遍布着许许多多这样的城邦。下面提到的雅典、斯巴达、米利都等便是其中有名的一些城邦。到公元前 5 世纪,希腊城邦奴隶制经济蓬勃发展,在打败波斯帝国的侵略战争(公元前 499—前 449)后,雅典取得了海上霸权,为奴隶制经济开辟了广阔的市场和充足的财源。公元前 5 世纪中叶伯利克里统治时代(公元前 443—前 429),可以说是古希腊城邦奴隶制的极盛时期。此时,经济呈现繁荣局面,学术文化也有很大成就,所谓“古典文化”很多就是在这一时期创立的。但是,公元前 5 世纪末,雅典和斯巴达之间爆发了一场绵延 27 年的战争(史称伯罗奔尼撒战争)。战争以雅典惨败而告终。从此雅典一蹶不振,斯巴达虽然赢得了胜利,但它的霸权也未能维持多久。城邦奴隶制开始走向衰落。公元前 4 世纪中叶,希腊各邦已处于分崩离析的状态,陷于严重的危机。公元前 338 年,希腊北方兴起的马其顿王国征服了希腊各邦,并且在马其顿王亚历山大率领下向外扩张,建立了地域庞大的奴隶制帝国,但不久又分裂为几个独立的王国。公元前 2 世纪中叶,希腊又被罗马所征服(公元前 146 年),于是整个希腊世界就被并入罗马的版图之内。

罗马原是意大利半岛上的一个奴隶制小城邦,公元前 3 世纪初统一了整个意大利半岛。从公元前 3 世纪中叶到公元前 2 世纪中叶,罗马在西部地中海地区和迦太基发生了三次大战(史称“布匿战争”),在东部地中海地区又和马其顿、叙利亚进行战争。公元前2世纪末，罗马先后打败这些国家，征服了东西地中海地区。到公元前1世纪末，罗马形成一个地跨欧、亚、非三洲的奴隶制大帝国，其版图远远超过马其顿帝国。罗马奴隶社会的历史一般分为两个时期：公元前6世纪末（公元前510年）到公元前27年，为奴隶制共和时期；从公元前27年起，为奴隶制帝国时期。公元395年罗马帝国分裂为东西两部分。公元476年，西罗马帝国灭亡，欧洲奴隶社会宣告结束。

古希腊罗马奴隶社会的基本阶级代表是奴隶和奴隶主。他们之间的矛盾是当时主要的社会矛盾。这种矛盾和斗争贯穿于整个奴隶社会的始终。还有小农、手工业者、商人等下层自由民和奴隶主统治者之间以及奴隶主内部不同阶层和集团之间的矛盾和斗争。此外，希腊各城邦之间、希腊和波斯之间的矛盾和斗争也错综复杂、此起彼伏。

古希腊罗马的奴隶制是一种极其残酷的剥削制度。但是，古代奴隶制社会的出现是人类社会发展合乎规律的必然趋势，是历史的进步。正如恩格斯所说："只有奴隶制才使农业和工业之间的更大规模的分工成为可能，从而为古代文化的繁荣，即为希腊文化创造了条件。没有奴隶制，就没有希腊国家，就没有希腊的艺术和科学；没有奴隶制，就没有罗马帝国。"①作为西方文化之源的古希腊罗马文化就是在这样的条件下产生、发展起来的。

2.2.2 西方文化的起源

希腊文明的发源地是爱琴海中的克里特岛。克里特文化是英雄时代神话史诗的历史原型，克里特也是奥林匹斯山众神的诞生地。克里特文化规定着希腊文明的基本精神。克里特岛的一期文化遗存表明，最早登临克里特岛的是一支亚洲人。随后，地中海种族人、南欧人和北欧大陆人先后在这里创造了灿烂繁荣的古代文明。多种族的交往，使克里特文化具有两种突出特征：其一，它有着不同来源的文化彼此综合的特征；其二，它有海商贸易留下的多样性的文化特征。

居住在克里特岛的居民与地中海沿岸的不同部族曾有过频繁的商业交往。地下发掘物证明，这种交往是克里特岛居民生存的主要物质手段，也就是说，他们以商业的方式与社会交往获得物质生活的生存条件。恩格斯曾说，简单的商品经济是天然的平等派。故而这种条件正是产生"平等"观念、"民主"观念的天然土壤。

如果比较一下《摩奴法典》和曶鼎铭中关于财产所有权转移的规定，就可以看到古代社会不同民族在财产交换时必须履行的烦琐的和严格的礼仪程序不同。这些规定包括手势、套语和对本族之神盟誓②。古代罗马法在没有充分汲取希腊文明精神之前也曾有过同样的情况，一个契约的合法性来自它所依附的庄严仪式。由此不难

---

① 恩格斯：《反杜林论》，178页，北京，人民出版社，1973。

② 梅因：《古代法》，176～179页，北京，商务印书馆，1996。

推断，在宗法原则对财产交换有决定意义的时代，作为部族的整体生存条件，海商贸易决不会带来经济繁荣。因为一个部族如果不准备履行另外一个部族所固有的要式行为程序的话，贸易就不能进行。个别意义上的交换，当然可以用“冒充”血缘身份或客人的身份进行，但是当商业贸易要求突破个别规模时，相邻部族各自固守宗法，势必会阻碍经济的发展。

如果说冲破宗法原则的束缚已经成为经济发展的客观要求的话，那么实现这一变化的主观条件已经具备。正像在长期的实物交换中抽象出了一般等价物的观念一样，大量重复的财产交换行为，也蒸馏出了一般的交换原则。与各式各样人种、部族的长期贸易交往，使海商民族终于发现，财产交换之间各族所共有的程序，就是货、款、付三要素。无论有多么复杂的要式行为规定，财产交易的成立最终归结为一定的货物及一定的仿款(或实物)和彼此给付。这一发现给部族内部的财产流转法则投入了最初的公平曙光。而当部族内部的财产交换也表现出一般公平精神时，“宗法拟制”的解体时代就将来临了。从财产交换这一种具体制度出发，人们会看到不同种族的所有传统习俗中，都存在着一般的共通的要素。相当于各式各样的刑罚而言，存在着一般的惩罚；相对于各式各样的争论而言，存在着一般的裁决；相对于各种各样管理方式而言，存在着一般的管理和服从。而这共通要素正是决定某一方面准则的关键。它们并没有完整地表现在任何一个部族的习惯里，而是融入各部族的传统习俗中。所以结论非常清楚：在各种现行的世俗法则以外，还存在着一种一般的法则。世俗法则只是一般法则的部分，也可能是一般法则的扭曲。一般法则最初被认为来自神祇，随后则降至人间，认为来自一般的正义和公理。

古代希腊法律的宗法原则——“公平”的神之意志的理性发展历程，在罗马法中再一次重演。在罗马人传统的习惯法中，把庄严的仪式作为合法行为的唯一要件。梅因叙述说，在财产流转时，即便存在威胁或欺诈的因素，只要礼仪的仪式正确进行了，财产便有效转移。由于自然质精神的影响，一个又一个特殊的契约逐渐从庄严的仪式中分离出来。公平作为被法学家有机会观察到的各种让与方式中的唯一共同要素，就被订为民法中的一种制度，或是所有国家“所共有法律”的一项规定……“下民法”就是规则和原则的集合物，当希腊的‘自然法’被适用于罗马的‘所有国家共有法律’的实践中的时期”，法律最终所关心的只有两个要素，即公平与真诚①。

法律所规定的行为准则来自公平，那么法律为实现准则而进行的强制，当然也来自公平。法律的强制权最初被认为来自神授，例如海西德奥在《工作与时日》中说：“奥林匹斯山众神之首宙斯把法律作为最伟大的礼物赐予了人类。”但是，希腊神话的宙斯，并不是哪一个氏族的祖先，因此在神面前人是平等的。神赐法律给整个人类，从命题的模式上可以看出。它意味着在所有人(包括君主)之外，存在着一种主持法定秩序的力量。后来，法律强力的来源被认为是一般的“公平”与“正义”，即法以公平

---

① 梅因：《古代法》，31～33页，186～191页，北京，商务印书馆，1996。

正义的名义制裁违法者，反之，追求公平和正义的行为则不受法律强制。在索福克勒斯的悲剧《安提戈涅》中，描写了安提戈涅违反国王的禁令，去埋葬自己的兄弟。安提戈涅的行为虽然违反了克里奥国王的法令，但却追求着公理和正义，而她认为这种一般公平具有最高权威："它们不属于今天也不属于昨天，生命是永恒的。我不怕任何人的愤怒，也蔑视神的报复——为了保卫这些。"[①]从这里可以看到，一个被要求普遍遵行的法令以及根据这个法令做出的判决，首先要接受"公平"尺度的衡量。并不是来自强权的法令就具有公正属性，就被人们遵行；相反，只有与"永恒"的公平相契合的法律，才有真正的效力。因此海西奥德的诗歌写道："法律乃是建立在公平基础上的一种治安秩序。"[②]亚里士多德、塞尔苏士、乌尔比安，都曾宣告法对公平正义关系的从属性[③]。

法对违法者的强制权力源于法之外的公平正义，这一个命题的模式表现在西方各种法学理论中。这种"公平正义"在自然法学派则为"天赋人权"，在神学法学派则为"神的意志"，在康德为道德命令，在黑格尔为"绝对理念"，马克思则将它解释为"统治阶级物质生活条件"。总之，西方法学思想绝少认为强权即是法律。相反，由于权力的行使必须与抽象存在的一般公平正义结合，因此权力必须获得有效的法律形式并通过法律的监督和制约才是正当的。再者，由于一般公平正义对于每一个人的普遍适用性，也导致了权利主体个别化的合理运动。个体权利的主张受一般公平理性的支持，较快地瓦解了家族本位的财产制度及个人与个人之间的利益。按所谓"不害他人，各得其所"的准则构成契约关系，而且在"不害他人"的前提下，人们自由意志有相当宽广的行使领域。人与人之间的社会关系呈现出多样性。对这些关系进行调整的准则必须符合公平原则，并通过民众的"普遍意志"形式来表现这种要求，所以各种社会关系的构成准则主要由法律来规定，由此形成以法律为基础的社会秩序。

以上所述乃西方的文化、民主、平等、法治之起源。以下所论乃西方文化最高成就——科学之起源。

黑格尔曾说："水性使人通，山性使人塞；水势使人合，山势使人离。在西半球的北温带濒海形成了一个大陆，正如希腊人所说，有着一个广阔的胸膛。"[④]在地中海沿岸，通过海商贸易而形成了地中海文化，被称为"海洋型"文化。这一文化孕育出了西方文化中的科学。

古希腊罗马位于欧洲大陆的东南部与南部，濒临地中海、黑海，而地中海又通过直布罗陀海峡与大西洋相通，通过苏伊士运河、红海与印度洋相通，具有便利的海上运输条件。而作为其国土主体的希腊半岛、意大利半岛多崎岖山地，平原较少，河流

---

① 《安提戈涅》，边码 450。

② 《法理学—法哲学及其方法》，第 9 页。

③ 《各派法理学评价文集》，第 32～33 页。

④ 黑格尔：《历史哲学》，第 124 页。

短小，土坡贫瘠，不适宜农业耕种。但其海岸线曲折，多天然优良港湾，古希腊人、罗马人在这种地理环境下很早就利用海洋优势，发展工商业与海上贸易，同时积极向外扩张领土。根据历史唯物主义基本原理，地理环境、物质资料的生产方式、人口因素是物质生活条件的组成成分，而物质生活条件决定人们思想文化观念的产生及其内容和性质。地理环境作为物质生活条件之一，对社会发展的推动作用是通过影响物质资料的生产方式而实现的。这种推动作用在科学技术不发达的古代社会尤其显著。古希腊罗马的地理环境使古希腊罗马人没有尽力发展农业经济，而是因地制宜地发展了工商业与海上贸易。工商业与海上贸易作为简单商品经济的主要内容是古希腊罗马国民经济之主体。商品经济主要由商品生产与交换构成。商品生产与交换的典型特征即是互通有无，打破时空限制向外寻求发展。古希腊罗马人在向外部世界的不断探索过程中，养成了对这种寻求过程及其结果进行知识性计算的惯性，而这种计算过程直接导致了西方文化中科学的产生与发展。西方文化中的科学在经历了短暂的中世纪（与中国相比较而言）后，在文艺复兴时期，随着"地理大发现"、"新航路的开辟"而日益蓬勃发展，进入了近代西方科学技术的阶段。

3 中西文化的发展

3.1 中国文化的进化

3.1.1 先秦诸子文化

春秋战国时期是中国社会由奴隶社会向封建社会转变的时期。此时，奴隶制的经济基础在瓦解，封建制的经济基础在形成中。经济状况的巨大变化反映到政治上来：周王室衰微，诸侯迭起，连年混战，先后出现了齐、晋、宋、秦、楚五个强大的诸侯国——春秋五霸与齐、楚、燕、韩、赵、魏、秦——战国七雄。这些诸侯国为了统一中原，互相征讨，出现了中国历史上第一次大分裂、大动荡时期。经济、政治的变动引起了思想领域的大争论，形成了诸子蜂起、百家争鸣的思想格局。这些思想派别主要有儒家、道家、墨家、法家、阴阳家、名家、农家、兵家、纵横家等九家，现分述如下。

3.1.1.1 儒家文化

1. 儒与儒家

《汉书·艺文志·诸子略》言："儒家者流，盖出于司徒之官，助人君顺阴阳、明教化者也。游文于六经之中，留意于仁义之际，祖述尧舜，宪章文武，宗师仲尼，以重其言，于道最为高。孔子曰：'如有所誉，其有所试。'唐虞之隆，殷周之盛，仲尼之业，已试之效者也。然惑者既失精微，而辟者又随时抑扬，违离道本。苟以哗众取宠。后者循之，是以五经乖析，儒学浸衰，此辟儒之患。"这是《汉书·艺文志·诸子略》对儒学的精辟概括。

儒，"从人需声"①。儒字的形旁说明儒是一种人。被称做儒的是些什么人呢？

① 引自《说文解字》。

这个问题初看起来似乎不难回答，凡属于孔子所建立的儒家学派的人都叫做儒，但实际上问题并不这么简单。首先，儒不是孔子建立儒家学派以后才存在的；其次，孔子建立儒家学派之后，也不是只有属于这个学派的人才被称做儒。除了儒家之外，历史上还有儒家学派建立之前的儒和儒家学派建立后儒家之外的儒。

先说儒家学派建立之前的儒。《周礼·天官》云："儒以道得民。"郑玄注云："儒，诸侯保氏有六艺以教民者。"贾公彦疏云："诸侯师氏之下又置一保氏之官，不与天子保氏同名，故号曰儒。"按《周礼》及其注疏的说法，儒在西周初年就已存在了，其地位在诸侯师氏之下，为诸侯保氏。为了与天子之保氏区别，不称保氏而称儒。儒身通礼、乐、射、御、书、数，并以此教民。但是《周礼》可能是一部伪书，书中所说的儒也可能事实上并不存在。不过《周礼》中的儒存在与否，不影响儒家学派建立之前确实存在儒这一结论。孔子说："女为君子儒，毋为小人儒。"[①]如果原来没有儒的话，孔子是不会这样说的，正像世界上还没有飞行员的时候，一个人不会嘱咐儿子要做一个好飞行员，不要做坏飞行员。儒家学派建立之前的儒是些什么样的人，暂且不谈，留待下文。

下面谈谈儒家学派建立后儒家之外的儒。儒家学派建立于春秋末期，此后，儒家之外的一些人在很长一段时期内仍然被称之为儒。这些人士包括医卜星相以及求仙炼丹追求长生不老之流，即方术之士。所以《说文解字》释儒为"术士之称"。把方术之士叫做儒，在汉代文献中屡见不鲜。例如，王充在《论衡·谈天篇》引这样一段话："共工与颛顼争为天子不胜，怒而触不周之山，使天柱折，地维绝。女娲销炼五色石以补苍天，断鳌足以立四极。天不足西北，故日月移焉；地不足东南，故百川注焉。"这段文字中，"女娲销炼五色石以补苍天，断鳌足以立四极"，见于《淮南子》的《览冥训》，其余见之《天文训》。据《汉书·淮南衡山济北王传》说，刘安招致宾客方术之士数千人，著内外书及中篇，言神仙黄白之术。《览冥训》和《天文训》的这两段话，显然即是刘安所招揽来的术士之言，但王充把这两段话连缀在一起，亦称为"儒书言"。这个例子说明"儒"这个词至少在汉代时并不是为儒家专用，它涵盖的内容极杂。

总之，儒不光指儒家。儒家建立之前有儒，其建立之后儒家之外还有儒。例如，史书记载的秦始皇"焚书坑儒"，这个儒字就不是专指儒家，其中不少是方术之士。这一点可从《史记·秦始皇本纪》中得到证明。据此记载，方士卢生向秦始皇献长生方，后害怕骗术暴露受惩而潜逃。秦始皇屡遭术士如韩终、徐市等欺骗，早对这些人不满，闻知此事大怒，坑犯禁者四百六十余人。这些人中诚然也有儒家者流，但事由术士而起，被坑者多数当为术士。

儒不光指儒家，这是历史事实，但必须承认，儒主要指儒家。什么是儒家？这个问题也不易回答。这是因为儒家是中国建立最早、延续最久的一个学术派别，用早期儒家的思想特点来概括儒家，就会瞻前不顾后，反之亦然。同时儒家又是一个内部分

---

① 《论语·雍也》。

化十分严重的学派，既有唯物主义者（如荀子、张载、王夫之），又有唯心主义者（如孟子、董仲舒、朱熹）；既有进步思想家和改革家（如王安石、康有为），也有保守甚至反动的政治家（如曾国藩）；既有爱国主义者（如文天祥），也有投降卖国的败类。以某一个人或某一分支学派概括儒家，把儒家说成是唯心、保守、卖国，或相反说成是唯物、进步、爱国则都会以偏概全、顾此失彼。

但儒家并非没有共性，近代学者对此做过不少探讨，但多经不起推敲。笔者认为司马谈《论六家要旨》和刘向《七略》对儒家的界定比较准确地概括了儒家的特点。《论六家要旨》说："儒者博而寡要，劳而少功，是以其事难尽从，然其序君臣父子之礼，列夫妇长幼之别，不可易也。"《七略》也说："儒家者流，盖出于司徒之官，助人君顺阴阳，明教化者也。游文于《六经》之中，留意于仁义之际，祖述尧舜，宪章文武，宗师仲尼，以重其言，于道最为高。"儒家的共性可以归纳如下几点：

①以孔子为共同的思想宗祖；

②有共同学习和遵循的经典（早期儒家的经典为《五经》，即《诗》、《书》、《礼》、《易》、《春秋》。后来，《论语》、《孟子》亦被列为经典，与《礼记》中《大学》、《中庸》二篇合称为《四书》）；

③提倡礼教，强调人伦，维护宗法等级制度，即司马谈所说"序君臣父子之礼，列夫妇长幼之别"；

④以仁义等为主要道德规范，故韩愈说"仁与义为定名，道与德为虚位"，"斯吾所谓道也，非向所谓老与佛之道也"[①]（③、④两条在汉代被概括为"三纲五常"，维护"三纲五常"是儒家的重要思想特征之一）；

⑤憧憬圣人为帝王的三代，主张仁政，提倡圣王之治，即所谓"祖述尧舜，宪章文武"，后来这一思想被概括为"内圣外王"；

⑥助君主明教化，提倡经世济民，反对隐遁。

把这些综合在一起，就是儒家的共性，也是儒家区别于其他学派而独具的学派特征。凡是具有这一特征的无论哲学上是唯物还是唯心，无论政治上进步还是保守，无论爱国还是卖国，都是儒家。具有这一思想特点而学无大成的称为儒生、儒者；具有这一思想特点而后来投笔从戎和以医为生的则称为儒将、儒医；具有这一思想特征，后来未从事学术，却在诗词歌赋上有所成就的，则史册上儒林有传。

分析一下司马谈所说的六家，可以发现古代学派的命名有三类：

①以思想命名，如阴阳家、名家、法家、道家四家皆是；

②以创始人姓氏命名，如墨家；

③儒家的命名。

儒家的命名很特殊，儒不代表儒家的思想，也不是儒家创始人的姓氏。儒家之所以被称为儒是因为发源于儒。前文曾说过儒家建立之前儒就存在，这个儒就是儒家

---

①　韩愈：《原道》。

的源头。因此下面探讨这种儒是些什么人以及儒家学派是怎样从这些人中产生出来的,即儒向儒家转化的问题。

在先秦的著作中,儒被称为"儒士",可见儒是士的一种。士是什么人呢?原来的士是中国宗法奴隶制中一个特定的等级,在天有十日、人有十等的等级社会里,士属于"食田"者即贵族,不过它在贵族中是最低的,其上还有卿大夫、诸侯、王及天子。士的衣着器物必须严格遵守礼的规定,比如士只能戴白鹿皮的帽子,死后"棺再重"。士对上面的等级有着牢固的从属关系,必须"策名委质"于更高等级中的某一人,终生不渝。因此士没有人身自由和独立人格。这种士姑且称为"老士"。儒所属的士不是这种士,而是在春秋社会大动荡中出现的士,为叙述方便,称之为"新士"。"新士"并不是从"老士"演化来的,二者的社会属性有木质的不同。其不同表现如下:

①"新士"不是宗法等级制度下一个特定的等级,因此衣着器物不必按礼的规定,例如孔鲤死后便"有棺而无椁",不是"棺再重";

②"新士"虽服侍贵族,但人身并不依附于所事之人,有较多的人身自由,可以择贤而事,"事其大夫之贤者",如果宾主不合,可以拂袖而去,另择贤主;

③"新士"不是"食田"者,不靠世田世禄为生,而以自己的知识技艺为谋生手段;

④"新士"有较充分的人身自由,从而也有独立的意志和思想。

春秋时,由于社会动荡,宗法关系有所松动,但基础没有从根本上动摇,它还顽固地束缚着社会各个等级。"新士"却是例外。他们基本上挣脱了宗法关系的束缚,成为有独立人格的人,正是这一点使他们成为孕育先秦诸子百家的社会土壤。由于超越了宗法群体意识,具有自我意志和思想,他们有可能对自己所掌握的并赖以谋生的知识技艺(如历数、刑法、礼乐)加以反思,建立层次更高的理论。

儒就属于这个"新士"阶层。他们与"新士"中其他人的区别在于儒所掌握的是礼乐知识,而其他人或精通历法,或精通刑名,或长于口辩。儒就凭借所掌握的礼乐知识替贵族富人相礼为生。早年曾"学儒者之业"的墨子曾对儒的生活做过极为生动的描述:儒家用繁琐的礼乐诱惑人们,用延长丧期假装悲哀欺骗父母。他们夏天去乞讨粮食,五谷收割以后,就去帮办丧事,子孙都跟着,得以足吃足喝,帮完几起丧事,就足以达到目的了。他们靠别人的钱财生活,仗着别人的产业养尊处优。富人有丧事,他们就高兴地说:"这可是衣食的来路啊!"

不过儒对礼乐知识的掌握还仅限于具体的规范,仅仅知道婚礼有哪些仪式和规矩,却不知道礼中的道理。也就是说,他们只知之其然而不知其所以然。但是掌握礼乐知识为进一步把握礼乐的道理准备了条件。只要历史条件成熟,儒之中就会有人出来在掌握礼乐知识的基础上经过反思,将其提升为理论。

孔子就是承担起这一历史任务的儒。孔子生活在具有深厚礼乐文化传统的鲁国,儿童时代便以演礼为戏。由于勤奋好问,成年后,他的礼乐知识十分渊博,不但博得乡党的称赞,而且贵族(如孟僖子)也很钦佩。但是孔子不以掌握礼乐规范为满足,他以"朝闻道,夕死可矣"的精神追求道。有的学者怀疑孔子"问礼于老聃"的真实性,笔者认为此事是真。老子是第一个把道作为最高哲学范畴而加以探讨的人。年轻的孔子向老子求教不是不可能的。不过,孔子的“问礼”不是问礼的具体规定,而是问礼中抽象之道。通过问道,特别是通过对自己所掌握的礼乐知识的反思,他初步建立起关于礼的理论。

孔子的礼的理论包括礼的社会作用、礼的因革、礼的文质关系和礼的本质等等。孔子对这些问题都做出初步的论述,特别是对礼的本质即仁,论述得颇为详细。礼的理论不同于礼,其根本区别在于礼是具体的规范,而礼的理论则通过反思将隐藏在礼的深层的道亦即礼的本质揭示出来。二者的区别一如法哲学之于法。礼的理论是儒所掌握的礼乐知识的升华。它的诞生标志着儒学的建立。

孔子通过设坛讲学把他初步建立的礼的理论传授给向他学礼的儒。接受孔子思想的儒与原来的儒相比也发生了两点质的变化。一是知识层次上的变化。接受孔子思想的儒不再以懂得礼仪规定为能事,他们还要进一步探究礼的底蕴。二是人生观的变化。原来的儒以谋生为目的,而接受孔子礼的理论的儒,其人生目的不限于此。“君子谋道不谋食”。他们认为,以谋生为目的的儒只是小人之儒,君子应以谋道为人生目的。“女为君子儒,毋为小人儒”。孔子这句话的实质就是教导弟子们不要执著地追求衣食,要把追求个人道德的完善和治国安民之道作为人生的目标。这两点明显的变化标志儒家学派的诞生。

儒学产生后不久取得了“显学”的地位。汉武帝时期,儒学又被定为一尊,成为长达两千多年的中国封建社会的统治思想,儒则成为封建专制统治者的助手。“助人君”、“明教化”是儒的最主要的社会职能。

2. 孔子

孔子名丘,字仲尼,生于公元前551年(周灵王20年,鲁襄公22年),死于公元前479年(周敬王30年,鲁哀公16年),鲁国陬邑(今山东省曲阜县境内)人。

孔子学说代表改良主义的中派,为儒家的开山祖师。其学说着重人事方面,而力崇周代的文献,所以孔子说:“周监于二代,郁郁乎文哉!吾从周。”①

周代以前的文献,至周公始集大成。清代学者章学诚在《文史通义》中说:“自有天地而至唐、虞、夏、商,迹既多,而穷变通久之理亦大备。周公以天纵生知之圣,而适当积古留传道法大备之时,是以经纶制作,集千古之大成;则亦时会使然,非周公之圣制能使之然也。”唯其如此,所以孔子极崇拜周公。《淮南子要略》谓“孔子修成、康之道,述周公之训”,司马迁《史记·自序》谓“周公卒五百岁而有孔子”,都是说孔子能继周公之业。孔子自己也说:“如有用我者,吾其为东周乎?”②

孔子既崇周公,而周公之学在于六艺,所以孔子亦以六艺教人。孔子对于传统的学术,既如此尊重,从而对于传统的信仰,也就持守旧的态度。对传统信仰中的“天”

---

① 《论语·八佾》。

② 《论语·阳货》。

与“命”,孔子是深信不疑的,这一点他与老子不同。《论语》中言天之处,如:“子见南子,子路不悦。夫子矢之曰:‘予所否者,天厌之!天厌之!’”“颜渊死,子曰:‘噫!天丧予!天丧予!’”“子曰:‘不怨天,不尤人,下学而上达,知我者其天乎’。”

《论语》中言命之处,如:“孔子曰:‘君子有三畏,畏天命,畏大人,畏圣人之言。’”“伯牛有疾,子问之,自牖执其手,曰:‘天之命矣夫!斯人也而有斯疾也!斯人也而有斯疾也!’”虽然如此,孔子对于鬼神,却有特别的见解,如:“祭如在,祭神如神在。”① “季路问事鬼神,子曰:‘未能事人,焉能事鬼?’曰:‘敢问死。’曰:‘未知生,焉知死?’”②从这些论述来看,更知道孔子是个改良主义者,所以他虽然“不语怪力乱神”,却仍不敢反对天命。

孔子既以继周公为职志,所以他的政治理想亦不出乎周代的封建政治。这一点,又和老子有不同之处。

现以记录孔子言行的儒家经典《论语》为主,就孔子的学说分述如下。

(1)一贯之道

孔子一生事业,就在修己治人二者。而统摄这二大事业的,就是一贯之道。“‘赐也,女以予为多学而识之者与?’对曰:‘然,非与?’曰:‘非也,予一以贯之。’”③“‘参乎,吾道一以贯之。’曾子曰:‘唯’。子出,门人问曰:‘何谓也?’曾子曰:‘夫子之道,忠恕而已矣。’”④。照曾子的解释,一贯之道,便是“忠恕”两个字。曾子这个说法,是否确当,姑不置论,但是,通观孔子的言论,可以把一贯之道分作两项来说,即中庸与仁。孔子很尊重中庸,所以说:“中庸之为德也,其至矣乎!民鲜久矣。”⑤“不得中行而与之,必也狂狷乎?”⑥“君子中庸,小人反中庸。君子之中庸也,君子而时中。小人之中庸也,小人而无忌惮也。”“天下国家可均也,爵禄可辞也,白刃可蹈也,中庸不可能也。”⑦。此外又说:“国之为人也,择乎中庸。”“君子依乎中庸。”“中立而不倚。”“执其两端,用其中于民。”“知者过之,愚者不及。”不胜枚举。并且《洪范》也尊重中庸,孔子祖述先王之教,自然也尊重中庸。所谓一贯之道,便含有中庸的意思,因为这种中庸之道不偏不倚,无过之不及之弊,很与孔子的改良主义相合。这里所谓中庸,是就道的形式来说。至于就道的内容,就是个“仁”字。上面说过,孔子的事业,在于修己治人,在政治上而言便是治人,在伦理上说便是修己。这二者都不能离开“仁”。就政治而言就是仁政,所以说:“如有五者,必世而后仁。”⑧这种仁政,是从上而下,在于施恩

---

① 《论语·八佾》。
② 《论语·先进》。
③ 《论语·卫灵公》。
④ 《论语·里仁》。
⑤ 《论语·雍也》。
⑥ 《论语·子路》。
⑦ 《中庸》。
⑧ 《论语·为政》。

泽于民,是儒家政治的中心。就伦理上言,仁就是爱人。《论语·颜渊》云:“樊迟问仁,子曰:‘爱人’。”这“爱人”是本于忠恕之道而来的。曾子谓:“夫子之道忠恕而已矣。”朱熹解释为“尽己之谓忠,推己之谓恕。”这解释很扼要。所以《论语》上也说:“居处恭,执事敬,与人忠。”“夫仁者,己欲立而立人,己欲达而达人,能近取譬,可谓仁之方也已。”“己所不欲,勿施于人。”由此可见,孔子所谓爱人,是推己及人的爱,是孟子所谓“老吾老以及人之老,幼吾幼以及人之幼”的爱。儒家之尊重人,由此可见了。以上系就仁之对人的方面而言。至于对己,则所谓仁,不外以下三个含义:首先,“克己复礼为仁”,此言克己为仁;其次,“刚毅木讷近仁”,此言厚重为仁;再次,“仁者不忧”,“仁者寿”,此言悦乐为仁。

综上所述,足见孔子之所谓一贯之道,实不外中庸与仁两者,列表如下:

- 道
  - 治人(政治的)
  - 修己(伦理的)
  - 一贯
    - 中庸
      - 政治的
      - 伦理的
    - 仁
      - 政治的——由上而下的仁政
      - 伦理的
        - 对他
          - 忠
          - 恕
        - 对己
          - 克己
          - 厚重
          - 悦乐

(2)孝悌

如上所述,孔子之道,实以中庸与仁为本,而仁之本则为爱。然孔子之思想,未尝离开家族主义。他实欲以家族主义的道德,而谋当时社会之改革。此种思想,正是家长式的农业经济之反映。他既以家族主义的道德为改革社会的工具,所以特重孝悌。他认为孝悌就是为政。《论语·为政》:“或谓孔子曰:‘子奚不为政?’子曰:‘《书》云:孝乎!惟孝友于兄弟,施于有政,是亦为政,奚其为为政!’”有子更衍其义,而认为孝悌为仁之本,其言曰:“其为人也孝弟,而好犯上者,鲜矣;不好犯上,而好作乱者,未之有也。君子务本,本立而道生。孝弟也者,其为仁之本與!”①孔子这样重孝悌,后来到曾子竟把孝视为一切道德之本,而成为国人行动的不二规范。

(3)政治论

孔子的政治论,可分为以下三项。

首先,是从上而下的政治。这一点,在上面已经略略说过。现在还得详细说明。这从上而下的政治,就是从家长制度脱胎出来的。家族的家长如果能正,则一家人也能正。推而至于国,亦何莫不然。所以只要在上位的能正,在下的臣民也就无不正了。故《论语》云:“政者,正也。子帅之以正,孰敢不正?”“其身正,不令而行。其身不正,虽令不从。”“苟正其身矣,于从政乎何有?不能正其身,如正人何?”“上好礼,则民

① 《论语·学而》。

莫敢不敬。上好义，则民莫敢不服。上好信，则民莫敢不用情。”所以，他的政治又是人治主义。《论语》又云：“子欲善，而民善矣。君子之德风，小人之德草，草上之风必偃。”

其次，以德为治之本。孔子之道，既以仁为本，其政治，又为德治主义。《论语·为政》言：“为政以德，譬如北辰，居其所而众星拱之。”“道之以政，齐之以刑，民免而无耻；道之以德，齐之以礼，有耻且格。”

再次，正名主义。孔子的政治理想，在于实现东周家长制的封建政治。但他在世时，这种政治已经崩坏了。孔子目击这个情形，很为愤慨。在《论语》中，可以找到他愤慨的情形：“孔子谓季氏，八佾舞于庭，是可忍，孰不可忍也。”“三家者，以《雍》撤。子曰：‘相维辟公，天子穆穆，奚取于三家之堂！’”“唯名与器，不可以假人。”“天下有道，则礼乐征伐，自天子出。天下无道，则礼乐征伐，自诸侯出。”唯其天下无道，他就力求天下有道。要求天下有道，不得不正名分。《论语》载：“子路曰：‘卫君待子而为政，子将奚先？’子曰：‘必也正名乎？……名不正，则言不顺。言不顺，则事不成。事不成，则礼乐不兴。礼乐不兴，则刑罚不中。刑罚不中，则民无所措手足。故君子名之必可言也，言之必可行也。君子于其言，无所苟而已矣。’”“齐景公问政于孔子，孔子对曰：‘君君，臣臣，父父，子子。’公曰：‘善哉！信如君不君，臣不臣，父不父，子不子，虽有粟，乌得而食诸？’”他这种正名分，就是要严格等级，重礼法。他以为果能如此，则天下未有不治。

3. 孟子

孔子之后，儒家有孟子、荀子两位大师。孟子名轲，战国邹（今山东邹县）人，其生卒年无详考，约生于公元前372年（周烈王4年），约死于公元前289年（周赧王26年）。相传是鲁国贵族孟孙氏之后，幼年家贫，曾有随母三迁的故事。孔子之志在于继周公之业，孟子之志则在于继孔子之业。所以，他说：“昔者禹抑洪水而天下平，周公兼夷狄、驱猛兽而百姓宁，孔子成《春秋》而乱臣贼子惧。……我亦欲正人心，息邪说，距诐行，放淫辞，以承三圣者，岂好辩哉？予不得已也。”①孔子以六艺教人，孟子亦以六艺教人；孔子崇周制，孟子亦“遵先王之法”，而言仁政。以下就《孟子》七篇，分述其学大概。

(1)性善

性善是孟子学说的中心。当时人似乎很重视性的问题，所以《孟子·告子篇》记载论性的，共有三派。告子曰：“性无善无不善也。”或曰：“性可以为善，可以为不善。”……或曰：“有性善，有性不善。”孟子的答复是：“乃若其情，则可以为善矣，乃所谓善也。若夫为不善，非才之罪也。恻隐之心，人皆有之；羞恶之心，人皆有之；恭敬之心，人皆有之；是非之心，人皆有之。恻隐之心，仁也；羞恶之心，义也；恭敬之心，礼也；是非之心，智也。仁义礼智，非由外铄我也，我固有之也，弗思耳矣。故曰：求则得之，舍

① 《孟子·滕文公下》。

则失之。或相倍蓰而无算者，不能尽其才者也。”又曰：“富岁，子弟多赖，凶岁，子弟多暴，非天之降才尔殊也，其所以陷溺其心者然也。”

孟子在论性时，提出一个“才”字(“才”与“材”同义)，所以朱熹说：“才犹材质，人之能也。”这个才，就是本质。他认为人的本质，都具有善的可能性，都有恻隐之心、羞恶之心、恭敬之心、是非之心。《孟子·公孙丑》篇把此四者名为四善端，不过把恭敬之心易作辞让之心而已，其余皆同。所以说：“非由外铄我也，我固有之也。”至于人之所以为不善，却是由于“不能尽其才”，由于“陷溺其心”。

人的本质，既同具善端，所以《孟子》又云：“人皆可以为尧舜。”“圣人与我同类。”“何以异于人哉？尧舜与人同耳。”“舜何人也，予何人也，有为者亦如是。”孟子言民本主义，即以此为根据。

既言性善，则必然的结果就要归到先天的良知良能论。所以《孟子·尽心上》云：“人之所不学而能者，其良能也；所不虑而知者，其良知也。孩提之童无不知爱其亲者，及其长也，无不知敬其兄也。亲亲，仁也；敬长，义也。”明代学者王阳明的良知说，即祖述于此，而略有变更。

(2)五伦

孔子未尝言五伦，至孟子始评述五伦的道理。他本于《尧典》上的五教而立论。《孟子·滕文公上》言曰：“人之有道也，饱食煖衣，逸居而无教，则近于禽兽。圣人有忧之，使契为司徒，教以人伦：父子有亲，君臣有义，夫妇有别，长幼有序，朋友有信。”后三伦不用详说，只说重要的前二伦。先说父子有亲。上面说过，中国文化特重家族主义，而家族的道德，又以孝悌为本。孟子亦信仰此传统的道德。《孟子·告子下》言曰：“尧、舜之道，孝悌而已矣。”至于孝道方面，首先孟子主张顺乎亲。《孟子·离娄上》曰：“不得乎亲，不可以为人；不顺乎亲，不可以为子。”后来所谓“天下无不是底父母”，便以此为根据。其次，言孝必如曾子之养志。《孟子·离娄上》说：“曾子养曾皙，必有酒肉；将彻，必请所与。问有余，必曰‘有’。曾皙死。曾元养曾子，必有酒肉；将彻，不请所与；问有余，曰‘亡矣’。将以复进也。此所谓养口体者也。若曾子，则可谓养志也。事亲若曾子者，可也。”再次，事亲必以礼。《孟子·滕文公上》引曾子之言曰：“生事之以礼，死葬之以礼，可谓孝矣。”这正是孔子所谓“无违”的注脚。最后，言孝则不当绝祖先之祀。《孟子·离娄上》说：“不孝有三，无后为大。舜不告而娶，为无后也。君子以为犹告也。”所谓不孝有三就是：阿意曲从，陷亲不义；家贫亲老，不为禄仕；不娶无子，绝先祖祀。孟子言孝，以无后为大，实由于重视家族主义而来。

其次言君臣有义。孟子批评杨朱、墨翟，说：“无父无君，是禽兽也。”又推孔子的正名分，说：“世道衰微，邪说暴行有作，臣弑其君者有之，子弑其父者有之。孔子惧，作《春秋》。春秋，天子之事也。是故孔子曰：‘知我者，其惟《春秋》乎？罪我者，其惟《春秋》乎！’”《孟子·滕文公下》又说：“孔子成《春秋》，而乱臣贼子惧。”由此看来，足见孟子也重视君臣之分。虽然，孟子言性善，而侧重于万人同具善端之说，所以他力主平等，而流为民本主义的思想。故《孟子·尽心下》曰：“民为贵，社稷次之，君为轻。

是故得乎丘民，而为天子。”《孟子·离娄上》曰：“桀、纣之失天下也，失其民也。失其民者，失其心也。得天下有道，得其民，斯得天下矣；得其民有道，得其心，斯得民矣。”惟其以民为本，所以孟子言君臣之分，有与孔子不同之处。他说：“君之视臣如手足，则臣视君如腹心。君之视臣如犬马，则臣视君如国人。君之视臣如土芥，则臣视君如寇雠。”①“君有大过则谏，反覆之而不听，则易位。”②但是，此民本主义亦非孟子所发明。上古之时，所谓“天视自我民视，天听自我民听”的传统思想，即孟子民本主义之所自本。唯其以“天命”、“天意”为主，故此民本主义决非后世的民主主义。

(3)仁义

孟子言德，有仁、义、礼、智四者，而尤着重于仁义。故孟子对梁惠王言利，则曰：“王何必曰利，亦有仁义而已矣。”何谓仁义？孟子说：“仁，人心也；义，人路也。”“仁，人之安宅也；义，人之正路也。旷安宅而弗居，舍正路而不由，哀哉！”由此看来，“居仁由义”便是做人之理。《孟子·离娄上》说：“仁之实，事亲是也；义之实，从兄是也；智之实，知斯二者弗去是也；礼之实，节文斯二者是也；乐之实，乐斯二者。”观此，更知孟子之特重仁义。

(4)存养

孟子曰：“学问之道无他，求其放心而已矣。”又曰：“存其心，养其性，所以事天下。”观此，可知孟子之重视存养。孟子言存养，可分两方面述之。

首先，消极的存养法。其一在于寡欲。《孟子·尽心下》言：“养心莫善于寡欲。其为人也寡欲，虽有不存焉者，寡矣。其为人也多欲，虽有存焉者，寡矣。”其二在于存夜气。《孟子·告子上》云：“虽存乎人者，岂无仁义之心哉？其所以放其良心者，亦犹斧斤之于木也，旦旦而伐之，可以为美乎？其日夜之所息，平旦之气，其好恶与人相近也者几希。则其旦书之所为，有牿亡之矣。牿之反覆，则其夜气不足以存；夜气不足以存，则其违禽兽不远矣。人见其禽兽也，而以为未尝有才焉者，是岂人之情也哉？”最后在于思。《孟子·告子上》云：“耳目之官不思，而蔽于物。物交物，则引之而已矣。心之官则思，思则得之，不思则不得也。此天之所与我者。”

其次，积极的存养法。第一在于扩充。《孟子·公孙丑上》曰：“凡有四端(仁义礼智)于我者，知皆扩而充之矣。若火之始燃，泉之始达。”第二在于养气。孟子言养气，似乎注意于肉体与精神的关系。《孟子·公孙丑上》言曰：“夫志，气之帅也。气，体之充也。夫志至焉，气次焉。故曰：持其志，无暴其气。既曰：志至焉，气次焉。又曰：持其志，无暴其气。’者，何也？曰：志壹则动气，气壹则动志也。今夫蹶者趋者，是气也，而反动其心。”他所谓志，便是精神作用；所谓气，似乎是从肉体方面而言。观上所引用的一段，便知精神支配着肉体，而同时肉体也影响精神。他本于这一点，主张养气为存养的方法。养气到达完善的境界，便是浩然之气。什么是浩然之气？《孟子·公

---

① 《孟子·离娄下》。

② 《孟子·万章下》。

孙丑上》曰:“其为气也,至大至刚,以直养而无害,则塞于天地之间。”浩然之气,即是基于性善而产生的无所畏惧的一种精神状态。至于养浩然之气的方法,《孟子·公孙丑上》云:“其为气也,配义与道;无是,馁也。是集义所生者,非义袭而取之也。行有不慊于心,则馁矣。……必有事焉,而勿正,心勿忘,勿助长也。”果能至此地步,则“居天下之广居,立天下之正位,行天下之大道,得志,与民由之,不得志;独行其道。富贵不能淫,贫贱不能移,威武不能屈:此之谓大丈夫。”①

(5)仁政

孟子言仁政,是从他的性善学说而来的。性既善,所以“人皆有不忍人之心”,“以不忍人之心,行不忍人之政”,就是仁政。仁政就是王政。《孟子·公孙丑上》言:“以力假仁者霸……以德行仁者王。”以下分述其行仁政的方法和仁政的内容。

首先是行仁政的方法。孟子行仁政的方法与孔子相同,也是由上而下的人治主义。其言曰:“君之守,修其身而天下平。”“君仁莫不仁,君义莫不义,君正莫不正。”“惟仁者宜在高位。不仁者在高位,是播其恶于众也。”惟其如此,所以他注重分工的原则。《孟子·滕文公上》曰:“或劳心,或劳力;劳心者治人,劳力者治于人。治于人者食人,治人者食于人。”至于其治民的方法,则是“劳之,来之,匡之,直之,辅之,翼之,使自得之”。果真如此,便可以化民成俗,其结果,“民日迁善而不知为之者”。但是,如前所言,孟子力崇民本主义,故其言治,虽有劳心劳力之分,然治者阶级,要皆以民意为准。《孟子·离娄上》言:“所欲,与之聚之;所恶,勿施尔也。”既以民意为准,则一切反于人民利益的设施,都应予以反对。《孟子·梁惠王上》云:“‘杀人以梃与刃,有以异乎?’曰:‘无以异也。’‘以刃与政,有以异乎?’曰:‘无以异也。’曰:‘庖有肥肉,厩有肥马,民有饥色,野有饿莩,此率兽而食人也。兽相食,且人恶之;为民父母,行政,不免于率兽而食人,恶在其为民父母也?’”由此看来,为君者必得顺民意以尽君道,否则,便不叫做人君。所以《孟子·梁惠王下》有这样一段:“齐宣王问曰:‘汤放桀,武王伐纣,有诸?’孟子对曰:‘于传有之。’曰:‘臣弑其君,可乎?’曰:‘贼仁者谓之贼;贼义者谓之残。残贼之人,谓之一夫。闻诛一夫纣矣,未闻弑君也。’”

其次,是仁政的内容。孟子的仁政,是他理想的政治。他认为行仁政的第一要着,就是“制民之产”。《孟子·梁惠王上》云:“……明君制民之产,必使仰足以事父母,俯足以畜妻子;乐岁终身饱,凶年免于死亡。”要“制民之产”,他就主张实行土地国有的井田制度。“方里而井,井九百亩,其中为公田。八家皆私百亩,同养公田。”②“五亩之宅,树之以桑,五十者可以衣帛矣。鸡豚狗彘之畜,无失其时,七十者可以食肉矣。百亩之田,勿夺其时,八口之家,可以无饥矣。”③但是,因为“饱食、暖衣、逸居

① 《孟子·滕文公下》。

② 《孟子·滕文公上》。

③ 《孟子·梁惠王上》。

而无教，则近禽兽”。所以又“谨庠序之教，申之以孝悌之义”①。仁政到了这个地步，则人民自然就“死徙无出乡，乡田同井。也入相友，守望相助，疾病相扶持，则百姓亲睦”②。

4. 荀子

荀子名况，字卿，又称孙卿。战国末期赵国（今山西南部）人，生卒年不详。他的政治、学术活动年代大约在周赧王 17 年（公元前 298 年）到秦王政 9 年（公元前 238 年）之间。荀子的著作在汉代抄录流传有 300 多篇，其中大多是重复的。经过刘向校勘，定为 32 篇，相当于现今流传的《荀子》一书。

荀子是战国末期儒学大师，在齐国、楚国、秦国、赵国等地积极进行过政治、学术活动。这些国家进入封建制度较早，有法家和道家的思想传统。例如，齐国有管仲学派，秦有商鞅学派，楚有老、庄道家，而燕赵多悲歌之志，有任侠的风尚。这在学术上为荀子综合先秦诸子文化提供了条件。荀子立足于儒家，吸取道、墨、名、法特别是道家和法家的思想，对儒家文化进行了改造和充实，别开一代新学风，而成为先秦集大成的文化思想家。现就《荀子》一书，述其文化思想梗概。

(1)天论

孔子言天，为主宰的天；孟子有时亦言主宰的天。孟子曰：“仁或使之，止或尼之，行止非人所能也。吾之不过鲁侯天也，臧氏之子，焉能使予不遇哉?”荀子则不然，而以自然释天，此或受老、庄的影响。《荀子・天论》云：“天行有常，不为尧存，不为桀亡。应之以治则吉，应之以乱则凶。强本而节用，则天不能贫。养备而动时，则天不能病。循道而不贰，则天不能祸。”此言天与人事无关。《荀子・天论》又云：“列星随旋，日月递炤，四时代御，阴阳大化，风雨博施，万物各得其和以生，各得其养以成，不见其事而见其功，夫是之谓神。皆知其所以成，莫知其无形，夫是之谓天。惟圣人为不求知天。”此言天之变化，都是自然运行，其何以致此之故，虽圣人亦不求知。惟其不求知，所以特重人事。《天论》又言：“若夫心意修，德行厚，知虑明，生于今而志乎古，则是其在我者也。故君子敬其在己者，而不慕其在天者；小人错其在己者，而慕其在天者。”

当时“营于巫祝，信机祥”，所以荀子以自然释天，力排当时的宿命学说以及对于天变之迷信的解释。其言详见《天论》，兹不赘述。荀子又作《非相》，以斥相法。

(2)性恶

孟子言性善，荀子则言性恶。《荀子・性恶》言：“人之性恶，其善者伪也。”然而何谓性，何谓伪?《荀子・性恶》云：“不可学，不可事，而在人者，谓之性。”《荀子・正名》言：“生之所以然者，谓之性。”《性恶》言：“可学而能，可事而成之在人者，谓之伪。”《正名》言：“心虑而能为之动，谓之伪。虑积焉，能习焉，而后成，谓之伪。”如此，则性与伪

---

① 《孟子・梁惠王上》。
② 《孟子・滕文公上》。

又有什么关系呢？《荀子·礼论》言曰："性者，本始材朴也。伪者，文理隆盛也。无性则伪之无所加，无伪则性不能自美。性伪合，然后圣人之名。"性与伪之关系既明，请进而何谓善恶。《性恶》曰："凡古今天下之所谓善者，正理平治也；所谓恶者，偏险悖乱也。是善恶之分也已。"观此，我们可知，荀子主张以行为的结果去判断善恶，而不是以行为的动机去判断善恶。但人为何而为恶呢？则以性为恶故。《性恶》云："今人之性：生而有好利焉……生而有疾恶焉……生而有耳目之欲。"又云："目好色，耳好声，心好利，骨体肤理好愉佚，是皆生于人之性情者也。"惟其如此，所以用得着"伪"（"伪"与"为"通）。《性恶》云："故枸木必将待檃栝、烝、矫然后直，钝金必将待砻、厉然后利，今人之性恶，必将待师法然后正，得礼义然后治。……古者圣王以人之性恶，以为偏险而不正，悖乱而不治。是以为之起礼义，制法度，以矫饰人之情性而正之，以扰化人之情性而导之也。"

荀子之性恶论的主要内容就是认为人生来就是自私自利的，自私自利是人之本性，为了防止基于自私自利的人际冲突，就要"化性起伪"，即通过"隆礼重法"来调整社会关系，维护社会秩序。

(3)礼乐

荀子既言性恶而重人为，而"矫饰人之情性而正之，以扰化人之情性而导之"的工具，便是礼乐。《荀子·礼论》言："礼起于何也！曰：人生而有欲，欲而不得，则不能无求；求而无度量分界，则不能不争；争则乱，乱则穷。先王恶其乱也，故制礼义以分之，以养人之欲，给人之求。使欲必不穷乎物，物必不屈于欲，两者相持而长，是礼之所起也。故礼者，养也。……君子既得其养，又好其别。曷谓别？曰：贵贱有等，长幼有差，贫富轻重皆有称者也。"《荀子·大略》云："贵贵、尊尊、贤贤、老老、长长，义之伦也。行之得其节，礼之序也。"此言礼之起源，而其作用在于"分"、"别"与"序"。《荀子·乐论》："夫乐者，乐也，人情之所不能免也，故人不能无乐。乐则必发于声音，形于动静，而人之道，声音、动静、性术之变尽是矣。故人不能不乐，乐则不能无形，形而不为道，则不能无乱。先王恶其乱也，故制《雅》《颂》之声以道之，使其声足以乐而不流，使其文足以辨而不諰，使其曲直、繁省、廉肉、节奏足以感动人之善心，使夫邪污之气无由得接焉。……故乐者，所以道乐也。金石丝竹，所以道德也。……故乐者，治人之盛者也。"此言乐之起源，而其作用，在于涵养节制人的情欲。

(4)政治论

荀子言政治，很有精到之处，分述如下。

首先，是社会之组织。社会之所以组成，就因为"人生不能无群"。如果能群，结成社会组织，便能应付外界。《荀子·王制》曰："力不若牛，走不若马，而牛马为用，何也？曰：人能群，彼不能群也。……和则一，一则多力，多力则强，强则胜物，故宫室可得而居也。"人类为着应付自然界而团结成群，但是一群之中，如果杂乱无章，则依然不足以应付自然界，所以进而又言各守其份。《荀子·富国》云："人之生，不能无群，群而无分则争，争则乱，乱则穷矣。"既要各守其份，于是不得不采分业之制。《富国》

云:“故百技所成,所以养一人也。而能不能兼技,人不能兼官,离居不相待则穷,群而无分则争。穷者患也;争者祸也,救患除祸,则莫若明分使群矣。”

其次是国家之成立。荀子认为国家成立的要素有四,即土地、人民、法制、君主。《荀子·致士》云:“无土则人不安居,无人则土不守,无道法则人不至,无君子则道不举。故土之与人,道之与法也者,国家之本作也;君子也者,道法之总要也。”四者之中,土地、人民用不着多说。现在先言法制。荀子所谓礼,本来含有政治的与伦理二义。因此,所谓“道法”,就是政治的礼,也就是法制。《荀子·王霸》云:“国无礼则不正。礼之所以正国也,譬之犹衡之于轻重也,犹绳墨之于曲直也,犹规矩之方圆也。”他把礼比做衡,比做绳墨与规矩,所以礼含有法制之意。惟其如此,故治国必以礼。《荀子·议兵》云:“礼者,治辨之极也,强国之本也,威行之道也,功名之总也。”《荀子·强国》言:“人之命在天,国之命在礼。”既以礼为治国之本,则对违礼者必有罚,所以又论到赏罚。《荀子·王制》曰:“王者之论,无德不贵,无能不官,无功不赏,无罪不罚。朝无幸位,民无幸生。尚贤使能,而等位不遗。析愿禁悍,而刑罚不过。百姓晓然,皆知夫为善于家,而取赏于朝也;为不善于幽,而蒙刑于显也。夫是之谓定论。”“赏重者强,赏轻者弱;刑威者强,刑侮者弱。”①他这样重赏罚,以及主性恶学说,后来对韩非有很大影响。其次请言君主。《荀子·君道》中言君主之职分曰:“君者何也?曰:能群也。能群也者何也?曰:善生养人者也,善班治人者也,善显设人者也,善藩饰人者也。善生养人者人亲之;善班治人者人安之;善显设人者人乐之;善藩饰人者人荣之。四统者俱而天下归之,夫是谓能群。”虽然,荀子亦尝言:“君者仪也,仪正而景正;君者槃也,槃圆而水圆;君者盂也,盂方而水方。”②荀子所言之政,仍不失儒家从上而下的政治之主张。

再次是民政。国家既已成立,则对民政的设施当如何?《荀子·王制》曰:“王者之等赋、政事,财万物,所以养万民也。田野什一,关市几而不征,山林泽梁以时禁发而不税,相地而衰政,理道之远近而致贡,通流财物粟米,无有滞留,使相归移也。四海之内若一家。”观此,荀子与孟子所言仁政,实大同小异。

3.1.1.2 道家文化

形成于春秋战国时代的许多学派,都有思想文化上的渊源及其演变、发展的历史。班固《汉书·艺文志》考察各派源流时指出:“儒家者流,盖出于司徒之官(掌管教育之官);阴阳家者流,盖出于羲和之官(掌管法律之官);名家者流,盖出于礼官;墨家者流,盖出于清庙之守(掌管宗庙之官)。”而他认为道家学派则“盖出于史官,历记成败存亡祸福古今之道,然后知秉要执本,清虚以自守,卑弱以自持”,此君人南面之术也。“合于尧之克攘,《易》之嗛嗛,一谦而四益,此其所长也。及放者为之,则欲绝去

---

① 《荀子·议兵》。

② 《荀子·君道》。

礼学，兼弃仁义，曰独任清虚可以为治”。人们公认老子是道家学派的创始人。《史记·老庄申韩列传》亦言“老子者，……姓李氏，名耳，字聃，周守藏室之史也”。说明道家的这位创始人确曾做过史官。史官之职的设立是统治者积累政治经验的需要：“古之王者，世有史官，君举必书，所以慎言行，昭法式也。”①史官制度的产生是很早的。起初巫史不分，后来随着社会的发展，二者逐渐离异，终至各有专司。史官因为记事、记言，熟悉历史事实，兼通天文、历谱诸事，故有丰富的知识和较高的智慧，自然最可能成为有概括能力的思想家。

1. 老子

作为道家创始人，老子著有五千言之《道德经》，即《老子》。现就其思想分述如下。

(1)道

对于“天”的信仰，在春秋时代便已动摇，至老子更彻底地反对“天”。他说：“天地不仁，以万物为刍狗。”老子不信“天”，于是提出一个“道”来作为宇宙万物“所以如此”的原理。他说：“道生一，一生二，二生三，三生万物。”“有物混成，先天地生。寂兮寥兮，独立而不改，周行而不殆，可以为天下母。吾不知其名，字之曰‘道’，强为之名曰‘大’。”这种“道”，并不是有意识的，只是自然如此，所以又说：“大道氾兮，其可左右，万物恃之而生而不辞，功成不名有，衣养万物而不为主。”“人法地，地法天，天法道，道法自然。”

(2)无为

老子既重自然，所以他认为宇宙万物都符合“独立而不改，周行而不殆”的道理，既用不着天来主宰，也用不着人的安排。惟其如此，所以他又主张无为的人生哲学，曰：“见素抱朴，少私寡欲，绝学无忧。”“众人熙熙，如享太牢，如登春台。我独泊兮，其未兆，如婴儿之未孩；累累兮，若无所归。众人皆有余，而我独若遗。我愚人之心也哉！沌沌兮！俗人昭昭，我独昏昏；俗人察察，我独闷闷。澹兮其若海，飂兮若无止。众人皆有以，而我独顽似鄙。”其政治哲学是：“民之难治，以其上之有为，是以难治。”“我无为而民自化，我好静而民自正，我无事而民自富，我无欲而民自朴。其政闷闷，其民醇醇；其政察察，其民缺缺。”惟其如此，所以他的乌托邦(英文 utopia)就是：“小国寡民，使有什伯人之器而不用，使民重死而不远徙。虽有舟车，无所乘之。虽有甲兵，无所陈之。使民复结绳而用之。甘其食，美其服，安其居，乐其俗。邻国相望，鸡狗之声相闻，民至老死不相往来。”

(3)方法论

老子的“道”与“无为”固然是他的学术思想的根本，但他的方法论却更重要。他的方法论，似乎是辩证的。辩证法的展开，在《周易》中已经显现了。老子方法论的辩证法的展开，或者受了《周易》的暗示，从而形成了《周易》之“刚健”辩证法与老子“贵

① 《汉书·艺文志》。

柔”辩证法两大传统。

司马谈在《论六家之要旨》中，就已无意地指出了老子方法论中的辩证法。其言曰：“道家……其为术也……与时迁移，应物变化。……指约而易操……事少而功多。……道家无为，又无不为。其术……无成势，无常形，故能究万物之情。不为物先，不为物后，故能为万物主。有法无法，因时为业；有度无度，因物与合。故曰：‘圣人不巧，时变是守。’”司马谈这段话已指出辩证法的两个观念：一个是变动流转的观念，一个是对立的融合。《老子》中的这两个观念是：“天地之间，其犹橐龠乎？虚而不屈，动而愈出。”天地就是阴阳对立的代表符号。他用乐器的空管比这阴阳相摩相荡的形相；说它本身虽空洞无物，但动起来可以出许多声音。这个“动”，便是宇宙万物的来源。这就是老子以“动”来解释万物变化的方法。

其次，是对立的融合。他说：“道生一，一生二，二生三，三生万物。”他所谓“一”就是阳的象征，“二”就是阴的象征，“一”、“二”对立，融合为“三”。“三”生出来以后，其自身又是一个“一”，更有一个“二”与之对立，其融合又是“三”。如此正反相合，生出万物。以下就他所说，分类述之，以示其辩证法的意味：“天下皆知美之为美，斯恶已；皆知善之为善，斯不善已。故有无相生，难易相成；长短相形，高下相倾；音声相和，前后相随。”“唯之与阿，相去几何？善之与恶，相去何若？”“名与身孰亲？得与亡孰病？”“祸兮福之所倚，福兮祸之所伏。”“曲则全，枉则直；洼则盈，敝则新；少则得，多则惑。”“飘风不终朝，骤雨不终日。”这些言论中的“善恶”、“有无”、“祸福”、“难易”、“长短”、“枉直”等诸对立的关系，以明示诸对立的相互转换。“天下之至柔，驰骋天下之至坚。”“天下莫柔弱于水，而攻坚强者莫之能胜。”“将欲歙之，必固张之；将欲弱之，必固强之；将欲废之，必固兴之；将欲夺之，必固与之。”“不自见，故明；不自是，故彰；不自伐，故有功；不自矜，故长。夫惟不争，故天下莫能与之争。”“知其雄，守其雌，为天下蹊。……知其白，守其黑，为天下式。……知其荣，守其辱，为天下谷。”“以其终不自大，故能成其大。”“甚爱必大费，多藏必厚亡。”“是以欲上民，必以言下之；欲先民，必以身后之。”“夫惟病病，是以不病。”此以“柔坚”、“强弱”、“兴废”、“夺与”、“雌雄”、“荣辱”、“先后”诸对立的相互转换，以明处世为人之道。

“天下多忌讳，而民弥贫。民多利器，国家滋昏。人多伎巧，奇物滋起。法令滋彰，盗贼多有。”“五色令人目盲，五音令人耳聋，五味令人口爽，驰骋田猎令人心发狂，难得之货令人行妨。”“道常无为而无不为。侯王若能守之，万物将自化。化而欲作，吾将镇之以无名之朴。”“民之难治，以其上之有为，是以难治。”“民之轻死，以其求生之厚，是以轻死。”“我无为而民自化，我好静而民自正，我无事而民自富，我无欲而民自朴。”老子在此以“无为有为”的对立关系，以阐明治世治人之道。

了解了老子的方法论，然后才可以明白老子的政治哲学中所谓无为而无不为，然后才可以明白老子的人生哲学中所谓知白守黑，然后才可以明白老子之所谓愚人乃是“大智若愚”之愚，然后才可以明白老子的乌托邦乃是“大文明若野蛮”的社会。老子方法论的重要，也在于此。

2. 庄子

(1)庄子和《庄子》

庄子(约公元前369—前286),名周。战国时期宋国蒙(在今河南商丘东北)人,曾做过管漆园的小吏,生活比较艰苦,向别人借过钱。现存的《庄子》又名《南华真经》。此书分为内篇、外篇、杂篇。许多学者考证认为,内篇是庄周自己的作品,外篇和杂篇是庄周的学生或后学的作品。只有个别人持相反的意见。全书思想比较一致,可以认为这是先秦庄子学派的思想总汇。

《庄子》一书上承《老子》,下启《淮南子》,在中国思想界有广泛深远的影响。《庄子》在先秦是著名的一家,汉代集体编撰的《淮南子》深受庄子的影响。魏晋时代,《庄子》与《周易》、《老子》成了当时玄学家的经典,称为"三玄"。到了唐朝,儒、道、释三教鼎立。《庄子》是道教的重要典籍,庄子被称为南华真人,书也改名为《南华真经》。唐宋以后,许多文人都受《庄子》的影响,如李白、苏东坡、曹雪芹。现代的大思想家、大学者对《庄子》的评价也特别高。鲁迅说《庄子》"其文则汪洋辟阖,仪态万方,晚周诸子之作,莫能先也。"①《庄子》思想丰富,是先秦第一流著作。顾颉刚说:"在战国时代里,《庄子》是最高的哲学表现,《楚辞》是最高的文学表现。"②

(2)《庄子》之思想文化

在人生观方面,《庄子》是很有特色的。现在举几个例子来说明。《史记·老子韩非列传》中记载:楚威王听说庄周很有学问,派人带着"千金"去请他出来做"卿相"。庄周笑着对楚国使者说:千金,待遇不低;卿相,官也不算小。但是你就没有看见祭祀用的牛吗？养它几年,又给它披上花布,然后送入大庙牺牲做祭品。这时,它想当自自在在的小猪也不行了。你快走吧,别玷污了我,我宁可在污泥中自由生活,也不愿意为帝王们所束缚。我一辈子不当官,按自己的志愿生活。同样思想还出现于《庄子》一书的其他篇章。庄子在《达生》中将自己比做彘(猪),在《秋水》中比做神龟,在《列御寇》中比做牺牛。庄子在这里表现了不与统治者合作的态度。他认为统治者是卑鄙的,所谓"彼窃钩者诛,窃国者为诸侯,诸侯之门而仁义存焉,则是非窃仁义圣知邪?"盗窃国家权力的人当诸侯。诸侯家有仁义,大概也是盗窃来的。为统治者卖力的人,庄子也是鄙视的。宋国人曹商为宋王出使秦国,回来时后面跟着100辆车,装载着秦王送给他的财物。曹商很神气,见到庄子,说什么自己不善于受穷,只有发财的本事,挖苦庄子贫贱。庄子说:"秦王有病请医生,治疗一个疖疮,给一辆车;舔一下痔疮,给五辆车。越是卑下,干越低级的活,得车越多。你难道也给秦王治过痔疮,要不怎么会得这么多车呢？你真行呀!"③

在财物和感情方面,庄子明显的是重感情而轻财物。假国的林回逃难的时候,

---

① 鲁迅:《汉文学史纳要》,北京,人民文学出版社,1973。

② 顾颉刚:《〈庄子〉和〈楚辞〉中昆仑和蓬莱两个神话系统的融合》,载《中华文史论丛》,1979(2),32。

③ 《庄子·列御寇》。

“弃千金之璧，负赤子而趋”。他抛弃掉价值千金的璧，背着小孩跑。别人问：小孩不值钱，又重，璧玉又轻又值钱，为什么弃璧玉而背小孩呢？林回说，那是从利益上考虑，这是天生的骨肉亲情。庄子接着议论说，人与人由利益结合的所谓酒肉朋友，在危急时就不会相互关照。所以，“君子之交淡若水，小人之交甘若醴”。君子虽淡却很亲近，小人虽然表面上热情，而实际上却没有沟通感情，只是尔虞我诈，互相利用，各有稻粱谋。

庄子强调全身养生。他认为帝王的功业是不利于自己的生存的。为统治者卖力，就像用贵重的珍珠去弹射麻雀一样，花的代价大，而所得利益小。他认为自己的身体比帝王功业更重要。所以《庄子·让王》云：“虽富贵不以养伤身，虽贫贱不以利累形。”富贵人不要因过分享受而伤害身体，贫贱之人也不要为了多挣一点收入而去拼命，人首先要珍惜身体。俗话说：“撑死无怨，饿死凄凉。”贫贱者“以利累形”往往是被迫的，富贵者“以养伤身”则往往是自找的。有些皇帝妄想长生不死，四处寻觅仙丹来服，结果中毒而死。还有一些人过分享受，也伤害生命，在枚乘《七发》和《吕氏春秋》中都有这方面的精彩论述，可以作为《庄子》“以养伤身”的注疏。

为了保全身体，庄子反对仁义。他认为仁义是“残生损性”的，破坏人的自然本性。他主张“任其性命之情”①，随心所欲，任其自然。“长者不为有余，短者不为不足。”所以，“凫胫虽短，续之则忧；鹤胫虽长，断之则悲。”②就是说，长的并非多余，短的也不是不够，一切都要顺其自然。如果一定要改变它，那就会破坏自然，损害本性。这不是圣人应该做的事。庄子认为，有些祸患是人们自招的。山上树木因为可以作建筑材料，所以经常被砍伐；油脂因为可口、点火照明，所以自己受煎熬；桂皮可以作调料，所以被破伐；漆有用，所以漆树被割了皮。有用的东西经常受摧残，而没有用的东西可以享尽天年。《庄子》多次举不成材的树为例，因为无用，所以能长寿，这叫“无用之用”③。对别人没有用，对自己起了保全生命的作用。当然，这也得具体分析。《庄子·山林》篇中开头就讲了这么一段故事：庄子在山中走，看见一棵大树，枝叶茂盛。伐木者在树下休息，也不砍它。庄子问他为什么不砍它，伐木者说“无所可用”。庄子对学生说：“这棵树因为没有用处，才得以终其天年。”庄子出山后，住在故人家里，主人叫仆人杀雁招待庄子。仆人请示：一只会叫，一只不会叫，杀哪一只？主人说杀不会叫的那只雁。第二天，学生问庄子：山中树，以不材活，主人的雁，以不材死。您该怎么办？庄子笑着说：“我将处于材与不材之间。”就是说要处于有用和无用之间，还要超越有用和无用，达到道德的境界。

对于养生，庄子有很好的见解。他说就像赶羊群一样，只要看哪一只羊落后了，就用鞭抽它。他举例说，鲁国有一个人叫单豹，善于保养，70岁了，脸色还像婴儿那

---

① 《庄子·骈拇》。

② 《庄子·骈拇》。

③ 《庄子·人世间》。

样红润。不幸遇到饿虎被吃了。另有一个叫张毅，到处活动，才 40 岁就得了内热病死了。他说："豹养其内而虎食其外，毅养其外而病攻其内。此二子者，皆不鞭其后者也。"[①]一个养内不注意外部防御，一个防外不注意养内，都不能长寿。所谓"鞭后而寿"就是缺什么补什么，就会享尽天年。缺的不补，不缺的乱补，只会害性夭折，不会全性长寿的。按现代说法，缺营养的补营养，缺运动的补运动。营养不缺的还乱补，缺运动的仍不运动，这怎么能长寿呢？为什么娇儿多不幸？原因就在这里。

对于生死，庄子认为，生要"安时"，死要"处顺"。庄子的妻子死时，他坐在那里"鼓盆中歌"[②]。他的朋友惠施感到不可理解。庄子说：开始也感到伤心，后来想，原来没有她，后来气变成了她，现在她死了，人又变成了气，不是就像四季变化那样自然更替吗？有什么可哭的呢？人的出生，就是气聚合成的，死后散为气。生死不断转化，对于死有什么可怕的呢？

总之，庄子的人生观、生死观就是以上这些内容。生死是气的聚散变化，只能顺其自然。活在世上，要完身全形，养生存性，精神自由，不要受名利仁义的束缚。有些人认为庄子这种人生观是虚无主义、消极厌世的。不过，其中有许多合理之处也是显而易见的。

在哲学方面，学术界认为他是相对主义，主要表现在"齐物我"和"齐是非"。齐就是一样的意思，我和物一样，是与非一样。他怎么证明这些对立的方面是同一的呢？

以上讲到人是气聚合成的，死后又回到气中，通天下只有一种气，所以，人和万物在是"气"这一点上是一致的。"自其同者视之，万物皆一也。"[③]人我是万物中之一物，自然也可以与物为一了。这就是"齐物我"的主要观点。他做梦变成蝴蝶，醒来后说，不知是庄周做梦变成蝴蝶，还是蝴蝶做梦变成庄周。他的"齐物我"的观点使对他自己的存在也产生了怀疑，这是典型的相对论观点。

庄子从"齐物我"推出"齐是非"，认为人和天地万物是平等的、同时存在的。那么，人们认为"是"，万物也认为"是"吗？人们所谓"非"，万物也以为"非"吗？不一定。例如，人在潮湿的地方睡觉会患腰痛病，甚至会半身瘫痪，泥鳅也这样吗？人在树上会害怕打战，猿猴也这样吗？人、泥鳅、猿猴，谁知道哪儿是最舒适的地方？各有所"是"。人的是非，是以人为万物的尺度，不是天下万物的共同是非。这叫"彼亦一是非，此亦一是非"[④]。以道观之，从道的角度（即超脱于万物的角度）来看，无所谓是非，只有各物自己的是非。同样道理，各个学派都有自己的一套学说，都有自己的是非。但这些也都不是天下公认的是非。有的人企图通过辩论来确定是非。庄子说：我与你辩，你胜了，难道真的就是你是我非？或者我胜了，就是我是你非吗？或者都

---

① 《庄子·达生》。
② 《庄子·达生》。
③ 《庄子·德充符》。
④ 《庄子·齐物论》。

是、均非？找个第三者来判断，他同意你的看法，难道你的看法就一定对了？他如果同意我的观点，难道我的观点就一定正确？这些是你我他都无法知道的。就是说，在百家争鸣的时代，辩论不能最后确定是非。虽然真理愈辩愈明，但却不能最后确定真理，判断是非。现在的说法是由实践来检验是非，实践不是一时一事所能完成的，实践是社会实践包括人类社会不断延续的无限实践。所以任何时代任何人都只能确定自己的是非，并不能确定天下的是非。另外，一个人的是非观也是会改变的，会随着时间、条件的变化而改变。例如，丽姬是戎国艾地人。晋国刚抢到她时，她痛哭流涕。后来她到晋国，跟国王同睡一张床，共吃山珍海味，生活如在天堂之上。她这时后悔以前的哭了。很显然，她的是非观念变了。从以上例子来看，庄子认为从道的角度看，无所谓是非；从万物和人来看，都有各自的是非，而这些是非总是相对的。这里包含很深刻的哲理。这种说法和现在的观点是一致的，即一切具体的真理(即在一定的时间、地点、条件下的真理)都是相对的，很难用相对论来批评他。中国儒家传统是"别墨白而定一尊"的经学传统，要求是非分得清清楚楚，然后确定一个至上权威，即经书，只许学习、遵循，不许研究、批评。这就压抑了许多思想，出现了"万马齐暗"的局面。

庄子思想中的思辨问题很多，也很深刻，对后人的思维有启迪作用。因此，不能因为他的一些观点是相对论而贬低其理论价值。孔子、墨子的理论很少论证，人称"独断论"。经过庄子的怀疑论、相对论的冲击，也受到诡辩论的挑战，儒学和墨学的真实可靠性产生动摇，所以后来的儒学开始重视论证，而后期墨家总结思维经验，建立最初的逻辑学。庄子的相对和怀疑的观点冲击了信仰、启迪了理性，对先秦的思维发展起了促进作用。

3. 道家管理思想

"治大国若烹小鲜"已成为众所周知的治世箴言。《老子》云："道尝无为，而无不为。""为无为，则无不治。"道学思想中包含着丰富的、高超的管理智慧，熟练掌握和运用它，则不失为成功之要道。

(1)道家的管理思想

《老子》云；"大道汜兮，其可左右。"此言道之体之至高至深，道之用之至宽至广。形而上者谓之道。通晓了道学管理之形而上者，即道学的管理哲学，方能领会道学管理的要旨与奥妙。

1)道家的管理原则

"道者，万物之奥。"言道之极贵，欲人知贵而求之也。"道"乃天道，天道为道学管理所遵循的根本原则。天道原则有以下三方面含义。

首先，天道原则是顺从自然的管理原则。《老子》云："道法自然。"道取法于自然，自然而然。道是宇宙大化的自然规律，它"先天地生"，"独立而不改"。《庄子·大宗师》曰："夫道，有情有信，无为无形；可传而不可受，可得而不可见；自本自根，未有天地，自固以固存；神鬼神帝，生天生地；在太极之先而不为高，在六极之下而不为深，先天地生而不为久，长于上古而不为老。”在道家看来，道是万物所遵循的客观法则，也是管理所应遵从的最高原则。“道恒无名”，“侯王若能守之，万物将自化。”管理应顺从天道，自然而然，背道而驰则不免失败。顺之则昌，逆之则亡。

“人法地，地法天，天法道，道法自然。”不唯道法自然，居“域中四大”之一的人同样也法乎自然，具有自然之性。管理要符合人的自然本性，去巧拙，去伪饰，不违背人性，不扭曲人性。“以道莅天下，其鬼不神；非其鬼不神，其神不伤人；非其神不伤人，圣人亦不伤人。夫两不相伤，故德交归焉。”人性为“朴”，为“无欲”，而不合天道的管理方法却以利益为香饵，以欲望为动力，驱使民众为名利奔走，因物累形。消费主义与技术异化盛行，即是不合天道的行为后果。“有天道，有人道。无为而尊者，天道也；有为而累者，人道也。”道学的管理则是使被管理者“甘其食，美其服，安其居，乐其俗”；同时，“去甚，去奢，去泰”，还认识到消费主义与技术异化对于被管理者的损害：“五色令人目盲；五章令人耳聋；五味令人口爽；驰骋田猎，令人心发狂；难得之货，令人心妨。”可以说，道学管理的天道原则是符合人性自然的指导原则。

其次，“天道”是与“人道”相对的管理原则。道家认为“人道”是反人道主义的，“天道”则是符合人道主义精神的。“天之道，损有余而补不足；人之道，则不然，损不足以奉有余。”道家要求管理者不与民争利。“民之饥，以其上食税之多，是以饥。民之难治，以其上之有为，是以难治。民之轻死，以其上求生之厚，是以轻死。”老子向那些整天忙忙碌碌、蝇营狗苟的管理者提出了一些值得深思的问题：“名与身孰亲？身与货孰多？得与亡孰病？”他告诫管理者：“甚爱必大费，多藏必厚亡”，不要横征暴敛，激起民愤，不然则人财难保，自掘坟墓。“故知足不辱，知之不殆，可以长久。”管理者应该知道“我无为而民自化，我好静而民自正，我无事而民自富，我无欲而民自朴”的道理。“圣人不积，既以为人己愈有，既以与人己愈多。天之道，利而不害；圣人之道，为而不争。”老子还指出：“天之道，其犹张弓欤！高者抑之，下者举之。有余者损之，不足者补之。”天道原则即是“以有余以奉不足”，追求“均富”的原则，反对以强凌弱、以众暴寡、弱肉强食和巧取豪夺。

道学管理的天道原则，既是管理的指导原则，也是管理实践的历史智慧。中国历代王朝的兴衰更替证明了这一点，世界各国的历代政治也证明了这一点。“水能载舟，亦能覆舟。”“得民心者得天下。”这是颠扑不破的真理。

最后，天道原则是最为高明的，同时也是最不易达到的管理原则。道学管理是自然而然的，符合人与世界的客观规律，不生硬、不勉强，没有一般管理所遗留的种种严重的“后遗症”。老子批评了那些“失道”的管理，“失道而后德，失德而后仁，失仁而后义，失义而后礼”。又云：“大道废，有仁义。智慧出，有大伪。六亲不和，有孝慈。国家昏乱，有忠臣。”大道不行，人们才求助于道德、仁义和礼治。老子主张“绝圣弃智，民利百倍。绝仁弃义，民复孝慈。绝巧弃利，盗贼无有”，坚决摒弃儒家的一套管理哲学。

从人类进化过程与实践效用衡量，各种管理思想可由低到高排列如下：

兵治—法治—礼治义治—仁治—德治—道治

道治一时难以实现，不得已而为兵、法、礼、义、仁、德之治。如我们能够精于道学智慧，实践道学的管理方针，则可革除积弊，解除痛苦，减少代价，成就万物。以天道原则为指导的道学管理乃最高、最好、最妙的管理。

2)道家的管理战略

“智者乐水，仁者乐山。”水具有许多特点，最体现道学管理的战略，故道学的管理也可称之为“水式”管理。

首先，“上善若水，水善利万物而不争。”这是水的第一个特点。水乃天下之至柔，却可驰骋天下之至坚，周流大地，无微不至，就似“庖丁解牛”，“以无厚入有间，恢恢乎，其于游刃，必有余地矣。”道学的上述思想也被兵家吸取，《孙子·虚实篇》：“夫兵形象水，水之行，避高而趋下，兵之形，避实而击虚。水因地而制流，兵因敌而制胜。故兵无常势，水无常形，能因敌变化而取胜者，谓之神。”如果管理活动也能够像水随势附形一样善于变化，因势利导，善于把握机遇，那么也可以做到“游刃有余”，左右逢源。

其次，“弱者道之用”，“天之道，不争而善胜”，水还有以柔弱胜刚强的特点。“天下莫柔弱于水，而攻坚强者莫之能胜。”弱可胜强，柔能克刚。水虽柔弱，但发起怒来，谁可阻挡？“激水之疾”，可“至于漂石”。中国最古的政府是因治理水患而建立的，人类至今仍为水患所侵扰。水最鲜明地体现了强弱转化的事物发展规律。

人们大都是不甘示弱的，道家却为何要人们以柔弱胜刚强的同时而自身不示刚强呢？老子讲了一番不示刚强的道理。“人之生也柔弱，其死也坚强。万物草木之生也柔脆，其死也枯槁。故坚强者死之徒，柔弱者生之徒。是以兵强则不胜，木强则折。强大处下，柔弱处上。”“飘风不终朝，骤雨不终日。”刚强者，缺乏韧性，不能为“韧的战斗”，适应性和生存能力差。再者，刚强者出人头地，为天下先，引人注目，更易遭受来自各方面的打击。老子指出；“曲则全，枉则直。”唯有甘于“处众人之所恶”，“不自现”、“不自伐”、“不自矜”，方能长久不衰。

柔弱胜刚强的思想在管理中屡见不鲜。战国时期，越国为吴国所灭。越王勾践被虏至吴国作仆役。勾践听从大臣范蠡的谋略，示弱于吴，暗地却卧薪尝胆，积蓄力量，最终打败居于刚强的吴国，传为千古美谈。可见，柔弱与刚强是可相互转化的。管理者当时刻保持水之柔性，不居于刚强，立于不败之地。

再次，水还有“海纳百川，有容乃大”的优点。“江海所以能为百谷王者，以其善下之，故能为百谷王。是以欲上民必以言下之，欲先民必以身后之。是以圣人处上而民不重，处前而民不害。是以天下乐推而不厌。以其不争，故天下莫能与之争。”谦虚使人进步，骄傲使人落后。管理者当虚怀若谷，不耻下问，善于学习，不择细流，切记“满则溢”。清代以后的中国，以“中央帝国”自居，奉行“闭关锁国”政策，使中国失去“海纳百川”的气魄和能力，致使国力衰微，沦为西万列强的殖民掠夺和压迫侵略对象，这即是一个十分深刻的历史教训。

道家是十分重视“容”的。老子云:“容乃公,公乃王,王乃天,天乃道,道乃久。”能容才能长久。一人一家如此,一邦一国也概莫能外。老子讲:“大国者下流。”意思是说,江海居大而处下则百川流之,大国居大而处下则天下流之包容万物、善待小国的态度。

最后,水式管理的可贵之处还在于,水体现了“反者道之动”的辩证法。道学思想中有着丰富的辩证法思想,对于水式的管理方略有着十分重要的价值。

老子云:“反者道之动。”管理中存在着许多相反相成的现象。“将欲歙之,必固张之。将欲弱之,必固强之。将欲废之,必固兴之。将欲夺之,必固与之。是谓微明。”这是一种十分高明的管理方略。采用与管理目标相反、似乎南辕北辙的方式,结果却出奇制胜地达到了目的。管理者要摆脱线性思维方式,认识到有时曲线比直线更短。

道学辩证法还要求管理者注意量变与质变的辩证法。“其安易持,其未兆易谋。其脆易泮,其微易散。为之于未有,治之于未乱。合抱之木,生于毫末。九屋之台,起于累土。千里之行,始千足下。”千里之堤,可以溃于蚁穴。因而管理者当具有敏锐的觉察力。及时发现事物发生、发展的征兆,有利者促之,不利者抑之,防微杜渐。“祸兮福之所倚,福兮祸之所伏。”明察秋毫,居安思危,未雨绸缪,是道学水式管理方略的必然要求。

道学辩证法还要求管理者在管理活动中不断创新,不断进取,不甘于守成。因为“物壮则老,谓之不道,不道早已。”事物发展到顶峰,便由盛转衰,走向没落。今日新,又日新,日日新,是长盛不衰的管理诀窍。

3)道家的管理目标

道学重“无为”,但凡管理,所强调的都是“有为”,这岂不冲突吗？毫不冲突！道学的管理目标是通过“无为”,最后实现“无不为”,其结果反而超过了“有为”。

“爱民治国,能无知乎?”“明白四达,能无为乎?”对于管理的目标或目的,道学是一清二楚的,决不肯因为强调无为而将此目的虚无化。我们可以用下式来表示道学管理的三个阶段:

有为(管理目标)—无为(管理手段)—无不为(管理效果)。

问题的关键在于如何通过“无为”而实现“无不为”的管理效果。答案是“无为而无不为,取天下常以无事。及其有事,不足以取天下。”“其政闷闷,其民淳淳。其政察察,其民缺缺。”世之管理者,或以智取天下,或以力为出发点。用智者,别人还之以智;用力者,别人还之以力。管理者与被管理者,“上有政策,下有对策”,“你有你的千条计,我有我的老主意”。锋芒毕露,反而为人识破,可谓“司马昭之心,路人皆知”。这就是不懂道学“无为”的结果,缺少道学“含蓄”的美德。“为无为,事无事,味无味,大小多少,报怨以德。”如果肯“图难于易,为大于其细”,其结果是“圣人不为大,故能成大”。“圣人后其身而身先,外其身而身存。非以其无私邪,故能成其私。”“圣人”的无为达到的恰是无不为。

道学“无为而治”的宗旨已受到企业界的重视。例如,日本人认为,当前世界经济竞争激烈，正符合在激荡的社会中需要一种弹性软化的管理方法予以周旋，所以老子的"无为而治"、"以柔克刚"的方法被日本企业界广泛应用。

企业管理如此，国家管理亦不例外。汉代的"文景之治"乃是中国古代历史上的一个黄金时期。汉文帝执政时，有一次他问起了政府的税收数字。右相周勃答不出来，急得汗流浃背。丞相陈平上前代答，说："各有主者。"意思是让文帝去问专管其事的人——治粟内史。文帝听后很不高兴，便问陈平：各事都各有所管，那你这宰相干什么？陈平便用道家的道理回答文帝："宰相者，上佐天子，理阴阳，顺四时，下遂万物之宜，外镇抚四夷诸侯，内亲附百姓，使卿大夫各得任其职也。"这就是历史上有名的"宰相职权论"。陈平贯彻的就是"无为而治"的思想，为上者不越权代理为下者应做的事，而是总其成而已，垂拱而治。

从以上实例中，我们可以窥见道学管理的宗旨："为无为，则无不治"，"不言之教，无为之益"以及"治大国若烹小鲜"，当属不虚之间。

(2)道学的管理策略

管理目标是通过管理策略来具体实施的。一定的管理策略也是相应的管理思想的体现。在中国历史上，老子、庄子等早期道家的哲学还不等于具体的管理政策，到了战国以后，道学思想在管理方面有了较为丰富的研究和运用。《管子》《吕氏春秋》、汉代陆贾的《新语》、贾谊的《新书》、淮南王刘安主编的《淮南子》等著作对此都有很好的总结，

《管子》一书主要是战国时代齐国稷下学宫的学者依托管子言论事迹而作的文章汇编，内容以法家为主，包罗万象，其中也随处可见"稷下黄老学派"的思想，是道家思想与法、儒、墨、兵等家思想的综合文献。《吕氏春秋》又名《吕览》，由秦国丞相吕不韦主持编写，从总体上看可以说是战国末期的道家著作。汉初统治者推崇黄老道术，思想家陆贾、贾谊的著作便反映了这一时期的道学思想。《淮南子》是好黄老之术的淮南王组织学者编写的，主旨上是道家著作。以上著作不同程度地反映了道学的管理思想与策略，是道学思想在管理上运用和实践的总结。实践证明，道学管理在历史上是非常成功的。例如汉代的"文景之治"、唐代的"贞观之治"和"开元盛世"，都是"清静无力"、"休养生息"的结果。

道学管理策略的核心在于"固本"，即以"天道"为原则，采用"水式"管理方略，通过"固本"的策略，实现"无为而治"的目标。何为"本"？本者，民也，人也。管子曾问齐桓公曰："君若将欲霸王举大事乎？则必从其本事矣。"桓公问管子："敢问何谓其本？"管子对曰："齐国百姓，公之本也。"对于齐桓公而言，"本"即是"齐国百姓"。汉代的贾谊也再三申明："民者，万世之本。"他告诫当政者："戒之哉！戒之哉！民为政本。"人(民)是管理的根本。

道学的固本策略包括三个重要方面，即民心、富民和人才。能够获得民心，笼络和选拔贤才，发展经济，藏富于民，则没有不成功的管理。所谓本，具体地讲就是民(民心)、经济和人才。

1)亲民策略

亲民策略也就是“得民心”的策略。人心、民心向背,是决定管理成败的关键因素。“心安是国安也,心治是国治也。治也者,心也;安也者,心也。”“夫为国之本,得天之时而为经,得人之心而为纪。”“得天时”非人力所及,“得人心”则是人事。“道之在天者,日也;其在人者,心也。”《管子》又云:“莅民如父母,则民亲爱之。道之纯厚,遇之有实,虽不言曰吾亲民,而民亲矣。莅民如仇雠,则民疏之。道之不厚,遇之无实,诈伪并起,虽言曰吾亲民,民不亲也。”《孙子兵法》亦言,为将者“视卒如婴儿,故可与之赴深溪;视卒如爱子,故可与之俱。”《吕氏春秋》也讲:“凡为天下、治国家,必务本而后末。所谓本者,非耕耘种植之谓,务其人也。”“先王先顺民心,故功名成。夫以德得民心,以立大功名者,上世多有之矣;失民心而立功名者,未之曾有也。”汉代贾谊指出:“闻之于政也,民无不为本也。国以为本,君以为本,吏以为本。故国以民为安危,君以民为威侮,吏以民为贵贱。此之谓民无不为本也。”《淮南子》云:“治国有常而利民为本。”可见,在管理者要得民心这一点上,道家是有共识的。这也是道家创始人老子“圣人常无心,以百姓心为心”的主张。

那么,如何才能得民心呢?道学家们对此有许多好的建议。

第一,“善意治天下者”,应该顺乎民情,顺应民之天性自然。庄子说:“何谓天?何为人?……牛马四足,是谓天;落马首,穿牛鼻,是谓人。”故庄子主张“无以人灭天”。具体说来,“彼民有常性,织而衣,耕而食,是谓同德。一而不党,命曰天放……”管理者顺从人的本性而诱导之,如水之依势附形,避高趋下,不要违背人的自然天性,不要不可为之而强为。《吕氏春秋》主张“古之君民者,仁义以治之,爱利以安之,忠信以导之。务除其灾,思致其福”。这就是符合人的趋利避害、趋乐避苦的本性的方法。

第二,在具体措施上,可以借鉴道家的一些做法。例如《管子》书中提出“四欲”、“四恶”的“为政之宝”:“政之所兴,在顺民心,政之所费,在逆民心。民恶忧劳,我佚乐之;民恶贫贱,我富贵之;民恶危坠,我存安之;民恶灭绝,我生育之。……故从其四欲,则远省自亲。行其四恶,则近者叛之。故知予之为者,政之宝也。”《管子》指出了人民的四种基本需要,即享乐的需要、富贵的需要、安全的需要和传续的需要,当政者满足人民的需要才能获得人心。《管子》还称赞了管仲在齐国的行政。管仲针对齐国当时“人甚忧饥,而税敛重;人甚惧死,而刑政险;人甚伤劳,而上举事不时”的弊病,建议齐桓公“轻其税敛,则人不忧饥;缓其刑政,则人不惧死;举事以时,则人不伤劳”。管理者要关心人民生活,减轻人民疾苦。《管子》还记载了管仲在齐国推行社会保险和福利措施,说他“入国四旬,五行九惠九教。一曰老老,二曰慈幼,三曰恤孤,四曰养疾,五曰合独,六曰问病,七曰通穷,八曰振困,九曰接绝”。这些措施使得齐国君臣上下同心同德,国泰民安。

我们可以发现,这些措施的核心在于从认识上“重民”,懂得民即是“本”,“得民”则“本固”。这些措施同现代管理相比,不免显得简陋,但其关心人民疾苦,顺民之情,满足人民生活需要的合理内核,却是现代管理仍要借鉴的。

第三，要实现亲民政策，还有一个重要的环节，即管理者要加强自身的道德修养，严格约束自己，否则所谓亲民、得民难保不是空话。因此，道学管理对管理者本身也提出了一定的道德素质要求，作为实行亲民政策的必要条件。例如《管子》要求管理者要“道德当身”，“南面听天下而无骄色，如此，而后可以为天下王”。如若管理者“大德不至仁”，则“不可以授国杯”，不可以“用天下之权”。《吕氏春秋》则告诫管理者曰：“昔先圣王之治天下也，必先公，公则天下平矣。”要有公心，牢记“天下非一人之天下也，天下人之天下也”，努力做到“天下为公”。因此，道学管理不只是针对管理客体的，也是针对管理主体的。亲民政策使管理者和被管理者、管理主体和管理客体有机地联系起来，相互促进，因而产生好的、积极的管理效果。

2)富民策略

“富民”也是为了取得民心，但与亲民政策又略有不同。亲民政策侧重管理中的精神因素，富民政策则侧重管理中的物质因素。富民，也就是使民富，从经济上固民之本。

富民政策同道家“贵生”的思想是相连的。中国道家具有强烈的生命意识，强调“贵生”、“全性保真”。像杨朱这样的“轻物重生之士”，甚至“不以天下大利易其胫一毛”。早期道家的贵生思想在管理中便化为重视民生问题的富民策略。

道家是重视民生的。老子希望能够使百姓“甘其食，美其服，安其居，乐其俗”，过上安居乐业的美满生活。庄子把这样的理想社会称为“至德之世”，认为“若此之时，则至治已”。《管子》对此从管理成败的角度说得更明白，云：“圣王本厚民生。”又云：“凡治国之道，必先富民。民富则易使也，民贫则难治也。……是以善为国者，必先富民，然后治之。”百姓富足，才能安乡重家，重生畏死，不去凌上犯罪，不去铤而走险。人有恒产，才有恒心，道理是相适的。《管子》还提出富民政策的一个重要理论依据，即“仓廪实而知礼节，衣食足而知荣辱”，它说明了国计民生是精神文明的基础。这一思想对当代也有积极意义。

富民政策的实行要以“无为”作为指导思想。“天生四时，地生万财，以养万物而无取焉。明主配天地者也。教民以时，劝之以耕织，以厚民养，而不伐其功，不私其利。”自然是有规律的，人民生产劳作，耕耘收获，按照自然规律安排自己的生活，当政者如果能够对人民“能予而无取”，“静其民而不扰，佚其民而不劳”，则“上无事而民自试”。如此，“无为”便可“富民”，实现“无不为”。《吕氏春秋》《淮南子》也都十分强调富民的策略。注重从经济上解决问题，可以说道学管理抓住了固民之本的关键。

3)人才策略

人才也是管理之本。古人常说：“人存政举，人亡政息。”“天下治乱，往往系于用人。”道学管理思想认为，人才难得，管理者要以人才为贵。《管子》云：“得人者，卑而不可胜。”“今有土之君……大者欲王天下，小者欲霸诸侯，而不务得人，是以小者兵挫而地削，大者身死而国亡。”在对实践经验和教训做出总结后，《管子》书得出结论云：“故曰：人，不可不务也，此天下之极也。”古代诗歌总集《诗经》在形容人才时歌云：

“君子能长育人材，则天下喜乐之矣。”《管子》讲人才时也有一段名言：“一年之计，莫如树谷；十年之计，莫如树木；终生之计，莫如树人。”《吕氏春秋》还专辟了《知士》《察贤》《用众》几章专讲与人才有关的问题，其中也有不少真知灼见、至理名言。比如“绝江者托于船，致远者托于骥，霸王者托于贤。”“得十良马，不若得一伯乐；得十良剑，不若得一欧冶；得地千里，不若得一圣人。”用比喻的方式说明了贤士、人才的价值。又比如：“古之立大功名者与安国逸身者，其道无他，其必此之由也。”“汤得伊尹而有夏民，文王得吕望而服殷商”。“魏文侯师卜子夏，友田子方，礼段干木，国治身逸。”援引前朝故事，以历史为鉴。又云：“国之兴也，天遗之贤人与极言之士；国之亡也，天遗之乱人与善谀之士。”“得贤人，则国无不安，名无不荣；失贤人，国无不危，名无不辱。”以此再三申明人才为治乱之本。汉代的陆贾亦云：“忠贤之士弃于野，则佞臣之常存于朝；佞臣之常存于朝，则下不忠于君；下不忠于君，则上不明于下；上不明于下，是故天下所以倾覆也。”他认为君主治国当“求贤以自动，近贤以自辅”，主动去寻找贤人来帮助自己，接近贤人以辅助自己，把圣贤当做行路的拐杖一样来辅佐治国，如此则可“功垂无穷”。这就是有名的“杖圣辅政”的思想。

人才既然是管理之本，那么管理者就当重视选拔人才，选贤任能。据史书记载，管仲曾为齐桓公创立了一套乡长推举、官长选荐、主公訾相的三级选士纳贤制度，并且“为游士八十人，奉之以车马、衣裘，多其资币，使周游于四方，以号召天下之贤士”。《吕氏春秋》提出访贤纳士要谦虚为怀，礼贤下士。要像尧见布衣之士善绻一样“北面而问焉”，像齐桓公见隐士小臣稷一样“一日三至”。如此，才能感其心而用其才。再者，求贤还应不畏辛苦，不怕挫折。“欲求有道之士，则天江海之上，山谷之中，僻远幽闲之所，若此则幸于得之矣。”“极卑极贱，极远极劳。”为访求贤才，辛苦、劳累、误解、怨屈都应在所不辞。三国时，刘备为请诸葛亮出山辅佐自己，三顾茅庐，传为千古佳话。诸葛亮本人也极重用人。他说：“夫治国犹于治身，治身之道，务在养神；治国之道，务在举贤。是以养神求生，举贤求安。故国之有辅，如屋之有柱。柱不可细，辅不可弱；柱细则害，辅弱则弱。”“若夫国危不治，民不安居，此失贤之过也。夫失贤而不危，得贤而不安，未之有也。”诸葛亮殁后，后主刘禅昏庸不明，“亲小人而远贤臣”，遂致国败身虏，成为反面典型。

拥有人才，还要善于使用人才。庄子云：“褚小者不可以怀大，绠短者不可以汲深。”这是讲管理者应胸怀宽广，能够容人。人才不一定是全才、通才，只要具备一技之长即可。“尺之木必有节目；寸之玉必有瑕适。”人都是难免有缺点、毛病的，俗话说“金无足赤，人无完人”，但是“良剑期乎断，不期乎镆邪”，不必求全责备，吹毛求疵，“君子不为苛察”。管理者当慧眼识珠，善于发现人才的优点、专长与个性。“玉不相类者，唯良工能识之。”“华章藻蔚，非矇瞍所玩；英逸之才，非浅短所识。”“所贵乎见俊才于无名之中，料逸足乎吴坂之间。”就像善于在拉盐车的马中找到骏马一样，善于在寻常人中找到出类拔萃的人才。管理者要根据人才的特点，用其所长，避其所短。“役其所长，则无废功；避其所短，则世无弃材矣。”“天下无粹白之狐，而有粹白之裘，取之众也。”“积力之所誉，则无不胜；众智之所为，则无不成也。”善于发现每个人才的优点，集其之大成，则可以为一人难为之事，成一人难成之功。对于人才，管理者还要注意“君子无以貌取人”，不要只看表面现象，而是看他是否有真才实学。对于人才，还要注意“狸之不可使搏牛，虎之不可使捕鼠”，量才使用，“杀鸡不用宰牛刀”，专业对口，善驭马者不使之驾船，善驾船者不使之驭马。要积极地为人才发挥作用创造良好的氛围和环境。例如，在对人才充分了解的基础上，用人不疑，疑人不用。一旦委事于人，就应释心放手，坐而“督其成事”。“毋代马走，使尽其力；毋代鸟飞，使弊其羽翼。”管理者对人才也并非放任不管，而是考核业绩，“胜其任者处官，不胜其任者废免”。

以上说明，管理者要知人善任，合理地使用人才。三国时，诸葛亮一时糊涂，错用马谡，导致“失街亭”之败。战国时，赵国任用夸夸其谈、擅长纸上谈兵的赵括为帅，结果导致“长平之役”的惨败，四十万赵卒被秦军坑杀。“天下治乱，往往系于用人。”管理者对此不可不察。

(3)道学管理思想的特质

中国是一个文明古国，具有悠久的历史和灿烂的文化。在管理方面，我们也同样拥有丰富的历史文化遗产。中国的管理思想不囿于一家，而是“百家争鸣”、“百花齐放”。其中除道家外，还有儒、墨、法、农、名、兵、纵横、阴阳各家，合为“九家”，历史中亦称为“九流”。从历史上看，道家管理思想在中国管理文化史上占有重要地位。它参与了民族管理文化的构成，成为民族管理文化巨大传统力量中的一个重要组成部分。有的研究者还认定，道家管理思想是中国历史上最早出现的思想管理形态。道学管理也是中国诸家管理中最高形态的管理。

同时，我们也应明确，道学管理既非唯一的管理流派，亦非长期在中国历史上占统治地位的管理流派。儒、法等家都曾在历史上占据过正统地位，而且儒家还被视为中国管理思想之主流。这是符合历史的。此外，我们还当明确，儒、墨、法、农、名、兵、纵横、阴阳等非道家管理形态，也各有其所长，各有其合理之处，各有其历史功绩，也各有其现代价值和意义。而道学管理虽是最高管理形态，但也有其历史局限和不足之处。例如老子的愚民思想，“虚其心，实其腹。弱其志，强其骨。常使民无知无欲。”对于百姓，“圣人皆孩之”。把百姓培养成无知无欲、蒙昧易使的统治对象，这与开启民智、发扬民力的近现代人文主义精神不合，属于落后的、野蛮的成分，应该扔到历史的垃圾堆中去。

“有比较才有鉴别”。道学管理有其自身的特色，我们通过与中国非道家的各种管理形态的具体比较与分析来说明道家管理的特色。

1)儒家的管理思想

儒家管理是以忠、孝等道德规定为基础的管理。儒家管理的不足之处并不在于它强调管理以道德为基础，而在于它对道德的具体规定。儒家道德以家族血缘关系为理论基础，由家庭、家族向外推延，扩展至国家、社会。由“孝”推出“忠”，所谓“忠臣出于孝子之门”。孔子说过:“其力人也孝悌,而好犯上者,鲜矣。”儒家管理存在与此相关的三个明显的弊端。一是过分重视家族亲情,以人情为大,任人唯亲,以家族利益为上,损害管理的“为公”的要求。二是管理思想上过分强调社会秩序和稳定。儒家管理的国家就像一个“维持会”,守成有余,进取和创新方面则不足,因循守旧,保守落后。三是道德义务与权利的极度不平衡,使道德不免带有片面性,道德化为虚伪,礼教服务于“吃人”,“以理杀人”。少数人对权力的滥用导致专制和独裁,损害管理的有效性和合理性。相比之下,道学管理思想正可救此之弊。道家主张“天下为公”,“以身观身,以家观家,以乡观乡,以邦观邦,以天下观天下”,以及“天无私覆也,地无私载也”,以公去私,实现公道;道家强调通过“无为”而实现“无不为”,体现了积极进取的精神;道家以人为本,奉行固本政策,正是维护了管理的有效性和合理性。因此,道家的管理思想可以避免儒家管理的缺陷,发挥儒学管理所不及的价值。

2)墨家的管理思想

墨家也是先秦显学,影响也很大,但它从未成为正统的管理理论,也无机会付诸具体管理实践。墨家思想中有许多合理因素,它强调平等,主张“交相利”、“兼相爱”,具有民主思想。墨家的理想已成为人类思想精华的一个组成部分,对当代也有指导意义,人们会逐渐加深对这方面的认识。不足的是,墨家在管理方面空有良好愿望,却缺少管理社会的智慧和能力,其管理墨家组织的准军事管理,也不足以推广为一种普遍可行的管理模式。因此,墨家显然缺乏道家那样丰富的、高超的管理智慧。

3)法家的管理思想

法家依法治国,以法管理,主张管理者“操赏罚之二柄”,对服从管理者以奖赏,不服从管理者以重罚。法家借鉴了道家的一些思想作根据,人称法家为“道德刑名之术”,其重法治的精神值得提倡。但是法家过分的严刑酷法却带来了消极的严重后果。儒家谴责法家“不教而杀谓之虐”。道家认为:“民不畏死,奈何以死惧之?”法家管理者为了维持尊严和秩序,求助于铁面无私、寡恩惨淡的奖惩制度,求助于强化军事力量和国家机器。这并非长久之计。法家的管理往往形成暴政。秦代采用法家治国,结果很快就灭国,成了短命王朝。而汉代初年采用道家黄老之术,休养生息,无为而治,使汉代王朝成为当时的世界强国。孰优孰劣,显而易见。

4)兵家的管理思想

兵家视兵者为诡道,通于运筹帷幄,也不乏管理智慧,但小智不及大智,以兵临天下,不免失之以偏。道家认为,“夫佳兵者,不祥之器”。战争耗费大量人力、财力、物力,人民流离失所,国力衰微。三国时期,军阀混战,造成“千里无鸡鸣,遍野是白骨”的惨相。老子告诫当政者:“以道佐人者,不以兵强天下。师之所处,荆棘生焉。大军之后,必有凶年。”兵火之灾至今仍危害着人类,荼毒生灵。兵家之管理远不及道家管理对人类更为有益。

5)农家的管理思想

农家学派的代表人物是农民哲学家许行。农家反映了狭隘而肤浅的小农意识。

农家主张“君民同耕”，把每个人、特别是管理者部湮没在细枝末节的繁杂事务之中，不懂得社会分工的必要性。这实际上等于否定了管理本身的存在。农家学派的思想在管理实践上绝对行不通的。道学管理高于农家的地方是使管理者“垂拱而治”，把管理者从琐碎事务中解放出来，使其能够思考那些管理中较高层次的、较为重要的或带有根本性、方向性的大问题。

6)名家、纵横家、阴阳家的管理思想

名家以正名为己任，以善辩为己能。“论坚白同异，以为可以治天下。”但名家不可能、也没有成为一个实际上的管理流派。俗话说：“空谈误国，实干兴邦。”名家的工作更近于学术，而不似政治或管理，否则，也未免过于迂腐。

纵横家重视运用外交手腕，著名的先秦纵横家苏秦还是一个身兼五相的高级间谍。人称纵横家“大丈夫一怒而天下惧，一息而天下安”。现在有人把纵横学派的方法归结为“谈判”。企业管理界也有人宣称“谈判就是管理”。这也有值得借鉴的地方。但这派和名家一样，都具有舍本逐末的缺点，喜欢在旁枝末节上下工夫，而不知固本。

阴阳学派的迷信谶纬、牵强附会之外，其重视矛盾和矛盾的解决这点上也不无合理之处。管理也可以说就是寻求以恰当的方式解决矛盾。阴阳家在重视矛盾运动这一点上和道家相似，但二者也有明显区别。阴阳家过分强调平衡与和谐，忽视事物的飞跃式变化，因循保守，被称为“退缩的管理方式”。这种重矛盾调和、安于现状的方式是消极的“无为”，而不是道家积极的、目标是“无不为”的“无为”。

从比较中我们可以看出道家管理的特色。了解和发挥这些特色，对于管理界克服中国传统管理思想中的某些缺陷和弊病，服务于现代管理工作是不无裨益的。

随着中国经济的持续、高速发展，中国文化必然要走向世界，道学管理也会因其思想的高超和良好的实践效益受到世人瞩目，并融汇到世界管理文化之中，为人类做出贡献。

4.老庄思想对中国文学影响之概观

产生于春秋战国这个文化自觉时代的儒家和道家，代表了两种不同的文化思想：儒家崇尚礼乐，道家师法自然；儒家强调人与社会的统一，以维护现实既定的宗法社会秩序，道家则强调人与“自然”的一致，追求理想的境界；儒家的思想是入世的、功利的，道家的思想则是出世的、超然的。可以说，在一切根本点上，道家都以儒家反对派的姿态出现。在蜂起并作、纷然淆乱的诸子争鸣中，尽管儒家、道家两派的对立最为明显，互相攻击最为激烈，然而，这两大学派却由于在对立的许多基本点上特别是在“社会”与“自然”这个最基本的方面各自把握了一端，这就使它们能够在对立中实现广泛的互融与互补，从而深刻持久地影响了中国文化的发展。

在中国封建宗法社会中，儒家的一套政治伦理学说是对现实的宗法社会关系的系统理论概括，这使它能够适应并满足封建专制宗法社会的需要而成为绵延几千年的统治思想。但是，终封建社会之世，由于小农经济的存在以及小农经济具有天然

“排斥社会对自然的统治和支配”①的特点，由于带有必然性的土地兼并和频仍的战乱所造成的略带周期性的经济破坏需要社会经济的自然恢复，而且在封建专制宗法制度下，丑恶、虚伪的社会现象以及政治压迫、等级制度、礼教束缚、世俗观念等的长期存在，就使得以“师法自然”为特征的道家思想获得了它赖以生存、流播的机缘和土壤，并得以在思想文化领域中与儒家思想相抗衡，从而作为儒家思想的某种对立的补充而对中国人的世界观、人生观和汉民族的文化——心理结构产生了复杂的影响。而这又主要是通过知识层而弥漫和影响整个社会的。特别是具有较好文化教养的中国士大夫阶层，由于在封建政治结构中有着特殊的地位和作用，那种儒道互补的人生观和心理结构在他们身上也就表现得最为明显。

秦汉以后，已由领主经济转为地主经济。随着封建地主经济的发展，中国逐步形成了在宗法基础上的官僚制的政治结构，从而形成了封建大一统的政治局面。在封建官僚制的政治结构中，士大夫知识分子是官僚或官僚的后备军。他们虽是一个得志入青云、失意处穷巷的中间阶层，但在封建社会政治结构中的地位却极重要。因为只有这些具有较好文化教养的士大夫知识分子，才能掌握统一的文化和政治指导思想，能够“奋起智能，辅弼帝王”，提出各种治国方案。在中国封建时代，每一个新王朝都有赖于一批出身于“士”阶层官僚的深谋远虑、文韬武略巩固统治。缺少这个条件，在中国这样一个地域辽阔、人口众多、风俗差异很大的国度里要建立一个统一的封建王朝，是难以想象的。因而，在中国封建社会，士大夫便成为政治上、思想文化上的一支骨干力量。战国时代世卿世禄制度的破坏，汉唐以来各种“察举”、“科举”制度的实行，都为“士”阶层的壮大创造了条件，提供了出路。同时，这个阶层中具有抱负和才能之士，必然以入世求仕为主要出路。他们抱着儒家的政治信念，期望君臣遇合，得展其“济苍生”、“匡社稷”的抱负，并且自己就在这“兼济天下”、“济世利民”中使功名富贵兼得。

然而，那些怀着强烈的功业愿望的封建士大夫知识分子所热心奔走的仕途，并非是平坦的“长安大路”，而是一条充满了阻碍、崎岖、艰危的“蜀道”。在中国封建社会中，外戚、宦官、近臣、权贵控制政廷，豪门望族垄断仕途，封建宗法的倾轧，统治阶级内部腐朽政治势力压抑贤能以及专制制度本身对人才的扼杀等等都作为封建政治中经常起作用的因素而贯穿于整个封建时代。因此，不只是在社会动荡、政治黑暗的时期，许多俊杰之士怀有“举杯断绝歌路难”的悲慨，就是在社会相对安定的“升平”时代，也常使一些壮志难酬之士发出“大道如青天，我独不得出”的感叹。仕途的挫折，官场的失意，使那些功名内热的士大夫不能不意识到，他们所热心追求的理想和信念，他们为生活奔走的前途，不过是官场利禄、宦海沉浮、市朝倾轧。于是，就在他们尊奉儒学、游好“六经”的同时，便自觉不自觉地走向与此相反的另一种倾向，接受了道家思想的影响。中国封建社会的政治结构以及士大夫所处的中间地位，使他们进

① 《资本论》第一卷，第830页。

可为公卿，退可为布衣，决定了他们必然要在儒家的追逐功名利禄与道家的轻禄傲贵的意念之间徘徊，既有用世求仕之志，又有出世栖隐之思。而在那自然经济占绝对统治地位的时代，无限广阔、保守落后而又自给自足的山林和农村的存在与这个阶层所具有的那种"方宅十余亩，草屋八九间"的物质条件，自然又为他们的出世、栖隐之思提供了现实的可能性。这些就使得"用世"与"出世"、"仕"与"隐"的意识("用世"与"仕"是儒家思想的主导方面；"出世"与"隐"是道家思想的基本特征)成为中国士大夫知识分子的一种常规的心理意念，使他们经常处于儒、道之纠葛中。在"用世"与"求仕"总是与个人的"势力富贵"难以分解的情况下，"出世"与"隐"不仅是某些士大夫知识分子不满现实的一种选择(如陶渊明)，而且也是他们鄙视权贵和庸俗的功名利禄观念的表现："功成不受爵，长揖归田庐"(左思诗)，"愿佐一明主，功成还旧林"(李白诗)，"永忆江湖归白发，欲回天地入扁舟。不知腐鼠成滋味，猜意鹓雏竟未休"(李商隐诗)……这种由"仕"到"隐"的意念，表达的正是一种儒道互补的人生观，一种极致的理想人格。不过，随着生活基础的变化，儒、道两家思想对他们的影响也会随之而变化。一般说来，处于顺境，儒家意识占上风；处于逆境，则道家意识上升。这不仅是由于他们每值挫折、失意之时，道家的返于自然、追求自由等思想会成为他们反抗现实、蔑视权贵、敝屣功名的思想武器和精神支柱，同时也是因为老庄的一套逍遥、齐物的人生哲学以及超然物外的态度，又有助于他们排遣穷通进退的困惑，使他们被创的心灵和抑郁的情怀得到某种安慰和抚慰。因而，在封建时代，道家思想对于那些在仕途和官场中经历坎坷的士大夫文人，就产生了一种特殊的亲和力，由此他们的某些作品与道家思想发生了密切的联系，从而在文学艺术领域内留下了明显的痕迹，这在我国文学史上许多杰出的作品中不难看到。

道家思想在文学领域内留下的印痕，在前期封建社会尤为突出，而早在汉代文学中就已出现。汉初著名辞赋家贾谊的"原本道家之言"的《鹏鸟赋》，就是他谪宦长沙、居于逆境中，据老庄思想以自遣的一个显例。在这篇作品中，作者以问答体的形式，以流转铿锵的辞赋语言，发挥了道家万物变化、祸福纠缠、至人遗物的一套哲理人生思想，借以排遣内心的郁闷，在一种哲理的形式中，寄寓了作者的愤懑和不平。东汉文学家张衡当其仕途不得志时写的那篇《归田赋》，抒发了自己不满黑暗政治而愿归田园娱乐自适的心情。作者所向往怀慕的返于自然、纵心物外的生活，正是取意于道家的人生哲学。受到道家"隐逸"意念影响的《归田赋》，不仅是大赋向抒情小赋转变过程中具有路标意义的作品，同时，它还堪称隐逸文学的开山篇，是启迪后世隐逸文学发展的端绪。

魏晋时期，特定的社会历史条件及其独特的社会思潮，为老庄思想提供了广泛传播的机缘。在那些被称为"时代重心人物"的身上，又可以透视出道家思想的各种复杂的作用和影响。"任性而行，不自雕励"的曹植，虽然受着传统的儒家"用世"思想的影响，抱着“戮力上国，流惠下民，建永世之业，流金石之功”[1]的宏愿，但是，汉末以来那种动荡的现实和学术思想的转变，也曾在他的思想里播下了道家的种子。在他早年所写的《七启》中，就已流露出“轻禄傲贵”、“名秽我身，位累我躬”、“仰老庄之遗风”的一面。随着他后期生活的变化以及他个人在封建宗法制的压抑下所积累的痛苦经验的增加，道家更在他的思想与作品中占有重要的地位。他的《释愁文》《髑髅文》等，完全是假道家之言来排解他的抑郁、苦闷的，至于他的那类意欲“奋六翮”、“凌紫虚”，从而挥抒着“齐年与天地，万乘安足多”豪情的游仙诗，实则也是在一种高举远蹈的超世遐想中，以老庄齐物逍遥的精神，表现出对封建上层统治者的蔑视和对压抑他的现实的反抗。正始文学的杰出代表阮籍和嵇康，都以“尤好老庄”而著称。他们在司马氏以阴谋手段篡夺政权，并以儒家“名教”为桎梏实行黑暗政治统治的时刻，公然宣称以老庄为师，提出了“越名教而任自然”的主张，对虚伪的“名教”和庸俗猥琐的礼法之士予以揭露与讽刺。《大人赋》《与山巨源绝交书》《咏怀诗》……这些显示着愤世嫉俗与任性使气风貌的诗文，正是他们以道家学说作为对抗“名教”、否定现实的思想武器的表现，而且是在那样一个特定的政治环境中形成的。其中阮籍那表现了忧愤无端基调的八十二首《咏怀诗》，不但在精神气质上与《庄子》暗合默契，而且他的“言在耳目之内，情寄八荒之表”的美学风格，也深得老庄玄理的启示。与阮籍齐名的嵇康，其论文富有创见，《与山巨源绝交书》《难自然好学论》《管察论》《声无哀乐论》等，都显示出一种超卓不群、力抗顽俗的精神。他诗歌的成就虽不及阮籍，但其四言诗“目送归鸿，手挥五弦，俯仰自得，游心太玄”[2]的名句，尤能显示以老庄玄学为皈依的“魏晋风度”那种潇洒飘逸、宅心玄远、放浪形骸、愤世嫉俗的特点。生活在晋宋黑暗、腐败政治下的陶渊明，也是基于对当时昏浊的世道和龌龊的官场生活的不满和厌憎，而由尊儒转向慕道的。他经过多次在“仕”与“隐”之间的徘徊，最后终于决然摒弃了“仕”的意念，高唱《归去来兮辞》走上了那条与他所不满的现实决裂的道路。这虽是对生活的领悟，但也不能不说是道家的意识在他的人生观中起了一定作用的结果。诗人不只是在所憧憬的那个“相命肆农耕，日入从所憩”，“春蚕收长丝，秋熟靡王税”，“怡然有余乐，于何劳智慧”[3]的没有剥削、没有伪诈、人人劳作、人人平等的“桃花源”世界里，投下了道家自然主义哲学的印迹，就是在排解、掩饰内心的痛苦时，他也以老庄那套委时乖运、乐天安命的思想作自我陶醉和揶揄，把道家作为他“苦闷的救济场”。他的融入“复得返自然”的人格理想的田园诗及其所呈示的那种自然真淳、平淡冲和的艺术境界，也渗透着“应之自然”与贵“真”重“朴”的道家美学思想的影响。“一语天然万古新，豪华落尽见真淳”，元好问对陶诗美学风格所做出的这一确切的评论，相当深刻地揭示了这位诗人对庄子那种“既雕既琢，复归于朴”的艺术哲学的心领

① 《与杨德祖书》。
② 《赠秀才入军》。
③ 《桃花园诗》。

神会。

在儒、道、释并存的思想文化政策的唐代，如果说杜甫与王维的思想和艺术在一定程度上分别代表了儒、释影响的结果的话，那么，李白的思想和艺术则可说更多地受到了道家的陶冶，诸如他那“黄金白璧买歌笑，一醉累月轻王侯”，“作人不倚将军势，饮酒岂顾尚书期”的藐视权贵、笑傲王侯的气概；他那“俱怀逸兴壮思飞，欲上青天揽明月”，“人生在世不称意，明朝散发弄扁舟”的追求自由解放的精神；他那“功名富贵若长在，汉水亦应西北流”，“钟鼓馔玉不足贵，但愿长醉不复醒”的浮生若梦的消沉情绪……这些在积极的意义中带有消极的因素，在消极的形式中又表现着积极内容的浪漫主义诗篇，都反映了诗人对现实的不满和反抗，对礼法的不敬和蔑视，与道家思想的影响有着十分密切的关系。伟大的浪漫主义诗人李白与伟大的现实主义诗人杜甫代表不同的文学传统与流派，双峰并峙地出现在我国前期封建社会即将向后期封建社会转折的历史时代。如果说在那样一个转折前夜所产生的杜甫是思想文化上“儒学复归运动”的先导，因而成为宋人崇仰的“启发”人物的话，那么，李白则属于继承并发挥了魏晋传统的“承前”者。不仅是他那蔑视世俗、粪土权门、放荡礼法，否定现实以及齐物、逍遥的种种积极与消极相夹缠的思想代表了建安以来知识分子的传统，而且他那“逍遥人外、蝉蜕尘埃”的诗歌，由精神到手法，从内质到外形，也都继承了“高风绝尘”的魏晋浪漫主义的传统并在盛唐的社会历史条件下，把这一传统发展到了登峰造极、难以为继的地步。

唐代以后，随着中国封建社会开始进入后期阶段，思想界虽已出现了向儒学复归的倾向，例如中唐白居易、韩愈等倡导的“新乐府运动”和“古文运动”再呈尊儒之势，但是，由于政途的艰危以及士大夫知识分子在仕途上仍然无法摆脱那种“用世”与“出世”的纠葛，因此，既恪守儒教，而又不能忘情于老庄的双重矛盾心理也就依然在相当一部分士大夫文人的作品中有所显示。这在苏轼与辛弃疾那里便得到了突出的反映。例如，苏轼虽崇尚儒学，“奋厉有当世志”，一生秉持“尊主泽民”的节操，但他也“龆龀好道”，早年读《庄子》即有“得吾心矣”的喟叹，特别是在诗人屡遭打击、历尽劫波的中年以后，在他的人生观里老庄出世思想便作为儒家用世思想的一种补充，造成诗人的风格在豪放的一面之外，又兼有旷达的特点。他那诠写着“物与我皆无尽”的观点和显示了高旷开朗襟怀的《赤壁赋》，他那表现了用世与避世、进取与退隐思想之间矛盾的《念奴娇》(赤壁怀古)，他那把仕途险恶的生活体验升华为“便欲乘风，翻然归去，何用骑鹏鸟”，“小舟从此逝，江海寄余生”一类怀慕出世情绪的许多诗词，都是作者在遭逢沉重政治打击的情况下以老庄思想开阔衷怀所创造出的具有独特美学意义的风格和意境的作品。苏轼《送文与可出守陵州》诗云：“清诗健笔何足数，爱遥各物追庄周”，正是他对自己创作中宗道的一面所作的总结性自述。

“以气节自负，以功业自诩”的南宋词人辛弃疾的思想艺术也镌刻着老庄的影响。最好的证明便是他那部《稼轩词》中不知化用过多少庄子语意而铸造出新的意境和形象。辛弃疾对老庄思想的接受自然也是以他的生活经历和前后期思想上的变化为背景的。在他北来入仕的最初岁月，由于对恢复中原尚抱有极大的希望，因而他常取老庄的鲲鹏凌云的精神勉人和自勉："看云霄高处，鹏翼徘徊"，"鹏翼重空，笑人生，苍然无物。又还向，九重深处，玉阶山立"①。这些都是借《庄子》中那"怒而飞"的鲲鹏形象，或喻人，或自比，表达了他那壮健奋发的进取精神。而在他的才干抱负无可施展，"老去浑身无著处，天教只住山林"的晚年岁月，悲愤、怨怒与失意、痛苦交杂的感情，更使他常借老庄之言以为发泄、排除，不但由于理想破灭而产生过"怎得身似庄周，梦中化蝶，花底人间世"的梦幻感，而且因为壮志未酬的痛苦而慨叹并自嘲："万事几时足，日月自西东。无穷宇宙，人是一粟太仓中。一葛一裘经岁，一钵一瓶终日，老子旧家风。"在他被迫隐居的痛苦而漫长的生活中，精神生活大约离不了老庄。他在词中说："案上数编书，非庄即老。"这是真实的。正因为将《老》、《庄》常置案头，娴熟异常，所以他在词中还常常通过整篇串用老庄思想言辞的形式来表达一种极为复杂的感情。例如，他在归隐飘泉期内就写过这样一首词："蜗角斗争，左触右蛮，一战连千里。君试思，方寸此心微。总虚空并包无际。喻此理，何言泰山毫末，从束天地一稊米。嗟小大相形，鸠鹏自乐，之二虫又何知？记跖行仁义孔丘非；更殇乐长年老彭悲。火鼠论寒，冰蚕语热，定谁同异。噫。贵贱随时，连城才换一羊皮。谁与齐万物？庄周吾梦见之。正商略遗篇，翩然顾笑，空堂梦觉题《秋水》。有客问洪河，百川灌雨，泾流不辨涯涘。于是焉何伯欣然喜，以天下之美尽在已。渺沧溟，望洋东视，逡巡向若惊叹，谓我非逢子，大方达观之有未究，常见悠然笑耳。此堂之水何其？但清溪，一曲而已。"②这里，整篇串用《庄子》，取其意，资其辞，既表现了诗人在抑郁中力求解脱，也蕴含了对苟安者的蔑视、怨怒和抗议。像封建时代的许多士大夫知识分子一样，老英雄辛弃疾也同样没有摆脱儒道两家思想的影响。而他之所以在隐居生活中更多地接受了老庄，原因是把它作为蔑视世俗、坚持节操和医治心灵创伤的一种精神力量，而并非是真正流于颓丧。

总之，中国封建政治与文化的特点以及士大夫阶层特殊的地位和人生道路，决定了他们在仕途失意或政治上遭受挫折的情况下，常常会自觉不自觉地从尊儒转向慕道，从而以道家思想作为他们蔑视权门世俗、反抗现实压抑以及排解积郁、自我解脱的思想武器和精神力量。于是，道家思想也就通过这些士大夫知识分子抒情述志的创作活动而在文学领域中留下明显的印痕。道家的种种积极与消极、进步与落后相夹缠的思想，自然也渗透、积淀其中。

整个封建时代，思想文化史上所形成的儒道对立补充的格局也影响了封建社会后期的文学。不过，这个时期，由于封建社会的母体中开始孕育了新的因素，儒道"对抗"也注入了新的时代内容。

在元代，统治者实行民族压迫和阶级压迫的双重高压政策，使社会更加黑暗。同

---

① 《满江红·建康史帅致道席赋》。

② 《哨遍·秋水观》。

时，由于元代曾一度中止科举制度，这个时代的知识分子比历代知识分子就更难找到出路，精神上苦闷、心理上压抑也更加突出。在这样的社会历史土壤中，道教和道家思想在民间和文人那里都易于传播、流行，并且其影响在元曲的创作上也有赫然的反映。

世道的昏暗和宦途的险恶，使许多元曲作家的精神世界都有一个“隐逸”的天地。他们无意仕途，以浪子风流自夸。“便是落了我牙，歪了我口，瘸了我脚，折了我手”，还要“向烟花路儿上走”的关汉卿，就曾以“跳出红尘恶风波，槐阴午梦谁惊破？……离了名利场，钻入安乐窝，闲快活”这样的散曲，表示出对官场生活的厌憎以及对自由生活的渴望。以“放浪形骸”著称的“元曲四大家”之一的白朴，其散曲创作的重要内容之一便是怀慕隐逸生活，蔑视功名富贵。“黄芦岸白蘋渡口，绿杨堤红蓼滩头。虽无刎颈交，却有忘机支，点秋江白鹭沙鸥。傲杀人间万户侯，不识字烟波钩叟”。正是作者这一类题材的代表作。由于元代知识分子比历代知识分子经历了更多的动荡、忧患和压抑，因此，眷恋自然、追求自由和蔑视权贵的隐逸情调便成为元曲中经常传出的音响。

在元代，虽然统治者实行了民族压迫和阶级压迫的双重高压政策，但是，思想统治却相对松动。这个时代的知识分子亦因“仕”的意识淡泊，而不堪受儒家思想的羁縻，相反，道家或道教思想却在他们当中产生了不小的影响。元曲中隐逸情调的高奏，即能说明这种情况。不过，元曲中的这种隐逸情调，比起魏晋、唐宋时期士大夫的隐逸情调，在时代内容上已经多少有些不同。元曲中的隐逸情调，透露了新的思想信息。这便是说，这种隐逸情调同元人自豪的“浪子风流”有共同之处，即它们都追求自由的精神、解放的个性和艺术的生活。隐逸作品在元代的大量出现，正是从一个侧面反映出封建秩序的动摇。

宋、明以来，中国封建社会进入后期发展阶段。这期间，出现了更加成熟、更加完备的新儒学——理学。统治阶级为了维护日渐动摇的封建秩序，更把程朱理学钦定为官方哲学，以此加强思想统治。这种理学在其数百年统治时期给人们带来的灾难和痛苦，正如戴东原、谭嗣同所曾指出的那样：“尊者以理责卑，长者以理责幼，贵者以理责贱。虽失，谓之顺。卑者、幼者、贱者以理争之，虽得，谓之逆。……上以理责其下，而在下之罪，人人不胜指数，人死于法，犹有怜之者，死于理，其谁怜之。”①“俗学陋行，动言名教（即礼教、理学），敬若天命而不敢渝，畏若国宪而不敢汉……上以制其下，而不能不奉之。则数千年来三纲五伦之惨祸烈毒，由是酷焉矣。”“名之所在，不惟关其口，使不敢冒言，乃并锢其心，使不敢涉想。”②在统治阶级企图以这种“关其口”、“锢其心”的理学来窒息任何异端思想和新思潮出现的情况下，道家的非难儒家宗法礼治思想、追求“自然”与“自由”的哲学及其怀疑、批判的精神，却可能对封建士大夫

---

① 《孟子字义疏证》。

② 《仁学》。

阶层中某些进步的思想家和文学家的反礼教、反理学的思想起到一定的诱发作用。堪称“异端之尤”的李贽，就是这方面一个有代表性的人物。他在大胆抨击以“孔子之是非为是非”的理学时说：“人之是非，初无定质；人之是非人也，亦无定论。无定质，则此是彼非，并育而不相害；无定论，则是此非彼，亦并行而不相悖。”[①]这种相对主义思想，与“剽剥儒墨”独断论的庄子的相对主义理论十分相似，应该说是渊源有自。而且，他在否定理学家“存天理，灭人欲”的道德信条时所提出的“自然发于性情，则自然止乎礼义，非性情之外复有仁义可止也”[②]的“自然人性论”以及在此基础上所建立的“童心说”，也都与“法自然”的道家哲学及“返璞归真”、“疾伪贵真”等理论有一定的承传关系。这说明，产生在百家争鸣时代，反对以儒家为代表的宗法文化和具有强烈反叛的批判精神的道家思想（主要是庄子思想），不仅在封建社会前期能够成为某些进步思想家和文学家（如嵇康等）抨击“名致”的有力武器，而且到了封建社会后期，它蔑视礼法的思想和强调“自然”、“自由”的哲学以及“任其性命之情”的主张仍显示出一定的活力，对禁锢人们的思想、束缚人们心灵的理学具有冲击、否定的作用，因而成为某些反对礼教束缚、追求个性解放的作家可以袭用的思想。这就是为什么明中叶以后，不少进步的文学家与思想家都非常注意研究老庄的原因所在。同时，这从另一方面告诉我们，即使到了封建社会后期，早已萌生的资本主义因素的胚芽也始终是脆弱的，由它所可能提供的市民阶层的思想、理论也是不成熟的。这就使它不得不在既成的、传统的、堪与儒学对抗的老庄学说中，寻找并采撷思想资料，以作为他们反对封建正统思想或反礼教束缚的理论武器。正是这一点，使中国后期封建社会的许多文学家（如汤显祖、袁宏道、金圣叹、曹雪芹、袁枚、龚自珍等）的文学思想和体现了反对封建礼教束缚、追求个性解放的时代精神的作品，也都同毁弃礼法、反对“人伪”而标举“自然”并突出人的个体性的老庄思想（主要是庄子）发生了或隐或显、或直或曲的联系。以汤显祖的《牡丹亭》为例，作者那种以“爱天然”来表达反对封建礼教束缚的思想，就曾通过杜丽娘这个形象清楚地表现出来了。杜丽娘生长在封建家教非常严格的环境中，在她身上明显地留下了封建礼教束缚的痕迹。当“姹紫嫣红开遍”的大自然的美在她内心唤起共鸣时，她脱口而出的“可知我常一生儿爱好是天然”。这正是作者通过主人公之口传达了自己的反对封建礼教束缚的思想和信念。不难看出，这种反对礼教束缚与“爱天然”的思想和信念，同老庄特别是庄子反对“络马首，牵牛鼻”的礼法束缚而主张人生自然化，因而强调“自然”、“天放”的思想是有一致之处的。众所周知，汤显祖不仅由于仕途屡遭挫折，晚年受老庄思想影响很深，就在早年，他因不满理学，即喜读老庄之书。这种“我常一生儿爱好是天然”的思想和信念，不能不说是受到了老庄自然主义哲学的某种启发。其实这并不奇怪，更非偶然。与汤显祖同时并与李贽友好的公安派三袁（汤显祖也是李贽的崇慕者）的反对模拟、矫饰的文学思

---

① 《李氏藏书·纪传总目前论》。

② 《焚书·读律肤说》。

想，不也是多受老庄影响么？特别是袁宏道，自幼喜读《老子》《庄子》，中年时还写过《广庄》，针对庄子哲学，发表了许多议论。他的强调“真声”、“任性”与“自然之韵”的文学思想，与老庄反对“殉物”、“人伪”，主张“疾伪贵真”、“任其性命之情”的美学理论，可说是一脉相承的。实际上，公安派的文学思想，正是近承李贽、远袭老庄的。因此，汤显祖接受老庄“爱天然”思想的影响，并不是个偶然、孤立的现象，而是体现了时代的要求。他的《邯郸记》《南柯记》也同样留下了老庄思想的印痕。虽然那是在他晚年历尽艰辛、屡遭挫折而看不到出路的情况下，更多地接受了老庄那种人生如梦的消极思想所致。在清代最优秀的文学著作《红楼梦》中，我们同样可以看到类似上述的老庄影响。与浸透了封建礼教意识而“会做人”的薛宝钗形成鲜明对照，林黛玉的不合封建规范的“脾性儿”是很有点爱“自然”、爱“自由”的老庄味道的。在《红楼梦》第二十一回中，作者特别在贾宝玉与林黛玉之间安排了宝玉读《南华经》与黛玉“翻弄案上书看，可巧便翻出昨儿的《庄子》……”那些情节，对于了解贾宝玉、林黛玉反抗性格的思想渊源及作者本身的思想，都是非常重要的曲笔。至于全书开端由跛足道人念出而由甄士隐诠释的那首《好了歌》，更可以说是以道家（当然含道教）“虚无主义”的思想感受到了封建社会的无可挽回的没落而为它唱出的挽歌。《红楼梦》既对腐朽的封建社会及其卫道士不满、厌憎、否定，又因看不到“新社会”的曙光而悲叹、苦闷、失望。与并不那么“悲剧”而充满了浪漫主义理想的《牡丹亭》比较起来，《红楼梦》确带有真正悲剧的色彩，笼罩着浓重的感伤气氛。《红楼梦》与《牡丹亭》的这种差别，不仅仅是其作者个人的人生经历和思想上的差异带来的。从根本上来说，它们的差别乃是历史原因造成的。比汉族封建统治者远为落后的清朝贵族入主中原，不仅摧残了自明代中叶发展起来的资本主义萌芽，而且延长了中国封建化的过程。同时，落后的、处于封建化阶段的清朝贵族，必然更容易接受传统的封建主义的正宗思想（有清一代尊程朱理学为正统）。他们推行保守、反动的经济、政治、文化政策，并依靠屠刀把明代中叶以来兴起的那种具有近代解放因素的民主思想打下去。“与明代那种突破传统的解放潮流相反，清代盛极一时的是全面的复古主义、禁欲主义、伪古典主义。从文体到内容，从题材到主题，都是如此。作为明代新文艺思潮基础的市民文艺不但再没有发展，而且还突然萎缩，上层浪漫主义一变而为感伤文学。”①是的，历史的长河流经这里突然出现了一个回流，走了一段弯曲的路。这使悲剧变成了真正的悲剧，浪漫主义思潮不能不被感伤主义思潮代替。“假作真时真亦假，无为有处有还无”。这正是曹雪芹以老庄思想对感伤主义思潮所做的哲理性的升华。

总之，由于中国封建社会的特点，思想文化上儒道“对抗”的格局，使得秦汉以后的中国文学史同道家思想发生了密切的关系。但是，道家思想对文学的影响归根到底还要受到社会生活的制约。一般说来，当社会动荡、现实黑暗之时或作家生活遭逢挫折之际，这种影响较为突出。两千多年的中国封建社会历尽了坎坷磨难，等级森严

① 李泽厚：《美的历程》，第 250 页。

的封建宗法制度以及维护这种制度的"名教"使人们的身心经常承受着巨大的压力，封建士大夫知识分子的仕途充满了险阻和风波……这些，都给了道家思想以有利的生存和发展条件，从而使其极大地影响了中国文学的发展。不过，道家思想毕竟是中国封建社会那个特定历史时代的产儿，它的自然主义哲学和怀疑批判精神，虽然经常成为冲破封建"名教"和儒学束缚的有力武器，具有一种反叛的批判力量，因而在一定程度上起到了动摇封建秩序及其思想规范的作用，但是，道家的思想不代表先进的阶级与先进的生产方式，只是中国封建时代历史与文化的必然产物，只是作为儒家思想必不可少的对立补充而存在。因此，随着中国封建社会的终结和中国近代思想文化的揭幕，道家思想也就完成了它在中国思想文化史上的历史使命。

3.1.1.3 墨家文化

《汉书·艺文志·诸子略》言："墨家者流，盖出于清庙之守。茅屋采椽，是以贵俭；养三老五更，是以兼爱；选士大夫射，是以上贤；宗祀严父，是以右鬼；顺四时而行，是以非命；以孝视天下，是以上同；此其所长也。及蔽者为之，见俭之利，因以非礼，推兼爱之意而不知别亲疏。"这是《汉书·艺文志·诸子略》对墨学的精辟概括。

春秋战国之交，在那个急剧动荡的时代里，我国历史上出现了一位替劳动者阶层呐喊的思想家，他就是墨子。墨子熟悉劳动人民的生活和忧患，勇敢地揭露、抗议王公贵侯奢靡好战，为和平和社会正义奋斗了一生。他学识渊博、匠心独具，所创立的墨家是当时唯一可以与儒家相抗衡的学派，在思想界享有盛名，时称"儒墨显学"。

1. 墨学渊源

墨子是手工业者出身的士。他早年参加生产劳动，是一名出色的工匠。他精通机械制造，会做"任五十石之重"的大车，曾与当时名匠公输般比过智巧。他还会做守城的器械，胜过公输般的攻城云梯。他平日言谈总不离耕织之事、百工之业，楚国大臣穆贺把他列为"贱人"。这些足以证明他是个处于社会下层的劳动者。但他不是普通的手工工人，他不仅有熟练的技巧，手下还有大批徒弟。他还有机会系统学习古代文化知识，从事独立的社会活动，成为社会知名的学者。这说明他属于城市手工业行会师傅的阶层。墨子所处的时代，手工业已从宗法奴隶制度中解放出来，在城市里形成独立的行会制度。行会师傅不同于农村地主，他们参加劳动，只拥有少量财产，师徒之间有较多的共同利益，但在师傅与帮工、学徒之间又有着等级差别和从属关系。墨子后来完全脱离了直接劳动，加入士的行列，从事教育和游说活动。正如他自己所说的"翟上无君上之事，下无耕农之难"①，专以上说下教，匡救时弊为己任。他按照行会的等级关系，创立了严格服从墨子领导、保持共同政治理想的学术团体——墨家。

根据近现代墨学专家们的考证，墨子是鲁国人。但他一生的活动范围却远远超

① 《墨子·贵义》。

出鲁国，如孙诒让所概括的那样："盖生于鲁而仕宋，其生平足迹所及，则尝北之齐，西使卫，又屡游楚，前至郢，后客鲁阳，复欲适越而未果"①，后人常称"墨突不黔"。广泛的交游，使他熟悉社会情况，又有利于他吸收不同地区的文化传统。他一生最光辉的业绩是制止了一场即将爆发的楚国侵略宋国的战争，受到后人的赞颂。墨子的生卒年难以断定，可考其大略。止楚攻宋是可信的历史事件，发生在公元前 445 年和公元前 440 年之间，此时的墨子当在壮年（太老不能长途跋涉，太年轻不能有弟子三百人）。据资料推断，墨子约生于公元前 480 年，死于公元前 420 年。他孩童之年当是孔子老子死之时，主要活动年代在战国之初，止于韩、赵、魏三家正式分晋和田齐取代姜齐之前。

现存《墨子》一书是从汉朝流传下来的。据《汉书・艺文志》载，当时《墨子》有七十一篇，现仅存五十三篇。这是一部墨学丛书，各篇时间有先后，作者非一人，是前期墨家到后期墨家的著作总集。其中《经上》《经下》《经说上》《经说下》《小取》《大取》六篇是后期墨家的著作。《亲士》《脩身》《所染》《法仪》《七患》《辞过》《三辩》七篇虽不是墨学代表性作品，但与墨子的整个思想体系基本一致，头两篇有些儒家味道，可能是墨子后学中某些受儒学思想影响的人，根据墨子早期不成熟的思想补充整理而成的。《备城门》以下十一篇，专论防御技术和器械，与墨子哲学思想关系不大。对于研究墨学最重要的是以下两组文章：第一组是《尚贤》《尚同》《兼爱》《非攻》《节用》《节葬》《天志》《明鬼》《非乐》《非命》《非儒》十一篇；第二组是《耕柱》《贵义》《公孟》《鲁问》《公输》五篇。

墨子是具有独创精神的思想家，同时又是博学多识，对前人文化有所继承的人。关于墨学的渊源，可以指出以下几点。

首先，他青年时学过儒书，受过周文化的熏陶。《吕氏春秋・当染》记载："鲁惠公使宰让请郊庙之礼于天子，桓王使史角往，惠公止之，其后在于鲁，墨子学焉。"史角为周史官，熟悉周礼。鲁保存周礼最多，又是儒家的发源地。墨子生在鲁国，早年受儒者之业是很自然的。唯其如此，尧、舜、禹、汤、文、武成了儒墨两家共同崇拜的古代圣贤，如《韩非子・显学》所说："孔子墨子俱道尧舜。"墨子也讲仁义忠孝，对于儒家典籍记诵娴熟，在言谈时常引《诗》《书》及各国《春秋》。但是，墨子在创立自己的学说时，只是利用了儒家的思想资料，使用某些相同的词汇，却背叛了儒家的基本立场，公开打出了批儒的旗号，成为儒家第一个有力的反对派。所以韩非在指出孔墨俱道尧舜后，强调两者"取舍不同"。《淮南子・要略》也指出过墨子习儒而后非儒的变化过程："墨子学儒者之业，受孔子之术，以为其礼烦扰而不说，厚葬靡财而贫民，服伤生而害事，故背周道而用夏政。"

其次，墨子的思想还深受古籍记载和民间传说中夏禹形象的影响。他对于能与人民同甘共苦的禹十分敬佩，以禹为墨者的楷模。墨子和他创立的墨家吃苦耐劳、热

① 《墨子闲诂・附录・墨子传略》。

心救世的精神，可以说是继承和发扬了大禹式的实际上是我国劳动人民的优良品格。

夏、商、周三个朝代都崇信天与鬼，而夏、商对鬼神的迷信较之周代尤为炽烈。这种历史久远、根深蒂固的观念，是墨子天鬼思想的重要来源。《墨子·明鬼下》云："故尚者夏书，其次商周之书，语数鬼神之有也，重有重之……以若书之说观之，则鬼神之有，岂可疑哉。"

就当时地区性文化对墨子的影响而言，除鲁学而外，墨子对齐学和三晋文化都有所吸收。墨子注重工农业生产，强调给人以实际利益，主张"以德就列，以官服事，以劳殿赏，量功而分禄"①。这都与齐学富国利民的思想及三晋政治家按功论爵的主张有密切联系。《墨子·七患》所说的"故时年岁善，则民仁且良；时年岁凶，则民吝且恶"，与《管子·牧民》篇的"仓廪实则知礼节，衣食足则知荣辱"不过是同一观点的两种说法而已。

2. 墨子思想文化

今以《墨子》为本，分述墨子的学术于下。

(1)兼爱

儒家言爱有等差，墨子却言兼爱。《墨子·兼爱上》云："圣人以治天下为事者也。必知乱之所自起，焉能治之。不知乱之所自起，则不能治。譬之如医之攻人之疾者然。必知疾之所自起，焉能攻之。不知疾之所自起，则弗能攻。治乱者何独不然。必知乱之所自起，焉能治之。不知乱之所自起，则弗能治。圣人以治天下为事者也，不可不察乱之所自起。当察乱何自起？起不相爱。臣子之不孝君父，所谓乱也。子自爱，不爱父，故亏父而自利；弟自爱，不爱兄，故亏兄而自利；臣自爱，不爱君，故亏君而自利。此所谓乱也。虽父之不慈子，兄之不慈弟，君之不慈臣，此亦天下之所谓乱也。父自爱也，不爱子，故亏子而自利；兄自爱也，不爱弟，故亏弟而自利；君自爱也，不爱臣，故亏臣而自利。是何也？皆起不相爱。虽至天下之为盗贼者亦然。盗爱其室，不爱其异室，故窃异室以利其室；贼爱其身，不爱人，故贼人以利其身。此何也？皆起不相爱。虽至大夫之相乱家、诸侯之相攻国者亦然。大夫各爱其家，不爱异家，故乱异家以利其家；诸侯各爱其国，不爱异国，故攻异国以利其国。天下之乱物，具此而已矣。察此何自起？皆起不相爱。若使天下兼相爱，爱人若爱其身，犹有不孝者乎？视父、兄与君若其身，恶施不孝？犹有不慈者乎？视弟子与臣若其身，恶施不慈？故不孝、不慈亡有。犹有盗贼乎？视人之室若其室，谁窃？视人之身若其身，谁贼？故盗贼亡有。犹有大夫之相乱家、诸侯之相攻国者乎？视人家若其家，谁乱？视人国若其国，谁攻？故大夫之相乱家，诸侯之相攻国者亡有。若使天下兼相爱，国与国不相攻，家与家不相乱，盗贼亡有，君臣父子皆能孝慈，若此则天下治。故圣人以治天下为事者，恶得不禁恶而劝爱？故天下兼相爱则治，交相恶则乱。故子墨子曰'不可以不劝爱人'者，此也。"

---

① 《墨子·尚贤上》。

惟其言兼爱，所以又言非攻。攻起于争，争起于不足，果无方法以弭不足之患，则攻战便无止曰。所以，他由言非攻，又进而言节用。既言节用，所以又言薄葬、短丧，所以又言非乐。这都是从兼爱出发的几个环节。他反对当时诸侯相攻伐和奢侈淫逸的程度，可想而知。

(2)尚同与尚贤

这是墨子对政治组织的见解。首先，对社会国家的起源，《尚同上》说："古者民始生。未有刑政之时。盖其语人异义……其人兹众，其所谓义者亦滋众。是以人是其义，以非人之义，故交相非也。是以内者父子、兄弟作怨恶，离散不能相和合。天下之百姓，皆以水火、毒药相亏害。至有余力，不能以相劳；腐朽余财，不以相分；隐匿良道不以相教。天下之乱，若禽兽然。"

天下既是人是其义以非人之义，于是需要一同天下之义。从事于一同天下之义的人，就是天子。《墨子·尚同中》言："明乎民之无正长，以一同天下之义，而天下乱也，是故选择天下贤良、圣智、辩慧之人，立以为天子，使从事乎一同天下之义。天子既以立矣，以为惟其耳目之请，不能独一同天下之义，是故选择赞阅贤良、圣智、辩慧之人，置以为三公，与从事乎一同天下之义。"

三公还不够，所以有诸侯等等。《墨子·尚同下》说："三公又以其知力为未足独左右天子也，是以分国建诸侯。诸侯又以其知力为未足独治其四境之内也，是以选择其次，立为卿之宰。卿之宰又以其知力未足独左右其君也，是以选择其次，立而为乡长家君。"这样一来，行政百官，都已齐备，而国家也就完成了。于是，进而言天子的权力。《墨子·尚同上》云："正长既已具，天子发政于天下之百姓。言曰：闻善而不善，皆以告其上。上之所是，必皆是之；所非，必皆非之。"《墨子·尚同中》也言："凡国之万民，上同乎天子，而不敢下比。"

天子权力既这样大，故其政治主张近于绝对权威。但天子权力过大，恐有为所欲为之弊，所以又抬出一个天来，以限制天子的权力。《墨子·尚同中》言："夫既尚同乎天子而未上同乎天者，则天灾将犹未止也。……故古者圣王，明天鬼之所欲，而避天鬼之所憎，以求兴天下之利，除天下之害。"

墨子主张兼爱，所以其政治主张反对私幸政治与贵族政治，而赞同贤人政治。《墨子·尚贤中》言："今王公大人，有一衣裳不能制也，必籍良工；有一牛羊不能杀也，必籍良宰。……逮至其国家之乱，社稷之危，则不知使能以治之。亲戚则使之，无故富贵、面目姣好，则使之。"此墨子反对私幸政治与贵族政治之言。《尚贤中》又云："故古者圣王，甚尊尚贤而任使能，不党父兄，不偏贵富，不嬖颜色。贤者，举而上之，富而贵之，以为官长；不肖者，抑而废之，贫而贱之，以为徒役。"此墨子主张贤人政治之言。

(3)天志与明鬼

《庄子·天下篇》说："其生也勤，其死也薄，其道大觳。使人忧，使人悲，其行难为也。恐其不可以为圣人之道，反天下之心，天下不堪。"此盖言墨学之弊。墨子深明此理，所以又推之于天志，申之以鬼神之赏罚。《墨子·天志上》言："故天子者，天下之穷贵也，天下之穷富也。故于富且贵者，当天意而不可不顺。顺天意者，兼相爱，交相利，必得赏；反天意者，别相恶，交相贼，必得罚。”《墨子·天志中》又云：“天之意，不欲大国之攻小国也，大家之乱小家也，强之暴寡，诈之谋愚，贵之傲贱，此天之所不欲也。不止此而已，欲人之有力相营，有道相教，有财相分也。又欲上之强听治也，下之强从事也。上强听治，则国家治矣；下强从事，则财用足矣。若国家治，财用足，则内有以洁为酒醴粢盛，以祭祀天鬼；外有以为环璧珠玉，以聘挠四邻。诸侯之冤不兴矣，边境兵甲不作矣。内有以食饥息劳，持养其万民，则君臣上下惠忠，父子兄弟慈孝。故惟毋明乎顺天之意，奉而光施之天下，则刑政治，万民和，国家富，财用足，百姓皆得暖衣饱食，便宁无忧。是故子墨子曰：今天下之君子，中实将欲遵道利民，本察仁义之本，天之意不可不慎也。”此言兼爱、非攻皆出于天之意。

《墨子·明鬼》云：“逮至昔三代圣王既没，天下失义，诸侯力正。是以存夫为人君臣上下者之不惠忠也，父子弟兄之不慈孝弟长贞良也，正长之不强于听治，贱人之不强于从事也。民之为淫暴寇乱盗贼，以兵刃、毒药水火，退无罪人乎道路率径，夺人车马、衣裘以自利者，并作，由此始，是以天下乱。此其故何以然也？则皆以疑惑鬼神之有与无之别，不明乎鬼神之能赏贤而罚暴也。今若使天下之人，偕若信鬼神之能赏贤罚暴也，则夫天下岂乱哉？”

此言鬼神之能赏贤罚暴。墨子既言天志，又言明鬼，则不能不非命，盖运命之说行，则鬼神无以为赏罚。

墨子之学，已如上述。然墨子之特点，重实行，重服从，则其与儒、道相异之点。观墨子为宋以拒公输般之攻城，便可知其实行精神。而《淮南子》谓“墨子服役者百八十人，皆可使赴火蹈刃，死不旋踵”，则不但墨学重实行，而且其门徒之服从墨子，亦可想见。

3.1.1.4 法家文化

《汉书·艺文志·诸子略》言：“法家者流，盖出于理官，信赏必罚，以辅礼制。《易》曰：‘先王以明罚饬法’，此其所长也。及刻者为之，则无教化，去仁爱，专任刑法而欲以致治，至于残害至亲，伤思薄厚。”这是《汉书·艺文志·诸子略》对法家学说的精辟概括。

韩非是法家的建立者。此前如管仲、申不害、商鞅、慎到的政治主张，虽近于法家，但是他们只可算是法理学者，并不曾树立有体系的法治主义。至韩非出，始集前诸子的大成，本于荀子与道家之言，而建立一学派。

法家能成立一学派，与当时社会政治经济的转变很有关系。此前贵族政治赖以维系主属关系的东西，就是礼。春秋战国之世，此种政治业已崩坏，而渐趋于集权的封建君主专制政治，并且新有产阶级勃起，以前被压迫的人民渐次抬头，而获得独立与自由。于是，此前维系主属关系的礼便不足以言治，而不得不尚法，观管仲治齐，子产治郑，即可想见。所以说法家的产生是与当时社会政治经济的转变有关。而贵族之恶法家与秦始皇之信法家，其原因也就从此可以明白了。

1. 韩非法、术、势相结合的统治思想

韩非强调法、术、势三者互相结合。法就是成文法。《韩非子·难三》云："法者，编著之图籍，设之于官府，而布之于百姓也。"术，就是君主驾驭臣民的权术。"术者，藏之于胸中，以偶众端而潜御群臣者也"①。势，就是势位，指国君的威势，即政权。"势者，胜众之资也"②。"主之所以尊也，权也"③。

法、术、势（法令、权术、政权）三者密切结合，成为巩固君主专制的手段。法是公布出来要人民遵守的，而术则由君主秘密掌握用以保证法的贯彻。《韩非子·难三》言："故法莫如显，而术不欲见。是以明主言法，则境内卑贱莫不闻知也……用术，则亲爱近习莫之得闻也。"法和术成为君主手中的两大法宝，缺一不可。《韩非子·难三》言："人主之大物，非法则术也。"《韩非子·定法》又言："君无术则弊于上，臣无法则乱于下；此不可一无，皆帝王之具也。"关于势，乃是贯彻法、术的先决条件，没有势（政权）当然就谈不上法的实施。《韩非子·八经》曰："君执柄以处势，故令行禁止。柄者，杀生之制也；势者，胜众之资也。"《韩非子·功名》又言："千钧得船则浮，锱铢失船则沉，非千钧轻锱铢重也，有势之与无势也。"法、术、势三者必须紧密结合才会发生法治的效力，这也是封建主义法治所要求的。《韩非子·难势》言："夫弃隐栝之法，去度量之数，使奚仲为车，不能成一轮。无庆赏之劝，刑罚之威，释势委法，尧舜户说而人辩之，不能治三家，夫势之足用亦明矣。"说明法和势是不可以脱离的，因此他于《韩非子·难势》做出结论："抱法处势则治，背法去势则乱。"韩非上述对法、术、势三者之间辩证关系的见解，是他对前人法律思想的发展，也是他法治理论的核心。

韩非在新形势下发展了慎到、申不害和商鞅的思想。他总结历史经验，于《韩非子·定法》中指出申不害"不擅其法，不一其宪令则奸多"。他指出商鞅重法"然而无术以知奸，则以其富强也资人臣而已矣"。申不害重术和商鞅重法，都有具体的历史条件。申不害为韩昭侯宰相，《史记》说他"学术以干韩昭侯"。《吕氏春秋·任数》也说他主张"古之王者，其所为少，其所因多；因者，君术也；为者，臣道也"。这和韩非说他重术是一致的。当然，申不害重术也并不排斥法。但由于当时韩国封建化的措施还抵不上秦国，因而韩国没有能够形成商鞅变法那样的法治理论。韩非形容那时的韩国："韩者，晋之别国也。晋之故法未息，而韩之新法又生；先君之令未收，而后君之令又下。"法的新故相嬗，在客观上难免要造成申不害"不擅其法，不一宪令"的情况，表明韩国变法尚不彻底，因而未能达到霸王之业。韩非又说："故任万乘之劲韩，七十年而不致于霸王者，虽用术于上，法不勤饰于官之患也。"

秦国地处中国西陲，本来是比较落后的，但其因袭的重担不如中原各国那样沉

---

① 《韩非子·难三》。
② 《韩非子·八经》。
③ 《韩非子·心度》。

重，商鞅在秦孝公支持下取得变法成功，大大加快了秦国封建化的过程。当时秦国新兴的中央集权还远不如后来秦王政那样巩固，强大的宗室贵族势力仍有尾大不掉之势。商鞅为了推行新法与贵族作了坚决斗争，在孝公死后被贵族杀死。韩非指责秦国“徒法而无术”，造成“以其富强而资人臣”，即所谓“战胜则大臣尊，益地则私封立”。这成为商鞅以后一个时期的历史现象。商鞅死后，虽然“秦法未败”，但法治的进一步完善和巩固，还有待于历史实践的发展。到了战国末年，统一的封建中央集权国家即将形成，大权需要进一步集中在中央政府特别是皇帝手中。适应这一形势要求，法、术、势也需要紧密结合，于是韩非集大成的法治理论便应运而生。

战国时期，法治思想是有进步意义的，它起到巩固新兴封建制度的作用。首先，它奖励耕战，开阡陌封疆，打破井田制，垦殖新的土地，鼓励小农经济，这些都有利于生产力的发展。其次，它以郡县制代替分封制，有利于打破旧贵族的宗法血缘世袭制度。后来封建社会的进步思想家颂扬这种改革为“天下为公”。韩非主张：“法不阿贵，绳不挠曲。法之所加，智者弗能辞，勇者弗敢争。刑过不避大臣，赏善不遗匹夫。”①“明主之吏，宰相必起于州部，猛将必发于卒伍。”这些思想体现了时代精神，无论在当时或后来封建社会都起到进步作用。“法不阿贵”是要限制贵族的特权，这样才能“一断于法”，强化法治，以有利于地主阶级对农民的统治。当时，新兴封建制度还处在建立和巩固时期，必须要有严厉的统治，真正树立起法治的信用，才能够扫除旧势力和旧传统。商鞅遭受车裂和吴起遭受乱箭射死的教训，说明贯彻法治要经过严酷的斗争。法家代表人物为了推行新法表现出的不惜以身殉职的精神是值得称赞的。韩非说：“智术之士，必远见而明察，不明察不能烛私；能法之士，必强毅而劲直，不劲直不能矫奸。”而要烛私矫奸就容易和贵族显宦发生矛盾。他又说：“智术之士，明察听用，且烛重人之阴情；能法之士，劲直听用，且矫重人之奸行。故智术能法之士用，则贵重之臣必在绳之外矣。是智法之士，当当涂之人，不可两存之仇也。”所谓“重人”即是“贵重之臣”，指宗室贵族和大臣显宦。这些人身居要津，不受法律约束，往往成为徇私枉法的罪恶渊薮。要推行法治，以法律察私矫奸，必然要触动他们的特权。而这些贵族显宦都不是一日形成的，他们“官爵贵重，朋党又众”，且深得君主的信任，因此，要把他们作为推行法治的障碍而加以扫除，是要担冒风险的。《韩非子·孤愤》云：“故资必不胜而势不两存，法术之士焉得不危？其可以罪过诬者，以公法而诛之；其不可被以罪过者，以私剑而穷之。是明法术而逆主上者，不僇于吏诛，必死于私剑矣。”“资必不胜而势不两存”，说明新兴的法家还敌不过旧贵族势力，然而又要坚决贯彻法治，这就成了你死我活的斗争。从这种意义上看，当时地主阶级内部不同集团之间围绕法治问题展开的斗争，是具有阶级斗争的意义的。

当时法家坚定不移地认为要建立强有力的中央集权，必须高度加强君权，削弱贵族大臣的权力，即实行强干弱枝的政策。《韩非子·扬权》言：“为人君者，数披其木，

① 《韩非子·有度》。

毋使木枝扶疏。木枝扶疏，将塞公闾，私门将实，公庭将虚，主将壅围。数披其木，无使木枝外拒。木枝外拒，将逼主处。数披其木，毋使枝大本小。枝大本小，将不胜春风。不胜春风，枝将害心。公子既众，宗室忧吟，止之之道，数披其木，毋使枝茂。"这里形象地说明了法家强干弱枝的主张。法家将巩固公庭（国君）和削弱私门的原则用政策规定下来，便把两个政治集团的斗争引到法治领域中来，法家集团都要拥戴强有力的皇帝，因而强调法、术、势集中于皇帝手中。《韩非子·有度》言："故当今之时，能去私曲就公法者，民安而国治；能去私行行公法者，则兵强而敌弱。故审得失有法度之制者加以群臣之上，则主不可欺以诈伪；审得失有权衡之称者以听远事，则主不可欺以天下之轻重。""明主使法择人，不自举也；使法量功，不自度也。"这是说，必须把政治完全纳入法治的轨道，才可保证权力进一步集中到君主手中，使法治成为强化中央集权的重要手段。《韩非子·二柄》又云："明主之所导制其臣者，二柄而已矣。二柄者，刑、德也。何谓刑德？曰：杀戮之谓刑，庆赏之谓德。"刑、德成为君主手中的"二柄"，而不再分散使用，也说明权力的进一步集中。君主用刑德驭使臣民，刑德便成为君主治国之利器。韩非这里所说的"德"专指庆赏而言，即有功者赏，与儒家以仁义为德是不同的。对于君主掌握刑德的重要性，《韩非子·二柄》言："夫虎之所以能服狗者，爪牙也，使虎释其爪牙而使狗用之，则虎反服于狗矣。人主者，以刑德制臣者也，今君人者释其刑德而使臣用之，则君反制于臣矣。"这就是"国之利器，不可以示人"的思想。韩非认为，赏罚大权为皇帝支配，一方面可以杜绝大臣徇私枉法、比周结党，另一方面又可以羁摩臣下，使之俯首帖耳，唯君命是从。《韩非子·外储说右上》云："夫驯乌者断其下翎，则必恃人面食，焉得不驯乎？夫明主畜臣亦然，令臣不得不利君之禄，不得无服上之名；夫利君之禄，服上之名，焉得不服？"韩非还以为，只有严明赏罚，才可以劝贤退不肖。《韩非子·八奸》曰："明主之为官职爵禄也，所以进贤材劝有功也。故曰：贤材者，处厚禄任大官；功大者，有尊爵受重赏。官贤者量其能，赋禄者称其功。是以贤者不诬能以事其主，有功者乐进其业，故事成功立。"有功者受重赏，破格选拔人才，这是法家开明的地方。法家主张任人唯才，打破宗法血缘的亲亲原则。《韩非子·饰邪》总结历史经验云："彼法明则忠臣劝，罚必则邪臣止。忠劝邪止而地广主尊者，秦是也。群臣朋党比周以隐正道、行私曲而地削主卑者，山东是也。"秦国自商鞅变法以来，吏治即较东方各国清明，荀子即曾表扬过秦国的士大夫"不比周，不朋党，调然莫不明通而公也"。吏治的清明与实行法治是分不开的，所谓"奉法者强则国强，奉法者弱则国弱"。这与任法择人有密切关系。赏罚不明，退忠进奸是最大的祸患。《韩非子·有度》言："故忠臣危死于非罪，奸邪之臣安利于无功，忠臣危死而不以其罪，则良臣伏矣；奸邪之臣安利不以功，则奸臣进矣，此亡之本也。"韩非认为赏罚严明，不错赏错罚就可以保证进忠退奸。他以法为准，坚决奉公守法者为忠臣，而徇私枉法者为奸臣，因此，他所谓忠和奸与儒家所谓忠奸的含义不同。

韩非以人性恶为法治的理论根据，他认为人与人之间除了赤裸裸的利害关系再无其他原则可言。他举例说："夫卖庸而播耕者，主人费家而美食、调布而求易钱者，非爱庸客也。曰：如是，耕者且深耨者熟耘也。庸客致力而疾耘耕者，尽巧而正畦陌畦畤者，非爱主人也。曰：如是，羹且美，钱布且易云也。”①雇主与雇佣之间乃是剥削与被剥削的关系，当然谈不上互爱。韩非站在剥削阶级的立场，将雇主与雇佣的关系说成互相取利，并将这种关系说成人与人之间普遍交往的原则。《韩非子·备内》言：“舆人成舆，则欲人之富贵；匠人成棺，则欲人之夭死也，非舆人仁而匠人贼也，人不贵，则舆不售；人不死，则棺不买。情非憎人也，利在人之死也。”做车子的匠人希望人富贵，做棺材的匠人希望人早死，并非是由于对人有什么爱或憎，而是为了售卖车子和棺材以获得利益。韩非认为甚至父子之间也是纯粹的利害关系。他说：“父母之于子也，产男则相贺，产女则杀之。此俱出父母之怀衽，然男子受贺，女子杀之者，虑其后便，计之长利也。”②儿女都是父母所生，然而重男轻女，甚至溺女婴，从封建所有制说，儿或女为父母带来的利益不同。父母之与子女尚且如此，又何况君臣之间。《韩非子·备内》云：“人臣之于其君，非有骨肉之亲也，缚于势而不得不事也。”君臣关系完全是由势位尊卑所迫，是利害交易的关系。《韩非子·难一》说：“臣尽死力以与君市，君垂爵禄以与臣市。君臣之际，非父子之亲也，计数之所出也。”甚至还说：“若如臣者，犹兽鹿也，唯荐草而就。”这样君臣之间都是唯利是图，因而相互计算便成为不可避免。《韩非子·饰邪》言：“君以计畜臣，臣以计事君，君臣之交，计也。害身而利国，臣弗为也；富国而利臣，君不行也。臣之情，害身无利；君之情，害国无亲。君臣也者，以计合者也。”君臣之间是赤裸裸的利益关系，各自为了自身的利益而互相计算，这样便把君臣之间的伦理价值完全否定了。《韩非子·外储说右下》言：“治强生于法，弱乱生于阿，君明于此，则正赏罚而非仁下也。爵禄生于功，诛罚生于罪，臣明于此，则尽死力而非忠君也。君通于不仁，臣通于不忠，则可以王矣。”这样把法治的推行完全归结为趋利避害，否定伦理道德的因素，表明法家的法治和儒家仁义的尖锐对立。这种极端的法治主义促使先秦法家向反面转化。

韩非认为，人们由于利害关系的驱使，彼此之间总是怀着算计之心，因而在政治上必然演出残酷的篡夺，子弑父、臣弑君的现象便毫不奇怪了。《韩非子·备内》云：“且万乘之主，千乘之君，后妃、夫人、适子为太子者，或有欲其君之蚤死者。何以知其然？夫妻者，非有骨肉之恩也，爱则亲，不爱则疏。语曰：‘其母好者其子抱。’然则其为之反也，其母恶者其子释。丈夫年五十而好色未解也，妇人年三十而美色衰矣。以衰美之妇人事好色之丈夫，则身死见疏贱，而子疑不为后，此后妃、夫人所以冀其君之死者也。唯母为后而子为主，则令无不行，禁无不止，男女之乐不减于先君，而擅万乘不疑，此鸠毒扼昧，之所以用也。”夫妻、父子之间在争夺政治权力上的利害冲突，导致谋弑篡夺，这自春秋以来已是屡见不鲜的现象。韩非上述生动的描绘揭开了剥削阶级温情脉脉的伦理沙罩，而将其丑恶的内幕赤裸裸地暴露出来。夫妻、父子尚且如

① 《韩非子·外储说左上》。

② 《韩非子·六反》。

此，至于君臣之间更不必说了。韩非说："臣之所不弑其君者，党与不具也。"这样概括夫妻、父子、君臣关系，说明人与人之间除了赤裸裸的利害关系之外，都是靠不住的。因此，君主对左右近幸必须时时加以防范，稍不小心便会给人以可乘之机。韩非将人臣行奸概括为"八术"，即所谓"在同床"、"在旁"、"父兄"等等。在同床，是指利用君主便僻好色，收买其娇妻美妾以成奸；在旁，是收买利用君主近信嬖幸，使之伺机惑乱君王以成奸；父兄，是收买利用君主亲戚近爱以影响君主成其奸等等。总之君主所好之人所好之事，都将给臣下以成奸之隙。除了八术之外还有许多手段。韩非得出结论说："乱之所生六也：主母、后姬、子姓、弟兄、大臣、显贤。"[①]这也说明，在君主周围没有任何可靠的人，所有的人都是坏家伙。《韩非子·备内》警诫君主说："为人主而大信其子，则奸臣得乘于子以成其私，故李兑傅赵王而饿主父。为人主而大信其妻，则奸臣得乘于妻以成其私，故优施傅丽姬，杀申生而立奚齐。夫以妻之近与子之亲而犹不可信，则其余无可信者矣。"韩非就是这样将法治主张推向极端。而为了保证法的贯彻，防止大臣舞弊枉法，结党营私，君主用术防奸就很重要了。他将君主用术概括为"七术"、"六微"、"八说"、"八经"之多。关于术的内容，《韩非子·内储说上》曾概括为七个方面：一曰"众端参观"；二曰"必罚明威"；三曰"信赏尽能"；四曰"一听责下"；五曰"疑诏诡使"；六曰"挟知而问"；七曰"倒言反事"。这些可分为三类。"必罚明威"和"信赏尽能"，系指用刑德二柄，进行赏罚，属于执法的问题；"众端参观"与"一听责下"，系指用参验的方法，掌握真实情况，防止偏听偏信；"疑诏诡使"、"挟知而问"、"倒言反事"则纯粹是玩弄权术，如下假命令，说假话，布置圈套，以诱惑诈供获得真情等等。以上说明君主用术是为了保证法的贯彻，用术和执法不能分割。将法与术混淆在一起，是封建主义法治难以避免的。因为封建中央集权实行君主专制独裁，君权至高无上不受法的约束，而法只对臣民起约束作用，因此君主可以用术驾驭臣下。同时，封建社会是个等级森严的社会，法治的本质也是维护封建贵族和官僚阶级特权的，因而贵族与官僚又可凭借手中的特权而玩忽法律，所谓"王子犯法与庶民同罪"不过是虚伪的口号，在封建社会中是根本行不通的。韩非重法，同时也重术，把术作为法的重要补充，正是反映了皇室和贵族官僚之间在争夺政治权力方面无法克服的矛盾。

为了保证法的贯彻，韩非强调赏罚分明，不许有任何越法的举动，执法甚至到机械的程度。《韩非子·二柄》言："功当其事，事当其言，则赏；功不当其事，事不当其言，则罚。故群臣其言大而功小者则罚，非罚小功也，罚功不当名也。群臣其言小而功大者亦罚，非不说于大功也，以为不当名也害甚于有大功，故罚。"言大而功小、言小而功大都是功不当名的表现，功不当名即是对法的破坏。因此，功大也罚。《韩非子·二柄》举例说："昔者韩昭侯醉而寝，典冠者见君之寒也，故加衣于君之上，觉寝而说，问左右曰：'谁加衣者？'左右对曰：'典冠。'君因兼罪典衣与典冠。其罪典衣，以为

① 《韩非子·八经》。

失其事也，其罪典冠，以为越其职也。”越职做了好事也要获罪受罚，这是为了杜绝臣下借功邀宠或借做好事笼络人心达到结党营私的目的。因此，越职行事绝对不允许，并且要给予处罚。《韩非子·二柄》又云：“故明主之畜臣，臣不得越官而有功，不得陈言而不当。越官则死，不当则罪。守业其官所言者贞也，则群臣不得朋党相为矣。”

韩非认为，要考核群臣执法的实际情况，从而真正做到赏罚分明，就必须用参验的方法了解群臣的言行。《韩非子·奸劫弑臣》云：“人主诚明于圣人之术，而不苟于世俗之言，循名实而定是非，因参验而审言辞。”如果君主用术到此为止，应当说是有积极意义的，因为它确实可以起到防奸的作用。韩非又说：“善持势者早绝奸之萌。”即防患未然，使群臣知道违法之害，而有所规范，就不致形成羽翼，这是有利于君臣上下相安的。但是由于韩非受剥削阶级立场之支配，把地主阶级内部的尔虞我诈看做是人的本性，把所有的人都看成利欲熏心鬼迷心窍，因而主张不择手段玩弄权术对付臣下，如下假命令、布置圈套等等，则是其法治思想的糟粕。为了侦得奸情，他鼓励“告奸”，收买利用特务。为了除阴奸，甚至主张用借刀杀人与投毒的手段。《韩非子·八经》云：“忍不制则下上，小不除则大诛，而名实当则径之。生害事，死伤名，则行饮食；不然，而与其仇，此谓除阴奸也。”法家否认伦理道德的价值，在人和人的关系上表现出刻薄寡恩，当他们一旦不能维持形势时，便容易酿成残酷的争夺和杀戮。这也是法家代表人物极少寿终正寝的原因。

防止剥削阶级内部的篡夺只是法的职能的一个方面。法的实质、法的主要职能还是镇压农民的反抗。《韩非子·奸劫弑臣》云：“夫严刑者，民之所畏也；重罚者，民之所恶也。故圣人陈其所畏以禁其邪，设其所恶以防其奸，是以国安而暴乱不起。吾以是明仁义爱惠之不足用，而严刑重罚之可以治国也。”韩非这里反对儒家的仁义爱惠，实际上是主张对人民进行残酷镇压，而反对儒家“明德慎罚”的主张。这是法家不及儒家高明的地方。韩非站在敌视农民的立场，当然认为农民的人性更是属于恶的。他说：“且民者固服于势，寡能怀于义。”老百姓很少善良者，只能镇压才使其屈服。他以剥削者自私自利的眼光看农民，说：“夫民之性，恶劳而乐佚。”甚至诬蔑说：“今民儇诇智慧，欲自用，不听上，上必且劝之以赏然后可进，又且畏之以罚然后不敢退。”①这也是说，人民狡诈贪利，必须责罚并重，才能迫使就范。韩非的这些思想反映出随着封建制度的确立，地主阶级和农民阶级的矛盾已逐步上升，地主阶级害怕农民起来造反，故而强调镇压。《韩非子·奸劫弑臣》言：“夫严刑重罚者，民之所恶也，而国之所以治也；哀怜百姓、轻刑罚者，民之所喜，而国之所危也。”民之所恶即国之所治，民之所善即国之所危，说明农民与封建统治者之间的矛盾已无法调和。韩非又说：“不忍诛罚则暴乱不止。”他强调对人民施以重刑。《韩非子·内储说上》说：“公孙鞅之法也重轻罪。重罪者，人之所难犯也；而小过者，人之所易去也。使人去其所易无离其所难，此治之道。”韩非把这种轻罪重刑的主张称做“以刑去刑”，所谓“以刑去刑”是靠残

---

① 《韩非子·忠孝》。

酷的镇压取得的。《韩非子·守道》又说:“故能禁贲、育之所不能犯,守盗跖之所不能取,则暴者守愿,邪者反正。大勇愿,巨盗贞,则天下公平,而齐民之情正矣。”没有严刑重罚是达不到这种地步的,因此韩非强调不赦死不宥刑,要使人民在严刑面前心惊胆寒。《韩非子·五蠹》云:“布帛寻常,庸人不释;铄金百溢,盗跖不掇。不必害则不释寻常;必害手则不掇百溢。故明主必其诛也。”刑罚之严使人不敢违犯,如同铄金那样烫手使人不敢染指。这些严刑重罚的主张充分说明法镇压人民的反动本质。

2. 法家思想文化的历史评价

在当时历史条件下,法家的法治思想对维护新兴封建制度,对贵族的特权有某些限制(所谓“法不阿贵”),有着进步的作用。而它以严刑重罚镇压人民的方面则是反动的。秦王朝统一中国后,实行极端的集权专制独裁,刑法严苛,为巩固其统治,甚至焚书坑儒,造成普遍的社会恐怖,结果众叛亲离。特别是对农民实行繁重的赋役和残酷的镇压,激起了我国历史上第一次农民大起义,不到十五年的时间,我国历史上第一个统一的封建王朝便被农民推翻了。秦始皇在统一中国的斗争中是有功劳的,秦国的实力是十分强大的,自以为可以传之万世,然而却经不住“揭竿而起”的农民的打击。这说明任何貌似强大的统治,一旦触怒人民,便无法维持。正像贾谊在《过秦论》中所说,秦始皇“奋六世之余烈,振长策而御宇内”,统一中国之后,“他自以为关中之固,金城千里,子孙帝王万世之业也”,而他一死,像陈涉一个“瓮牖绳枢之子,氓隶之人”,“蹑足行伍之间,而崛起阡陌之中,率罢弊之卒,将数百之众,转而攻秦,斩木为兵,揭竿为旗,天下云集而响应,赢粮而景从,山东豪杰,遂并起而亡秦族矣”。结果使秦王朝的统治者“身死人手,为天下笑”。吸取秦亡的教训,汉以后的封建统治者大都采取仁义和刑罚两手来统治了。

3.1.1.5 名家文化

《汉书·艺文志·诸子略》言:“名家者流,盖出于礼官。古者名位不同,礼亦异数。孔子曰:‘也正名乎!名不正则言不顺。言不顺则事不成。’此其所长也。及警者为之,则苟钩釽析乱而已。”这是《汉书·艺文志·诸子略》对名家家学说的精辟概括。

名家代表人物有惠施和公孙龙。名家的出现是百家争鸣的需要。学派之间的争论需要有一些规则,而名家正是在研究辩论规则中应运而生的。

惠施是庄周的朋友。他没有著作流传下来,只有《庄子·天下篇》和《吕氏春秋》等书中保存他的部分思想。在《庄子·天下篇》中有惠施的“历物之意”10个命题:

①至大无外,谓之大一,至小无内,谓之小一;

②无厚,不可积也,其大千里;

③天与地卑,山与泽平;

④日方中方睨,物方生方死;

⑤大同而与小同异,此之谓小同异,万物毕同毕异,此之谓大同异;

⑥南方无穷而有穷；

⑦今日适越而昔来；

⑧连环可解也；

⑨我知天下之中央，燕之北、越之南是也；

⑩泛爱万物，天地一体也。

这10个命题，由于没有保留当时的论证过程和辩论情景，现在对其真正思想和实际意义都缺乏切实的了解，只好仁者见仁，智者见智，各抒己见，莫衷一是。有的说他是合同异的相对主义唯心论思想家，如侯外庐；有的说他是站在肯定矛盾之观念论的辩证法立场，如李石岑。对有的命题，有人说是“荒谬的诡辩”；同一个命题，另一些人却认为“含有地圆和地动的道理”，因此说他是一个“科学的哲学家”，或者称他为“浑天说的先驱”。惠施可能只是在概念上作了一些巧妙的推理，并无科学的思想，因此荀子批评他“蔽于辞而不知实”①。他为魏惠王制订法。大家都认为这些法很好，翟翦却认为“善而不可行”②。因为这些法不切时宜，大概也属脱离实际的纸上谈兵。

公孙龙也是战国中期的名家代表人物，他比惠施幸运，著作还流传至今。今本《公孙龙子》六篇，第一篇《迹府》是后人编集的有关公孙龙的事迹，其他五篇都是他的著作。他的主要命题有“白马非马”和“离坚白”。因为有论证，所以这些命题可以从论证中得到正确的理解。理解统一了，评价还可以有争议。有的人说他诡辩，有的人认为他在发展逻辑上有贡献。应该如何评价？先看他是如何论证“白马非马”的。

公孙龙是这样论证的：马是形状，白是颜色。说颜色不同于说形状，所以白马非马。要马，给黄马、黑马都可以；要白马，给黄马、黑马就不行。如果白马就是马，那么为什么给黄马、黑马有可以与不可以的区别呢？白色加上马形成白马。马没有颜色方面的要求，白马则有颜色上的规定，所以白马非马。有人问：“马圈里有没有‘白马’。”答：“没有。”又问：“马圈里有没有‘马’。”答：“有。”同一个马圈，没有“白马”却有“马”。这说明白马与马是两回事。所以，“白马非马”仍可成立。

从公孙龙的论证上可以看出，他不是在逻辑的种属关系上讨论，而是把具体事物分解为不同的属性来加以研究，把白马分解为白与马。如果是老龄雄性白马，还可以分解为老、雄、白、马。他对一块石头也采取这种分离的办法。石头分离为坚硬、白色、石头，所以有“离坚白”之说。他的非就是异。如说：“异黄马于马，是以黄马为非马”。③ 黄马“异”于马，所以，黄马“非”马。异者，非也。白马非马，就是说白马异于马，具体的与一般的有相异之处。这么看是对的。但白马非马被后人误解为白马不是马，似乎违背了逻辑的种属关系，因而被称为绝对主义。他与惠施的区别是：惠施合同异，公孙龙是离坚白。

---

① 《荀子·解蔽》。

② 《吕氏春秋·淫辞》。

③ 《公孙龙子·白马论》。

《庄子·天下篇》还收录名家的21个命题：卵有毛；鸡三足；郢有天下；犬可以为羊；马有卵；丁子有尾；火不热；山出口；轮不蹍地；目不见；指不至，至不绝；龟长于蛇；矩不方，规不可以为圆；凿不围枘；飞鸟之景，未尝动也；镞矢之疾，而有不行不止之时；狗非犬；黄马骊牛三；白狗黑；孤驹未尝有母；一尺之捶，日取其半，万世不竭。以上这些命题，因为没有论证，所以有些是不明确的。有些命题在其他古籍中保存着简单的论证，给我们提供了简单研究的线索。例如，在《公孙龙子·通变》篇中载："谓鸡足一，数足二，二而一故三。"就是说，说鸡有足，这算一，再数鸡的足有二，二加一，所以"鸡三足"。说鸡有足，这是抽象的，不能算数的。抽象的与具体的混为一谈，成为一种诡辩。

从总体上看，名家文化发展了中国古代的逻辑学。秦汉时代建立了中央集权制度，辩论以政权来裁决，而逻辑失去了作用，名家就逐渐消沉。汉末以后，在魏晋时代，玄学家清谈派继承了名家一些思想。但在中央集权制占主导地位的中国封建社会，名家抬不起头，逻辑学也就发展不起来了。

3.1.1.6 阴阳家文化

《汉书·艺文志·诸子略》言："阴阳家者流，盖出于义和之官，敬顺昊天，历象日月星辰，敬受民时，此其所长也。及拘者为之，则牵于禁忌，泥于小数，舍人事而任鬼神。"这是《汉书·艺文志·诸子略》对阴阳家学说的精辟概括。

阴阳家文化以齐国邹衍为代表。邹衍（约公元前305年至公元前240年），齐国人，曾游历魏、赵、燕等国，受到隆重接待。他的学说特点是"闳大不经"。他的主要观点有二。第一，从时间上说，认为天地开辟以来，社会发展都是按五德（金、木、水、火、土）顺序转变的，这是将五行学说附会到社会上去。司马迁说："是时独有邹衍明于五德之传。"秦灭六国后，"亦颇推五胜，而自以为获水德之瑞，更名河曰'德水'，而正以十月，色上黑。"[①]第二，从空间上说，认为中国九州是小九州，整个中国是大的九州中的一个州，叫做赤县神州。九州之间有海环绕。九州合成更大九州中的一州。所以，中国神州只是天下八十州之一。另外一批搞天文历法的阴阳家，在西周以后，也丰富了阴阳家文化。齐甘公，名德，著《天文星占》8卷；魏石申，作《天文》8卷。后人将此两书合编，称为《甘石星经》。这是我国最早的恒星星表，保存在唐代瞿昙悉达的《开元占经》中。阴阳家主要讲历法，但同时有占星术和禁忌的迷信。因此，"使人拘而多畏"[②]。

3.1.1.7 兵家文化

兵家文化以孙武为代表。孙武大约与孔子同时，曾在吴国带兵打仗，吴国"西破

---

① 《史记·历书》。

② 《史记·太史公自序》。

强楚入郢，北威齐晋，显名诸侯，孙子与有力焉”①。他也曾训练女兵成功。孙武著《孙子兵法》13 篇，即“卷上始计第一，作战第二，谋攻第三，军形第四，兵势第五；卷中虚实第六，军争第七，九变第八，行军第九；卷下地形第十，九地第十一，火攻第十二，用间第十三”。这是我国最早、最杰出的军事著作。《孙子兵法》大约成书于公元前 496 年至公元前 453 年间。它总结了我国春秋以前的战争经验，提出了一系列带有普遍性的战争指导规律，在我国古代军事学术和战争实践中起过重要的指导作用。宋神宗元丰年间(1078—1085)被置于《武经七书》之首。其中许多著名论断至今仍是不可违背的军事规律。唐代初年，此书传入日本，被誉为“兵学圣典”、“百世兵家之师”，明代传入欧洲各国，有许多种文字译本。在世界军事理论上，《孙子兵法》也享有极高的声誉，与克劳塞维茨的《战争论》齐名，而成书却比《战争论》早两千多年，是我国古代灿烂文化中一份宝贵的遗产。

孙武的后人孙膑也是兵家的代表。孙膑本名孙宾，与庞涓就学于鬼谷子。庞涓仕于魏而嫉孙膑之才，将其诳至魏而加以膑刑，故后人称为孙膑。孙膑著有《孙膑兵法》，后来佚失。1972 年 4 月，从山东临沂银雀山一座西汉前的墓葬中发现了《孙子兵法》和《孙膑兵法》。孙膑在与庞涓的斗智斗勇中，创造了“声东击西”、“金蝉脱壳”、“假痴不癫”、“隔岸观火”、“围魏救赵”、“田忌赛马”、“明修栈道，暗度陈仓”、“苦肉计”、“空城计”、“反间计”、“美人计”、“马陵之战”等杰作，并为后人所效仿。

此外，大约成书于战国初期的《司马法》(司马穰苴著)、战国时吴起所著《吴子》也属先秦兵家文化的代表。

宋神宗元丰年间，从我国浩繁的兵书中选出了《孙子兵法》《司马法》《尉缭子》《六韬》《吴子》《三略》与《唐李问对》作为武学(军事学校)的七部必读兵书。后人常称之为“武经七书”。

3.1.1.8　纵横家文化

《汉书・艺文志・诸子略》言：“纵横家者流，盖出于行人之官。孔子曰：‘诵诗三百，使于四方，不能专对，虽多亦奚以为？’又曰：‘使乎，使乎！’言其当权事制宜，受命而不受辞，此其所长也。及邪人为之，则上诈谖而弃其信。”这是《汉书・艺文志・诸子略》对纵横家学说的精辟概括。

纵横家的代表人物是张仪、苏秦。他们善于辞令，企图通过游说等外交活动来使各国之间保持势力均衡。苏秦、张仪都是鬼谷子的学生。鬼谷子挖个坑，自己在坑下，说，下来能把我说哭了，出去就可以说服君王。苏秦下坑，把鬼谷子说得“泣下沾襟”。但是，苏秦游说诸侯，不成功，回家受到亲属们的讥笑，说他不干正经事而学习口才，怎么不贫困呢？他发愤图强，闭门读书，潜心研究，后来出去游说，先后说服了

---

① 《史记・孙子吴起列传》。

燕、赵、韩、魏、齐、楚六国诸侯王,“于是六国从合而并力焉。苏秦为从约长,并相六国”①。六国联合抗秦,苏秦是总指挥,兼任六国相。苏秦这时佩六国相印,衣锦还乡,亲属也不敢抬头看,嫂子与弟媳扒在地下侍候苏秦“取食”。为什么呢,因为“位高金多”。苏秦很感慨地说:“此一人之身,富贵则亲戚畏惧之,贫贱则轻易之,况众人乎? 且使我有雒阳负郭田二倾,吾岂能佩六国相印乎?”②苏秦后被反间,车裂而死。曾有著作31篇,今佚。1972年至1974年发掘的马王堆汉墓三号墓出土的帛书《战国纵横家书》中,有苏秦的书信和游说辞16章。《史记·苏秦列传》也保存了一部分游说辞。

张仪,魏国人。从鬼谷子学,后游说诸侯。有一次在楚相家饮酒,楚相说掉了璧,大家认为张仪贫困,必定是他偷的。把他打了一顿,然后放回家去。张仪妻说:“你不读书游说,怎么会受到这种污辱?”张仪张口问:“我的舌头还在吗?”妻子笑着说:“舌头在。”张仪说:“足矣。”③有舌头就够了。后来,他入秦说服了秦惠王,当了秦相,写信给楚国相国说:“开始我没有盗璧,你打了我一顿,现在你好好守国吧,我准备盗你的城。”张仪多方游说,对秦统一中国也起过促进作用。

3.1.1.9 农家、医家、杂家与小说家文化

《汉书·艺文志·诸子略》言:“农家者流,盖出于农稷之官。播百谷,劝耕桑,以足衣食,故八政:一曰食,二曰货。孔子曰:‘所重民食’,此其所长也。及鄙者为之,以为无所事圣王,欲使君臣并耕,悖上下之序。”这是《汉书·艺文志·诸子略》对农家学说的精辟概括。

农家文化以许行为代表。他主张“君民同耕”,反对孟子“劳心者治人,劳力者治于人”的思想。《孟子·滕文公上》载许行弟子陈相的话:“贤者与民并耕而食。”许行的弟子曾与孟子讨论过人性问题和社会分工问题。《管子》和《吕氏春秋》两书中保存一些关于农业生产的知识,可能就是农家的研究成果。

医家以扁鹊为代表。扁鹊,姓秦名越人,勃海郡鄚(今属河北河间)人。据说,他服一种药以后,有透视功能,能隔墙看人,能“尽见五脏症结”④。他曾在齐、赵、周、秦行医,后被秦太医李醯(音 xī)害死。医家今有《黄帝内经》和《黄帝八十一难》著作传世。特别是《黄帝内经》以阴阳来解说生理、病理、医理,成为中医理论的奠定者。这些医书的作者是谁,尚有争议,肯定不是黄帝所著。中医整体性理论是中国传统文化的重要内容,是古代重要的系统论思想。

《汉书·艺文志·诸子略》言:“杂家者流,盖出于议官。兼儒、墨,合名、法,知国

① 《史记·苏秦列传》。

② 《史记·苏秦列传》。

③ 《史记·张仪列传》。

④ 《史记·扁鹊仓公列传》。

体之有此，见王治之无不贯，此其所长也。及荡者为之，则漫羡而无所归心。”这是《汉书·艺文志·诸子略》对杂家学说的精辟概括。

《吕氏春秋》综合各家思想，被称为杂家，特点是“兼儒、墨，合名、法”，“慢羡而无所归心”①。另有小说家，那是收集街谈巷语，道听途说的故事、警句、谚语，整理编成书，没有理论体系。

春秋战国时代是中国社会巨大变革时期，也是中国文化自觉的时期，百家争鸣即是典型体现。在争鸣中，由于儒、道、墨、法思想深刻，理论体系完善，适应了当时社会状况而成为“显学”，而在四者中尤其以儒、道两家为重，在后来的历史发展中，形成了中国传统文化以儒家为主、儒道互补的文化格局。

《汉书·艺文志·诸子略》言：“小说家者流，盖出于稗官。街谈巷语，道听途说者之所造也。孔子曰：‘虽小道，必有可观者焉，致远恐泥，是以君子弗为也。’然亦弗灭也。闾里小知者之所及，亦使缀而不忘，如或一言可采，此亦刍荛狂夫之议也。凡诸子百八十九家，四千三百二十四篇。出蹴鞠一家，二十五篇。诸子十家，其可观者九家而已。皆起于王道既微，诸侯力政，时君世主，好恶殊方，是以九家之术蜂出并作，各引一端，崇其所善，以此驰说，取合诸侯。其言虽殊，辟犹水火，相灭亦生也。仁之与义，敬之与和，相反而皆相成也。《易》曰：‘天下同归而殊涂，一致而百虑。’今异家者各推所长，穷知究虑，以明其指，虽有蔽短，合其要归，亦六经之支与流裔。使其人遭明王圣主，得其所折中，皆股肱之材已。仲尼有言：‘礼失而求诸野。’方今去圣久远，道术缺废，无所更索，彼九家者，不犹愈于野乎？若能修六艺之术，而观此九家之言，舍短取长，则可以通万方之略矣。”这是《汉书·艺文志·诸子略》对小说家学说的精辟概括。

3.1.2　两汉文化——两汉经学

儒家经学是中国历史上的一种文化、学术和思想现象。

“经”的原始意义是直线。与它相对的是纬，即横线、旁支。故《左传》说：“经天纬地，天之经，地之纬，民之行。”汉代儒学有经书，又有纬书。纬书是发挥经义的，把经的意思从义理上加以扩展。经字，有“道路”的含义，还有“常”的意思，故用“经”字来形容一种学，是说这门学问、学术所讲的道具有普遍永恒的意义和指南、道路的性质，是必须用以作为思想和生活的指导的。

儒家的经，通常指六本经书，称为“六经”，即《诗》《书》《礼》《乐》《易》《春秋》。《乐》有名无书，故亦称“五经”。

《诗》《书》《礼》《易》《春秋》是先秦就有的历史文化典籍，儒学也是先秦就存在的一个学派。先秦的学术一般称为子学，即诸子之学。儒学是诸子之一。在当时不同的学派和学者眼中，后来的五经都不具有经学的地位，也没有经书、经学的观念。但

① 《汉书·艺文志》。

是，到了汉代，这种情况有了巨大变化。《诗》《书》《礼》《易》《春秋》成为“五经”，被认为具有普遍永恒的意义，是国家全部思想和政治生活必须遵循的指针，对之顶礼膜拜，不敢越雷池一步。班固也说：“六艺者，五教之典籍，先圣所以明天道、正人伦，致至治之成法也。”①谶纬进一步把经加以神化，认为孔子本人是神。《春秋》纬《演孔图》说，孔子是其母与黑帝交媾而生的，把儒家的经典说成是“陈天人之际，述天地之心，让异考符，与天地同气，为万姓求福于皇天”的神书。《考经·右契》说：“孔子志在《春秋》，行在《孝经》。”所以汉代人普遍地认为，《春秋》是孔子为汉朝制作的，是一王之法，作《春秋》的孔子是圣人又是素王。

总之，由先秦到西汉，中国学术和思想上所发生的重大变化，就是子学到经学的变化。这一时期，从百家争鸣、学术自由到“罢黜百家，独尊儒术”，实现了大一统的学术文化专制主义的变化。在思想方式上，则是由崇扬个人理性转到崇拜经典、权威，也就是丧失思想与理性自由的变化。

那么这个变化是如何实现的呢？由思想、学术的自由，进入思想、学术的不自由，这种状况是如何造成的呢？说明这个问题，需要从社会历史和人们自己的思想变化中去找答案。

战国时期的百家争鸣，是由当时政治、经济上的割据分裂造成的。而社会、政治、经济的统一，必然要求文化和学术的统一。因此，儒术独尊和建立经学是一致的，是客观历史要求的反映和表现，是历史的必然。

儒学被奉为独尊，经过了历史的选择。秦朝崇尚法家。法家将人看做与动物无别的自然物，认为只需物质的奖罚就可以驾驭。所以秦朝极力实施严刑峻法，结果很快激化了社会矛盾，导致土崩瓦解，二世而亡，由此也暴露了法家学术的弊端。汉初尊奉黄老之道。黄老道家崇尚清静无为，它适应了当时休养生息的需要而居于统治地位，一时收效很大。但黄老与法家是一个思想体系。其本质都是崇尚自然而反人文主义的。以人为自然物，则不懂得人的本质在于他的社会性，不懂得为人的社会关系所决定的伦理、道德、政治、教化是人之所以为人的根本。当汉初休养生息的时期一结束，黄老思想就必然要让位于一种新的思想。

在诸家学派中，只有儒家比较适应建立大一统和巩固农村宗法血缘基础的需要。但是它不经过发展和改造，也不会成功。这就是以董仲舒为代表的汉儒对儒学的“贡献”。这个贡献的突出表现有三点。

第一，建立了新的天人合一的目的论的庞大哲学思想体系。它对各家采“扬弃”的态度，从而从思想本身完成了“罢黜百家”的任务。它在摒弃墨子片面崇尚功利的思想和黄老道家反人文主义性质的同时，又吸收了墨、道、法、名诸家思想中的与当时政治需要相符合的因素为己所用，这就为自己的“独尊”造成了有利条件。

第二，董仲舒的目的论的哲学思想，一方面继承了先秦儒学的人文主义，把人从

① 《汉书·儒林传》。

自然序面提升出来，同时又给它以目的论的论证。他认为人是目的，是中心，宇宙的一切都为了人，并为仁学建立了天道观基础。它虽然粗陋，但由于崇扬人，符合人要求发展、完善自己的内在需要，所以取得了大部分知识分子的信服与敬慕。

第三，董仲舒又提出了名号理论，说："名号异声而同本，皆名号以达天意也。"从而把《诗》、《书》、《礼》、《易》、《春秋》上的每一句话都说成是天意的表达，是绝对真理，一切是非必须以它作为根据与标准。这就从根本上树立了经学的思想权威。

董仲舒是西汉经学的真正建立者。没有董仲舒的这些贡献，经学是不可能建立的，也不可能使孔子的思想具有绝对权威的地位。

西汉经学分今文经学与古文经学。严格地说，古文经在西汉是不能称"经学"的。因为它只是作为儒家经典的一种解释在民间流传，它可以被视为西汉经学史的一部分。就其在政治社会及人们思想中的地位与作用而言，则不具有经学的特征。在汉代，今文经学被政府立为官学，设博士，优秀者可以依次入仕做官。今文经学的经义亦是社会政治、道德立法、行政及文化、思想必须遵循的统一的准绳。所以只有今文经学才是真正的经学。依东汉光武帝确立的十四个官学博士，今文经在汉代有十四家。这就是："《易》：施、孟、梁丘、京氏；《尚书》：欧阳、大小夏侯；《诗》：齐、鲁、韩，《礼》：大小戴；《春秋》：严、颜"①。在这十四家中，最早成为显学的是以董仲舒为代表的《公羊春秋》。在宣帝时则是《谷梁春秋》学与《礼》学、《易》学等。

《公羊春秋》学之所以能在武帝时首先成为显学，是因为它符合武帝剥平诸侯、打击权豪贵族违法乱纪、加强与巩固大一统中央集权的需要。它特别强调"大义灭亲"，强调大一统，强调改法制、易正朔、作新王，强调"忧天下之忧"，"争除天下之所害"，在宗法亲情内部严肃纲纪的法治精神。在社会经济方面则主张缓和矛盾，推行仁恩、兼受等。这些都抓住了社会矛盾的要害。所以武帝时期，不仅董仲舒的许多政治政策建议被采纳了，《公羊春秋》也受到特别推崇而成了政治上的指导思想。

宣帝时，社会恢复了和平，从而又一次把"稽古礼文"的事提到了首位。武帝时期，片面推崇法治和《公羊法》，激化了种种社会矛盾与统治集团内部的矛盾。这种紧张情况需要以强调礼治来进行补充和缓解，所以作为鲁学的《谷梁春秋》受到了重视。宣帝甘露三年，召开石渠阁会议，讨论五经异同，名儒萧望之等与会，宣帝亲临裁决。其中《公羊》与《谷梁》的争论，宣帝多赞成谷梁，会后并增立《谷梁》与大小夏侯《尚书》及梁丘《易》为博士。

从内容实质来分析，宣帝崇尚《谷梁》是因为《公羊》与《谷梁》虽然同是对《春秋》经义的解释，但《公羊》的基本精神是崇尚法治，而《谷梁》则崇尚礼治，凡是在两者有区别的地方，《谷梁》几乎都集中于宣扬礼制及礼治的重要意义。随着《谷梁》受到推崇，朝野上下兴起了礼制与复古的思潮。三礼之学，勃兴于这一时期，大戴《礼记》、小戴《礼记》编纂于这一时期，都说明了这一点。

---

① 《汉书·儒林传》。

宣帝以后，阴阳灾异谴告流行，由此，易学中兴起了施、孟、梁丘三家，特别是京房易学在社会上发生了重大影响，引起了神学思潮的泛滥，导致经学中出现了“谶纬”这种逆流。所“谶”是政治性的神学预言，如“亡秦者胡也”之类；“纬”则是经的旁支，是对经义的推衍。但谶纬合流，都以神学迷信形式出现，从而把汉初经学中的神学因素系统地、彻底地发展到极端荒谬的地步。从总体上看，谶纬是汉人思想在这段时期所表现的畸形与迷误。

王莽以符命篡权，东汉光武帝又以符命为建立新王朝受命的根据，所以东汉经学家莫不引谶纬说经，称之为“内学”。而与今文经学对立的古文经学则作为一种对抗因素受到许多学者的重视，因此三者的融合，即今文经学、古文经学与谶纬的合流是东汉经学的显著特点。东汉末年，最大的经学家郑玄，终于囊括大典，综合百家，遍注群经，打破今古文的界线，完成了经学的融合与统一。但此时汉代经学也随之结束，由魏晋玄学取而代之了。

古文经学与今文经学是相对而言的。从现象上看，两者的区别在于前者用先秦的古文字书写，后者则用汉代通行的隶书书写。因有的经有两种文字书写流传，形成了古文和今文两种经本与经学。从内容看，《礼》的古文是《周官》，内容是政府的组织制度，与《仪礼》、《礼记》性质有区别。《诗》的毛传，《春秋》的左氏传和费直所释的《易》，都与今文经学者的解释有所不同。

在汉代，今古文的斗争，有几个回合，但实质上意义并不很大，因为目的都在于争经学的正统与官学地位，出发点都是为了维护封建王朝的统治，加强三纲五常的伦理纲纪。

当然，两者的学术倾向是有区别的。清朝学者多肯定古文而否定今文。相对而言，今文经有值得肯定之处，如重现实，强调学术为政治和现实服务，强调改制、改革，文字上也顺应潮流，改用今文以便于学习流传。注释经义上则重采用古昔传说、神话故事，比较生动活泼，更富有民间色彩与历史内容。其宣扬阴阳五行，灾异谴告，固然有神学迷信的一面，但也有吸取当时自然科学（如医学、天文学）的因素。古文经侧重于礼制及纯道德的说教，复古倾向严重。所以今文经与古文经的区别实在不是简单二分法所能归纳的。

第一次挑起今古文之争的是刘歆。哀帝时，他要求将《左传》、《毛诗》等立为官学，遭到反对。第二次是东汉光武时，韩歆要求立古文《易》、《左传》，范升反对。光武开始接受，立《左传》为官学，很快又废止。章帝时贾逵与李育又为此发生争论，章帝爱好古文，虽然没有正式立《左传》为官学，但诏贾逵选高材生多人习《左传》、《毛诗》等，说明古文实际取得了胜利，总的形势是古文经在东汉日益得势。东汉时有名的经学家如桓谭、郑兴、贾逵、马融、郑玄都是以古文名家的。最后郑玄综合今古文，形成统一经学，今古文的斗争就结束了。

在东汉明帝、章帝时，经学威望达到顶点。不仅经学大师破例封侯，皇帝本人也以能亲自讲经、充当经学大师和经学弟子为荣。但到安帝时就骤然衰落了。经过党锢之祸，经学之士被大批囚禁、打击，汉代经学彻底衰败。促使汉代经学由盛骤衰的原因，流行的说法归之于农民起义以及东汉政治黑暗腐败等等。但本质上的原因，是它自身内在因素的发展造成的。

首先，经学的政治性格造成了它的毁灭。汉代经学以"三百篇当谏书，以春秋当一王之法"是直接合学术与政治为一的。孔子既是圣人，又是素王；经学大师既是学术的权威，又是政治的官僚，以至皇帝本人也成为政教合一的化身。经学的是与非常由政治权力来裁判，政治上的意图也借经学名义来推行。经典就是最高的政典与法典。这样，经学的独尊与发展就使经学之士成为兼学术、道义、政治和经济四位一体的社会力量。它与皇权的关系是既相互依赖又相互猜疑。因此，当它在东汉充分发展，出现了四世三公、四世太尉等，如袁氏杨氏那样的名门望族时，分割宰割皇权的野心与危险就出现了(如袁绍)，导致了摊牌的局面。这就是桓灵之世的"党锢之祸"。经过党锢之祸，皇权对经学连续三次猛力摧残，结果经学就只能奄奄一息了。

其次，经学的道义与政治性格又使经学成为束缚"人性"发展的力量，走向儒家人学的反面。汉代实行察举制，举孝廉、贤良是入世当官的捷径，以至许多人为"孝廉"而弄虚作假，又为"孝廉"而从小成为"循规蹈矩"、"小心翼翼"、心口不一的伪君子，这也就是程颐讲的"苦节"。这种"苦节"使儒学成为可怕的人性异化力量。因此，它是注定不能长久而要走向反面的。程颐说："东汉之士多名节，知名节而不知节之以礼，遂至于苦节……苦节既极，故魏晋之士变而为旷荡，尚浮虚而亡礼法。"①此概括是符合辩证法的。

第三，经学的繁琐支离与经验主义，使它愈来愈走向理性发展的反面，成为束缚理性自由创造的枷锁。这种繁琐集中表现于汉代易学的象数学之中。象数学基本特点是"以历限易"，把易的义理肢解为"卦气"，为"爻辰"，为"纳甲"，为"八宫"等。使人们的思维不是由感性上升到理性，而是使理性被肢解为互不联系的孤立的具体对象的存在，从而堵死了认识正常的发展道路。它被扫进垃圾堆而由王弼那样的义理之学取而代之，也是必然的。

第四，谶纬神学的迷信本质发展到极端而矛盾百出，必然由无神论的自然论取而代之。所以正当经学权威达于顶点时，王充就引黄老于儒学，使儒学基础发生了变化。郑玄又引老子自然思想以注《易》，使《易》发生重大变化。魏晋时期的三玄之学，大畅玄风，《周易》是基础，其玄风正是王、郑学术思想的全面发展。

综上，经学是经由自己的内在因素的辩证发展而走向灭亡的。它由新的玄学形态取而代之，是自己对自己的否定。这一点，也是经学留下的最为深刻的历史教训。

3.1.3 魏晋文化——魏晋玄学

玄学是中国魏晋时代(220—420)的主要文化思潮。玄，出自《老子》"玄之又玄，

---

① 《二程语录》卷第十八。

众妙之门”，是幽深微妙的意思。杨雄的著作称为《太玄》。魏晋时代的一些思想家推崇《周易》、《老子》、《庄子》，并称“三玄”。“三玄”就是玄学的经典。当时的玄学家大多是所谓名士，他们以出身门第、容貌仪容和虚无玄远的清谈相标榜，成为一时风气。这个时期的社会为什么会出现这种思潮呢？这是有政治原因和思想原因的。

首先说政治原因。这得从选拔人才谈起。

选拔人才是历代统治者都十分关心的问题。历代统治者根据实践的发展不断总结经验，改革选择人才的方法。在春秋时代，任官以世袭为主，按血统任官，父死子继。战国时代，战争频繁，秦国以战功作为选择人才的途径。战争中杀了敌人，要割死者的头带回来，按带回来的头的数量来定升多少级，故称头为“首级”。秦国用这种方法鼓励兵卒英勇杀敌，成为当时的强国，最后消灭其他诸侯，统一中国。战国末期理论家韩非认为让立军功的人任地方官，像木匠当医生一样，打仗与治民不是一回事。韩非认为，儒家的道德不必要，能执法者就可以任官授职。所以把有德有才的儒者以及他们的书，都加以毁弃，导致中国历史上第一次对知识分子的大规模迫害——“焚书坑儒”。能执法者即听话、服从指挥的人当官，造成政治上一呼百应的现象，这是封建专制者的理想政治。但这种政治很快埋葬了秦王朝。秦亡以后，汉代统治者以孝治天下。中央规定，各地方官每年必须推荐一定数量的孝子和廉吏给中央，以备任用，这就是荐举制度，也叫举孝廉。同时采用论经（讨论经书中的问题）和对策（分析和解决政治问题，相当于现在的招聘答辩）的办法选择有才能的人当官。有德的人通过举荐，有才的人通过对策，进入仕途，实现了理想的“尚贤使能”。但是，这种推荐办法的弊端是走后门。推荐的孝子不孝顺父母，所以有民谣说“举孝廉，父别居”。所举的人多是官家子弟。他们互相荐举，官官相护，开始是个别现象，后来就逐渐普及起来了，风俗就衰败了。小人在位，胡作非为。起初有识之士向皇帝进谏，皇帝不采纳，还要加以迫害。于是，知识分子就在背地议论。一批大学生一边批评统治者，一边赞颂在野的知识分子，终于激怒了当权派。东汉统治者就称这些知识分子为“党人”，有的杀头，有的“禁锢终身”。这就是中国历史上第二次镇压知识分子，史称“党锢之祸”。

“党人”被禁锢了，舆论一律了，舆论的监督作用丧失了，权臣就无所顾忌了。汉代，社会舆论有没有监督作用呢？据范晔《后汉书·党锢列传》记载：党人“危言深论，不隐豪强。自公卿以下，莫不畏其贬汉，屣履到门”。做官都害怕党人的批评，这就说明党人的议论对权臣大官起了监督作用。镇压党人，取消监督，权臣擅权，使汉朝终致政衰。先是宦官弄权，国命委于阉寺，后有袁术、袁绍杀宦官，董卓、曹操挟天子。最后，曹丕篡权自立，史称魏朝。秦亡和汉亡有什么共同的教训呢？秦王以为知识分子的议论会动摇秦朝统治，故有焚书坑儒之举。而实际上焚坑以后促使秦王朝更快地灭亡。唐代章碣《焚书坑》有很深刻的见解：“竹帛烟销帝业虚，关河空锁祖龙居。坑灰未冷山东乱，刘项原来不读书。”破坏了文化，政权就空虚，防御工事维护不了政权。烧书不久，不读书的刘邦、项羽就领兵起义了。汉末的情况与此相似，汉政府镇压“党人”不久，汉朝也就灭亡了。

每一个新朝代总要研究前代灭亡的原因以为巩固地位的借鉴。汉以为秦是不施仁义而亡的，所以汉统治者独尊儒术，提倡仁义，大办教育，培养人才，使汉代成为空前的盛世。汉灭亡以后，魏朝统治者错误地总结汉亡的教训，以为权臣控制朝政是汉亡的主要原因，于是就采取九品中正法，企图收买大官权臣，拉拢他们为巩固自己政权服务。所谓九品中正法，是选拔人才的一种方法。各州郡设立“中正”官。负责将本地的人按才能分为九品，供吏部按品选用。中正官多是豪门世族出身。他们推荐名门子弟，“吏部选用，必下中正，征其人，居及父祖官名”①。吏部根据门第和他父亲、祖父的官，来安置新选上者的官职。这样，“百官子弟不修经艺而务交游，未知莅事而坐享天禄”②。其结果是“上品无寒门，下品无势族”，“附托者必达，守道者困粹”③。于是，当官的主要有两种人，一种是百官子弟，一种是卖身投靠者。当时，不能吹牛拍马者就不能当官，君子固穷，陷于贫固。正如左思《咏史》诗所说：“世胄蹑高位，英俊沉下僚。地势使之然，由来非一朝。”世胄指大官子弟；英俊指确有本事的平民百姓。

百官子弟高居官位，一旦有事，束手无策，无法控制局面。英俊沉在下僚，不能发扬才能，还要受气，平时郁郁不平，不甘寂寞，一旦有事，他们都跳出来，或者兴风作浪，或者推波助澜。由于上下极不协调，这一时期社会也极不安定，因此成了中国历史上政局最混乱、分裂时间最长的魏晋南北朝时期。魏氏的九品中正法企图安定社会却导致了最大的混乱，本来是给上品世族以铁饭碗、金饭碗，却被一概砸烂，并都变成宰杀他们的刀剑。这是肉食者始料不及的。

曹魏篡汉，司马晋代曹。由于宫廷政变，酿成八王之乱，八王之乱又导致五胡乱华，形成西晋十六国的局面。晋南逃成为东晋，后又经历了宋、齐、梁、陈几个短命朝代，史称南朝。北部地区形成北朝，有北魏、东魏、西魏、北齐、北周各朝。朝代频繁更替，一朝天子一朝臣。每一朝代的建立，总要大批杀死前朝的皇亲国戚、高官大臣，同时有一批庶族地主和小官吏因为投靠新朝有功而晋升。这就使荣华富贵失去稳定性，所谓“皇帝轮流做，明年到我家”。皇帝尚且如此，做官就更不稳定，刚才还是高官显爵，转眼就成为罪囚。正像《红楼梦》中说的那样：“因嫌纱帽小，致使锁枷扛；昨怜破袄寒，今嫌紫蟒长。乱哄哄你方喝罢我登场，反认他乡是故乡。甚荒唐，到头来都是为他人作嫁衣裳。”混乱政局对于富贵人家来说是更大的灾难。一方面，他们平时作恶多端，民愤极大，当倒霉以后，来复仇算账的人很多；另一方面，他们平时盘剥人民，搜刮民脂民膏，构筑了自己的安乐窝，在混乱的时候，也就成了饥寒交迫的民众抢夺的重点目标。也如“好了歌”注中所说：“金满箱，银满箱，转眼乞丐人皆谤”，正是咎

① 《通典》卷 14。
② 《通典》卷 14。
③ 《晋书》卷 45。

由自取。阮籍《咏怀》诗曰:“膏火自煎熬,多财为患害。布衣可终身,宠禄岂足赖。”搜刮的钱财太多也是一种祸害,官大也保不住这些财富,还会招来杀身之祸。老百姓还可以活到老,而宦官人家常常不能尽其天年。既然宠禄靠不住,富贵不能长享,那就只好及时行乐,所谓“且极今朝乐,明日非所求”,“今我不为乐,知有来岁不”,“人生似幻化,终当归空无”,都反映了当时统治阶级上层人物精神空虚、及时享乐的思想。精神空虚在哲学上的反映,形成了以无为本的新的哲学思潮——玄学。

其次谈思想原因。

产生玄学的思想原因主要有两个方面,一是继承《老子》、《庄子》、《周易》和《太玄》的思想;二是对汉代经学传统的否定。重《老子》、《庄子》,贬低“五经”,本身也是对经学的否定。奇怪的是《周易》一书在汉代为“五经”之一,到魏晋又是“三玄”之一。它在汉唐几百年间都居于经典的地位。宋明以后,说《易经》、解《易经》者,仍代不绝人。玄学家主要继承了道家思想。

汉代经学家不断注经,极为烦琐,所谓“浩首穷经”、“章句之学”。学到老,也很难弄明白一本经书。经书上一两句话,都可能注上几千乃至几万言。而在当时读、写都很困难的情况下,注这么多字,使许多学者望而生畏。经学在社会上普遍受到鄙弃。玄学家抛开经学,独抒己见,不拘章句,要言不烦。他们虽然也看书,却“不求甚解”。在处世方面,经学家一切行动都遵循儒家的礼教,“非礼勿动”;而玄学家反对以礼法约束自己,提倡任性自然,随心所欲,所谓“越名教而任自然”。经学家说话、著文,字字有经传的根据、来历和出处;玄学家好创新说,语言极简。《晋书》载阮瞻有一次去看王戎,王戎问他圣人(孔子)贵名教,老庄重自然,你看名教与自然是相同还是不相同。阮瞻回答说:“将无同。”王戎听了,大为欣赏,立刻给他官做。被人称为“三语椽”,只说三个字就当上一个属官“椽”。还有嫌三言太多了,认为有一言就可以提拔。更有人说无言也可以提拔。如果无言都行,那还要舌头干什么?于是有“不用舌”、“废言”之说。

经学时代,学者“皓首穷经”,所以著名人物多是老人。董仲舒 60 多岁才参加对策,公孙弘也一样。而玄学时代,不需要看很多书,只要想法有新意,就能成名,而许多年轻人思想活跃,提出新见解,成了名人。开一代新风的玄学创始人王弼死时才 24 岁,许多著作都是在 20 岁前后写的。荀粲死时才 29 岁,裴頠也只活了 34 岁。摆脱传统经学的束缚,充分发挥创造性思维,大批人才涌现出来,特别是敢想敢说的青年人。经学束缚人的思想,相对来说,玄学则是解放人的思想。

所谓玄学家,有一些共同之处,即崇尚老庄的自然思想,反对传统经学对人们的束缚。但他们如何崇尚,又如何反对,则有不同的方式,因而大体上分为三派,即探讨宇宙本体的玄理派、不管实际事务的清谈派、实行放任旷达的狂放派。他们各有各的代表人物。

玄理派的代表人物有何晏(190—249)、王弼(226—249)、裴頠(267—300)、欧阳建(? —300)、向秀(约 227—272)、郭象(252—312)等。

何晏和王弼是玄理派的创始人。他们的理论特点是"贵无",是以无为本的。王弼认为:老子的道就是无,无是一切的根本,一切事物都是"有","有生于无"。裴頠问他:为什么老子反复讲无,而圣人孔子却不讲无呢?王弼回答说:"圣人体无,无又不可以训,故不说也。"就是说孔子能体会无,但无法用无来教育人民,所以不说。王弼认为无是本、是母、是静、是一,而万物是有、是末、是子、是动、是多,所以,无与有的关系,也是本末、母子、动静、一多的关系。他在这些问题上进行了复杂的论证,为中国哲学的本体论增加了丰富的思想。在解论人的自然本性与封建社会的礼仪制度的关系(即自然与名教的关系)时,王弼认为自然是本,名教是末,名教出于自然。就是说,圣人是根据人的自然本性规定出许多制度来,人们应该"崇本以举其末"。本在无为,无为就是要顺其自然。所以在社会生活方面,王弼主张"守名教而顺自然",把名教和自然统一起来。用现代话说,就是不守名教,就会出现自由化,自由化并不能顺自然,而且违背了自然。这样,名教和自然就一同丧失。王弼的理论还是很辩证的,但后来一些人只强调自然是本,抛弃名教,产生了狂放派,是对王弼思想的片面理解。何晏与王弼思想基本一致,从略。

裴頠出身于西晋王朝的大官僚家庭。他的曾祖父裴茂是汉尚书令,祖父裴潜是魏尚书令,父亲裴秀是晋司空,"在位四载,为当世名公"。尚书令,官居三品,相当于现在的部长,司空是一品官。当时三公是最高的官,三公即太尉、司徒、司空。裴頠出身于这样三代高官的大家庭,自己也成了尚书左仆射(三品官),又是皇亲,是皇后的亲属,又是名士王戎的女婿。他维护封建统治,极力抨击不尊礼法、不尊儒术的社会风气,著有《崇有论》。他认为,《老子》说有生于无是一种偏见,别人相信这种偏见,就更不适当了。他认为,绝对的虚无是不可能生出有来,即使是自生,也一定有东西。可见,对群生有好处的必须有东西,虚无,什么也没有,如何能对社会做出贡献呢?从这些内容来看,裴頠是提倡"崇有"、反对"贵无"的。但他也喜欢清言,并著有《贵无论》,与《崇有论》是姐妹篇。《贵无论》已佚。学术界称裴頠是反玄学的崇有论者,是魏晋时代的唯物论者的突出代表。实际上,他是玄学家的玄理派中的一个人物而已。他善谈"名理",上承魏初"名家"思想。他在著《崇有论》时没有引经据典,而是独抒己见,表现了玄学家的文风。

欧阳建的《言尽意论》是反对当时流行的"言不尽意论"的。谁是"言不尽意论"者?学术界一般认为"言不尽意论"的代表人物是王弼。在言与意的关系上,最早在《周易·系辞上》中就有"书不尽言,言不尽意"的说法。王弼在《周易略例·明象》中说:"尽意莫若象,尽象莫若言。"实际上是言不尽意的说法。那就没有"言不尽意"论者了吗?有,据现有材料看可以说是荀粲。荀粲说:"盖理之微者,非物象之所举也。今称'立象以尽意',此非通于意外者也。"[①]就是说微妙的道理不是卦象所能完全描绘出来的,象不能完全表达意思。他认为,说立卦象可以完全表达意思,这是不通达

① 《三国志·魏书·荀彧荀攸贾诩传》注引,第 319 页。

的表现。荀粲是“言不尽意论”者，而王弼是“言尽意论”者。

言意关系，就是语言与思想的关系。语言是表达思想的。语言是形式，思想是内容，二者都在变化中，语言随着思想的变化而变化。欧阳健也意识到这种变化。他说：“名逐物而迁，言因理而变。”①但是，语言和思想在变化过程中经常出现不协调和差异，思想变化在先，语言变化在后。这种内在的联系，决定了语言经常出现不能完全表达思想的现象，这就是“言不尽意”。另外，思想颇为丰富，而语言却相对贫乏。贫乏的语言不能完全表达丰富的思想，这也是“言不尽意”。所谓只能用语言来思维，笔者认为值得商榷。先天耳聋成为哑巴的那些人，有没有思维呢？他们应该是有思维的。还有一些人文学修养不高，常有“词不达意”、“无法形容”的感觉。有些高手名师经常说他们的绝技“只可意会，不可言传”。《庄子》所谓得心应手，“口不能言”，也就是这个意思。书不尽言，言不尽意。所以，即使是圣人的书（言），也是圣人留下的“糟粕”，他的精神精华（意）随着死亡而湮没。应该说，言不尽意论是深刻的、符合辩证法的命题，言尽意论则是肤浅的。现在文艺界、美学界对“言不尽意”评价甚高。在中国哲学史界，有些人把言不尽意论当做唯心主义的不可知论来批判，把“言不尽意”误解为“语言不能表达思想”。“不尽”并不是“尽不”，“不尽”是不以完全或不完全之意。“言不尽意”是绝对的，而“言尽意”则是相对的。

向秀和郭象都注《庄子》。郭象提出宇宙万物“独化于玄冥之境”。这个命题说明他认为宇宙没有创世者、主宰者，万物是自然变化的。这当然是唯物的无神论观点。这个命题认为万物互不相干、不相联系、各自变化。从这一点看，颇有形而上学的味道。对于郭象的思想，学术界争议较多。

玄理派玄学家都是很严肃的哲学家。他们想干一番事业，对于本末、有无、体用、一多等高度抽象的理论问题进行了艰苦的探讨，发展了中国古代理论思维，提高了思辨力。应该说，他们对中国古代文化的发展是有贡献的。

清谈派是天天清谈，不理事务，祖尚浮虚，讲究风度。其代表人物是西晋的王衍。《晋书·阮籍传》称王衍为“当时谈宗”。

王衍，字夷甫，很有风度，口才也好，整天拿着与手同色的“玉柄麈尾”，终日清谈，不论世事。受何晏、王弼的影响，经常谈的是《老子》、《庄子》。说得不对，他就马上改口，别人称他“口中雌黄”。因为他身居高位，后进的人都羡慕仿效他。王衍的一举一动，都成为社会的风尚；他的“矜高浮诞”，也成为当时风俗。王衍是一品官，掌握大权，他不管国事却为自己做了安排。他派王澄去荆州，派族弟王敦去青州，并对他俩说：“荆州有江汉之固，青州有负海之险，卿二人在外，而吾留此，足以为三窟矣。”②三窟即狡兔三窟之意。虽有石窟，狡兔也逃不出灭亡的命运。所谓“覆巢无完卵”，人掉到井里，靠耳朵挂得住吗？后来，国家有难，他却不敢主持事务，最后被石勒所俘。他

① 《言尽意论》。

② 《晋书·王戎传》附《王衍传》。

向敌人说自己没有参与政事，想求活命。石勒怒目："君名盖四海，身居重任。少壮登朝，至于白首，何得不言不豫世事邪！破坏天下，正是君罪。"最后，石勒用把墙推倒压死的方法结束了王衍的生命。王衍临死前才后悔。他说："呜呼！吾曹虽不如古人，向若不祖尚浮虚，尽力以匡天下，犹可不至今日。"就是说，如果不讲空话，好好干事，还可以避免国破身亡。由他创始的空谈习俗毒害了整个社会，后民由此而产生了"清谈误国"的说法。

狂放派的特点是不遵礼法，任诞狂放。他们既不研究宇宙本体的理论问题，也不认真办理事务。他们与清谈派有个显著的区别：清谈派是讲究风度的，而狂放派则讲究"解放"，随心所欲。这一派名流很多，其佼佼者有"七贤""八达"之类。

刘伶，"竹林七贤"①之一，以饮酒著称。有一天他想喝酒，他妻子把酒倒掉，把酒壶摔了，并且劝他"你喝酒太多，对身体没有好处，一定要戒掉"。刘伶说："你说的对，但我自己克制不了，只有向鬼神发誓以后，我才能彻底戒掉。你去准备酒肉吧。"妻子很高兴，浪子居然回头了。她准备好酒肉摆在神前，请刘伶去发誓。刘伶跪着说："天生刘伶，以酒为名，一饮一斛，五斗解醒。妇人之言，慎不可听。"说完又在那里喝酒吃肉，直到烂醉如泥。刘伶常乘鹿车，带一壶酒，让人拿锨跟着，说："死便埋我。"他著作有《酒德颂》一篇，其中有"惟酒是务，焉知其余"的话。刘伶贪酒，醉后还胡来。有一次，他酒后脱光衣服在家里坐着，有客人来，见此情景，就讥笑他，他却说："我以天地为房屋，房间作裤子，你们怎么都跑到我裤裆中来了"。

有一次，胡毋辅之、谢鲲、阮放、比卓、羊曼、桓彝、阮孚七人在胡毋辅之家里，散发裸体，闭门饮酒。一个叫光逸的去找胡毋辅之，见大门紧闭，就脱了衣服从狗洞里伸进头去大喊大叫。胡毋辅之说："别人绝不会这样，一定是光逸来了！"马上开门放光逸进去，参加这个狂放沙龙。这八个人被称为"八达"。"八达"中的毕卓谈自己理想时说："一手拿着螃蟹，一手端着酒杯，浮在酒池中间，就一生愿足了。"张秀鹰说："身后留名，不如身前一杯酒。"所以当了仆射的周凯也大饮酒，有一次一醉三天不醒，人称"三日仆射"。这些酒徒都成为名士。因此，王恭总结经验说："名士不一定需要素才，只要没事干，多饮酒，读一本《离骚》，就可以当名士了。"

除了喝酒之外，狂放派名士还有少说话、不说话或者说怪话的特点。另外，有一些行为与当时的常礼相悖。但，正是这些非常的行为很快传递天下，他们就出了大名，成了名士。这是当时的风尚，现在叫时髦。笔者怀疑这些名士中有的并非本心，只是玩世不恭、追逐时髦、以求轰动效应，或者只图一时痛快，却招来杀身之祸，后悔莫及。

同样喝酒，情况却不大相同。有的在政治斗争中失意，以酒消愁；有的为了避祸，以醉酒装疯卖傻，如阮籍；有的则有酒瘾，三天不喝酒，就觉得"形神不复相亲"，如王

---

① 《晋书·嵇康传》："所与神交者惟陈留阮籍、河内山涛，豫其流者河内向秀、沛国刘伶、籍兄子咸、琅邪王戎，遂为竹林之游，世所谓'竹林七贤'也。"

枕。

以上三类玄学家，是大体上分的。而具体的个人则有很大区别。有的既是清谈派，又是狂放派，又饮又吹，边喝酒，边聊天；有的既是玄理派，又是狂放派，一半天使，一半野兽，亦神亦鬼。所以对于具体人要做具体分析，不宜简单贬斥。如阮籍曾在竹林畅饮，是十足的狂放者，但他所著《达庄论》、《大人先生传》、《豪杰诗》和《咏怀诗》却表现出他是地道的玄理家。玄理家是魏晋时代的哲学家。清谈、狂放，并非哲学家所备，仅此不为哲学家。在思想史上，对这一时期的哲学家不能以任诞狂放而贬斥，也不宜以清谈浮虚来指责。正如汤用彤所说，王弼、何晏、向秀、郭象“万不是历史上遭诟骂之清谈家，至少他们都主张干一番事业”。他们研究名理，“实在是严肃的，和前一种狂放派不同，他们以形而上学为基础，来讲道德人生，政治伦理的兴趣实在很浓”①。因此，说魏晋时代整个士族在无的影响下过着腐朽的生活，说玄学家都是极端纵欲的腐朽人，显然是不恰当的。魏晋玄学是对已经僵化了的汉代经学的否定，对严重束缚人的思想的封建礼教的破坏，应该说在那个时代都是有积极意义的。说它是新的人生观也是对的。三派玄学家从不同的角度对经学之弊端予以否定。玄理派的简言深论是对繁琐注经的否定，清谈派是对经学家的严守家法、师法的否定，狂放派是从行动上否定经学家的繁文缛节、循规蹈矩的。魏晋玄学与汉代经学是两个极端，一方面是僵化，一方面是自由化。在这个时代，自由化对僵化的冲击是有进步作用的，但本身也有弊端。所以，可以肯定玄学家的历史功绩，但它不足为训，不能作为人们的榜样。就是在魏晋时代，也不被人视为榜样。偌大中国，突出的玄学家仍然为数不多，而且多数不容于世，被诛杀者、受排挤者都很多，正是“名士少有全者”②。对玄学家的评价，不宜笼统肯定，也不宜从一个角度拔高。

3.1.4 隋唐文化——隋唐佛学

1. 佛教的传入

魏晋时期是自然主义特盛的时代，是老庄之学特盛的时代，而到了南北朝时期，佛教特别发达，后至隋、唐更是光焰万丈，发展达于极点，以致学术界将隋唐时期的思想文化称之为隋唐佛学。

中国在魏晋南北朝时代，固有的儒学消沉至极点，除了老庄思想的兴盛，学术界差不多成了僵冻状态。但是，自佛教输入并经过长期的发展后，中国学术界发生了激变。以后讲到宋明理学的时候，便可以看到理学所受到佛教的影响是怎样厉害。不但如此，就是文学、建筑、雕刻、绘画、音乐、宗教各方面，也因佛教的影响而发生变化。可以说，中国学术界几百年来的僵冻状态，是因佛教的影响才苏醒过来。这是中国学术思想史上的一大关键。研究中国学术思想史的人，绝不可看轻这个关键。

---

① 汤用彤：《汉魏学术变迁与魏晋玄学的产生》，载《中国哲学史研究》，1983(3)。

② 《晋书·阮籍传》。

关于佛祖的生平，因限于篇幅，只得从略。以下就佛教输入的历史，加以叙述。

鱼豢《魏略·西戎传》说："汉哀帝元寿元年（公元前 2 年），博士弟子秦景宪从大月氏王使伊存口受《浮屠经》。"当时罽宾为佛教最盛之地，罽宾正为大月氏王丘就却所征服。由于大月氏王的使臣对佛教有信仰，所以秦景宪从之问业。如真有其事，则秦景宪即为中国人诵佛经之始。《后汉书·楚王英传》说："英晚节更喜黄、老之学，为浮屠齐戒祭祀。永平八年（公元 65 年），诏令天下死罪皆入缣赎。英……奉送缣帛赎愆。……诏报曰：'楚王诵黄、老之微言，尚浮屠之仁慈。洁斋三月，与神为誓。何嫌何疑，当有悔吝？其还赎以助伊蒲塞、桑门之盛馔'。"此为中国人祀佛之始。《后汉书·襄楷传》载桓帝延熹七年（公元 164 年）楷上疏云："闻宫中立黄、老、浮屠之寺。"此为帝王奉佛之始。《文献通考》说："至桓帝时（公元 160 年前后），有安息国沙门安静赍经至洛，翻译最为通释。灵帝时（公元 168 年至 189 年）有月氏沙门支谶所译《泥洹经》二卷，学者以为大得本旨。"此为译经之始。《后汉书·陶谦传》说："丹阳人笮融，在徐州、广陵间，大起浮屠祠，上累金盘，下为重楼。……作黄金涂像。"时为公元 195 年，可为中国人建塔造像之始。《文献通考》说："甘露中，有朱士行者，往西域，至于阗国，得经九十章，题曰《放光般若经》。"又《历代三宝记》卷三年表中于魏甘露五年（公元 260 年）条下注云："朱士行出家，汉地沙门之始。"此为中国人西行求法之始，亦即中国人出家之始。由上所述，可知佛教传入中国，当在西汉之末。到了晋代，佛教就逐渐发达起来了。

晋武帝泰始中期（265—274），月氏沙门竺法护，西游诸国，得了很多佛经，携至洛阳翻译，译有《光赞般若》、《新道行》、《渐备一切智》、《正法华》等二百一十部，佛法于是广布中土。晋末（310 年前后），天竺沙门佛图澄至洛阳，后为后赵石勒（319 年至 333 年）所推崇，号为大和尚，替勒力改从来的暴政。佛图澄大建佛寺，多至八百九十三所，其弟子以万计，而以道安最为有名。道安为中国佛教界第一建设者。符秦时代（351 年至 394 年）的译业实由道安主持。符坚之迎鸠摩罗什，实由道安建议；四阿含、阿毗昙的创译，由道安组织，翻译文本，由安厘正。道安弟子有惠远者，结白莲社于庐山，定心念佛，以期往生静土。此为中国净土宗的初祖。又有法显者，于东晋隆安三年（399 年）游印度求经典，义熙十二年（416 年）归国，在印共十五年，历三十余国。他著有《佛国记》，今存藏中。治印度学的人，视此书为最古的宝典。法显在印得《摩诃僧只律》、《杂阿含》、《方等泥洹》诸梵本。《摩诃僧只律》由觉贤译出，《杂阿含》由求那跋陀罗译出，法显自译《方等泥洹》。自法显归国后，西行求法的风气大开，除与法显同行的法勇、智严、宝云、慧景、道整、慧应、慧嵬、僧绍七人外，最著名者还有智猛、道普、道泰、惠生、智周诸人。中印交通，一时颇盛。当显去国后二年，龟兹国鸠摩罗什来长安，后秦姚兴待以优礼。罗什译书三百余卷，主要有《中论》、《百论》、《十二门论》、《智度论》、《十住毗婆娑论》、《阿弥陀经》、《法华经》等。龙树派的大乘教义由是人中土，成实宗与三论宗亦因之传入。鸠摩罗什弟子数千人，最著名的有僧肇、僧睿、道生、道融，时号四圣。北凉元始元年（412 年），中印度昙无谶为凉主沮渠蒙逊迎至中国，译《大般涅槃经》，于是我国始有涅槃宗，后又译《大集》、《大云》、《悲华》、《地持》、《金光明》诸经，复60万余言。

南北朝时，南朝以梁武帝最崇信佛教，当时受戒者达4.8万人。武帝大通元年（527年），达摩从天竺由海来中国，著《悟性论》、《破性论》诸书，为中国禅宗的始祖。武帝大同十二年（546年），西天竺真谛来中国，武帝迎召于法云殿。真谛译有《摄大乘论》、《唯识论》、《俱舍论》等64部278卷。俱舍宗与摄论宗由是入中国，陈代（557年至588年）更有智顗，创立天台宗。至于北朝，则后魏宣武帝永平元年（508年）有北印度菩提流支来朝，译《十地论》、《净土论》诸书。光统依其译本使地论宗始入中国。

隋唐时代，佛教日益发达。隋开皇年间（581年至600年），南山宣明《四分律》（《四分律》为曹魏时昙摩阿罗所译），而律宗以完。又有嘉祥，为隋代大师，著述甚多，主要有《中论疏》、《百论疏》、《十二门论疏》、《三论玄义》等书。唐太宗时（627年至649年）有杜顺，著《五教止观》、《法界观门》各书，为华严宗的始祖。又有玄奘三藏，于太宗贞观二年（629年）出游印度，十九年归，从彼土大师戒贤受学，邃达法相。归国后，玄奘从事翻译。19年间（645年至663年）所译经论74部1 338卷，其最重要的有《大般若经》600卷、《大毗婆娑》200卷、《瑜伽师地论》100卷、《顺正理论》80卷及《俱舍论》30卷。玄奘与其高足窥基（即慈恩大师）为中国法相宗的始祖。唐武后证圣间（695年），于阗人实叉难陀重译《华严经》及《大乘起信论》等书。又有义净三藏，以高宗咸亨二年（671年）出游印度，历三十七年始归。归后专事翻译，所译56部230卷。律部之书，至净始备；密宗教义，至净始传。玄宗时（713年至755年），金刚智与弟子不空来中国，合译《金刚顶经》，为中国真言宗之始祖。

综上所述，佛教十三宗，均初起于东晋至隋唐之时，其发达情形，由此窥见。

以上十三宗，除涅槃归入天台、地论归入华严、摄论归入法相外，其余十宗，均经过极光大的时代，今按其所属教乘列表如下：

- 教理
  - 小乘教
    - 俱舍宗
    - 成实宗
  - 权大乘教
    - 律宗
    - 法相宗
    - 三论宗
  - 大乘教
    - 华严宗
    - 天台宗
    - 真言宗
    - 净士宗
    - 禅宗

2. 佛教十宗概说

诸宗教义，甚为繁复。现将诸宗教义之概况，分述于下。

(1)俱舍宗

佛灭九百年后，世亲菩萨依《四阿含经》作《俱舍论》，便是此宗的起始。印度自佛家乃至外道，莫不竞学，显势于西域。陈文帝天嘉4年(563年)，印度高僧真谛带来梵木，译为《阿昆达摩俱舍论》，叫做《旧俱舍论》，陈智顗、唐净慧皆为作疏。后唐，玄奘到天竺，从僧伽耶舍学习，归国重译为三十卷，叫做《新俱舍论》，其弟子神秦、普光等为之作疏，流传很广。此宗本为法相宗之初步，所以又叫做法相宗的附宗。

此宗依其因果，解释世间诸法，第一说到四谛，即苦谛、灭谛、集谛、道谛四者。苦便是人生的真相，最显著的为生、老、病、死四大苦，此外还有“爱别离苦”、“怨憎会苦”、“求不得苦”等等。这些苦都是集的结果。集是苦的原因。换句话说：一切苦的真因，便是无明与行。它涉及十二缘起(又名十二支)，也就是无明、行、识、名色、六处、触、受、爱、取、有、生、老死十二支。无明即是惑，行即是业。从惑与业所造的因，就有生现在“识、名色、六处、触、受”受苦之果；有“爱、取、有”的因，就生“生、老死”的果。了解了苦因和苦果，还要寻找苦的解脱，也就是灭谛。苦因立于苦果之前，苦因不起则苦果不生，因而解脱的关键在于断苦因。要断苦因，就要断无明，因为由无明才产生我执，而我执又是一切苦恼的起因。如果没有我执，即除掉了无明的障碍，则一切苦恼自可无形解脱，达到涅槃的境界。达到此境界的方法，即为道谛。也就是佛祖最初宣说的八圣道，即正见、正思、正语、正业、正命、正精进、正念、正定八者。正见即是正确的观察，对于四谛有正确的认识，便是如真知灼见实知见的智慧。正思即是正当的思想，就是助成正见的过渡状态。正语即是正确的言语，求正见和正思之正确的发表。正业即是正当的行为，求所行和所言之一致。正命即正当的生活，正精进即正当的努力，都是求正当行为之现实和向上。正念即正当的念虑，谓不起邪念。正定即严正的精神，谓心专境一。这八圣道，就是到灭之道。以上所述，便是观四谛之理，以得涅槃之乐。

(2)成实宗

成实宗的初祖为造《成实论》的诃梨跋摩，生于佛灭后九百年。此宗在印度不盛行，鸠摩罗什译之流入中国。自晋末到唐初二百年间，此宗极为盛行，唐中叶以后渐衰。

此宗为小乘教中的最高者，发挥人空法空之理。人空观破除烦恼障，以法空观破除所知障。人空法空之理，是罗汉小乘，由五趣地而至罗汉果，其分七十二位，断三界的思惑。但《成实论》和《三论》并译，其传法者两者俱习，所以此宗又叫做三论宗的附宗。

(3)律宗

佛学分经、律、论三藏，律为三藏之一。此宗始于曹魏嘉平二年(250年)昙摩阿罗所译《四分律》。四分律即比丘戒、比丘尼戒及受戒犍度、房受犍度、安居犍度四者。其后鸠摩罗什又译《十诵律》，觉贤又译《僧只律》，律宗逐渐完备。然卓然完成此宗的，还要推南山道宣。他是南山系智首律师的门徒，译律数百卷，弘布《四分律》，称为南山派，其势力至元时不衰。同时与南山派并立者，又有两派：一派为法砺律师所创的相部宗；一派为怀素律师所创的东塔宗，然均不光大。

一切戒律，包括于止持、作持二门。止持是诸恶莫做，作持是从善奉行。止持门有比丘、比五尼二部戒本，叫做具足戒。具足戒中，有五戒、八戒、九戒、十戒、六法之别，表列如下：

- 具足戒
  - 十戒
    - 九戒
      - 八戒
        - 五戒
          - 不杀生
          - 不偷盗
          - 不邪淫
          - 不妄语
          - 不饮酒
        - 香油涂身戒
        - 歌舞观听戒
        - 高广大床戒
      - 非时食斋戒
    - 提金银宝戒
  - 六法
    - 杀畜生
    - 盗三钱
    - 摩触
    - 小妄语
    - 饮酒
    - 非时食

(4)法相宗

法相、天台、华严三宗称为教下三家。法相宗以大意明唯识，所以又叫唯识宗。此宗开祖为慈恩，所以也叫慈恩宗。佛说大乘经中，《华严经》、《解密深经》等均阐明万法唯识之义，实为此宗所本。佛祖死后九百年，弥勒慈尊应无着菩萨之请，说《瑜伽师地论》、《分别瑜伽论》、《大庄严论》、《辩中边论》、《金刚般若》论。无着承弥勒之旨，又作《显扬论》、《对法论》。无着之弟世亲菩萨，作《五蕴论》、《百法明门论》、《唯识三十颂》，大弘斯旨。后二百年，有难陀护法尊十大论师，皆注世亲的《唯识三十颂》，各有心得。而护法弟子戒贤论师，更称斯学巨子。自此以后，西域此学寝衰。在唐代，玄奘三藏至印，问教戒贤，尽受斯学。归国后，他的高足窥基(即慈恩法师)又从玄奘学，大畅妙旨，法相宗由是确立，再传得惠治，著《唯识了义灯》，三传得智周著《唯识演秘》，此宗遂日益昌大。

此宗以为宇宙万物都是由识所变，所谓三界唯识，心外无法，一切现象，都是心影，便是此宗的教义。据《解深密经》所示，分佛教诸经为三个时期：

第一时期，有教——是我空法有论，即俱舍宗等；

第二时期，空教——有为固空，无为亦空，是我法俱空论，即成实宗等；

第三时期，中道教——非有非空，是心有境空论，即法相宗等。

欲是唯识之理，则有五位百法，即心法、心所法、色法、不相应行法、无为法五者，与俱舍宗同。百法之中，心法有八，即是八识，除耳、目、鼻、舌、身意、俱舍六识之外，还有末那识、阿赖耶识二者。前五识都是感觉作用，第六识能回忆过去、思考未来，是理智作用。末那只是意识之根，能判别意识的善恶。阿赖耶识，其义为藏，谓能藏一切法。以水为例，阿赖耶是水之体，末那是水之流，前六识是水之流。百法之中，以心王为主，而心王又以阿赖耶为根本。除无为法，都是由此藏的种子而生。种分有漏无漏，随前七识的熏缘，无漏得势而为善，有漏得势而为恶，各有无限能力，因而发生宇宙一切万有，依阿赖耶为万法缘起的根本。合有漏无漏，又分为本有种子和新熏种子。《唯识论》所谓"种子生现行，现行熏子"，便是此宗的因果论。

研究法相，又分四分三境，即相分、见分、自证分、证自证分四者。这是指主观的心像作用而言。至于从客观所得之境，又分为性境、独影境、带质境三者。这是从一心转变的幻象，并非实用，因为心内不现其象则心不起，心不起则心内亦不现其相。

(5)三论宗

三论指《中论》、《十二门论》、《百论》而言，或加《大智度论》，便叫做四论宗。《中论》、《十二门论》为龙树菩萨所作，《百论》为提婆菩萨所作。鸠摩罗什是提婆的三传弟子，四论译文，皆出其手。什门下有道生、僧肇、道融、僧睿、昙影、慧观、道恒、昙济，称八杰，均受此宗大义。昙济传道朗，道朗传道诠，道诠传法朗，法朗传嘉祥，至嘉祥此宗大盛。其后玄奘三藏又问学印度清辨、智光，更受微言；又有地婆伽罗东来，口授宗义于慈恩。慈恩因适承什译，近禀玄奘，帝参伽说，而做《十二门宗致义记》，而此宗遂以大成。至中唐以后，此宗渐衰。

此宗以破邪显正为宗旨。其欲破之邪有外道、毗昙、成实、大执。邪既然破，正自然显。但欲破邪，必须从二谛八不入手。所谓二谛第一是真谛，即说森罗万象一切皆空。第二是俗谛，即说森罗万象种种差别。所以俗谛是有，真谛是空。但是言空言有，均非宇宙真理，所以如来以八不中道，破除执有执空之谜。八不中道指不生、不灭、不去、不来、不一、不异、不断、不常八者。中道既立，有空自破。但此宗所谓八不中道，意义很高，与法相宗并为权大乘教。

(6)华严宗

佛祖初说《华严经》，理论太高，不易理解。佛灭后五百年，马鸣菩萨造《大乘起信论》，演真如缘起法门，即本此经。次七百年，龙树菩萨又作《大不思议论》以解释之。次九百年，天亲菩萨作《华严十地论》。以上三师，称为此宗印度列祖。其在中国，东晋义熙十四年(418 年)，跋陀罗始译《华严经》六十卷，然尚未确成一宗派。陈、隋间，杜顺始提义纲，标立宗名，著《华严法界观门》、《五教止观》、《十玄章》诸书，弘扬斯旨，是为此宗初祖。二祖智俨，三祖法藏，均有著述。法藏死后，慧苑私逞臆见，刊落师说，宗统将坠。四祖澄观起而作《华严大疏抄》，破斥异辙，恢复正宗。五祖宗密，兼通诸宗，并弘华严，此宗遂益昌大。以上五杰，称为华严五祖。晚唐以后，此宗渐衰。

华严法界玄门，以“一真法界”（万法缘起于一心，仍为一心所统摄，所以叫做一真法界）区别为四种：第一，诸众生色心等法，各有差别，各有分歧，叫做“事法界”；第二，诸众生色心等法，虽有差别，而同一体性，叫做“理法界”；第三，理由事显，事揽理成，理事互融，叫做“理事无碍法界”；第四，一切分齐事法，称性融通一多相即，大小互容，重重无尽，叫做“事事无碍法界”。四法界中，只有事事无碍法界，微妙难识，故详说十门：①同时具足相应门，如海之一滴，具百川味；②广狭自在无碍门，如一尺之镜，见千里影；③一多相容不同门，如一室千灯，光光涉入；④诸法相即自在门，如金与金色，不相舍离；⑤秘密隐显俱成门，如秋空片月，晦明相并；⑥微细相容安立门，如玻璃之瓶，盛多芥子；⑦因陀罗纲境界门（因陀罗者，谓帝释天，其宫殿宝纲，重重互照），如两镜互照，传曜相写；⑧托事显法生解门，如攀拳竖臂，触目皆道；⑨十世隔法异成门，如一夕之梦，翱翔百年；⑩立体圆明具德门，如北辰所居，众星皆拱。以上称为“十玄门”。此外，又说六相：①总相，一即具多为总；②别相，多即非一为别；③同相，互不相违为同；④异相，彼此不滥为异；⑤成相，一多缘起和合为成；⑥坏相，诸位各住本位为坏。总、同、成，叫做“圆融门”。别、异、坏，叫做“行布门”。然说行布法，圆融即在行布之中。说圆融法，行布即在圆融之内。因该果海，果澈因源。这便是华严法界玄门的大概。

(7)天台宗

此宗依《法华经》立宗，又叫法华宗。天台宗不出自印度，创始者为我国智颤。智颤居天台山，故称天台宗。当时有南岳、慧思禅师，自证三昧，智颤往谒，则曰：“昔日灵山，同听《法华》，宿缘所追，今复来矣。”乃使修《法华》三昧。越十四曰智颤人悟，遂直接佛传，创立天台宗。湛然《止观仪例》说：“一家教门，所用义智，以《法华》宗骨，以《智论》（即《大智度论》）为指南，以《大经》（即《涅槃经》）为扶疏，以《大品》（即《大品般若经》）为观法，引诸经以增信，引诸论以助成。观心为经，诸法为佛，组成部帙，不与他同。”此宗创立的真相，可以上述所概括。智颤之后有章安，结集此宗诸说，以成一宗典籍。后又有智威、慧威、玄朗、妙乐诸师广播宗风。唐宋湛然，更有声名。

天台止观法门，本于佛言安慧（佛以戒、定、慧为三学，以三学分配三藏，则戒学属律，定学属经，慧学属论。）因为“止”是“定”因，“慧”是“观”果。由定慧而起止观，即以止观而证定慧。何为止？玄觉《永嘉集正修止观》第九说：“夫念非忘尘而不息，尘非息念而不忘。（眼、耳、鼻、舌、身、意，叫做六根；色、声、香、味、触、法，叫做六尘；谓之尘者，以染污义故。）尘怎则息念而忘，念息则忘尘而息。忘尘而息，息无能息。息念而忘，记无所忘。忘无所忘，尘遗非对。息无能息，念灭非知。知灭对遗，一向冥寂。阒尔无奇，妙性天然。”何为观？同书又说：“夫镜非智而不了，智非境而不生。智生则了境而生，境了则智生而了。智生而了，了无所了。了境而生，生无能生。生无能生，虽智而非有。了无所了，虽境而非无。无即不无，有即非有。有无双照，妙悟肃然。”而止观二门，折之又为空假中三观：止者观空，观者观假，止而非止，观而非观，非止非观，即止即观，这便叫做中。三者具于一心，所以统名“一心三观”。有此三观，能破三惑（一见思惑，二尘沙惑，三无明惑），而成三智（一切智，道种智，一切种智）。

(8)真言宗

佛教有显教、密教之别。密教就是真言宗。此宗以《大日经》、《金刚顶经》等为依，立十住心，统摄诸教，使曼荼罗、三密(身、心、意)和谐，即凡成圣，其不思汉力用，惟佛能知，非因位所能测度，所以叫做密教；自余之法门，叫做显教。据佛家说：佛有释迦佛、大日如来佛、弥陀佛三身，实一佛之德所流出的三体。大日是释迦的法身，释迦是大日的化身。故后世学者综别诸宗，亦分为释迦教、大日教、弥陀教三类。本文所述十宗，只真言宗属大日教，净土宗属弥陀教，其他八宗都是属于释迦教。相传金刚萨埵亲受法门于大日如来。如来灭后七百年，萨埵以授龙猛菩萨，龙猛传龙智，龙智传善无畏。善无畏于唐世来中国，译大日经以授金刚智。金刚智便是中国此宗初祖。其后不空东来，承金刚智之后，从事翻译，此宗因以确立。但此宗不盛行于中国，后由空海传到日本，日本至今盛行真言宗，西藏、蒙古、泰国亦颇流行。

真言宗与他宗不同：华严、天台均以理为本，而真言宗以事为本。他宗以真如为宇宙本体，而真言宗宗却以六大为本体。六大是指地大、水大、火大、风大、空大、识大六者。前五大为理，属于胎藏界；识大为智，属于金刚界。从这六大造成一切佛、一切众生器界等类。其实胎金为一，色心不二，不生不灭，无生无后，现象即实在，实在即现象，融圆无碍；但从两部曼荼罗所有诸佛菩萨，都依五智而成。五智就是法界体性智、大圆镜智、平等性智、妙观察智、成所作智五者，与法相宗所说相似。由识生五智，识又包地大、水大、火大、风大、空大，互相圆融，为宇宙自在无碍的本体。此本体即佛的本体，智慧俱足。如能修行三昧，便可转识成智，即身成佛。

(9)净土宗

净土宗以《无量寺经》、《观无量寿经》、《阿弥陀经》及天亲菩萨所作的《往生净土论》为依据，就是弥陀教。印度先祖当推天亲。天亲死后五百年，菩提流支始传净土法门于中国。后汉时安息国沙门安清高已译有《无量寺经》二卷，而晋世慧远结白莲社于庐山，念佛修己，成为净土宗的嚆矢，不过法门未备而已。及北魏永平元年(508年)菩提流支来中国，净土宗始立。流支传昙鸾，鸾著《往生净土论注》，净土宗大盛。其后，隋有道绰，唐有善导，都是净土宗的大师。净土宗与法相宗、华严宗、天台宗、禅宗等诸宗不同。诸宗教义微妙，非钝根人所能理解，所以信奉的人，都是些士大夫；净土宗却专为普通人说法，依阿弥陀佛的意愿，一心念佛，往生净土，凡难觉的教义，概置不论。它的势力很大，风靡全国，现今世俗所谓佛教，大抵都是净土宗的末流。

阿弥陀译言无量寿无量光，阿弥陀佛就是西方极乐世界的教主，在无量劫前身为国王，闻自在王佛说法，因弃位出家为沙门。他怜念三界众生沉沦苦海，发四十八愿，以念佛名号为往生净土的方法。净就是心，土就是境，不是别有一处地方，乃是在心境之内，所以净土就是佛心所证的真如体。念佛法门很多，如觉性念、观相念、持名念等，其要旨为摄众念为一念，化染念为净念，念到一心不乱，以成净业而已。

(10)禅宗

禅宗教外别传。这四宗都是大乘上法。禅宗以“教外别传，不立文字，直指人心，见性成佛”为教义，一变佛教的窠臼，此后宋明代儒佛混合，皆为此始。禅宗历史是：相传如来在灵山会上，拈花示众，摩诃迦叶（即西天初祖）破颜微笑，如来说：“吾有正法眼藏，涅槃妙心，实相无门，微妙法门，不立文字，教外别传，付嘱摩诃迦叶。”其后迦叶以衣钵传阿难，中间经马鸣、龙树、天亲等二十七代，密密相传，不著一字，直至达摩。达摩为印度二十八祖，梁时来中国。后在嵩山，面壁十九年，始得传法之人，传已遂人灭。故达摩称为中国禅宗初祖。二祖慧可、三祖僧璨、四祖道信，皆依印度祖师之例，不说法，不著书，止求得传钵之人，即自灭寂。至五祖弘忍，始开山授徒，门下千五百人，神秀为首座，竟不能传法。而赁春人慧能，反受衣钵，是为六祖。后神秀复师慧能，悟大法，于是禅宗分南北二派即慧能之南派与神秀之北派。六祖以后，钵止不传。则教外密传，遂极光大，以后竟衍为云门、法眼、曹洞、沩仰、临济五宗。宋明以来，势力风靡全国。

佛法最普遍的莫如净土宗，而最特殊的则莫如禅宗。禅宗拣根器，净土则普摄，净土但念佛可以生西，而禅宗则非见性无由成佛。《血脉轮》说：“若欲见佛，须是见性，性即是佛，若不见性，念诵佛经，持斋修斋，亦无益处。”这便是禅宗与净土宗根本不同之点。所谓见性，性乃遍在有情无情，普及凡夫圣贤，都无所住。故无住之性，虽在于有情，而不住于有情；虽在于恶，而不住于恶；虽在于色，而不住于色；虽在于形，而不住于形，不住于一切，故云无住之性。又此性非色、非有、非无、非住、非明、非无明、非烦恼、非菩提，全无实性。觉之名为见性。众生迷于此性，故输迴于六道，诸佛觉悟此性，故不受六道之苦。见性在禅宗是唯一的功夫。由此看来，可知禅宗以觉悟佛心为禅之体，而佛心指心之自性，所以说直指本心，见性成佛。因为人心之性即佛性，从而发现佛性便叫做成佛。“一切众生皆有佛性”、“一切从生皆可成佛”，甚至“一阐提也可成佛”。可见，禅宗是中国化最显著的佛教派别，它明显地受到了儒家孟子“人人皆可以为尧舜”、荀子“涂之人可以为禹”思想的影响。

现列禅宗五门表于下：

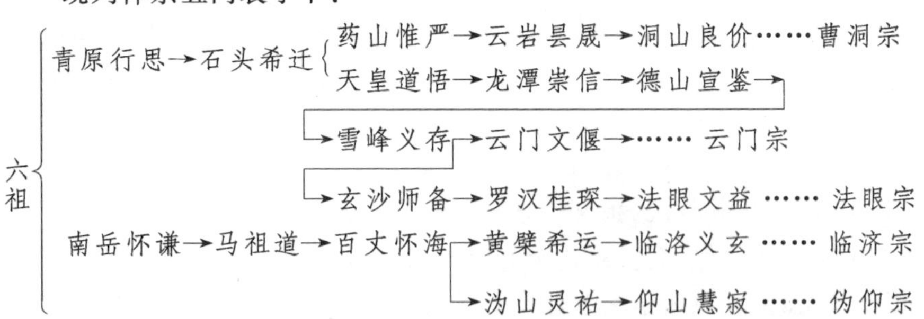

佛教在中国学术上的最大影响，首先就是促进了宋、明理学的完成。宋明理学固然是儒学的一大转变，是儒学的哲学化，但是，宋明理学为儒表佛里，却是谁也不能否认的。学术界一般认为宋明理学是儒、释、道在宋明时代的圆满融合，是儒、道、释之最高凝聚。从宋明理学中，可以看到理学家与禅师有怎样的关系，还可以看见这些理学家的思想与禅师的思想关系如何。

其次，是佛教的影响促进了道教的完成。佛教于西汉末年传入中国，这是中国传统文化第一次融合外来文化。中国传统文化人士认为，中国文化乃是一自足完满的体系，印度文化能孕育出佛教这样的宗教观念、宗教组织，中国文化亦可孕育出自己的宗教。在这样的情况下，中国文化分子以道家思想为基础，吸收了阴阳家思想、神仙方术，且仿效了佛教的戒律、仪式等创立起了道教。道教不等同于道家思想。道教起于东汉桓帝时代(147 年至 167 年)，首创者为张道陵，至魏伯阳、葛洪而有变化，至寇谦之而基础始固。自此以后，道教成为民间信仰，而其势力遂不可侮。但是，道教真正具有宗教的组织与宗教的规模，却是受了佛教的影响以后的事情。梁启超在《中国古代思潮》中说："其时佛教已入震旦，妖妄者流，窃其像教密宗最粗浅之说，以欺惑愚众，故其所言天地输坏劫数终尽，略与佛经同，又言天尊之体，尚存不灭，往往开劫度人(彼中言天尊开劫，已非一度，有延康、赤明、龙汉、开皇等年号，其间相去四十一亿万载云云，皆窍佛氏过去七佛之说成住坏空四劫之论也。)，皆损益四阿含、俱舍论等所说。剽窃之迹显然可见，而复取两汉儒者阴阳五行之迷信以缘附之。"

再次，佛教翻译文学促使中国文学发生变化。梁启超在《翻译文学和佛典》中的"翻译文学之影响于一般文学"一节中有如下说法。第一，国语实质的扩大。"或缀华语而别赋新义，如'真如'、'无明'、'法界'、'众生'、'因缘'、'果报'等；或存梵音而变为熟语，如'涅槃'、'般若'、'瑜伽'、'禅那'、'刹那'、'由旬'等。……近日本人所编《佛教大辞典》，所收乃至三万五千余语。此诸语者非他，实汉、晋迄唐八百年间诸师所创造，加入吾国语系统中而变为新成分者也。夫语也者所以表观念也，增加三万五千语，即增加三万五千个观念也。由此观之，则自译业勃兴后，我国语实质之扩大，其程度也何如者?"第二，语法及文体之变化："吾辈读佛典，无论何人，初展卷心生一异感；觉其文体与他书迥然殊异。其最显著者：(一)普通文章中所用'之乎者也已焉哉'等字，佛典殆一概不用(除支谦流之译本)；(二)既不用骈文家方绮词俪句，亦不采古文家之绳墨格调；(三)倒装句法极多；(四)提挈句法极多；(五)一句中或一段落中含解释语；(六)多覆牒前文语；(七)有联缀十余字乃至数十字而成之名词，一名词中，含形容格的名词无数；(八)同格的语句铺排叙列，动至数十；(九)一篇之中，散文诗歌交错；(十)其诗歌这译本为无韵的。凡此皆文章构造形式上，画然辟一新国土。直言之，是外来语调之色彩甚浓厚，若与吾辈本来之'文学眼'不相习；而寻玩稍进，自感一种调和之美。……尤有一事当注意者，则组织的解剖的文体之出现也。稍治佛典者，当知科判之学，为唐、宋后佛学家所重视。其著名之诸大经论，恒经数家或十数家之科判；分章分节分段，备极精密。推原斯学何以发达，良由诸经论本身，本为科学组织的著述。我国学者，亦以科学的方法研究之，故条理愈剖而愈精。此种著述法，其影响于学界之他方面者亦不少。夫隋、唐义疏之学，在经学中有特别价值，此人所其知矣。而此种学问，实与佛典疏钞之学同时发生。吾因不敢迳指此为翻译文学之产物，然最少必有彼此相互之影响，则可断言也。……自禅宗语录兴，宋儒效焉；实为中国文学界一大革命；然此殆可谓为翻译文学之直接产物也。"第三，文学的情趣之发展。

“吾为语于此。曰:‘我国近代之纯文学,若小说,若歌曲,皆与佛典之翻译文学有密切联系。’须知大乘在印度本为晚出,其所以能盛行者,因由其教义顺应时势以开拓,而借助于文学之力者亦甚多。大乘首创,其推马鸣。读鸠摩罗什译《马鸣菩萨传》,则知彼实为一大文学家大音乐家;其弘法事业恒借此为利器。试细检藏中马鸣著述:其佛本行赞,实一首三万余言之长歌。今译本虽不用韵,然吾辈读之,犹觉其与《孔雀东南飞》等古乐府相仿佛。其《大乘庄严论》,则直是‘《儒林外史》式’之一部小说;其原料皆采自《四阿含经》,而经彼点缀之后,能令读者肉飞神动。马鸣以后成立之大乘经典,尽汲其流;皆以极壮阔之文澜,演极微眇之教理。若《华严》、《涅槃》、《般若》等,其尤者也。此等富于文学性的经典,复经译家宗匠以极优美之国语为之移写。社会上人人嗜读;即不信解教理者,亦靡不心醉于其词绩。故想象力不期而增进,诠写法不期而革新,其影响乃直接表现于一般文艺。我国从《搜神记》以下一派之小说,不能谓与《大庄严经论》一类之书无因缘。而近代一二巨制《水浒》、《红楼》之流,其结体运笔,受《华严》、《涅槃》之影响者实甚多。即宋、元、明以降,杂剧、传奇、弹词等长篇歌曲,亦间接汲《佛本行赞》等书之流焉。”

以上所列,系其荦荦大端,至于音乐、绘画、建筑、雕刻、塑像、地理学以及医学所受影响,限于篇幅,从略。

佛教一传入中国,即与中国文化发生论争。这论争即学界所称儒、道、释三教之争,经过论争三教又出现了合一的局面。以下略述“三教论争”直到“三教合一”。

自魏晋以后,佛教、道教同时盛行,势成对立,而有争论。儒道与佛教之争,最初是从夷夏立论,进而从学理与伦理上立论。南北朝宋世顾欢作《夷夏论》,曰:“五帝三王,不闻有佛。国师道士,无过老、庄。儒林之宗,孰出周、孔。若孔、老非圣,谁则当之?……道济天下,帮无方而不人。智周万物,故无物而不为。其人不同,其为必异。各成其性,不易其事。是以端委缙绅,诸华之容;剪发旷衣,群夷之服。擎跽磬折,侯甸这恭;狐蹲狗踞,荒流之肃。棺殡椁葬,中夏之风;火焚水沉,西式之俗。全形守礼,继善之教;毁貌易性,继恶之学。虽舟车均于致远,而有川陆之节。佛道齐乎达化,而有夷夏之别。若谓其致既均其法可换者,百车可涉川,舟可行陆乎?今以中夏之性,效西式之法……舍华效夷,义将安取?”《夷夏论》出,于是谢镇之有《折夷夏论》、朱昭之有《难夷夏论》、朱广之有《谘夷夏论》、释慧通有《驳夷夏论》、明僧绍有《正二教论》,一时争论不休,而释僧愍竟推天竺为中国,故其言曰:“君责以中夏之性,效西式之法者,子自出自井坎之渊,未见江湖之望矣。”如经曰:“佛踞天地之中,而请导十方,故知天竺之土,是中国也。”这便是从夷夏立论而相争。南齐竟陵王子良(武帝子)精信佛教,而范缜盛言无佛,子良因问道:“君不信因果,世间何得有富贵?何得有贫贱?”范缜答道:“人之生,譬如一树花,同发一枝,俱开一带。随风而坠,自有指帘幌,坠于茵席之上;自有关离墙,落于溷粪之侧。坠茵席者,殿下是也。落溷粪者,下官是也。贵贱虽复殊途,因果竟在何处?”这便是从学理立论而相争。梁刘勰《灭惑论》说:“或造《三破论》:第一破曰入国而破国。狂言说伪,兴造无费,苦刻百姓;使国空民空,生人减损。况不蚕而衣，不田而食。国灭人绝，由此为失。日月损废，无纤毫之益。五灾之害，不复过此。第二破曰入家而破家。使父子殊事，兄弟异法。遗弃二亲，孝道顿绝。忧娱各异，歌器不同。骨肉九雠，服属永弃。悖化犯顺，无昊天之报。五逆不孝，不复过此。第三破曰入身而破身。人生之体，一有毁伤之疾，二有髡头之苦，三有不孝之逆，四有绝种之罪，五有亡体从诫。惟学不孝，何故言哉？诫令不跪父母，便竟从之。儿先作沙弥，其母复作阿恳，则跪其儿。不礼之教，中国绝之，何可得从？”而佛教徒则认为：“一夫全德，则道洽六亲，泽流天下，虽不处王侯之位，亦已协契皇极，在宥生民。是故内乘天属之重，而不违其孝；外缺奉主之恭，而不失其敬。”以上是从伦理上立论而争。

至于王孚作《老子化胡经》（见《高僧传》）以诬谤佛法，顾欢《夷夏论》引《玄妙内篇》之说谓“老子入关，之天竺、维卫国，国王夫人名曰净妙，老子因其昼寝，乘日精入净妙口中，后年四月八日夜半时，剖右腋而生，坠地即行七步，于是佛道与焉”。以诋佛氏。

儒道与佛之争虽然激烈，但始终没有一个结论。各是其是，各非其非，所以到了王通这些人手中，就有三教合一之说。

唐宋之际，儒、释、道三教之间的相互影响日益加深，“三教合一”发展成为一种必然的历史趋势。在这一融合过程中，值得注意的是，三教都具有一种共同的思想倾向，即将外在的修养转向内在的修养，以至在“修心”问题上达到一致的认识。

所谓“外在的修养”，即注重于修身处世的行为规范、律仪要求，突出表现该教所独有的外在特征。所谓“内在的修养”指各教在教义理论方面对道德意识和思想目的实质的追求。

宋代之前，以唐朝最为突出，实现了三教鼎立，三教各自突出自己。儒教强调敬天法祖、经世致用，将王权与神学进一步结合，并兼采南北经学派别，形成具有唐代特点的经学。佛教建立起南北统一的各宗各派，师承有序，宗派之间的斗争有时很激烈，并涌现了大量阐述各宗观点的著作，使具有中国特色的佛教思想趋于成熟。道教以民族宗教的面貌要求得到发展，也综合了南北不同的师承统派。终李唐一代，道教内部存在着符箓系和丹鼎系，丹鼎系内又有内丹派和外丹派。总之，三教各自的外在修养使人们对它们的作用产生了不同的认识，直到宋代还有“以佛修心，以道养身，以儒治世”的说法，正是这种认识的典型反映。所以，尽管有些人在这一时期也强调三教的一致性，所谓“殊途而同归者也”。但这个“同归”，主要指归于同一个服务对象即封建宗法制度，与后来“三教合一”的“一”所指显然不同。

北宋建国后，生产得到发展，残破的局面渐渐得到恢复。没有盛唐中唐稳定的统治局面，就不会有三教鼎立的盛况出现。同样，没有宋初要求走向全面稳定的政治局面，也不会有三教几乎同时发生的思想修养方式的改变。

从时间顺序来讲，这种修养方式的改变以佛教为先。统治者一再认为应“以如来之行修心”，就是发现了佛教这一特点。这一佛教固有的特点，在宋初各宗佛教徒手中得到刻意发挥。北宋的佛教徒常常以儒教的最可靠盟友自居，所谓“儒门淡薄，收拾不住，皆归释氏”。佛教能如此自负，就因为他们也认为自己能够“治心”。天台宗知礼可为宋初的代表。他强调“妄心观”，引导人们从日常生活的每一件小事、每一念信心中去忏悔自己的“罪恶”。为了虚无飘缈的彼岸世界而甘心忍受尘世中的一切痛苦甚至“以苦为乐”，把“苦”看做步入极乐世界不可缺少的阶梯。他猛烈抨击天台宗的“异端”的“山外派”，第一条就是因为“山外派”要取消“观心”，即放弃针对俗念的内在修养。他为了达到“治心”的目的，对“性、相、理、事、体、用”等一系列佛教哲学的基本范畴，特别是“心”，做了集中阐述。在北宋前期的理论讲坛上，知礼是首先比较系统地阐述这一系列范畴的，而这些范畴后来几乎成了宋儒必讲的基本论题。而且，知礼的阐述不仅仅是一般道德伦理意义上的发挥，而是对世界本体的认识，是一种宇宙观。从这个意义上讲，它的哲学地位就超过了“宋初三先生”(孙复、胡瑗、石介)所谓“明体达用”的一般性的、从道德伦理角度出发的解释，而开启了程朱陆王整个理学思潮的先声。

道教同样走上“修心”的道路。丹鼎系在初唐中唐盛极一时。到了唐末宋初，服用金丹致死的人越来越多，社会对道教的需要也不仅仅在于它是否真能炼出什么可见的金丹，而在于是否能提供“修心”的不可见的“金丹”或所谓“内丹”。“丹派”占了上风，是和佛教以及后来儒教将各自的修养由外在转向内心紧密相呼应的。唐朝司马承桢(647年—735年，历太宗、玄宗两朝)就曾主张“收心”、“合道”，但并不能阻止当时外丹派的发展。唐末五代钟吕之说大倡“性命双修”，调和佛道，得到广泛响应。天台张平叔就毫不讳言地说：“独修金丹而不悟佛理者，即同楞严十仙散入诸趣之报。”表明他所修的内丹和“悟佛理”并无二致。传说吕洞宾和弟子在回答皇帝“先生符水是行何法”时就说：“不曾行法。但以心为法，以神为符，以气为水耳。”皇帝听后大悦。统治阶级希望每种宗教都能以改变主观认识的方式来适应现实、维护现实。道教能够“以心为法，以神为符，以气为水”，完全脱离了客观的物质基础，以主观精神作为所谓“道法”或“符水”的全部依据，正符合统治阶级“修心”的要求。

儒教向内在修养的转变发生得较晚。这是由于它一向以“经世致用”相标榜，对传说的三纲五常，局限于从伦理道德的角度加以解释。汉唐以来，儒教靠行政命令与宗法关系推行教义是主流，韩愈、李翱企图将思孟以来中断了的“道统”恢复起来，重讲心性之学。但他们的努力未能扭转当时三教各自致力于外在修养的历史潮流，未能实现儒教的彻底宗教化。这种情况一直延续到北宋初年“宋初三先生”时代。

在佛道两家的影响下，从周敦颐开始，儒教加强了哲学理论方面的探讨。他不再简单地就“五常”谈“五常”，而是将“五常之本，百行之源”抽象为“诚”。他针对统治阶级最为关注的“心”，反复提出了“纯心”、“诚心”、“养心”，以达到“心泰”。例如“诚心”，他认为“诚心，复其本善之动而已矣。不善之动，妄也。妄复，即无妄矣。无妄，则诚矣。”让人们联想到比他略早的知礼的“妄心观”。尽管二者在理论体系上有相当差距，但他们毕竟着眼于同一个问题了。

后人在评论周敦颐时，突出强调了他在“阐发心性义理之精微”方面的首创之功，称之为“后世儒者鼻祖”。其实，周敦颐不过是将宋初正在复兴过程中发生转变的佛教、道教的修养方式、修养对象与修养目的移植到儒教中来，将韩愈、李翱等人的“道统说”、“心性说”等唯心主义体系在新形势下继承并加以发挥而已。此时的儒教，才真正开始走向“三教合一”。

综上所述，可以看到唐宋之际整个社会思潮在宏观方面的显著变化。从哲学思辨的角度来看，经过这一番转变，中国哲学进入了一个比较理论化、系统化的高级阶段，佛道两家的哲学思想为儒教所吸收，彻底完成了外来哲学的民族化进程。但从它的社会作用来看，从伦理道德的角度看，也正是这一番转变之后，将中国思想界带入了理学占统治地位的中世纪，完成了宗教神学体系，给中国人的思想加上了更沉重的桎梏。

3.1.5 道教文化

1. 道教文化的发生和发展

道教作为一种文化现象，与其他文化现象一样，经历了一个产生、发展的过程。

道教所谓的“道”，从宗教教义上讲，源于古代神道设教的“神道”。《周易·观卦象辞》曰：“观天之神道，而四时不忒。圣人以神道设教而天下服矣。”所谓神道，就是要尊天明鬼。《中庸》曰：“鬼神之为德，其盛矣乎？视之而弗见，听之而弗闻，体物而不可遗。使天下之人，齐明盛服，以承祭祀。”从而鬼神崇拜、神道合流以及先秦时期的巫术、方术、占卜、符咒等均被早期道教吸收成为传教手段和祭礼内容。

西汉时期董仲舒提倡的调阴阳、顺四时、序五行、配月令等阴阳五行递变说深刻地影响着早期道教的产生。儒家思想的尊天地、敬君师、孝友悌的伦理思想，也成为道教内部的戒律，认为“欲求仙者，要当以忠、孝、和、顺、仁、信为本，若德行不修，而但务方术，皆不得长生也”①。

早期道教的形成，还是黄老思想的衍变和老子宗教化、神仙化的产物。在经历了秦末农民大起义和楚汉相争的战争之后，人民迫切要求“休养生息”，汉初统治者假借黄帝之言，以黄为本，以老为宗，宣扬无为而治的经世治国术，史称“黄老道德之术”。司马迁《史记》不以墨家崇尚的夏禹、儒家尊称的尧舜作为中华文明的始祖，“论大道则先黄老而后六经”②，正是当时崇尚道家思想的反映，也是道教推崇老子为宗主的嚆矢。

西汉政权巩固之后，黄老之学作为治理国家政务的指导思想已不合社会的潮流，汉武帝断然抛弃了它而独尊儒术，被冷落的黄老学派逐渐分衍成几个支派：一种转而研究老庄之学，改政治主张为学术和方术；另一种吸收老庄哲学中“守雌”、“柔弱”、

① 《抱朴子·对俗》。
② 《汉书·司马迁传》。

“无为”的思想，退隐世事，追求神仙养生术；还有一种发展成“上标老子，次述神仙”的神仙说，把有修养的人分为“神人”、“圣人”、“真人”、“化人”。这些思想对道教长生成仙信仰的形成产生了极大的影响。黄老学说的分衍，为道教的形成孕育了思想源泉，道教尊崇黄帝、老子，并奉老子为教祖，也与这种历史背景有直接关系。东汉灵帝时，张角利用《太平清领书》创立太平道；桓帝时期，张陵在巴蜀地区创立五斗米教，标志着早期道教的产生。

张陵(34—156)学道于鹄鸣山中，草创五斗米道，传道于巴郡，遂把道区分为二十四治，各配以阴阳五行，上应二十八星宿，下应三十四节气。其弟子巴人张修布道于陕西汉中地区，用宗教手段推行教化，集教权与政权于一身，实行政教合一的统治。在教内规定以老子《五千文》作为主要经典，以老子哲学思想作为主要教义；教内有鬼吏、祭酒、奸令祭酒等简单的教阶品位和神职人员的分工。还创建靖室制，用以作为施道悔过的宗教场所；此外建立三官手书制，通过神职人员与天地诸神通达沟通，完成祈祭悔过的宗教目的。这种方式一直沿用到明清之际，成为道教斋醮仪式中的重要内容。

张鲁统治汉中以后，严整了教规，丰富了教义，以宗教意识统治民众，以宗教教团控制民众，以宗教戒律约束民众，以宗教术数拘制民众，改革后的五斗米道成为地方势力割据一方的政教工具。从而证明，道教从它诞生之日起，不仅作为汉民族文化思想的产物，作为一种宗教意识形态和一种社会思潮，更具有政治影响力和政治凝聚力。它的社会作用是不可忽视的。

汉魏时期五斗米道、太平道虽奉老子《五千文》为教典，但并没有形成完整的宗教理论、教团仪规体系。魏晋老庄之学的复兴，掀起清谈、玄学之风。政局动荡，“名士少有全者”，士大夫对精神境界的追求也更为强烈，思想的重点已逐渐从对现实问题的关注转移到玄学之学上来。为了扭转名法之治的偏差，重建正常的社会秩序，需要从道家那里去找寻理念哲学的启迪。王弼《老子指略》指出当时的儒家、墨家、法家、名家、杂家各有所得，各有所失，只有道家才能做到“崇本以息末，守母以存子”，继承并发展了老子以道为最崇高、最基本的原动力的思想。然而这种思想在当时对道教并没有产生实质性的影响，诸派道士们以符箓、炼养、方术等宗教活动为主，没有更多理论方面的建树。

两晋时期，五斗米道在北方社会民众中继续传播。而在江南，神仙方士活动频繁，先后传入的有属于五斗米道系的杜子恭道、李家道、清水道，属于太平道支派的于君道、帛家道以及龙虎山张天师的正一道，成为后来道教复兴、发展的基地。南北朝时期，在兴盛的佛教教义、戒律、哲学思想的刺激下，道士们开始承玄宇余绪，摄佛经经文，托言神授，暗本老庄，编造大量道经。同时，神化老子，宗承道家，建立起较系统化的道教体系；丰富发展了教礼祭典；建立宗门道馆，形成独立的道院经济体制；制定了完善的教戒律文，使道教以完备成熟的宗教集团从民间走向官方正统宗教，与儒家、佛教鼎立，成为中国文化思想的重要组成部分。

李氏唐朝建立以后，尊崇老子为圣祖，有目的地利用老子编造政治神话，一方面为了遮掩唐宗室原为北魏拓跋氏之后的事实，力图抬高唐王朝的社会地位；另一方面利用道教老子来抑制佛教的发展。武德八年(625 年)，唐高祖提出以中华本土之道教为先的三教序位，认为：道教能经邦致理，返朴还淳；教主老子是唐宗室的先祖，封老子为“太上玄元皇帝”，国祀老子。同时，下令百官研习《老子》五千文，科举加试《老子》条目；设立宗正寺，掌管道士佛徒。由于政策的优惠，道馆林立，道教在全国很快地发展起来。盛唐时期的唐玄宗，在他近半个世纪的统治中，自始至终地崇奉道教。在治国经略上主张“发挥道教，弘长儒风”，即以道家思想为精神主导，以崇奉道教淳德天下，以儒家纲伦整治社会。在学术思想领域中，唐玄宗竭力推崇《老子》，尊封为《道德真经》，视为李氏王朝的“家书”。还设立崇玄馆，招收生徒，以明经例保举后，可获崇玄博士称号。天宝二年(743)加封老子为“大圣祖玄元皇帝”，不几年内又屡加封号，并在全国范围内建老子庙，铸老子家，以国典祭祀。老子不仅成为李唐王朝的圣祖，也成为护国、护教之神。正因如此，有唐之季，随着道派的涌现、经典的编纂、宫观的兴建、仪轨的修定，道教成为国教，走向全面发展的高峰。

宋代是道教发展的重大转折时期。如果说北宋的道教基本上沿袭了隋唐以来的传统，而南宋以来，主讲道法、符篆仪式为主体的旧道教日趋衰落，冶炼药金的外丹术也被世人鄙弃，而以炼养心性、服气存想、结丹长生为主的内炼新道派相继产生。张伯端(987—1082)宗承钟吕派内丹说，主张一己清修。以《道德经》、《阴符经》、《周易》、《参同契》为依据，把内炼成仙的原理建筑于人身一小天地、阴阳和合与道大同、返根复命、与世长存的天人合一论之上。其学始则以儒入道，提倡以道教内丹为中心的三教归一论。继而又出道入禅，以禅宗性学为宗旨；最终形成道禅融合、先命后性，以求得空寂神通境界的独特的内丹南宗派。陈抟(871—989)精通《易》学，将《易》、《道德经》、《庄子》、《参同契》等道家、道教学说与道教炼养术相结合，借易理、道家思想建立起一整套行之有效的修炼理论。首次将此原理绘制成《无极图》，开创图学，以阐述道教修炼方法。

宋代道学与道教在宇宙观、自然观、伦理观以及“天人一体”、“道法自然”等哲学思想上基本是一致的。因此，它们之间是相互影响、相互吸取、相互融合的关系。陈抟《无极图》问世以后，在学术界产生了巨大影响。后传至周敦颐，又被改造成为宋明道学(理学)的奠基——《太极图》，为道学的形成和发展建立了一个比较合理而相当完备的宇宙起源说。邵雍继承陈抟《先天图》，并推演弘大，创立了一套完整的象数体系，概括宇宙间的一切“心法”道论。直至南宋，著名学者朱熹集周、程、邵氏之学为一体，成为两宋道学集大成者。

金元时期，社会动荡，战乱频繁，在北方大地，先后创立起具有新的宗教哲学思想的道教教派：太一教创立于金熙宗天眷(1138—1140)年间，以“元气混沦，太极剖判，至理统一”为教门宗旨，以“笃人伦，翊世教”为教门法规，以老子“弱者道之用”为处世原则；信奉者须正式出家，改姓始祖“萧”姓。

大道教创始于金朝初年，以清修寡欲、谦卑自守、力作而食为教旨，以“无为保全性命，以无相驱役鬼神”为教行。

全真教在金元时期比太一教、大道教兴盛，流传长久，成为元以至明清时代道教中领教集团。全真教早期以个人隐居潜修为主，不崇尚符箓，以“识心见性，除情去欲，恶耻含垢，苦己利人”为教宗，以性（精神）命（身体）双修为修道的根本。全真教吸收儒教、佛教的思想，形成以道家思想为核心的三教合一宗教，把《道德清静经》、《般若心经》、《孝经》列为必读经典，教人以“孝谨纯一”、“正心诚意”、“少思寡欲”，主张“人心常许依清静，便是修真捷径”。注意内丹的修炼。全真教后期得到官方的支持，逐渐由一个“勤作俭食”、“求返真朴”的民众教团，变成了煊赫一时的官方宗教。明太祖推翻元朝统治后，全真教受到冷落，而江西龙虎山张天师的正一教逐渐兴盛，统领明代道教。

正一教盛倡三教归一，以心性为三教共同之源。张宇初天师认为：“性本于命，理具于性，心统之之谓道，道之体曰极。”①这种哲学思想是以太极统二气，二气生五行为用，表示出向宋元理学思想靠拢的倾向。这种心统性命而为一太极的哲学结构，仍是以道家思想、老庄哲学为道统源流，进一步又博采宋明以来周、程、邵、朱、陆诸家理学之说而建立起来的。

道教传至清朝，清政府采取冷淡、严格控制的政策。由于新文思想的兴起，西欧近代科学技术的传入，基督教教会的侵入，中国原有的古老宗教意识受到了冲击，道教呈现出不可挽回的衰落景象。

中华人民共和国成立以后，政府实行了宗教信仰自由政策，抵制一切非法、违法以及迷信活动。1957 年，中国道教协会成立，它是全国性道教徒的爱国宗教组织。在道教协会的管理下，有重点地开放了数十座著名宫观，作为正常道教活动的场所，同时发展了旅游事业；开展了对道教学术的研究，出版《中国道教》刊物，重印经书，开办供男女道教徒学习和进修的道教学校。近年来，随着改革开放的发展，道教协会与国外道教团体、道派、宫观友好往来，共修法会，弘扬道教教义，并为世界和平做出贡献。

2. 道教文化的理论特征

道教文化是对道家文化的继承与发扬，同时吸收了某些儒家、佛教的思想，具有明显的中国宗教神学的特点。

道教以“道”名教，以《老子》为主要经典，认为“道”“先天地生”、“周行而不殆，可以为天下母”（《老子》），并且“大道无形，生育天地；大道无情，运行日月；大道无名，长养万物”（《清静经》），这个“道”即称“玄道”，又称“真常道”、“无上正真大道”，指天地万物的本根、本原、总体，也就是宇宙生成和社会演化的最高规律，这个规律带有广泛性、概括性、普遍性的意义。

---

① 《岘泉集》卷一。

“德”是对“道”的信仰的衍化，是“道”的法则在人类社会中落实于社会层次的人性、人伦、人情等方面的道德行为规范。“德言得者，谓得于道果”(《自然经》)，道生万物，德育万物，生生不息。人们应该效法“天道”，体会天地自然的规律，去除私欲、摒除杂念，顺其自然地把握自己，淡泊宁静，滋养生息，成就完整正直的人生。

不可言说的“道”，是神秘而难知的本原，因为看不见、摸不着、听不见，人们要认识这一切，不能凭借耳、目、眼等器官，只有“人法地，地法天，天法道，道法自然”，才能把握这个世界。因此，道教学者沿袭了老子“涤除”、“玄览”，作为认识论的核心。摒除内心杂念的干扰，排除感官体验和主观成见，从有限的感觉中解脱出来，通过理性思维，使认识深刻化，去考察事物本质所蕴含的哲理。

道教是一种以生为乐，贵生恶死，追求长生不死的宗教，因此，在早期道教形成之时，便已崇奉贵生的教义。《西升经》云：“我命在我，不属天地。”《抱朴子内篇·黄白篇》曰：“我命在我不在天。”即谓生命的存亡、年寿的长短，决定人们自我保护的功效，发挥自我主体能动性，提高生命存在的质量，而不取决于天命。道家和道教主张养生活动中形神并重、性命双修，强调形体健康与道德修养的双重意义，重在提高与发展人体内在生存能力与道德精神，这样才是完美的人生。人的长寿是由心理健康和生理健康交互作用而完成的，德行充实必会长寿，这就是道教修德养生的宗旨，也是道教生命哲学教义的主体。由此教义而产生了重视静养精神、导引形体、饮食补养、房室卫生等一系列增进健康、延长寿命的锻炼方法，从而构成了在世界医疗保健体系中堪称独树一帜的具有中国传统文化特色的养生体系。

天道循环，善恶承负，这一教义在早期道教经典中已阐述详明。《太平经》卷三十九曰：“承者乃谓先人本承天心而行，小小失之不自知，用日积久，相聚为多，今后生人反无辜蒙其过谪，连传被其灾……负者，乃先人负于后生者也。”意思是说，前人的过失由后人承受过责，前人惹祸，后人遭殃，祸福的根源，便循环不已。因此，只有修真道，行善事，积善成仁，后人子孙才能泽被万福，不受因果报应之苦。这种善恶报应的宗教观念在后世出现的很多道教经典中广泛地得到阐发宣扬，同时出现了许多成规、法律以及修心、修善、修性、教导世人的修持文典经法。只有广建阴德、济物救世，行种种方便，使无量善行，拯救天下人的心灵，自己的生命才能发扬光大。这种信念成为道教信仰中最普遍、最渗透人心的宗教道德德性。人类自古以来便有追求长生不死、永生人世的愿望。这样的民众心理，在道教神仙长生的生命哲学中充分显示出来。道教神仙信仰源于图腾、灵魂不灭的原始宗教信念，源于巫祝、占卜的法术，认为通过修习成仙之道，可以使生命之精魂获得永恒不朽。神仙信仰的教义使信徒解脱了生死的烦恼，但加强了宗教行为的约束、宗教道德的规范。为了求成仙长生，道徒们要遵守教规、教戒、教律；要孝敬师长父母、恤孤怜贫、损己济物、助人为乐、扶人之危、解人之厄，以济物救世为己任，广积阴功，才能证道成仙。这无疑发扬了中华民族的美德，净化社会的空气，保持人性的善美。这样，无论死后成仙与否，对现时社会都是具有重要意义的。

3. 道教文化的基本仪典

宗教仪典是宗教的重要组成部分，也是宗教文化的再现和宗教道德的外在形式。道教在中国已有一千多年的历史，随着历史朝代的兴衰变迁，道教仪典也有繁简贵俗之别，究其性质不外乎两大类：阳事，为现世人的；阴事，为死去的亡灵。阴事，又称清醮，其目的多是祛病延年、祈晴祷雨、祈福谢恩、禳灾消厄、为国祈祥、广求子嗣、神像开光、师徒传戒、受授法箓等，属于太平法事。阴事，又称幽醮，是为死去的人们摄召亡魂、阴府指路、破狱点灯、炼度施食、超度来生等。每一种仪典有一整套科仪、咒语、上章白文及相配应的音乐舞蹈。这众多的仪典都离不开最根本的斋醮祭礼。

斋醮即供斋醮神，设坛祭祷，是道教特有的仪式，也是教门最重要的宗教活动。斋醮的名目繁多、仪典复杂，但目的只有一个，即通过神职人员与神灵沟通，传达人世间民众的愿望祈求，以期得到神灵天尊的保佑，以及赐福消灾度厄。

斋，古意解释为戒洁，也就是指祭祀前必须清洁身心，戒慎行为，表示对神灵的尊敬，取悦于鬼神，达到祭祀目的。斋礼均在正式祭祀活动开始前进行，包括沐浴洁身、素食少吃、更衣换帽、耳不听乐、心不苟虑、手足不乱动、准备新鲜干净的花果等供品。《云笈七签斋戒叙》把斋礼分为三种："一者设供斋，以积德解愆。二者节食斋，可以和神保寿。斯谓祭祝之斋，中士所行者也。三者心斋，谓疏瀹其心，除嗜欲也；澡雪精神，去秽累也；掊击其智，绝思虑也。"三种斋礼中，设供斋为广大信徒普遍接受，并在日常生活中奉行，属外在形式的斋戒。节食斋多于斋祭礼仪开始前一周内实行。心斋要求奉道者"无思无虑则专道，无嗜无欲则乐道，无秽无累则合道。心无二想，故曰：一志。"可见心斋是渊源于庄子之说，这种内在形式的斋戒，要求信徒清心寡欲，超凡脱俗，侧重于精神境界的斋戒。

刘宋时期，斋礼已不仅限于祭祀之前的竭诚修持，《洞玄灵宝道学科仪・必斋晶》曰："道士女冠，诵经必斋，校经必斋，书符必斋，合药必斋，作金丹必斋，精思必斋，诣师请问必斋，礼拜必斋，受经必斋，救济消灾必斋，致真必斋"，斋礼已流向信徒化，并逐渐与醮礼相结合。

醮，指陈设果脯酒物祭祀天神星宿的礼仪。《隋书・经籍志》曰："夜中于星辰之下，陈设酒脯饼饵币物，历祀天皇太一，祀五星列宿，为书如上章之仪以奏之，名之为醮。"

由此可知，斋礼是告祭鬼神，醮礼是历祀星神。醮祭的目的多是乞恩消灾，益寿延年。

斋醮连称，据《太上洞渊神咒经步虚解晶考》记载，始于晋代。这时，"斋"已由祈祷仪式前洁诚行为逐渐变为祈祷仪式本身的一部分，与醮仪合而为一。

人类学家马林诺夫斯基说："现代宗教中有许多仪式乃至伦理，其实都源于巫术。"[①]道教的仪典也不例外。先秦时代设立巫史之官，以通神事神，为国家祭祀与医

---

① 马林诺夫斯基：《巫术、科学、宗教与神话》，李安宅等译，北京，中国民间文艺出版社，1987。

药、军事、政治活动服务。道教的神谱系源于巫祝的鬼神观念;道教的宗教崇拜又来源于巫文化的原始崇拜;先秦巫觋的祀神仪式、上章奏表、法器法物以及部分音乐均为后世道教斋醮所运用和发展,随着社会的变迁、道教的兴衰,斋醮仪式又趋于简单、实用、普及的民众化形式。

4. 道教文化的传播

16 世纪,道教作为中华民族的一种宗教信仰,一种人文科学的学术范畴,引起国外人士的兴趣,并作为研究对象在世界传播。当时欧洲人受马可波罗探险活动的影响,与中亚细亚、中国西部频繁往来,写下了不少有关调查报告及专著。1898 年,法国在河内建立远东法国学院,成为研究中国、东南亚地区的大本营。1911 年出版《道教》二卷(法人鼓遂良撰)、《中国的宗教信仰和哲学思想史》、《道藏书目》等,奠定了法国研究中国道教的基础。

19 世纪以来,法国亨利·马伯乐开展了以道教为专题的研究工作,运用西方历史学、社会学、民俗学的理论和方法,深化了道教的研究,成为欧洲道教研究的奠基人。

在英国,最为著名的中国文化及道教研究学者首推李约瑟。他编撰的《中国科学技术史》第二卷中,述及道教与古代科学的关系;第五卷广泛论述了古代炼丹术与道教的关系,内容翔实、史料丰富、文图并茂,集中国古代炼丹史大全。

美国的道教研究起步较晚,但从 19 世纪以来发展较快,许多大学成立了中国宗教研究小组,目前已超过西欧各国的研究范围和深度,并积极开展国际性合作研究。著名学者韦尔奇被称为是美国道教研究的开拓者。席文教授专门研究道教炼丹术、道教医药学、宗教仪式等,在美国、西欧很有影响。中年学者萨梭留学台湾辅仁大学,拜师人道,受 63 代张天师的传授,成为掌握道教教义及符篆科仪的外籍道教徒。1975 年,他整理出版了中文版《庄林续道藏》二十五卷,收录了有关道教科仪的经文和佚散经目,对道教仪式、口诀、手诀颇有研究。

道教对日本的影响最初并不是其教义和仪式,而是道教基本组成部分中的神仙思想和修身延年的法术。最早发表与道教有直接关系的论文是黑川真道撰的《日本皇朝年号中的长生之神的意义》与清原贞雄撰的《日本的北辰、北斗的研究》。对道教开始专门研究,始于 20 世纪初期,学者中最有业绩者可称小柳司乞太。他注重从道教史史料学入手,分析道教、佛教和日本神道教的相互影响,进一步阐明道教不仅是在宗教思想上,而且作为一个教团、宗教组织流传到日本,并与日本佛教、神道教相融合的学说体系,对日本学术界颇具影响。小柳司乞太还多次来中国进行实地考察,他居住在北京白云观,撰写了《白云观志》,详细地论述了全真教道观第一丛林的历史、宗教活动、道士的生活、寺院经济等,是近代研究道教史迹的较有影响的著作。1950 年,成立了日本道教学会,创立《东方宗教》会刊。1952 年,著名东洋史学家那波利贞发表了《向日本国的流传》一文,详细地论述了道教传入日本及日本道教发展的情况。自此,对中国道教的研究开始出现了发展的新局面。20 世纪 70 年代以来,出现了许多优秀的学者，如大渊忍尔、吉冈义丰、下出积与、福永光司，洼德忠、秋月观暎、麦谷邦夫等，对道教教义、教仪、经典等各方面展开了较为系统的研究，并出版了有价值的专著《敦煌道经》、《道教研究》、《道教与日本文化》、《道教史》、《宋代新道教教团》、《道教的新发展》等。近几年来，日本道教研究的倾向和特点试图探讨道教在整个中国历史的长河里所具有的真正位置，以及中国道教对日本文化、日本民俗、民族精神的影响力度。在文献研究方面，编制目录索引、探索方法论，以整理和掌握研究的对象、方法及现状，从而向更深的方向发展。

道教是新加坡最古老的宗教之一。1919 年新加坡开埠前，当地已有道教宫观金兰庙、天福宫、粤海清庙、福德祠等。由于新加坡移民多来自福建、广东、海南等地，形成由方言聚积的派系帮群，这样各派间建立的庙宇也就有不同的尊神和教义教规。因此，新加坡道教派系繁多，互相没有隶属关系，却存在门派之争。1974 年闽帮各道派开始联合，1977 年粤帮开始加入联合体，1979 年琼山帮也加入联合，这三大派别组成了“三清道教会”。1990 年 3 月，由三清道教会与忠义庙、福安庙、龙虎山玄灵坛、青松观等 27 个道教组织联合发起组成了新加坡道教总会。

近年来，在华人民众中儒、释、道三教合一的民间宗教以及数教合一的宗教派别相当流行。三一教（又称三一正教）的宗教信仰以儒教伦理道德为主，以道教清静无为、佛教渡世救人为辅，同时供奉孔子、老子、释迦牟尼为主神。圣教会源于北京三教合一会，以“劝善规过，正心修善，昌明先天大道，研究静坐实学”为其教宗旨，尊奉《金刚经》、《孝经》、《万佛经》、《回天宝忏》为经典。真空教源于大陆江西、福建、广东等省的真空教派，以“复本还原，归一归空”为主旨，崇奉真空祖师，推崇“静坐法”，用静坐、静悟的修行来达到自身与本体真空的融合。空中教原为霹雳空中教会，实为真空教派别之一。

除此之外，还有崇拜五教（儒教、佛教、道教、基督教、伊斯兰教）合一的教派，如新加坡道院是世界道院在新加坡的分会。该教传自中国山东，供奉至圣先天老祖、老子、孔子、耶稣、释迦牟尼、穆罕默德等。该教教义认为五大教皆发源于先天大道，各教之旨皆以先天大道为本，融合各教派，济世渡人。另一教派为德教，1939 年由广东省潮阳人杨瑞德创立于紫阳阁，1952 年传入新加坡。该教以太上老君为主神，宣扬五教同宗的观点，并以“孝、悌、忠、信、礼、义、廉、耻、仁、智”为十德，故称德教。新加坡的南洋德教总会是由新加坡、马来西亚，泰国、日本、美国、香港等国家和地区的代表组成，属于国际性组织，影响较大。

近 30 年来，欧洲、北美洲、东南亚等地区的许多国家开展了对中国道教的专门研究。为了交流学术成果，首先由美国学术团体委员会发起召开国际道教研究会议(International Conterence onTaoist Studies)。第一次国际会议在 1968 年 7 月于意大利佩鲁贾市召开，代表均为欧美学者，宣读论文 8 篇。第二次会议由日本道教学会、哈佛大学世界宗教研究中心、美国学术团体理事会和东亚研究中心主办。1972 年于日本长野县举行，参加者有 14 名，提交论文 13 篇。第三次会议于 1979 年 9 月在瑞士苏黎世举行。主办单位是瑞士促进学术研究基金组织、苏黎世大学和法国远东学院。参加者 30 余人，提交论文 20 余篇，中心论题是“道教与科学的关系”。

3.1.6 宋明文化——宋明理学

宋明理学，海外学者称其为新儒学(Neo-Confucianism)。它作为一种社会思潮，有它产生、发展的历史。新儒学是一定时期社会经济、政治结构的产物，也是社会知识和自然知识的概括和总结。

3.1.6.1 宋明理学兴起的文化背景

中国传统文化发展到两宋时代，形成了一个高潮，产生了儒、佛、道三派思想的融合。以儒学为主体的理学(冯友兰称之为新儒学思潮)是中国传统文化发展史上继先秦诸子百家、百家争鸣以来的第二个发展高潮。在这个蓬勃发展的文化潮流中，濂洛之学、关学、蜀学、新学、湖湘学、吕氏婺学、陆王心学、永康学及永嘉学等派别，既相互对立、相互辩难、相互排斥，又相互依存、相互交流、相互渗透、相互吸取、相互刺激、相互影响，从而为宋明理学在中国传统学术史上赢得了显著的位置。宋明理学的产生发展及在学术界地位的确立固然是宋明理学代表人物学术努力的结果，但这种学术努力是以如下的文化条件为背景的。

1. 宋代君王严厉推行重文轻武的治国方略

宋朝帝位由马背上得来，其开国皇帝赵匡胤起身于后周王室侍卫长，掌管武事，势力做大后发动陈桥兵变，皇袍加身，进而通过“杯酒释兵权”解除了诸将领的兵权，将军权牢牢掌握于自己手中。他既有感于西汉“七王之乱”、西晋“八王之乱”、唐代“藩镇割据”之经验教训，又感于赵宋王朝的建立，在治国方略上遂采取了重文抑武的政策。宋太祖在统一天下后，常常对侍臣说：“朕欲尽令武臣读书，知为治之道。”(见陈邦瞻《宋史・纪事本末》卷七“建隆以来诸政”章)宋之将相士大夫等因此推崇文学，强调文官政治。宋太宗即位后，敕史馆编撰《太平御览》1 000 卷，《太平广记》500 卷，《文苑英华》1 000 卷。马端临《文献通考》引晁公《武郡斋读书志》曰：“太平兴国中，李昉等被诏辑经史故事分门。书成，帝日览三卷，一年而读周，赐名《太平御览》。”又曰：“太平兴国初，诏李昉等取古今小说，编纂成书，同《太平御览》上之，赐名《广记》。”又引陈振孙《直斋书录解题》曰：“太平兴国七年，命学士李昉、扈蒙、徐铉、宋白等，阅前代文学，撮其精要，以类分之。续又命苏易简、王祐等，至雍熙三年书成。”又引平园周氏曰：“太宗丁时太平，以文化成天下，既得诸国图籍。聚名士于朝，诏修三大书，曰《太平御览》，曰《册府元龟》，曰《文苑精华》。各一千卷。”雍熙年间诏求天下遗书，一时古籍多出。宋真宗时，命群臣子弟补京官者，以一经试取。宋仁宗庆历四年，诏天下州县立学，前后相承，给予学术发展以很好的环境。《宋史・文苑传》序曰：“自古创业垂统之君，即其一时之好尚，而一代之规抚可以豫知矣。艺祖革命，首用文吏，而夺武臣之权，宋之尚文，端本于此。太宗、真宗其在藩邸已有好学之名，及其即位，弥文日增，自时厥后，子孙相承，上之为人君者，无不典学，下之为人臣者，自宰相以至令录，无不擢科海内文士，彬彬辈出焉。”所谓“艺祖革命”，是指宋太祖杯酒释石守信的兵权，使宋代走向重文轻武之路。再有，作为唐代文化支柱的门阀贵族，经过安史之乱、五代十国纷争的冲击，已大大衰落。宋代门第阶级的区分，自然不如唐代严格，人身依附程度的减弱，使平民阶层在社会经济、政治和文化生活中的地位得以上升，朝廷唯才是举。由此，新兴的士人官吏渐渐成为社会的中坚力量，先秦儒家的政治理想在宋代社会中得以实现。

2. 书院的兴旺发达

书院的设置始于唐代，发展于五代，盛行于宋代。唐代书院有两种类型：一种是作为官方收藏、校勘书籍的机构，最早见于史籍记载的是丽正院和集贤书院；另一种是私人创建的书院，它们多是士大夫及其子弟论道治学的场所。五代十国虽然干戈相寻，但是科举取士始终未停，为适应这种形势，地方绅士每每选择风景名胜地或僻静之区，建造学舍，传授举子之业，私人书院渐渐增多。

北宋建立之后，统治者对学校教育一时尚无暇顾及，在庆历兴学前，尽管当时科举已经大盛，但州县学迟迟未置，太学则远在京师，而且规模狭小，不能满足地方士人求学之需，于是各类书院首先获得了恢复和发展。庆历以后，朝廷将办学的重点放到兴建地方州县学上，对于书院很少过问。熙宁七年(1074)，朝廷甚至下诏将书院钱粮拨入“州学已差教授处”，于是大批读书人纷纷涌向师资、廪给都较为优越的州县学校。众多的书院或因失去经济资助而倒闭，或因士人出走而衰落。

自南宋孝宗起，随着地方官学因财政困难、学校腐败而衰微，理学家相继进入书院讲学而使书院名声大噪，沉寂近百年的书院又欣欣向荣。南宋书院数量之多、学术传授质量之高，确实是以前各朝所不能比拟的，而且与理学的发展紧密相关。根据近人曹松叶统计，两宋共有书院三百九十七所，其中南宋有三百一十所，比北宋三倍还多①。南宋书院嚆矢于朱熹在孝宗朝修复白鹿洞书院之时，而极盛于理宗朝。这一情况，我们可以通过《续文献通考》卷五十《学校考》所载二十二所南宋著名书院的设置时间中了解。

时间	书院名称		
宁宗朝	南岳书院	北岩书院	
理宗朝	明道书院	鹤山书院	丹阳书院
	紫阳书院	考亭书院	庐峰书院
	丽泽书院	甬东书院	柯山书院
	河东书院	濂溪书院(丹徒)	天门书院
	宣成书院	濂溪书院(道州)	武夷书院
	涵江书院	清湘书院	
度宗朝	石峡书院	清献书院	

① 曹松叶:《宋元明清书院概况》，载《中山大学语言历史研究所周刊》第十集，111～115期，1930。

南宋书院就现今地区分布而言，江西有 170 所，为最多；浙江有 164 所，居第二位；福建有 90 所，居第三位；湖南有 94 所，居第四位；广东有 39 所，居第五位。接下去较多的有江苏、四川、安徽、广西、湖北等地，分别有 32 所、31 所、23 所、11 所与 9 所[①]。

从南宋书院发展的时间和空间分布上，我们可以清楚地看到，南宋书院的发展与理学密切相关，这里主要有以下两个原因。

(1)理学家的竭力倡导

在文化多元化的南宋社会，书院之学关心政治，崇尚义理，在多数情况下符合统治者的心理需求和治国方略。在经济、文化进一步发展的历史背景下，统治者崇文重儒的政策，理学家的刻意追求，文史学家的提倡和推动，印刷术的推广和普及，使书院的蓬勃发展势不可挡，南宋湖南的书院教育事业也迎来了前所未有的鼎盛时期，著名理学家胡安国、胡宏、张栻等在湖南创办书院，传授理学，形成了具有重要影响的湖湘学派。朱熹、陈傅良、真德秀、魏了翁等理学大师在湖南各地书院传道和讲学，程朱、象山、浙东等不同理学学派与湖湘学者展开广泛深入的学术交流和争鸣，极大地丰富了理学的内涵，促进了理学的传播，在中国学术史上具有深远的影响。

唐宋以来，书院初为士绅归隐山林、逃避现实、赡养天年之处，后来围绕着书，开展读书、藏书、刻书、校书等活动，逐步迈向教书育人的新空间，最终形成进行文化积累、创造与传播的文化教育组织，书院的主持者也实现了从“遁世”到“入世”的跨越，其教育与社会功能得到伸展和强化。南宋湖南书院正是续展了其独特的教学功能和学术特色，由点到面分布到全省的各个角落，扮演与地方官学相鼎立的角色。

书院的赓续有着独特的历史背景，名儒经行之处，山川秀美之地，往往被圈定为理想的立院场所，其办学传统亦易传袭。从湖南书院的地区分布看：长沙 15 所，衡阳 8 所，两郡的书院数占全省总数的 50%以上。岳麓、石鼓两书院名列天下四大书院，名宿大儒授业于斯，四方之士负笈而学，人才蔚然而兴，并影响附近地区的文化教育活动。衡山、醴陵、湘潭，常德、茶陵诸县皆有两所以上书院，便是明证。湘南一带书院数量较少，并非完全是缺乏人才之故。如永州地区是南宋湖南的外来文化中心，宋代到达永州的名学者如范纯仁、黄庭坚、苏轼、张孝祥等，总共达 50 余人。这些文化名人或贬官或游历，流动性较大，一般不愿以名山大泽寄伴终生，书院之传统亦不浓厚，书院之学终未显达。而湘西广大地带则文化教育普遍落后，又无明显的“外来文化”的滋润，创办书院终究是一件奢侈的事情。

北宋时期创建的书院，如岳麓、湘西等书院皆在北宋末年的战火中化为废墟。其时，虽然有些留心文教的士大夫想维系书院，如胡宏就辞却秦桧的召用，要求修复岳麓书院，并自任山长主持教学，但因为社会的极度动乱等原因，都没有成功。南宋初期近 20 年间，整个湖南境内并没有任何书院兴复或创建。经过绍兴年间近 30 年的

---

① 李国均：《中国书院史》附录三《历代书院名录》；季啸风：《中国书院辞典》附录《中国书院名录》。

努力经营，南宋政权在湖南的统治得以巩固，社会经济也得到了恢复和发展，“既剔夷奸，民俗安静，则葺学校、访儒雅，思存以振起，湘人士合辞以书院请”。掀起了一个兴学高潮，这一高潮的到来，主要得力于胡宏、张栻的推动。

胡宏(1106—1161)，字仁仲，理学家胡安国次子，学者称其为“五峰先生”。他继承父志，以“康济时艰”，振兴道学、风教为己任，是南宋初期最负盛名的理学家。绍兴年间，当他请教于岳麓书院，自为山长而阻于秦桧后，就在湘潭、衡山创建起碧泉书院、文定书堂、胡文定公书院等，收徒讲学，以倡其说。其时，彪居正、张栻、胡大原、吴翌等一大批弟子皆集于门下，“卒开湖湘之学统”。与此同时，胡宏在《碧泉书院上梁文》中又发出了“伏愿上梁以后，远邦朋至，近地风从，袭稷下以芬芳，继杏坛而跄济”的倡议。湖湘学者闻风而动，纷纷创建书院响应。据记载，仅绍兴、隆庆之际十余年时间内，全省就创建或兴复了 9 所书院，它们是善化县的城南书院、湘西书院，宁乡县的道山书院(又名“灵峰”、“云峰”)，衡山县的南轩书院，衡阳县的胡忠简书院，安仁县的玉峰书院，靖州的侍郎书院，辰州的张氏书院，泸溪县的东洲书院，遍布东西，互相呼应，终成“湖湘学派之盛”的局面。

张栻(1133—1180)，字敬夫，号南轩，卒谥宣公。其学与朱熹、吕祖谦相齐，并称“东南三贤”。绍兴三十一年(1161 年)，他从学胡宏于文定书堂，以其学识超群，深为五峰先生赏识，曾谓“圣门有人，吾道幸矣”，遂为高足弟子。学成之后他相继创建上述城南、道山、南轩书院于善化、宁乡、衡山等地，倡导师说，将湖湘之学光大于胡氏身后。乾道元年(1165 年)，湖南安抚使刘珙重建岳麓书院，聘请张栻主持教事。张栻为重修书院撰写《岳麓书院记》，比较系统地提出了他反对“群居佚谈”、反对“但为决科利禄计”和仅为学习“言语文辞之工而已”，坚持辨理欲、明义利、体察求仁、传道济民，将教学与治国平天下的经世活动联系起来，以培养出“得时行道，事业满天下”的济世人才的办学方针和指导思想。在教学方法和方式上，他力主致知力行、知行互发、循序渐进、博约相须、学思并进、博思审择等，也颇具特色。因此，“一时从游之士，请业问难者至千余人，弦诵之声洋溢于衡峰湘水。”(杨锡绂：《城南书院志・盛极当年的改建书院叙》)湖湘学派最终得以奠定规模于岳麓书院。受其影响，自淳熙到绍熙年间仅二十年时间内，湖南又重建了著名的衡阳石鼓书院，创建了茶陵明经书院、兴宁辰冈书院、桂阳石林书院、武冈紫阳书院、湘潭主一书院等。

创办书院、讲学传道不仅在湖南范围内形成高潮，而且波及四邻。如张栻自己曾宦游袁州、桂林，两地即有南轩书院、宣成书院之建。其学生也是到处传道，吴猎(曾任岳麓书院堂长)任广西路转运判官，即建桂林精舍，寻先师旧规“与周志共学焉”；李埴讲学夔州、传道巴蜀，吴猎亦安抚四川，湖湘之学终于陶成“二江诸儒”；中路重镇江陵作为张拭及吴猎、赵方等“岳麓臣子”的经世之地，更使后学受惠于遗风余泽。凡此种种，说明湖南的兴学运动实有输出之势。

张栻之后，其弟子胡大时、彭龟年、游九言、游九功续传湖湘学，湖南学术大兴，人才蔚起，颇具规模。以碧泉、文定、岳麓、城南为代表的书院群已成为湖南地区的理学大本营，在学术思想上形成一个强大的人才群体。《宋元学案》共立案学者 988 人，该书中仅《岳麓诸儒学案》就列有学者 46 人，其中较著名的达 30 余人。(《宋元学案》卷 71)正如著名历史学家侯外庐先生所言："张栻主岳麓教事，从学者众，因而奠定了湖湘学派的规模。"

南宋时期，湖湘学派在政治上坚决主张抗金，反对和议，倡导"民为帮本、本固邦宁"，提倡"恤民"、"养民"。在教育思想上继承先秦儒家重道德教育的传统，把教育和个人修养结合起来，把"性"上升为宇宙本体论范畴，以"知性"、"复性"为教育目的，以"传道济民"为己任，培养有体有用的人才，在教学内容上注重把儒家经典与实物实事相结合。在教学方法上主张致知力行，学思并重，居敬穷理，博约相须，存养省察，形成独特的学风。这种学风对湖湘学派传道求仁、践履求实，关心现实、经世致用，不圃成见、兼容并蓄的核心思想形成有着不可分割的内在联系。

乾道三年(1167 年)，理学家朱熹闻张栻阐胡氏之学于岳麓，不远千里而来访学，更证明了湖湘之学及其所凭借的书院在当时社会中的影响之大。"朱张会讲"以岳麓书院为中心，并往来于善化(今长沙)城南、衡山南轩二书院，以"中和"为主题，涉及太极、乾坤、心性、察识持善之序等理学普遍关注的问题，讲论两月有余，"学徒千余，舆马之众，至饮池水立竭，一时有潇湘洙泗之目焉"。① 这次学术活动，首开书院会讲、自由讲学之风，是湖南学术、书院发展史上里程碑式的大事。它对朱熹来讲也是不能忘怀的，在后来的诗文中，他曾多次提到张栻对其集理学之大成的导启之功，后此十二年即淳熙六年(1179 年)兴复白鹿洞书院时，他也曾数次援引岳麓之例而奏请最高当局的帮助。因此，我们认为，湖南创复书院的运动对朱熹有着深刻的影响，或者说朱熹兴复白鹿洞是从他当年访学湖南书院获得启示的结果。而后来他知潭州，为石鼓书院作记，兴学岳麓书院等又推动了湖南书院的进一步发展。宁宗前期，受"庆元党禁"之累，韩侂胄当权，理学被斥为"伪学"，悬以励禁。理学家被称为"逆党"，纷纷驱逐，"老师宿儒，零替殆尽；后生晚辈，不失典型"②，作为理学和理学家大本营的书院亦备受冷落，自庆元到开禧年间(1195—1207 年)全国仅兴建了 5 所书院。但湖南并未受此影响，庆元中澧州建有深柳书院，开禧中衡山又兴复创建于唐代的南岳书院，"仿四书院之制"设教官，置学田，搞得有声有色，这可能与湖湘之士在抗金北伐的问题上与韩侂胄主张一致有关。嘉定以来，党禁既开，理学逐步抬头，开始成为占统治地位的正宗学说，理学大儒周敦颐、程颢、程颐、朱熹、张栻、吕祖谦等分别追谥为元公、纯公、正公、文公、宣公、成公。自此之后"不惟诸儒之祠布满郡国，而诸儒之书，家藏，人诵。"③传播理学的书院随之兴盛起来。到理宗时代，程朱理学官方哲学的地位正式确立，对书院更是大加褒扬，或赐书颁额，或赐田设官，又将朱熹的《白鹿洞书院

① 赵宁:《岳麓书院志》卷 3。

② 魏了翁:《鹤山大全文集》卷 16。

③ 魏了翁:《鹤山大全文集》卷 48,《长宁军六先生祠堂记》。

揭示》作为统一的教规颁行天下，使书院的发展步入高潮。其时，由于真德秀、魏了翁两位理学重臣的倡导，湖湘后学以继起先贤，讲求学术为荣耀，先后创建了湘乡涟滨、安仁清滨、酃县台山、靖州作新（以上建于嘉定年间）、善化丽泽、醴陵西山、龙阳龙津、澧州范文正公、兴宁辰冈、临武环绿、黔阳宝山、靖州鹤山（以上建于理宗时代）12 所书院，将湖南书院建设再次推向新的高峰。

咸淳九年（1273 年），元兵攻克襄阳，进逼湖南。因此，保家卫国、争取一个安定的学习环境就成为湖湘子弟的主要任务。书院师生大多参加了抗元斗争，其中以包括潭州州学、湘西书院、岳麓书院在内的“潭州三学”师生的事迹最为典型。德祐元年（1275 年）九月，湘阴失陷，元右丞相阿里海牙兵围潭州，安抚使李芾（原为衡阳石鼓书院学生）率军民固守城池，开始了艰难的潭州保护战。起初，“三学生”在尹谷的带领下撤至城中坚持学习，“犹不废学业”。当战斗进入最激烈的阶段，他们又毅然放下书本，“荷戈登陴”，与军民“乘城共守”潭州。到年底，矢尽粮绝，以致罗雀掘鼠充饥，在战局难支的情况下，李芾杀身殉国，尹谷举家自焚，“诸生百人往哭”，带着悲愤投入了最后的战斗。除夕，城破，“死者什九”！面对强大的敌人，他们英勇不屈，顽强战斗，与城池共存亡，表现了大无畏的英雄气概和高尚的民族气节，秉承了湖湘学派致知力行、践履求实、传道济民的优良传统，扩大了理学在官方和民间社会的影响力。

最先将理学和书院结合到一起的是湖湘学者。“湖湘学派之盛”是和书院运动的高潮一同到来的，当时，儒学最主要的传播机构从中央到地方的学校系统，仍是“文具胜而利禄之意多，老师宿儒尽向之”。太学与地方官学，多为声利之场，极少讲学，虽然道学家们曾亲临学校讲学，重建新修，作记规劝，思有以振起，但终因积重难返，极难奏效。因此，要想传播新的理论，必须另辟新的途径。诚如朱熹在《石鼓书院记》中所指出的那样：“仰令郡县之学，官置博士弟子员，皆未尝考其德行道义之素，其所授受又皆世俗之书、进取之业，使人见利而不见义，士之有志为己者，盖羞言之。是以尝欲别求燕闲清旷之地，以共讲其所闻。”唐以来的书院正好建于名胜风景区，有山川之胜，而无市井尘声，且自拥学田，富有藏书，能够使人远离声利之场，安于学业，静心修身，自此它就成了道学家们所钟爱的布道之地了。当年，张栻见“背陵而面壑，木茂而泉洁”的岳麓书院，就“爱其山川之胜，堂序之严，徘徊不忍去”，就是这个道理。就这样，在南宋初年的特定历史条件下，进入集大成阶段的理学和已有几百年历史的书院联系到了一起。其后，它们互为表里，在中国历史上隐显同时，盛衰共命，形成了一种一体化结构。如前所述，胡安国、胡宏父子建文定、碧泉而有湖湘学统之开，张拭建城南、道山、南轩，与同窗彪居正先后主讲岳麓，则最终奠定了学派的规模，并将其推向省外。

南宋时期，理学与书院的结合，使书院的创建数量大增。据统计，南宋时期全国书院的数量占两宋总数的 78.6%。以一些著名书院为中心的理学学派也相继形成，如以白鹿洞书院为中心的程朱学派，以岳麓书院为中心的湖湘学派，以象山书院为中心的象山学派，以东莱书院为中心的婺学学派等。这一时期的一些著名书院，已经不再是单纯的教学机构，它承担着学术研究、传播思想、社会教化等方面的功能，在学术较为自由、理学地位彰显的南宋社会，这些书院作为学术文化的中心，无疑在官方和民间都具有较高的知名度和影响力。

湖湘学派作为南宋理学的一个重要的流派，以理学大师周敦颐为宗师，传播理学必须突出周敦颐作为理学开山宗师的地位，特别是宋理宗为道州濂溪书院亲自题额后，周敦颐的学术影响大大增强。南宋时期，仅湘南地区就出现了 4 所以其号命名的书院，它们是郴州的濂溪书院、永兴的濂溪讲堂、道州的濂溪书院、宁远的濂溪书院，这类书院既具纪念性，又倡明、传播理学。诚如宋儒高斯得在《宝庆府濂溪书堂记》中所言："惟先生卓然特立于圣人绝响之后，亲承洙泗道统之传，二程先生受业者也。先儒拟以颜、孟，然则舍夫子无以拟先生矣。"在湖南理学学者看来，创建书院的一个重要目的就是要将最高统治者的奖掖与书院的学术宗旨结合起来，使书院成为理学的传播和研究基地，而非传统意义上单纯为官方培育科举人才的官学。南宋末年著名理学学者杨允恭在《濂溪书院御书阁记》中对书院的性质提出了较为深刻的见解："国家之建书院，宸笔之表道州，岂徒为观美乎？岂使之专习文词为决科利禄计乎？盖欲造就人才，将以传斯道而济斯民也。士之由是路出入是门者，盖亦果确用工希贤希圣……"传道济民是书院创建者的苦心孤诣，能够担当起这种大任的书院掌门人必须是精通性理之学的著名学者，南宋湖南一些著名书院的创办者如胡宏、张栻、陈傅良、杨允恭、魏了翁、真德秀等都是具有较大影响的理学大师，这一具有一定规模的著名理学学者群体为理学在湖南乃至全国的传播奠定了坚实的基础。

为了促进理学的传播，首先需要在书院培养一大批具有相当素养的理学门徒。湖南各书院的山长，都注意对生徒学行的教诲，在理论教育上颇费苦心。张栻对学习性理之道颇有心得，他认为："惟民之生，厥有常性，而不能自达，故有赖于圣贤者出而开之，是以二帝三王之政，莫不以教化为先务。"而仅仅有教化还不够，必须通过不断的学习和观察才能体味到理学的精髓，他进而指出："天理人欲，同行异情，毫厘之差，霄壤之谬，此所以求仁之难，必贵于学以明之与。"要传道就必须苦心求道，要循序渐进。理学学者赵栉夫在《濂溪小学记》中感叹道："然性非自来外也，泉养于蒙，水渐于进，循循然无欲速也，勉勉焉无自画。待其时气化，心自开明，然后精以四书，博以六籍、易通之诚神……"求道不仅是理论上的探求，更需要在实践中感悟，"默识而存之。扩充而达之，生生之妙，油然于中"。在日常的伦理行为和经世济民的社会实践活动中体现理学的道德理想，这种不尚空谈、关心时世的学风，对整个湖湘文化和理学的学术体系产生了深远的影响。

湖湘学派在重视"为天地立心"的同时，也关注"为生民立命"。在传播理学的过程中，湖湘学者相信"推古人之言，无不入时事者"(《宋元学案·五峰学案》)。关注社会现实，重视经世致用，使湖湘学派在民间社会的影响力不同于理学其他学派。湖湘弟子不过多地关注功名利禄，在重视诗赋和经义的科举考试中，湖湘学者应举入仕的比例并不高，南宋时期长沙作为全国著名的学术和人才中心，其科举考试的整体水平还不及边远的永、道地区，许多学有所成的湖湘学者以书院为安身立命之处，以传道授业为己任，“为往世继绝学”，使书院作为理学的学术研究基地的地位日益彰显。在南宋中后期，许多理学学派都以理学正宗自居，对其他学派大加诋毁，特别是朱学与陆学之间互不相让，竞相攻击。而湖湘学派则表现了不拘一格、兼容并蓄的学风，广泛吸收各家学派的学术思想，在许多学术问题上，不拘先师之见，这种开放的学术风格客观上有利于理学的传播，这也是湖湘学派赓续千年而弦歌不绝的重要原因。

湖南书院为理学其他学派在湘的传播做出了重大贡献，其中影响最大的是朱学一派。朱熹是理学的集大成者，他创立了包括天理论、性论、格物致知论、持敬说等在内的博大而精深的客观唯心主义思想体系，是中国封建社会后期影响最大的思想家。他一生曾两到湖南讲学，并为著名的石鼓书院作记，为湖南学术繁荣和书院发展做出了贡献。乾道三年(1167 年)，朱熹偕林择之、范伯崇首次到湘，与张栻论学于岳麓、城南书院，并同游南岳，布道于南轩书院，史称“朱张会讲”。这次会讲，从学术流派来讲是闽学与湖湘学派的交流，它比鹅湖之会(1175 年)和朱熹与陆九渊在白鹿洞讲“君子喻于义”(1181 年)都要早，可以说是首开不同的学派以书院为讲坛进行交流切磋的记录，促进了书院和理学的联系。这一行动本身，亦开自由讲学、会讲、讲会之先河，对于书院制度的发展意义重大。此行对朱熹来讲，既从张栻“识乾坤”、“始知太极蕴”，使正在形成中的思想体系得到了有用的养料，又获取了对书院深切的感知，为其日后对书院建设的贡献打下了基础，积累了经验。淳熙十五年(1186 年)，宋若水修复石鼓书院，朱熹作《石鼓书院记》“以诏后人”。在记中他抨击了“学校、科举之意乱焉”的情况，指出：“使人见利而不见义”，“其害将有不可胜言者，不可以是为适然而莫之救也！”他十分推崇张栻在《岳麓书院记》中提出的辨义利、体察求仁等思想，认为“昔吾友张子敬夫所以记夫岳麓者语之详矣……又何俟余言哉”。绍熙五年(1194 年)，朱熹以安抚使知潭州，再临湖南。在任虽不久，但对书院建设特别重视，除为岳麓书院设讲书执事等以掌教、置田五十顷，增额外生十员，颁《白鹿洞书院揭示》以代学规，请陆九渊讲学外，还筹划更建岳麓，重修湘西书院；政暇则亲往州学、书院讲学督课。这时的朱熹已不同于 27 年前的访学者，已是一个完成了理学集大成的大思想家，而且还是安抚湖南全境的行政长官，声感并重，因而前来问学者不绝于途，以至留下“道林(寺)三百众，(岳麓)书院一千徒”的时谚。朱熹一生敬重张栻，且二人学术同源于二程，又十分接近，因而自乾道会讲以来，湖湘学者即视朱张为一体，闽湘二派由此日渐交汇而成朱张学统(或称学系道统)，得以流行于三湘四水之间。

“庆元党禁”之后，真德秀、魏了翁又在湖南大力推行朱张之学。真德秀(1178—1235 年)，字景元，号西山，建州浦城(今属福建)人，学崇朱熹，自谓“私淑而有得”。魏了翁(1178—1237 年)，字华父，号鹤山，邛州蒲江(今属四川)人，学崇朱熹、私淑张栻。两人都是南宋后期最重要的理学家，合称“真魏”。程朱理学的复盛和最终成为官方哲学，多得其力。真、魏二人都曾宦游湖南有年，真德秀尝以湖南安抚使知潭州身份令湘乡知县徐质夫建濂溪书院，并题其堂曰“春风”；魏了翁则谪居靖州七年

(1125—1231年),建鹤山书院以讲学,对弘扬理学孜孜以求,告诫生徒"穷天下之物,无可以称天德"。魏知潭州(1234年),以朱张之学大力正"怅怅然无所归"之湖湘弟子;真则到岳麓书院主持祭典,发布《劝学文》、《潭州示学者说》,宣扬朱、张二先生之学,源流实出于一,而所以发明究报者,又皆集诸老之大成,理义之秘,至天复余蕴,盛赞他们给湖湘带来的"学术源流之盛",并承其辨明义利之绪,继续用"敬身而成德",具人理以别禽兽之论劝勉士人。孜孜如是者前后十余年,朱张之学遂成湖湘学术的正宗。

朱张学系是凭借书院而成长壮大的,属于这一派流的书院很多,除上述提到的岳麓、湘西、石鼓、道山、南轩、城南、鹤山、濂溪诸书院外,在平江有吴雄的阳坪书院,湘潭有钟震的主一书院,醴陵有黎贵臣的昭文书院,常宁有袭梦锡的芹东书院、王刁隐的鹅湖书院,黔阳有饶敏学的宝山书院,靖州有黄渠的作新书院,武冈有何季羽的紫阳书院等,这些书院的创建者、主持人,或从学张栻,或受业于朱熹,亦有兼师朱张的。正是他们的努力,得将朱张之学传播并根植于湖湘大地,也正是学术的传播使书院在湖南繁荣昌盛起来。

湖南书院曾为永嘉学派提供过讲坛,永嘉学派由薛季宣开创,陈傅良使其灿至益盛,它以反对容谈性命,主张学以致用、开物成务、作事建功为特点,故又称事功学派。陈傅良(1137—1203年),字君举,号止斋,温州瑞安(今属浙江)人。淳熙十五年(1188年),他曾为潘畤修岳麓书院作记,并受山长顾杞、堂长吴猎之请讲学岳麓。绍熙初(1190年)他由知桂阳军提举荆湖南路常平事、茶盐转运判官,所到之处多讲学训士。其时湖湘学派盟主张拭已逝世,而两派又有注重经世济民、实践躬行的共同点,因而"君举到湘中一收,收尽南轩门人"①。可见,永嘉学派对湖湘一派书院的发展产生过较大的影响,对湖南经世致用学风的形成亦起过积极的作用。相传吕祖谦曾到过湖南,因而醴陵、长沙分别建有莱山、丽泽书院。湖南书院和金华学派由此亦发生了联系。

总之,理学的朱、陆、浙三派对湖南均有影响,吸引了很多士子,而各派又是专尚学术,非官学所能满足,于是各自立书院,其师既殁,诸弟子或群居不散,或学归各地,或另创书院,或掌教,或会师,守师承,传学旨,于是各地书院随理学的发展而兴盛起来。理学的发达固然有自身的优势,然书院都是其繁殖、发展的凭借之所,湖南书院与理学有着血缘之亲,二者互为因果,不可或缺。

(2)科举考试的需要

由于南宋科举比北宋发展更快,科举入仕对士人产生了无比巨大的吸引力,因此南宋书院的学习内容也和太学一样,以经学为主,兼及诗赋和策论,直接与考试相衔接。理学家的仕履虽然大多不显,但子弟甚众,讲友、学侣、同调和私淑颇多,从南宋中期起,当时担任科举主考官的多是理学家和他们的信徒。这些人或陷于宗派,或宥

---

① 《朱子语类》卷123。

于师传，必然要将自己所信奉的经术作为取舍举人的标准。这样，由他们主持的书院，当然也就门庭若市了。

3. 藏书与目录学的发展

(1)藏书的丰富

南宋是中国藏书业蓬勃发展的时期。在这一时期，不论官方或民间，都十分重视藏书建设，这不仅使南宋秘书省的藏书数量远远超过了北宋，而且也促使南宋的私家藏书日益繁盛，在藏书家人数和藏书量方面都胜过前代。

从官方藏书来说，高宗移跸临安，乃建秘书省于国史院之右，诏令搜访遗阙，并多次厚赏献书之人，于是四方藏书群集京师，使秘书省的藏书量迅速超过了北宋，总数达 44 486 卷，大大超过了北宋庆历元年(1041)修成的《崇文总目》所收卷数(30 669 卷)。此后，至宁宗朝续修书目，又得 14 943 卷①。

南宋的私家藏书，从地区来看，以浙江为最盛，有 43 家；江西次之，有 27 家；以后依次为福建 22 家，江苏 16 家，四川 15 家，安徽 6 家。此外，加上从山东、河南两地南下的藏书家有 7 家，总数达到 136 家以上②。

南宋初期的藏书家，以叶梦得、李光、晁公武、陆宰、石邦哲、诸葛行几家为最著名。叶梦得曾筑书楼于霅川(浙江湖州)牟山山居，贮书达十万卷之巨，另一贺氏家也有十万卷，是当时私人藏书最多的两家，其余像"齐斋倪氏、月河莫氏、竹斋沈氏、程氏、贺氏，皆号藏书之富，各不下数万余卷"③。

其次，又以著名学者尤袤和陈振孙家的藏书为多。尤袤的藏书楼号遂初堂，陈振孙说他的藏书"为近世之冠"④。陈振孙自己在传录了著名史学家郑樵和藏书家方氏、林氏、吴氏的藏书以后，聚书也达 51 000 余卷⑤。

南宋末年的藏书家，当推周密最为著名。他在《齐东野语》卷 12《书籍之厄》条中说："吾家三世积累，先君子尤酷嗜，至鬻负郭之田以供笔札之用。冥搜极讨，不惮劳费，凡有书四万二千余卷，及三代以来金石之刻一千五百余种，庋置书种、志雅二堂，日事校雠，居然籯金之富"。周密对于自己藏书之富确实是十分自负的。

(2)目录学的发展

南宋是目录学迅速发展的时期。在这一时期，无论是官修目录还是私修目录，都取得了较大的成就。

在官修目录方面，有《中兴馆阁书目》、《中兴馆阁续书目》两种。前种目录完成于淳熙五年(1178)六月，共 70 卷，序例 1 卷。内分 52 门，著录书籍 44 486 卷，比《崇文总目》所载书目多 13 817 卷。续目始编于嘉定十三年(1220)，共 30 卷，在正目外，又

---

① 参见《宋史》卷 202，《艺文一》。

② 袁同礼：《宋代私家藏书概略》，载《图书馆学季刊》第 2 卷第 2 期。

③ 《齐东野语》卷 12，《书籍之厄》。

④ 陈振孙：《直斋书录解题》卷 18。

⑤ 《齐东野语》卷 12，《书籍之厄》。

增添了 14 943 卷，说明南宋当时的藏书已达到 59 429 卷，比北宋国家藏书最多时还多 3 500 余卷。

在私家目录上，南宋学者取得了更为辉煌的成就。其中晁公武的《郡斋读书志》、陈振孙的《直斋书录解题》、尤袤的《遂初堂书目》三书都是中国目录学史上的名著。

晁公武，字子止，济州钜野(今属山东)人，出身于世代官僚士大夫之家。所著《郡斋读书志》按经、史、子、集四部分成 45 类，每部有总论，各书有提要，对书的作者、内容、主旨、学术源流、价值及版本等情况多有论述，偏重于考订。全书共著录书籍 1 937 种、24 500 卷，其中不少是《宋史・艺文志》所未曾著录的。该目录所著录的 500 余种书在今天已经亡佚，这便为后世考订典籍提供了依据。《郡斋读书志》是我国最早一部有提要的私家目录，对后世影响极大，陈振孙《直斋书录解题》、马端临《文献通考・经籍考》以及清代的《四库全书总目提要》，皆以此书为蓝本编撰。

陈振孙(？一约 1261 年)，曾名瑗，字伯玉，号直斋，湖州安吉(今属浙江)人，出身于士大夫之家。他所著《直斋书录解题》的原本早佚，今本是清人在编纂《四库全书》时从《永乐大典》辑出的。原书有 56 卷，著录书籍 3 096 种、51 180 卷。本书不仅开创了目录学书中的解题体裁，而且涉及的内容也非常广泛，包括了人物评论、图书价值评论、图书内容介绍、选材记述、撰述时间、图书版本及考评等项，从而起到了“考镜源流，辨章学术”的作用。

尤袤(1127—1194 年)，字延之，无锡人。他所撰《遂初堂书目》共著录书籍 3 200 余种。本书的缺点是只记书名，无解题，无卷数，无撰人姓名，分类上也有不妥之处。作为一种目录学著作，它虽然不及晁公武的《郡斋读书志》与陈振孙的《直斋书录解题》那样有名，但在书中记录了所录书籍的版本，却是目录学著作的新内容，开后世版本学之先河，因此也颇有贡献。

此外，南宋学者对目录学的研究也取得了较大的成就，这以郑樵为突出的代表。

郑樵(1104—1162 年)，字渔仲，人称夹漈先生，兴化军莆田(今属福建)人。他著有《通志》二百卷，既是著名的史学家，又是著名的目录学家。他的目录学思想主要集中在《通志》之《艺文略》、《校雠略》、《图谱略》与《金石略》四略中，尤以《校雠略》的影响最为巨大，可以说是中国第一部系统的目录学专著。

郑樵在上述四略中提出，图书分类必须特别强调对学术源流的分析，“必究本末，上有源流，下有沿袭，使学者易学，求者易求”，以达到“观图谱者可以知图谱之所始；观名数者可以知名数之相承……睹其书可以知其源流”的目的。郑樵为目录制定了全新的分类体系。他将历史学上的“会通”思想应用到目录学中去，主张通录古今，不遗亡佚，以体现学术演化的总貌。为此他创造了一个全新的十二分类法和三级目，“类目的扩充使图书的归属能更接近于合理”。郑樵还提出了图书分类与目录学的一些原则，如通录古今，且以今书为重；要以书名为主要著录标目；撰写提要须“泛释无义”；全面记录和兼录图谱、金石；编次图书，宜用众人之长，通力合作等等。

4.疑经惑传及勇于怀疑学术风气的流行

汉学、宋学与朴学(或新汉学)是中国经学发展史上的三个重要阶段,宋学指宋代治经以求义理为目的的学问,后延续到元明时期。它大体上以理学治经为主体,并包括了王安石新学、三苏蜀学以及诸多治经学的宋学学者。一般来说,在宋学内部,虽有各家各派的分野,但宋学之于汉学,是以重义理阐发,轻训诂注疏的义理之学与重训诂义疏、繁琐释经的汉唐考据之学相区别。经过朱熹等人的努力,四书及四书义理之学取代了六经及六经训诂之学而成为经学的主体,并存续到新汉学的产生。

宋代义理之学的产生,是与宋代疑经惑传的流行、怀疑精神的滋长密切相关的。

所谓"疑经惑传"是指对于既存理论的观点或一般既存通俗观念,基于批判的科学精神,提出一种质疑的问题存在。它往往是所有新理论的起点。它通常扮演着两种角色。一方面,它消极地否定、修正、超越既存理论或一般通俗观念;另一方面,它又积极地成为新理论建造的起点。它所扮演的这两种角色,在社会科学的研究领域,更显得特别重要。因为不但社会科学理论本身,并不是一成不变的原理原则,而且社会现象本身,又是千变万化的。因此,在不同时间与特定空间下,更应该有其出现。对于既存理论或概念的适用,应该透过研究者的批判性科学精神,加以研判其适用性,或进而加以否定、修正或超越。

宋代疑经惑传的怀疑精神的滥觞和流行得益于宋初皇帝的提倡。宋仁宗说:"儒者通天、地、人之理,明古今治乱之源,可谓博矣。然学者不得骋其说,而有司务先声病章句以拘牵之,则吾豪俊奇伟之士,何以奋焉?"①皇帝号召文人儒士不要拘泥于经书,在中国古代思想史上还是罕见的。南宋诗人陆务观对宋代的怀疑精神有过如下论断:"唐及国初,学者不敢议论孔安国、郑康成。自庆历以后,诸儒发明经旨,非前人所及。染派《系辞》、毁《周礼》、疑《孟子》、讥《尚书》之《胤征》,《顾命》,默诗之序,不唯乎论经,况传注乎?"②宋庆历以降形成的疑经惑传风气,并不是要怀疑儒家经典本身,而只是对汉唐诸儒所垄断的传注经学体系提出怀疑,而其真正目的则只要"各出新意以解经,蕲以矫学究专己守残之陋"③。也就是说,宋学学者们希望根据时代的需要与自己的深入思考,重新解经并确立儒经的权威。他们强调解释经书过程中自我意识的贯彻与对经书的超越。如二程认为:"思索经义,不能于简策上脱然有独见,资之何由深?居之何由安?非特误己,亦且误人也。"④张载则说:"学贵心悟,守旧无功。"⑤

心学大师陆九渊则将宋代的怀疑精神提高到了一个新的高度。陆氏主张读书要"勇于存疑",反对迷信书本。他说:"为学患无疑,疑则有进。孔门如子贡即无所疑,

---

① 张岂之:《中国思想史》,西安,西北大学出版社,1989。

② 王应麟:《困学纪闻》卷八,《经学》。

③ 钱大昕:《重刻孙明复小集序》。

④ 见《河南程氏粹言》。

⑤ 见《经学理窟·义理》。

所以不至于道。”为学之病，就在于“无疑”。“无疑”犹如不善于发现问题，读书不善于发现疑问，容易趋于盲从。只有善于独立思考，学问才能有所长进。比如孔子的学生子贡，他为学无所疑，所以就没有达到“道”。他曾与学者说：“小疑则小进，大疑则大进。”①有疑才能突破旧框架，提出新见解，否则只能因循守旧，无所进步。陆氏自己便是一个善于独立思考与发现疑问的人。《年谱》记载：“伯兄总家务，尝夜分起，见先生观书，或秉烛检书。最后一见便有疑，一疑便有觉。”②譬如，他少年时，曾“思天地何所穷际不得，至于不食。宣教公呵之，遂姑置，而胸中之疑终在”③，由此构筑了“宇宙便是吾心，吾心即是宇宙”的心学哲学逻辑结构。“疑则有进”，颇有一些辩证法思想。

陆九渊“勇于存疑”的治学精神，是与他“尽信书不如无书”的读书态度密切相关的。他认为“往哲之言”，都是随着时势发展的需要而变化，没有什么永恒绝对的真理。他在《取二三策而已矣》中说：“昔人之书不可以不信，亦不可以必信，顾于理如何耳。盖书可得而伪为也，理不可得而伪为也。……然而，古者之书不能皆醇也，而疵者有之；不能皆然也，而否者有之。真伪之相错，是非之相仍，不使通乎理而概取之，则安在其为取于书也?”又说：“其可同尊而信之者，固不可概以书不可尽信，而不之信也；然亦不可以人之所信，而苟信之，而弗思也。”

陆九渊在这里全面地论述了“尽信书不如无书”的问题。他说的这样几层意思是值得注意的。其一，判断书的真伪、信或不可信的标准在于“理”。如合于“理”，就是非圣人之经，亦可取，否则皆不可取。他说：“使书而皆合于理，虽非圣人之经，尽取之可也。况夫圣人之经，又安得而不信哉？如皆不合于理，则虽二三策之寡，亦不可得而取之也，又可必信之乎？盖非不信之也，理之所在，不得而必信之也。”④以“理”作为衡量书的醇疵、真伪、是非、可否的标准，在客观上有利于打破以孔子之是非为是非的教条主义思想的束缚，体现了陆九渊不盲目崇拜权威、敢于向传统挑战的学风。其二，“凡事只看其理如何，不要看其人是谁”⑤。这种在“理”面前人人平等，不看其人是谁，是难能可贵的。因此，虽然孔子笔削经籍，整理了很多古代典籍，但也不应当一概尽信无疑。“夫子，天下后世固宜取信焉者也。孟子之时，去夫子为未远，而经籍皆出于夫子之笔削，则虽概而取之可也。而于《武成》一篇，所取者才二三策而已，无亦好高求异之过也？呜呼！非也。”⑥孟子对于经由孔子笔削的典籍，亦采取以时代的需求或“理”为取舍标准的。其三，后世之人以为古代经籍可信而无疑，都可稽求师式。其实乃是“疲精神，劳思虑，皓首穷年，以求通经学古，而内无益于身，外无益于

---

① 《陆九渊集》卷 36，《年谱》。

② 《陆九渊集》卷 36，《年谱》。

③ 《陆九渊集》卷 36，《年谱》。

④ 《陆九渊集》卷 32，《取二三策而已矣》。

⑤ 《陆九渊集》卷 35，《语录下》。

⑥ 《陆九渊集》卷 32《取二三策而已矣》。

人，败事之诮，空言坐谈之讥，皆归之者，庸非不通于理，而惟书之信，其取之者不精而致然耶?”后世之儒，尽信古书，取之无疑，误己误人非浅。陆九渊勇于存疑的治学精神既顺应了宋代流行的怀疑学风，又将其发展到一个新的阶段，为其心学思想体系的形成与发展提供了条件。

5. 学派林立与学术争鸣

宋代是中国古代科学技术昌明的时期。随着生产的发展和经济的繁荣，科学技术有了很大的发展。活版印刷术已经发明，指南针用于航海，火药被制成“火炮、火箭之类”[①]，并用于军事。中国在数学、物理、化学、天文、农学、医学以及工艺、纺织技术、火药应用技术方面，曾居世界领先地位。人们对于天体运行规律、宇宙构造、物质结构以及物质之间的联系形式等问题的认识，有所提高和深入。同时亦出现了总结古代至宋代自然科学成就和科学技术成果的科学著作。科技的发展对中国宋代哲学的繁荣具有深远的影响，于是学派叠起，群星聚汇，学术争鸣。北宋时期的主要学派有：以周敦颐为代表的廉学、以程颢程颐为代表的洛学、以张载为代表的关学(横渠学派)和以苏轼为代表的蜀学。南宋时期的主要学派有：以朱熹为代表的闽学，以胡宏为开创者、张栻集大成的湖湘学派，以吕祖谦为代表的婺学，以陈亮为代表的永康学派，以陈傅良、叶适为代表的永嘉学派。蜀学在南宋前期则分为三大派别，即以谯定为领袖的涪陵学派、以李涛为领袖的丹棱学派与以李石为领袖的资中学派，它们分别以川东、川西、川中为基地，最后是本文所讲的陆学。这些学派的思想领袖不仅著书立说、开辟书院、聚徒讲学，而且还进行不同学术观点的交流与论战，这突出体现在朱熹与张栻于公元1167年展开的“中和之辩”，陆九渊与朱熹于公元1175年举行的“鹅湖之会”及而后的“太极之辩”，朱熹与陈亮于公元1184年展开的“义利王霸之辩”。前两者属于理学内部不同观点的论争，后者则是理学与功利学派的论战。这些学术论战推动了宋代学术的繁荣，同时也标志着中国传统文化继先秦诸子百家、百家争鸣以来形成了第二次学术热潮。

6. 宋代禅宗的特质

禅宗是隋唐以来最重要的中国佛教派别之一，而且也是汉地佛教中最具中国特色的宗派，它一反隋唐以来其他宗派拘泥于经典和陷于烦琐的名相分析的习气，而是标榜“不立文字，教外别传，直指人心，见性成佛”的宗旨。因此，禅宗又名佛心宗。

印度的佛教只有禅学，没有禅宗。禅即禅那，或称静虑、思维修，它是思维真理静息念虑的方法，就是将心专注于某一对象，在彻底寂静中深入思维的状态。佛教大乘、小乘各派都要修禅，但它们修习的方法和达到的境界往往不尽相同。禅宗的得名，首先是由于它对禅修实践的高度重视，与其他佛教宗派将重点放在经典、理论的解释和研讨等截然不同，禅宗初期所传的教法就是静坐默念、发明佛心、收摄精神，这

---

① 《虎钤经》卷6,《火力》第53。

些与禅的要求没有区别，故称为禅宗。其次是它对于禅修的理论与实践都有重大的发展，譬如菏泽宗的宗密区分禅法为外道禅、凡夫禅、小乘禅、大乘禅、如来清净禅等五种，后世的禅师又以六度所摄之禅为如来禅，达摩所传的心印为祖师禅，这些对以后的禅学都有很大的影响。"禅"作为一种宗派称呼，始于唐代中叶以后。

禅宗的理论基础主要来自《楞伽经》与《大乘起信论》等的思想，以众生本具的如来藏自性清净心为世界万物的本体，它在单纯哲学思辨层面并没有太大的成就，轻视理论而重视实践。这主要体现为，它是以众生本具的真心为修行的基础，以顿悟自心本来清净无有染着为修正的目标，以直指本心、见性成佛为修道的宗旨，以不立文字、以心印心为传道的准则，以棒喝、机锋等生动活泼的形式为接引学人的方法。

禅宗弟子一般将佛陀的大弟子迦叶为第一祖，历二十八传至菩提达摩。他在南朝梁时，辗转来到中国传授禅法，其传给二祖慧可，慧可传给三祖僧璨，僧璨传给四祖道信，道信传给五祖弘忍和牛头法融。弘忍以后，禅宗分为南北两宗，北宗以神秀为代表，神秀曾被武则天封为"国师"，受到唐朝王公贵族的宠信 ，但其传承远远逊色于南宗，只传嵩山普寂与西京义福。南宗以慧能为代表，起初曾遭到神秀北宗的排挤，直到唐肃宗时才得到朝廷的支持，以后慧能一派便成为中国禅宗的正统派。慧能法嗣极为兴盛，其传续有荷泽神会一圭峰宗密系、永嘉玄览系、南阳慧忠系、南岳怀让系、青原行思系，而尤以后两系为盛。两系传承如下。

南岳怀让系由南岳怀让传于马祖道一，马祖道一传于南泉普愿、百丈怀海。南泉普愿传于子湖神力与赵州真；百丈怀海传于沩山灵祐一仰山慧寂，长安大庆一大随神照，黄檗希运。黄檗希运传于睦州道踪、临济义玄。临济义玄传于兴化存奖，兴化存奖传于南院慧颙，南院慧颙传于风穴延沼，风穴延昭传于首山省念，首山省念传于叶县归省、神鼎洪湮、承天智嵩、石门慈照、汾阳善昭。汾阳善昭传于琅琊慧觉、法华全举、大愚守芝一雪风文悦、石霜楚圆。石霜楚圆传于潭州道悟、黄龙慧南一宝峰真净、杨歧方会。杨歧方会传于白云守端，白云守端传于五祖法演。五祖法演传于龙门佛眼、慧勤佛鉴、克勤佛果。克勤佛果传于虎丘绍隆、云门宗杲。云门宗杲传于东林道颜，佛照德光。

青原行思一石头希运传于天皇道吾、药山惟俨、丹霞天然。天皇道吾传于龙潭崇信一德山宣鉴一雪风义存。雪风义存传于鼓山神晏、玄沙师备、云门文偃。玄沙师备传于地藏桂琛一清凉文益法眼。云门文偃传于洞山守初、德山缘密一明教契嵩、香林澄远。香林澄远传于智门光祚一雪窦重题。药山惟俨传于云岩昙晟。云岩昙晟传于洞山良价一曹山本寂。洞山良价一曹山本寂传于云居道鹰。云居道鹰传于太阳警玄。太阳警玄传于投子义青。投子义青传于丹霞子淳。丹霞子淳传于天童正觉。丹霞天然传于翠微无学。翠微无学传于投子大同。

(一)宋代禅宗烂熟的原因

日本佛教学者忽滑谷快天在其《中国禅学思想史》中对中国禅学的发展历史做了如下划分：从东汉桓帝到梁武帝大约 350 年，是祖师禅勃兴的准备时期；从梁武帝时期菩提达摩来到中国至六祖慧能入寂大约190年,为纯粹达摩禅之实行时代;从六祖慧能圆寂至五代末年大约250年,为禅机时代;自北宋建国至其南迁临安(现杭州)大约160年,为禅道烂熟的前期;南宋大约150年,是禅道烂熟之后期;自元至清乾隆年间大约450年的时间,是禅学衰落的时代。而宋代自公元960年建立到1279年灭亡,在其享有320年的国祚里,禅学达到烂熟是与宋代鼓励佛教的政策与帝王将相的沉溺佛禅密切相关的。

宋朝自开国到灭亡,始终处于少数民族贵族统治势力的威胁之下。开始有契丹在东北建立的辽国、党项族在西北建立的西夏,继而有女真人在东北建立的金国、蒙古人在北方大漠建立的蒙元政权。在与这些政权的争执中,宋政权最终都是失败者,每年除本身的需要外,还得拿出大量的金银、锦帛作为"岁市",恭恭敬敬地奉献给少数民族的统治者。这种额外的负担,都被强加在劳动人民身上,这样势必加剧劳动人民对统治者的反抗。有宋一代,农民起义此起彼伏,即是明显的体现。可以说,宋代是中国历史上最屈辱的一个王朝。

宋代有国者为了维护其既得地位,既强化国家机器的作用,又加强思想控制,在这方面,除了儒、道两家外,便自然是佛教了。他们试图用佛教给困苦不堪的劳动群众以"精神慰 ",把劳动群众从苦难的现实,引向虚无缥缈的"常乐我净"的彼岸世界,以使此岸的苦难世界能够保持表面的平静,从而达到社会安定的目的。为此,宋代帝王绝大多数都对佛教采取了扶植、利用的政策。

(1)北宋皇帝与佛禅

北宋九帝除了八帝徽宗表演了一场佛教"道化"的闹剧,九帝钦宗帝位短促之外,其余七帝对佛禅都采取扶植、利用的政策。

宋太祖与佛法有深缘。《宋史·太祖本纪》说:"漫游无所遇,舍襄阳僧寺,有老僧善术数,顾曰:'吾厚赆汝,北往则有遇矣'。"①元熙仲《释氏资鉴》说:"长入洛,至延寿寺大佛殿西南角,枕柱础昼寝,有僧见赤蛇入其鼻中,寤而僧问所向,曰:'欲往檀州见柴太尉,无资'。僧曰:'某有驴子可乘'。又以钱帛为献,遂行。柴公一见奇之。未几柴太尉为天子,是为周世祖。"②《佛祖统纪》卷四十四,延寿寺又称长寿寺,又记寺僧之名为守严,谓为杨文公《谈苑》之说。然则太祖因僧之助缘见后周世宗,此其开运之始。世宗驾崩时,少主幼冲,将卒等推戴太祖登帝位,改元后周之显德七年为建隆元年(960),国号宋,都汴京(河南开封府祥符县治)。《佛法金汤编》记载:初太祖目击周世宗熔范缜州大悲菩萨像,铸为钱。太祖密访麻衣道者,问曰:"自古有毁佛天子乎?"麻衣曰:"何必问古事,请以柴官家目击可验。"太祖曰:"主上(世宗)神武聪明,善任人,日夜图治,以混一为心,有唐太宗之风,不知天下何日定矣?"

麻衣曰:"甲子至将大定。"太祖因问:"古天子毁法与大周何如?"麻衣曰:"魏太武

---

① 《宋史》卷一。

② 《续藏经》第一辑第二编乙第五套第一册84页左。

毁寺，焚经像，坑沙门，故父子不得其死。周武帝毁佛寺，籍僧归民，未五年遽萦风疹，北伐，年三十六崩于乘舆，国亦寻灭。唐武帝毁天下佛寺，在位六年，年三十二神器再传，而黄巢群盗并起。”太祖云：“天下厌兵，毁佛法非社稷福奈何？”麻衣曰：“白气已兆，不逾数月。至甲辰，当有圣帝大兴，兴则佛法赖之亦兴。传世无穷，请太尉默记之。”及即位，屡建佛寺，岁度僧人①。

麻衣道者之传虽不详，却足以暗示太祖与佛禅因缘不浅。太祖在位期间，参拜佛寺，派大批僧人出使西域学佛学，官刻佛经，造寺度僧。乾德四年，派遣沙门行勤等157人远去西域求佛书，各赐钱三万。开宝四年开始官刻《开宝藏》，这是中国佛教史上第一部官刻的大藏经（初刻成时共5 000多卷，后续有增刻，最后达到650多帙，6 600多卷）。根据《图书集成·释教部汇考》记载，太祖在建隆元年，于相国寺赐宴百官，诏度童行八千人。同年在扬州造建隆寺。开宝年间，耗费百万巨资，重修同州（今陕西大荔县）龙兴寺舍利塔。太祖亦经常诵读他自己书写的《金刚经》。《佛祖统纪》卷四三说：“上自洛阳回京师，手书《金刚经》，常自读诵。宰相赵普，因奏事，见之。上曰：‘不欲甲胄之士知之，但言常读兵书可也’”。

宋太宗“素崇尚释教”②。其在太平兴国元年即诏度普天下之童子17万人。太平兴国三年沙门赞宁随从吴越王入朝，太宗赐号通慧大师，令修僧史。赞宁遵旨撰写《大宋高僧传》30卷、《三教圣贤事迹》100卷、《内典集》150卷、《外学集》49卷。太祖在宫中供养舍利，并有御制《佛牙赞》。太平兴国五年诏令西域之三藏法天等在京师广译佛经，令童子50人学习梵文书籍。太平兴国七年在东京太平兴国寺西部建造译经院以宰辅为译经润文使，设官分职，命西天中印度葱兰陀罗国密林寺天息灾三藏与法天施护等从事翻译，太宗亲自撰写《大宋新译三藏圣教序》，宣扬：“大亦哉，我佛之教也。……广博宏辩，莫彦莫能究其旨，庸愚岂能度其源。”③太宗自称佛子再世，“朕曩世尝亲佛座”④，宣扬“浮屠氏之教，有裨政治。……朕于此道，微究宗旨”⑤。“朕方隆教法，用福邦家。”⑥

宋真宗赵恒于咸平元年（998）荣登大宝，在位25年，奉佛之念极笃，撰写《三藏圣教序》，著作《崇释论》，注《遗教经四十二章经》，大力支持翻译佛经。景德元年（1004）东吴僧人道原进上《传灯录》30卷，真宗命翰林学士杨亿裁定颁行。咸平至景德年间，朝廷派遣内侍王守真等，发诸州兵1 300人，重修太原惠明寺舍利塔（塔高158尺）。景德三年，孙奭奏请减少寺僧，真宗断然对其加以申斥，认为佛道二门有裨于世教。大中祥符二年（1009）九月，真宗下诏普度天下童子（每10人度1人）。大中祥符

---

① 《欧阳外传》，《续藏经》第一辑第二编乙第二十一套第五册，463页左。
② 《续资治通鉴长编》卷二三。
③ 《佛祖历代通载》卷一八。
④ 《皇朝类苑》卷四三。
⑤ 《续资治通鉴长编》卷二三。
⑥ 《宋会要辑稿·通释一》。

三年(1010),诏于京师及诸路共设戒坛72处:京东4处,京西6处,河北3处,河东5处,淮南9处,江南14处,两浙15处,荆湖6处,福建3处,川陕7处[①]大中祥符四年,诏赐黄金三千两,增修峨眉山普贤寺,同时斋僧三万人。真宗还下过《僧尼、道士、童行十人外更放一人诏》(景德三年十一月)与《特度僧道诏》(大中祥符二年正月),宣扬"能仁垂教,盖诱于群迷"[②],"冀因善利,永福苍黔"[③],提出要更加广泛地度人出家,以"仰答神休,均雷雨恩"(《特度僧道诏》)。故此,天禧三年度僧230 127人,度尼15 643人。天禧五年度僧397 615人,度尼61 240人。

宋仁宗于天圣元年(1023)登基,天资仁厚,崇信佛道二教,《佛法金汤编》卷十一、《佛祖统纪》卷四十六引用郑景重《家集》说,仁宗经常顶玉冠,冠上饰以观音像,由于玉太重,左右侍从要加以更换。仁宗说:"三公百官下揖者,皆天下之英贤,岂朕之所敢当,特君臣之分不得不尔,朕冠此冠,将使回礼大士也。"天圣七年在京师建慈化寺,为先帝荐福。天圣九年,仁宗将六祖衣钵迎到大内清净堂奉安供养,令兵部侍郎晏殊撰写《六祖衣钵记》。根据《佛祖统纪》卷四十六记载,仁宗景祐元年有僧人385 520人,尼姑48 740人。皇祐元年,内侍李允宁,奏请施舍汴京宅一区,创兴禅席,仁宗即赐额为十方净因禅院。仁宗留意禅道,诏有道之士居之。欧阳修、陈师孟推荐庐山圆通寺居讷,李允宁持诏书下江南加以延请,居讷却称病不就,于是令大觉怀琏应诏。仁宗召见怀琏,问其佛法大意,怀琏奏对符合圣意。仁宗曾阅读《投子禅师语录》,读到僧问如何是露地白牛,投子云叱叱之文有所契,于是制颂十四首,将其中一首赐予怀琏说:"若问主人公,真寂合大空。三头并六臂,腊月正春风。"怀琏和道:"若问主人公,澄澄类碧空。云雷时鼓动,天地尽和风。"仁宗大悦,赐之以龙脑之钵,怀琏谢恩后说:"佛法以坏色衣,以瓦铁器,此钵非法。"于是将其烧掉。中使回奏此事,仁宗啧啧称赞。至和元年,仁宗帝梦至景德寺门,是龙盘之地,惊觉,中夜遣使往视之。有一僧人熟睡,问其名曰道隆,不知何许人,游京师客于景德寺,日纵观都市归。一夜二鼓归山,门卫呵之而不悛,一夕还不得入,即卧门下也。使者归奏,仁宗帝闻听道隆之名,认为是吉祥之兆。第二天于便殿召见道隆,道隆之奏对,颇合圣意,将其安排在大相国寺烧朱院。王侯贵人争相见道隆。仁宗以偈句与道隆相酬唱,络绎于道,或入对宿禁中,礼遇甚厚,赐号应制明悟禅师。道隆年少时参学于石门慧彻,闻听洞上宗要。慧彻是石门献蕴之法嗣。献蕴是青林师虔之法嗣。师虔是洞山的嫡嗣。后来参谒广慧元琏,得临济旨诀,成为元琏的法嗣。元琏是首山省念之子。仁宗帝召见道隆与大觉怀琏问话,道隆机锋迅捷,仁宗大悦。道隆奏疏说:

臣本凡庸,混迹市里,汇缘佛法,依近天颜,出入禁庭,恩渥至厚。荐更岁龠,衰病相仍,未甘退于山林,坐贪蒙于雨露。因循至此,愧负在颜。恭惟皇帝陛下天纵圣神,

① 参见《宋会要辑稿·道释二》。

② 前诏,见《宋大诏令集》卷二二三。

③ 后诏,见《宋大诏令集》卷二二三。

生知妙道，染为词翰，如日昭四下，饰万物，而臣蒙许庚和，侣雾领略，才见一班。人虽不言，臣岂无怍。伏见僧怀琏，比自林薮，招至京师，议论得其渊源，词句特出流辈。禁林侍问，秘殿谈禅，臣所不知，举以自代。伏望圣慈许臣于庐山一小刹，养痾待尽，不尽犬马恋轩之情，取进止。

道隆奉旨在曹门外护国寺的北面建造精舍，号华严禅院安置隆。道隆评论诸方语载于《禅林僧宝传》卷二十二。

宋英宗与宋神宗依旧奉佛。英宗之治世从治平元年(1064)到治平四年不过4年。治平二年敕相国寺建太宗、真宗、仁宗三朝之御制佛牙赞碑，令翰林学士王圭撰文，治平四年敕天下凡私造立寺院及三十间者，皆赐寿圣之额。神宗于熙宁元年(1068)登基即位，同年因司谏钱公辅之奏，准许鬻度牒，以解救荒年之饥。根据《志磐》记载，隋文帝一年度50万人，唐太宗度10 070人，睿宗度3万人，宋太宗度17万～24万人，却无一鬻度牒者。所谓"度牒"是出家僧人的一种"许可证"，有此证件者，才是"官度"僧人，才有合法的出家身份，否则，便是"私度"，不合法。到神宗时期始有鬻度牒之事。熙宁元年，天下有僧人220 660人，尼姑34 030人，熙宁二年，神宗颁诏迎衡州常宁资福寺玉塔入京师。塔高一寻，以玉石建造，称阿育王所造。熙宁八年七月公卿缙绅在开宝寺建盂兰盆会，从五日开始，到十五日结束，杨杰为之作记。元封三年正月敕于大内设千僧斋，施袈裟、《金刚经》为太后祈冥福。元丰五年下诏在相国寺辟六十四院为八禅二律，以东西序造慧林、智海之二大神刹。令杭州净慈之宗本住慧林，庐山东林之常聪住智海，常聪固辞不就。神宗曾在延和殿召见宗本，神宗问宗本："受业何寺?"宗本回答说："承天永安。"神宗说："禅宗方兴，宜善开导。"宗本回答说："陛下知有此道如日照临，臣岂敢自怠。"宗本辞退后，神宗目送之说："真福慧僧也。"神宗驾幸相国寺，让众僧人勿出远迎。宗本奉圣旨阐扬佛法，四方之人见而大信。

宋哲宗赵煦是北宋最后一个奉佛的皇帝，他在元祐元年即位后，下诏令宗本入宫，在福宁殿大行皇帝灵驾前说法，设千僧斋。哲宗赐宗本圆照禅师的称号，皇叔荆国王赵斋敕授之。宗本以颂谢道："乾坤之力莫能穷，政化无私孰有功。释子蒙恩何以报，白檀炉上祝尧风。"

(2)南宋皇帝高宗与佛禅

宋徽宗以来，北方之金国猛烈入侵，京师汴梁为其马蹄所蹂躏，钦宗赴青城(山东武定府青城县)，为敌将所扣留，此时徽宗第九子康王赵构在南京即位，改靖康二年为建炎元年(1127)，这即是南宋第一个皇帝高宗。当时军国多故，国帑穷匮，乃以建炎二年敕卖四字师号，其价二百千，可知上下一般之坠落。建炎三年，高宗驾幸台州(浙江)，参谒金鳌山寺，正遇见一老僧在佛前祈祷，语意诚笃、忧时思国，高宗问是何法。老僧说："护国金光明三昧忏。"高宗大为高兴，后来驻跸杭州，每年赐诸巨刹金帛，令修光明忏。

建炎四年，高宗至温州江心寺，将林灵素故居改为资福教院，丞相吕颐浩举荐圆辩法师道琛主之。高宗诏令道琛随驾，议论军国大事，并欲加道琛以冠冕，道琛力辞不受。绍兴二年(1132)高宗驻跸钱塘，改称临安府，在宫中书写《金刚》、《圆觉》、《法华·普门品》、《七佛偈》，暇口自披读，发圣解云："此等诸经均禅家常用之妙典也。"同年诏道琛入见，对道琛说："上皇为妖人所惑，毁师形服，朕为师去黥涅。"道琛说："上皇御墨，不忍毁除。"高宗笑说："此僧到老倔强"。敕其住庐山太平禅寺。徽宗崇宁大观年间以后，道士班列僧人之上，高宗在绍兴三年应道琛之请，颁诏复改为僧人为上。

绍兴九年，由于金国遣使来议和，高宗令大赦天下，诸郡县州建报恩光孝禅寺，为徽宗奉香华。绍兴十五年，饬令天下僧道，始纳丁钱，从1万至1 300，共分五等，称之为清闲钱。六十岁以上及残疾者免除。道琛为此致书省部力争。绍兴十七年四月，道琛撰写《大宋僧史略》。同年秋天，道琛跏趺对其徒弟说："法门扶持，更在诸公。"言讫而逝。绍兴二十七年，高宗问礼部侍郎贺允中："天下僧道几何？"贺允中答道："僧二十万，道士万人。"

根据《释氏资鉴》卷十一记载，高宗改元建炎，驾幸维阳(江苏)，诏令佛果克勤禅师到行在问对。高宗说："朕一记得，昨遇泗州(安徽)，见普照佛心长老，称是师弟子。朕亦素知师道高妙，可得闻乎？"克勤答道："陛下以仁孝治天下，率土生灵，咸被光泽，虽朝木昆虫，各得其所，此佛祖所传之心也。此之心外，无有别心，若别有心，非佛祖之心矣。"高宗甚为高兴，赐号圆悟。圆悟则去扬州(江苏)雍熙禅寺演法。同书又说，高宗刚到镇江府(江苏)金山禅寺，即题书：" 然天立镇中流，雄跨东南二百州。武士每临须破胆，何劳平地战貔貅"。又赞《法华经》说："要入如来功德林，《法华经》上好留心，三车玉品慈悲大，七卷言词利益深。会搅长河为酥酪，能令大地作黄金。斯经斯典难遭遇，万劫千生无处寻。"①

由于高宗对佛禅的鼓励、扶持和利用，当时江南遂有五山十刹之称。《艺苑田涉》卷一则有如下记载。

宋濂《护法录》"觉原禅师遗衣塔铭序"曰："浮屠之为禅学者，自隋唐以来，初无定止，惟借律院以居，至宋而楼观方盛，然犹不分等第，惟推在京巨刹为之首。南渡后，始定江南为五山十刹。俾其拾级而升，黄梅、曹溪诸道场反不与其间，则其去古也益远矣。元氏有国，文宗潜邸在金陵，及至临御，诏建大龙翔集庆寺，独冠五山，盖矫其弊也。国朝因之锡以新额，建官总辖天下僧尼。《七修类稿》曰：余杭径山，钱塘灵隐、净慈，宁波天童、育王等寺为禅院五山。钱塘中竺，湖州道场，温州江心，金华双林，宁波雪窦，台州国清，福州雪峰，建康灵谷，苏州万寿、虎丘为禅院十刹。又钱塘上竺、下竺，温州能仁，宁波白莲等为教院五山。钱塘集庆、演福、普福，湖州慈感，宁波宝陀，绍兴湖心，苏州大善、北寺，松江延庆，建康瓦棺，为教院十刹。"

(3)南宋皇帝孝宗与佛禅

宋孝宗在隆兴元年(1163)即位，享有二十七年国祚，他颇为敬信佛禅，曾对登对

---

① 《续藏经》第一辑第二编乙第五套第一册，107～108页左。

的薛叔似说了一句贴己话："朕在宫中如一僧"(《宋史·薛叔似传》)。孝宗年幼即归依佛禅，登基之年七月御选德殿，制作《观自在菩萨赞》，其中说："观音大士以所谓普门示现神通力，故应迹于杭之天竺山，其来尚矣。朕每有祷祈随念感应。曰雨曰，不愆瓯刻，是有助于冲人者也。"因为作赞说："猗欤大士，本自圆通。示有言说，为世之宗。明照无二，等观以慈即应妙不可思。"由此可见孝宗追求有为之功德坠于依草附木境界。隆兴二年付都督府僧牒一万，分下诸路，又付二万给诸路出卖。乾道元年二月由于郑国公主出家，孝宗饬令官民说："有毁辱僧尼称秃字者，依祥符宣和敕旨，勒停品官，庶民流千里。僧尼过犯，官司不得私理，须奏闻取旨施行可也。"

乾道三年，孝宗驾幸上天竺寺，礼观音大士，问住持若讷说："大士之前合拜不合拜？"若讷说："不拜则各自称尊，拜则递相恭敬。"孝宗欣然致拜。孝宗又向其询问《光明忏》的大意。若讷回答说："佛为梵释四王说金光明三昧之道，嘱其护国护人，后世祖师立为忏仪，于岁旦奉行其法，为国祈福，此盛世之典也。"孝宗颇为高兴，提拔若讷为右街僧录，赠钱二万，即开石晋僧人道翊故居，建十六观堂，命翰林学士楼钥作记。三月敕建内观堂于禁中，一遵天竺之设计。乾道四年四月以佛祖生日宣诏若讷请五十僧人，进入内观堂，行《护国金光明三昧》，提升若讷为左街僧录，赐号慧光法师。乾道六年，孝宗因景德灵隐禅寺缺主，赐令慧远住持。乾道八年秋，孝宗诏命慧远入东阁，赐号佛海禅师。乾道九年正月诏宣若讷入对选德殿。孝宗问："《光明忏》科仪如何？"若讷回答道："经中有理忏，有事忏。理忏者端坐究心，是以曰业障如霜露，皆从妄想生，端坐念实相，慧日能消除。事忏者有五谨，自正心诚意，思惟大乘甚深空义，从善如流，改过不吝，是修第一忏。孝事父母以先四海，是修第二忏悔。正法治世不枉人民，是修第三忏悔。于六斋日境内不杀，是修第四忏悔。深信因果，心存因果，不忘灵山付嘱，是修第五忏悔。不必克期礼拜，但能行此五者，以事契理，是名第一义忏悔。"孝宗听后大喜说："甚有开发。"孝宗又问："每日讲甚经？"若讷说："《妙法莲花经》。"孝宗问："七卷经妙在何处？"若讷回答说："为令众生开示悟入佛之知见，不曾动著本体，点铁成金，直指人心，见性成佛。"孝宗大为高兴。淳熙二年十二月中旬，孝宗派遣使节到阿育王山迎舍利塔并瞻礼之。

淳熙三年二月，孝宗诏命台州(浙江)报恩之德光住持灵隐寺。同年十一月诏令德光在选德殿进行问对。孝宗问道："释迦雪山六年所成者何事？"德光说："将为陛下忘却。"孝宗龙颜大悦并赐号佛照禅师。同年四月，孝宗诏令德光入对内殿。孝宗问道："浙东名山太白、玉几之外以何为胜？"德光说："保福护圣、国清万年。"孝宗大悦。淳熙七年，明州(浙江)雪窦寺宝印在选德殿论三教异同，很合圣意，被派往径山兴圣万寿禅寺当住持，德光被派往阿育王山当住持。

孝宗长期与诸山禅僧论道，禅学修养较深。乾道八年，撰有《原道论》，乾道十年，注《圆觉经》。《原道论》阐发儒道释同一之旨说：

朕观韩愈《原道》，言佛老之相混，三教之相纰，未有能辩之者。但文烦而理迂，揆圣人之用心则未昭然。何则？释氏专穷性命，弃外形骸，不著名相，而与世事了不相关，又何与礼乐仁义哉。尚犹立戒，曰不杀、不淫、不盗、不饮酒、不妄语。夫不杀，仁也；不淫，礼也；不盗，义也；不饮酒，智也；不妄语，信也。如此与仲尼又何远乎。从容中道圣人也。圣人所为孰非礼乐，孰非仁义，又乌得而名焉。譬如天地运行阴阳循环之无端，岂有意春夏秋冬之别哉。此世人强名之耳，亦犹仁义礼乐之别。圣人所以设教治世，不得不然也。因其强名揆而求之，则道也。道也者，仁义礼乐之宗也。仁义礼乐因道之用也。扬雄谓老氏弃仁义、灭礼乐，今迹老子之书，其所宝者三，曰慈、曰俭、曰不敢为天下先。孔曰温良恭俭让，又曰惟仁为大。老子之所谓慈，岂非仁之大者耶？曰不敢为天下先，岂非让之大者也？至其会道则互相偏举，所贵者清净守一，而与孔圣果相背驰乎？盖三教末流，昧者执之，自为异耳。夫佛老绝念无为，修身心而已矣。孔子教以治天下者，时所施不同耳。譬犹耒耜而耕，机杼而织，后世徒纷纷而惑，故失其理。或曰："当如之何去其惑哉？"曰："以佛修心，以老治身，以儒治世，斯可也。惟圣人为能同之，不可不论也。"

所注《圆觉经》，曾赐予径山宝印，令宝印刊行于世。淳熙十六年(1189)传位于皇太子赵惇，退休于重华宫，诏令若讷到内殿，命其注《金刚般若经》，每天阅览都有所省发。

孝宗以后的南宋诸帝，对佛教基本上采取既扶植又限制的政策，禅宗相对稳定，两宋之际形成的禅宗分派格局与地域分布，没有发生大的变动，队伍依然十分庞大。但禅的思想却处于停滞状态，而它的对外传播则走到了黄金时代。

(二)宋代禅宗的特质

(1)《灯录》、《语录》、《评唱》、《击节》等禅宗著作的泛滥

两宋时代，深受帝王将相及文人士大夫欣赏与支持的禅宗继续以其独特的形式存在发展着。宋代禅宗在思想上只不过是承继晚唐禅宗五家(沩仰宗、临济宗、曹洞宗、云门宗与法眼宗)的余绪，在思想上谈不上有何创新，不过适应赵宋王朝需要的宋代禅宗，和唐代及五代十国相比却有着自己的特质，从而形成了自己的风格与特点，大量的《灯录》、《语录》、《评唱》、《击节》的出现则是其突出的体现。

禅宗《语录》滥觞于初唐，中唐始有卷帙浩大的《宝林传》、《续宝林传》等产生。及至五代十国，《祖堂集》则综合了当时各家禅师的传闻、语录，已经具备了后来的《景德传灯录》的规模。至于禅宗《灯录》，却只是在宋代开始出现的。《评唱》与《击节》则完全是宋代禅师的独创。宋代禅宗语录、灯录、评唱、击节主要有以下几种：

《景德传灯录》三十卷	宋道原撰
《天圣广灯录》三十卷	宋李遵勖撰
《建中靖国续灯录》三十卷	宋惟白集
《联灯会要》三十卷	宋悟明集
《嘉泰普灯录》三十卷	宋正受编
《五灯会元》二十卷	宋普济编
《五家正宗赞》四卷	宋绍昙记

《古尊宿语录》四十八卷	宋赜藏主集
《续古尊宿语录》六卷	宋师明集
《人天眼目》六卷	宋智昭集
《正法眼藏》六卷	宋宗杲集
《碧岩录》十卷	宋重显颂古克勤评唱
《击节录》二卷	宋重显拈古克勤击节

这些宋代禅宗的重要文献，名称虽不同，但内容大致相同。前五部称为禅宗“五灯”，共 150 卷，是“记言”体的禅宗史传。因为它主要是“记言”而不是“记行”，所以，虽然书中也涉及不少人物（譬如《景德传灯录》共涉及 1 701 人，《联灯会要》论及 600 多人等等），却算不上史传，只能称为《灯录》。这“五灯”，因为语多重复，普济乃删繁就简，会五为一，并以灯灯相传，光明灿烂为标榜，故此得名，全书以语录的形式，会辑历代各派禅僧的言论，包含了丰富的哲学思想。

《景德传灯录》、《天圣广灯录》、《建中靖国续灯录》与《碧岩录》、《击节录》都是北宋时代的典籍，其余典籍均为南宋作品。这些书中所论及的都是一些禅宗的“公案”、“机锋”以及答非所问的“禅语”。《五灯会元》把 150 卷的“五灯”，提炼为 20 卷，可谓相当浓缩了，尽管如此，它里面仍然有不少重复的内容。这是因为，禅宗人物以及所谓的“公案”、“机锋”之类就那么多。它们在 150 卷本里重复出现，在 20 卷本里同样还是重复。《古尊宿语录》中收集了“大鉴（慧能）下一世”南岳怀让以后几十家的语录与“机缘”，共 48 卷，在内容上更是重复。《灯录》、《语录》的流行，体现了宋代禅宗的两个方面的状况。

其一，由内证禅转向了文字禅。宋代禅宗已经走上了与初期禅宗不同的发展道路。由慧能创建的禅宗在初期，讲求“教外别传”、“不立文字”、“直指人心”、“见性成佛”，其方法就是“体认”、“参究”，反对喋喋不休的谈论以及长篇累牍的著述。慧能传教将近 40 年，最后只留下了一部由别人记录的、总共只有 1 万多字的相当简练的《坛经》，原因即在于此。后来的禅宗，由于情境的变化，觉得单凭借内心“体认”、“参究”的方法远远不够了，于是，慢慢地就有了各种“公案”、“机锋”以至于擎拳竖拂等等的“禅悟”、“禅机”了。禅不再像以前那样只靠“参”，也需要靠“说”了！于是就出现了卷帙浩繁的《灯录》、《语录》。禅宗就由“不立文字”，变成“大立文字”，由“内证禅”演化成为“文字禅”。被人讽刺为“浪子和尚”的惠洪，就把其 30 卷的诗文集题名为《石门文字禅》（因为他居住在江西筠溪石门寺，以寺名书，故此命名为《石门文字禅》）。对“文字禅”的出现，《文献通考》说禅宗：“本初自谓直指人心，不立文字，今四灯（指《五灯》中的前四《灯》）总一百二十卷，数千万言，乃正不离文字耳。”[①]禅宗的这种变化，表明宋代以后的禅宗，与初期禅宗相比，确实出现了实质上的不同。

宋代禅宗发展成为初期禅宗的对立面，不是到《灯录》、《语录》就停止了，而是仍

① 参见马端临《文献通考》卷二二七《经籍》五四《子·释氏》。

然在继续，大量的“评唱”、“击节”的出现即是绝好的证明。北宋禅师法演门下号称“三佛”之一的佛果克勤撰写了两部禅学书籍，一部为《碧岩录》，一部为《击节录》。前者是对雪窦重显“颂”出的一百则“公案”(颂古百则)加以“评唱”；后者是对重显“拈”出的一百则“公案”(拈古百则)加以“击节”。无论是“评唱”，还是“击节”，都是一种禅宗式的“注释”。所谓“雪窦颂古百则，圜悟重下注脚”[①]，便说明了这一点。对此，到了明清之际，有了更为明白的反映。明代禅师本瑞“直注”道霖、性福编辑的《茕绝老人天奇直注雪窦显和尚颂古》(二卷)一书，就是“直注”重显的“颂古”的。“直注”在意思表达上，较之“评唱”、“击节”，更明白清晰。明清之际的槃谭，在他的《茕绝老人颂古直注序》中说道：

禅宗颂古，有四家焉：天童(正觉)、雪窦(重显)、投子(义青)、丹霞(子淳)是已。……释颂古者……不啻数十家！……若佛果……若尊宿，采经传之蕴，汇诸家之长，纂修成集。……因取颂古，直揭大意，净划群疑，标题结案，不费辞伤，乃为斯注，较诸评唱，实谓过之。虽然，此犹以注称也[②]。……

由此可知，所谓“评唱”、“击节”，实际上就是对“古”时禅宗“公案”的一种注释。《灯录》的出现，使“不立文字”的禅宗，转变为“不离文字”的禅宗；《评唱》的出现，又使“教外别传”的禅宗，转变为有了自己的“注释”之学的禅宗，从而使得禅宗愈变而愈失去其“本来面目”。有些禅师曾经认识到这种情况，对于《评唱》之类的著述，颇有反对意见。譬如，南宋著名禅师宗杲在其业师克勤之《碧岩录》出现时，就曾经坚决反对。宗杲“因……虑其后不明根本(的人)，专尚语言以图口捷，由是火之，以救斯弊也”[③]。实际上，何止《碧岩录》一类的“评唱”可能使“不明根本”的后人，“专尚语言以图口捷”，众多的《灯录》、《语录》，又何尝不如此呢？就是反对者宗杲本人，也编有长达六卷的《正法眼藏》，这不是也教人“专尚语言以图口捷”吗！宗杲想要“救斯弊”，而“斯弊”却不可得“救”。故而，宗杲烧之，又有人刊之，《碧岩录》仍然和其他《灯录》、《语录》(当然也包括《正法眼藏》)一道“流通万古”[④]。禅宗走向其对立面，则成为宋代以来禅宗的明显特征。

其二，禅宗确实是一个教派。禅宗在一定意义上说，是一个封建知识分子阶层的佛教派别。宋代众多《灯录》与《语录》的出现，正反映了禅宗的这一特点。宋代许多士大夫不仅很欣赏禅宗的各种《灯录》与《语录》，而且有的还直接参与编写《灯录》的工作。北宋的翰林学士杨亿与驸马都尉李遵勖则是典型的代表。

《景德传灯录》就是由杨亿等人奉敕裁定的，此书是现存最古之禅史。杨亿，字大年，建州蒲城人氏。雍熙初年，以才名闻，年十一，召至阙下，“得对，面试诗赋，授秘书

---

① 《碧岩录》卷十末尾附录：《重刊圜悟禅师〈碧岩录〉疏》。

② 《续藏经》第一辑第二编第二三套第三册，第253页。

③ 元布陵：《重刻圜悟禅师碧岩录后序》，《大正藏》卷四八，224页。

④ 元布陵：《重刻圜悟禅师碧岩录后序》，《大正藏》卷四八，224页。

省正字”①。淳化中，“命试禁林，赐进士第”②。景德初，奉旨与王钦若等修撰《册府元龟》，而“其次序、体制，皆亿所定”③。景德三年，召为翰林学士，同修国史。大中祥符初，加兵部员外郎、户部郎中。《册府元龟》书成之后，进秩秘书监。天禧二年，任工部侍郎。同四年，复为翰林学士。《宋史·杨亿传》说他“天性颖悟”，“留心释典禅观之学”。《青箱杂记》卷十说他“深达性理，精悟禅观”。大概是由于他“留心释典”，“精悟禅观”，所以宋真宗收到《景德传灯录》书稿后，就命他和李维、王曙等人，“同加刊削，俾之裁定”。杨亿在《景德传灯录序》中，叙述了他们奉旨“刊削”、“裁定”《景德传灯录》的经过：

……有东吴僧道原者……披弈事之祖图，采诸方之语录，次序其源派，错综其词句，由七佛以至大法眼之嗣，凡五十二世，一千七百一人，成三十卷，目之曰《景德传灯录》。诣阙奉进，冀于流布。皇上为佛法之外护，嘉释子之勤业，载怀重慎，思致悠久，乃召翰林学士、左司谏、知制诰臣杨亿，兵部员外郎、知制诰臣李维，太常丞臣王曙等，同加刊削，俾之裁定。

于是，他们对或词条之纠纷，或言筌之猥俗，并从刊削，俾之纶贯。至有儒臣、居士之问答，爵位、姓氏之著明，校岁历以愆殊，曰史籍而差谬，咸用删去，以资传信。旧录所载，或掇粗而遗精，别集具存，当寻之而补阙。率加采撷，爰从附益。……这样，“迄至周岁，方遂成篇”④。用了1年左右的时间，才使这部共有367 917个字的第一部灯录定稿，因此可以说，杨亿也是《景德传灯录》的主编之一。杨亿临终前一日，亲写一禅偈，交给家人送予其友李遵勖，禅偈说：

沤生与沤灭，二法本来齐。欲识真归处，赵州东院西⑤。表明他自己也是禅宗中人。

仁宗天圣七年(1029)，李遵勖撰写《天圣广灯录》三十卷，续于《景德传灯录》之后，仁宗亲自作序。根据《宋史·李遵勖传》：李遵勖，字公武，李继昌之子，为人好文词，举进士，真宗帝大中祥符年间召对便殿，尚万寿长公主(太宗第七女)，授左龙武军驸马都尉。历任团练使、观察使、节度使等要职。这样一个皇亲国戚、封疆大吏，也“通释氏学”⑥。而且还参加撰写宋代第二部大型《灯录》。李遵勖在自序其编撰的《天圣广灯录》中说：“前有六佛，《景德传灯录》中已具载，今之编次，从因地以至传法来历，继自释迦佛以降”⑦。可见这第二部大型《灯录》，是从教主释迦牟尼开始的。

杨亿、李遵勖编撰《灯录》，反映了宋代士大夫对禅宗的浓厚兴趣。“好佛”、“喜

① 《晁氏读书志》卷四中《集部·别集类下》。
② 《晁氏读书志》卷四中《集部·别集类下》。
③ 《宋史·杨亿传》。
④ 《大正藏》卷五一。
⑤ 《天圣广灯录》卷十八，见《续藏经》第二编乙第八套第四册，390页右。
⑥ 《宋史·李遵勖传》。
⑦ 《天圣广灯录》，见《续藏经》第一辑第二编乙第八套第四册，304页。

禅”是流行于宋代士大夫群体中的一种风气。当时许多知名的文人学士，涌进禅门，与禅师为友。这类史料举不胜举，像北宋的张方平、张商英，南宋的陈与义、真德秀等都是禅宗的信徒居士或是受禅宗思想影响很深的学者。就连写过《本论》反对佛老的欧阳修，在与庐山东林寺祖印禅师一席话后，也“肃然心服”，最后“致仕居颍上，日与沙门游，因号六一居士，名其文曰《居士集》”①。恪守儒家文化最有力的政治家、史学家司马光，也写了《解禅偈》六首，指出儒禅相同之处，尽管他屁股牢牢坐在儒家一边，但也客观上承认了“阿鼻狱”、“极乐园”、“作因果”、“光明藏”、“不坏身”、“菩萨佛”可以从儒转入(参见岳珂《桯史》)。苏轼是北宋士大夫的领袖人物，交游甚广，特别是与禅僧们来往极为密切，他自己曾说：“吴越多名僧，与予善者常十九”②。在惠州时他曾给永嘉罗汉院禅僧惠诚开出与自己为友的十多个禅僧的名单，其中有参寥子、维琳、圆照、秀州本觉寺一长老、楚明、仲殊、守钦、思义、闻复、可久、清顺、法颖，并称赞他们“行峻而通、文丽而清”、“志行苦卓，教法通洽”，“能文善诗及歌词，皆操笔立就，不点窜一字”，“学行皆高”。又说他们“自文字言语悟入，至今以笔砚作佛事，所与游皆一时名人”，“语有璨、忍之通，而诗无岛、可之寒”等等③。实际上不止这些，今天我们可以考知的，还有扬州石塔院的释戒④、金山寺的释了元⑤、梅林寺的仲渊⑥、杭州法惠寺的法言⑦、建康蒋山太平兴国寺的法泉⑧、钱唐的思聪⑨、觉海寺的若愚⑩、杭州天竺寺的惠辨⑪。……总共不下百人！所以，当时传说纷纭，据《纯渚纪闻》卷一记载，说有一个禅僧告诉过苏轼，他的前生是一个禅家名人五祖戒和尚，明祩宏《往生集》卷二记载苏轼南行岭石时，曾画了弥陀像带在身边，当作往生西方的护照，这当然是以讹传讹的传说，不足为据，但苏轼不仅与禅师交游，而且还真正笃信禅旨，他曾写有《读坛经》，对《六祖坛经》说“法、报、化三身”进行阐发与补充⑫。并学着禅师的口吻，与禅师们大掉机锋。《续传灯录》卷二十《东林照觉常聪禅师法嗣》记载苏轼：

抵荆南，闻玉泉皓禅师机锋不可触，公拟仰之，即微服求见。泉问：“尊官高姓?”公曰：“姓秤，乃秤天下长老的秤。”泉喝道：“且道这一喝重多少?”公无对，于是尊礼之。

---

① 《佛祖统纪》卷四十五。
② 《东坡志林》卷二。
③ 《东坡志林》卷二《付僧惠诚游吴中代书》十二。
④ 《补续高僧传》卷二十三。
⑤ 《东坡集》卷四十《磨衲传》。
⑥ 《宋诗纪事补遗》卷九十六。
⑦ 《淮海集》卷十七《雪斋记》。
⑧ 《补续高僧传》卷十、《宋诗纪事》卷九十一。
⑨ 《东坡后集》卷九《送钱唐僧思聪归孤山叙》。
⑩ 《宋诗纪事补遗》卷九十六。
⑪ 《东坡后集》卷二十《海月辨古真赞》。
⑫ 《东坡志林》卷二。

《罗湖野录》卷三又记载他在绍圣元年赴岭外，经过金陵时与慧泉语道。

东坡遂问曰："如何是智海之灯？"泉遽对以偈曰："指出明明是什么，举头鹞子穿云国。从来这碗最希奇，解问灯人有几个。"东坡于是欣然。

《五灯会元》卷十六记载了苏轼与释了印斗机锋。

（了）印云："这里无端明坐处。"坡云："借师四大作禅床。"印云："老僧有一问，若答得，即与四大为禅床，若答不得，请留下玉带。"坡即解腰间玉带置案上，云："请师问。"

印云："老僧四大本空，五阴非有，端明向其处坐。"坡无语。印召侍者："留下玉带"。

《东坡志林》卷二《诵经帖》又自记：

东坡食肉诵经，或云："不可诵"。坡取水漱口，或云："一碗水如何漱得？"坡云："惭愧，阇黎会得。"

不要看苏轼在禅僧那里总是输了一着，他在禅僧那里学到了不少东西，根据张尚英《护法论》记载，苏轼曾告诉他，对禅僧不能用世俗之礼，"或有事至庭下，则吾徒当以付嘱流通为念，与之阔略可也"[①]。故此在思想上也受了禅宗的影响，他的词中有类似《大品般若·幻听品》中："若当有法胜涅槃者，我说亦复如幻如梦"的"蜗角虚名，蝇头微利，算来着甚干忙，事皆前定，谁弱又谁强。且趁闲身未老，须放我，些子疏狂，百年里，浑教是醉，三万六千场"[②]也有"人间如梦，一樽还酹江月"[③]他的诗中也有"芒鞋不踏名利场，一叶轻舟寄渺茫，林下对床听夜雨，静无灯火照凄凉"这样寂静空寒的禅家意境[④]，也有"斫得龙光竹两竿，持归岭北万人看，竹中一滴曹溪水，涨起西江十八滩"这样对禅宗热情礼赞的颂歌[⑤]。他的文中，如著名的《赤壁赋》表达了一种类似庄子的"齐物"，又类似禅宗的"法界一相"，一切虚幻，皆为心灵幻化的宇宙时空观念，因此，被禅家用来当作反驳张载"释氏诬天地为虚妄"的口实，说"何不观《赤壁赋》曰：'自其变者而观之，虽天地不能以一瞬'，则天地之终穷，固出于苏东坡之说也，岂独释氏有是言也"[⑥]，而他那旷达豁然的性格，也正是禅宗万物皆空、一切本无、以心为本、清净空澄的思想与老庄思想混合而成的人生观的产物。苏轼的朋友与学生黄庭坚更是投入黄龙派嫡传弟子晦堂祖心禅师及祖心的弟子死心悟新禅师的门下，聆听禅旨[⑦]，并承另一个禅师法秀教诲，不再写"艳词"（爱情词），并" 然悔谢，励精求道"[⑧]。

① 《大正藏》卷五十二。
② 《东坡乐府》卷上《满庭芳》。
③ 《东坡乐府》卷上《念奴娇》。
④ 《苏轼诗集》卷四十三《雨夜宿净行院》。
⑤ 《苏轼诗集》卷四十五《东坡居士过龙光留一偈》。
⑥ 《三教平心论》卷下，见《大正藏》卷五十，792页。
⑦ 《居士传》卷26
⑧ 《水月斋指月录》卷25

他在写给朋友的答诗里，一再表现他所领悟的禅理：

万事同一机，多虑乃禅病，排闷有新诗，忘蹄出兔径，莲花生淤泥，可见嗔喜性，小立近幽香，心与晚色静①。

白疴从中来，悟罢本谁病，西风将小雨，凉入居士径，苦竹绕莲塘，自悦鱼鸟性，红妆倚翠盖，不点禅心净②。

而且他还写信给朋友，力劝朋友向投子聪和海会演二禅师："深求禅悦，照破生死之根，则忧淫怒无处安脚，病既无根，枝叶安能为害。"③所以禅灯语录都把他算在禅宗黄龙一派的队伍里。

宋代的文人士大夫几乎都学会了禅宗的那一套，比如马祖道一所创的口喝方式：

（李弥逊）一日早朝归，至天津桥，马跃，忽有省，通身汗流，直造天宁寺，适圆悟出门遥见，便唤曰："且喜居士大事了毕。"似之（李弥逊字似之）厉声曰："和尚眼花了么？"圆悟便喝，似之亦喝。于是机锋迅捷，每与圆悟问答，当机不让④。

又如禅僧用来显示机锋、扑破疑团、暗示幽玄禅理的风趣机智的诗偈，在宋代士大夫的笔下更是屡屡出现：

溪声便是广长舌，山色岂非清净身，夜来八万四千偈，他日如何举似人⑤？

世界无依，山河匪碍，大海微尘，须弥纳芥，拈起幞头，解下腰带，若觅死生，问取皮袋⑥。

就连给人题字，也都爱写禅句，《纯渚纪闻》卷七说黄庭坚写字往往是写禅句，譬如"牵驴饮江水，鼻吹波浪起，岸上踏踏蹄，水中嘴对嘴"，"自是钓鱼船上客，偶除须鬓着袈裟，佛祖位中留不住，夜来依旧宿芦花"。

宋代的士大夫迷恋禅宗，禅僧化了，是穿着官服的禅僧。同时，禅僧也已经士大夫化了，是穿着僧装的士大夫。宋代以来的禅僧，与大字不识的六祖慧能不同，他们不仅游历名山大川，还与士大夫们结友唱和，填词作诗，鼓琴作画，生活安逸恬静、高雅淡泊又风流倜傥，善诗者如宋初的九僧，北宋中后期的秘演、道潜（参寥子）、清顺、仲殊（师利）、思聪（闻复）、文莹（道温）、觉范（惠洪）、饶节（德操）及南宋的文简，善画者如仁济、巨然、令宗、居宁、慧崇、觉心、继绍、希白（宝月）等等，都是驰名当时文坛的人物。像慧泉，读书极多，知识渊博，被人称为"泉万卷"⑦。清顺则是熙宁年间最著名的诗僧，"清约介静，不妄与人交，无大故不至城市"，而士大夫却"多往见之，时有馈

---

① 《次韵答斌老病起独游东园》二首之一。
② 《又答斌老病愈遣闷二首》之一。
③ 见《罗湖野录》卷上。
④ 《居士传》卷 31。
⑤ 《续传灯录》卷 2，引苏轼语。
⑥ 《居士传》，见李弥逊《临终偈》。
⑦ 《罗湖野录》卷 3。

之来者”[①]。仲殊原来就是苏州文人，他的《润州北固楼》诗：“北固楼前一笛风，断云飞出建昌宫，江南二月多芳草，春在蒙蒙细雨中。”早已脍炙文人士大夫之口。由此我们可以以“亦俗亦僧，亦僧亦俗”来界定宋代的文人士大夫与禅师。

(2)宋代禅宗的缩影——黄龙慧南派与杨歧方会派

宋代禅宗，除从唐末五代继承过来的沩仰、临济、曹洞、云门、法眼五家之外，还有从临济义玄的六传弟子石霜楚圆门下发展出来的黄龙慧南与杨歧方会两个派别，由此禅宗形成了五家七宗的结构。由于沩仰、云门、法眼三宗在宋代相继衰落，黄龙慧南与杨歧方会门下又出现了许多有影响的弟子，进而形成了两个不同于他家的派别，所以这两个派别也体现了宋代禅宗的特点。

①黄龙慧南派

慧南(1002—1069)，信州玉山(江西玉山县)人氏，十一岁出家，十九岁受具足戒，先追随云门宗的三角怀澄习禅，后拜于楚圆门下，先后住持同安(福建同安县)崇胜禅院、庐山归宗寺、高安黄檗山等。从景祐三年(1036)开始，常住江西南昌黄龙山。慧南的禅要，人称“黄龙三关”。

师室中常问僧出家所以，乡关来历，复扣云：人人尽有生缘处，那个是上座生缘处？又复当机问答，正驰锋辩，却复伸手云：我手何似佛手？又问诸方参请宗师所得，却复垂脚云：我脚何似驴脚？三十余年，示此三问，往往学者，多不凑机。丛林共目为三关[②]。

这里的“生缘”，指决定人生及其命运的诸因素；“我手”与“佛手”相比，涉及人身与诸佛的关系：“我脚”与“驴脚”相比，涉及人生与畜生(异类)的关系。这类问题，在禅宗史上都有过热烈的讨论，所以包含深厚的佛学理论内容，与一般禅师的信口提问或随根发机者不同。

据慧洪在《林间录》记载，慧南禅师“以佛手、驴脚、生缘语问学者，答者甚众。南公瞑目如入定，未尝可否之。学者趋出，竟莫知其是非。”为什么对任何回答都不置可否？慧南解释说：“已过关者，掉臂径去，安知有关吏？从吏问可否，此未透关者也。”所谓“已过关者”，指由此三问而自悟的人，就用不着再作解释；所谓“未透关者”，虽经三问启发犹未悟解的人，再作讲说也无济于事。

慧南的“三关”之设，目的在于启示参禅者自修自证，自悟佛道。

慧南曾对自己的“三关语”以颂文形式，作过阐述。《林间录》中记有“佛手”和“驴脚”两颂，《云卧纪谭》将三颂录全：

我手佛手兼学，禅人直下荐取，不动干戈道出，当处超佛越祖。我脚驴脚并行，步步踏著无生，会得云收日卷，方知此道纵横。生缘有语人皆识，水母何曾离得虾，但见日头东畔上，谁能更吃赵州茶？

---

① 《避暑录话》卷下。

② 《建中靖国续灯录》卷七。

意思是，我手、佛手兼举，表明凡圣无二，只要直下荐取本心，即会超佛越祖；我脚、驴脚并行，显示我与畜类在“无生”性空上一致，只要懂得这个道理，即可在世间自由纵横；参悟“生缘”，在于理解生存争斗之烈（水母食虾）和生死无常之速（不能更吃赵州茶）。

由此看来，“黄龙三关”的思想并没有超出佛教禅师一般弘扬的内容，其特点在于使用具体的形象，将抽象的道理寓于其中，从而使平凡的事理变得迂回含蓄起来；使已经成为老生常谈的佛教教义，变得生动而增添新的风采。

慧南的三关之设，推动了禅宗用语示意的灵活性。据传，他离开怀澄的原因是怀澄以“死句”教人，慧南主张以“活句”说禅。他的弟子隆庆庆闲（1037—1081）对黄龙三关的答语，可以看做是使用“活句”的标本。

（南）又问：如何是汝生缘处？对曰：早晨吃白粥，至今又觉饥。又问：我手何似佛手？对曰：月下弄琵琶。又问：我脚何似驴脚？对曰：鹭鸶立雪非同色[①]。

相比之下，慧南自己的解释，反而成了“死句”了。这样的活句，虽然也算具体风趣，但其中表达的禅理，已不是含蓄，而是晦涩了。

尽管如此，“活句”的提出，说明同一思想可以用多样的语言表达，不拘一格，能够各具千秋。这对于推动语言运用的艺术和表现上的生动多姿，无疑是有益的。

据慧洪说，黄龙以“三关”立宗说禅，采用“三句”格式，是源于百丈怀海：“大智禅师（怀海）曰：夫教语皆是三句相连，初、中、后善。初直须教染发善心，中破善，后始明善菩萨即非菩萨，是名菩萨法，非法非非法。……故知古大宗师说法皆依佛祖法式，不知者谓苟然语。”[②]这里讲的“三句相连”，实脱胎于天台宗的三位一体，即由《中论》三是偈那里转化过来的“假”、“空”、“中”三蒂说，与怀海无关。怀海有关三句的说法是这样的：“若透得三句过，不被三段管教家举，喻如鹿三跳出网，唤作缠外佛，无物拘系得渠，是属燃灯后佛，是最上乘，是上上智，是佛道上立，此人是佛，有佛性。”[③]因此，怀海的“三句”是透“三句”、超“三句”，不被三句所缠，与“三句相连”的意思正好相反。不过慧南的“三关”确实受了怀海说法的影响。所谓透过三关，即可掉臂而去，不再受文字教理的束缚，就是怀海的精神。

宋初云门僧人惯以三句教人，德山缘密概括文眼思想为“云门三句”，缘密的同学巴陵景鉴有所谓“巴陵三句”。慧南设“三关”之后，影响扩大，“转三句”的方法在禅僧中流行，有的照搬黄龙旧说，有的是花样翻新，同善昭倡导的代别、颂古相呼应，形成了宋初在文字语言上立禅的一代风气，由此产生了许多介乎似有哲理又似“行话”的“玄言”。

慧南以黄龙山为基地，建立了庞大的僧团，称为嗣法弟子的达 83 人之多。其中

---

① 《禅林僧宝传》。

② 《林间录》卷上。

③ 《古尊宿语录》卷 1，《百丈怀海》。

以晦堂祖心、东林常总与宝峰克文最为著名。

宝峰克文(1025—1082),俗姓郑,号真净,少年出家,二十六受具足戒。克文曾游历京城,“贤首、慈恩、性相二宗,凡大经论,咸造其微”[1],后离京南下,弃教习禅,多方参访,最终投到慧南门下,先后住持江西的宝峰、洞山、圣寿、庐山归宗寺和金陵报宁寺。与苏辙、王安石兄弟、张商英等过从甚密。苏辙说他“幼治儒业,弱冠出家求道,得法于黄龙南公,说法于高安诸山”[2]。王安石舍南京家宅为报宁寺,延请克文前往住持。王安石、王安礼两人为此各撰《请疏》。王安石在《请疏》里说:“文公长老,独受正传。”[3]王安礼在《请疏》里说:“文公长老,夙悟真乘,久临清众。”[4]克文精通佛教义学及儒学,能够会通儒释典籍,用以解释公案,以善于说法著称。他“五坐道场,为诸方说法,得游戏三昧,有乐说之辩”[5]。他反复宣讲的,依然是禅宗一贯提倡的学说,认为“达摩西来,亦无禅可传,唯只要大众自悟自成佛,自建立一切禅道。况神通变化,众生本身具足,不假外求”[6],内容毫无创新,但由于他擅长辞令,他的《语录》颇受人们的欢迎。

克文的嗣法弟子38人,黄龙第二代弟子中的知名人物,均出于他的门下。其中慧洪在两宋禅宗史上,具有重要地位。慧洪博闻强记,精通佛典,在京城及江南的士大夫中享有盛誉,特别为张商英所看重,被誉为“今世融肇”。其著述很多,在禅宗史方面,《禅林僧宝传》与《林间录》则是代表作。《禅林僧宝传》30卷,撰写于宣和六年(1124),以北宋时期的禅师为主,记有81人。《林间录》2卷,笔记体,记其所见所闻三百余事,“莫非尊宿之高行,丛林之遗训,诸佛菩萨之微旨,贤士大夫之余论”[7]。《石门文字禅》三十卷,集诗、偈、书、序等,很能看出北宋后期禅宗的面貌,他的《临济宗旨》等论文,在以后的禅僧与士大夫中也有影响。

慧洪在禅学上有自己的独立看法,反对把禅同语言文字割裂开来。他说:“禅宗学者,自元丰(1078—1085)以来,师法大坏,诸方以拨去文字为禅,以口耳受授为妙”[8]。对此,他很不以为然。他最推崇汾阳善昭,认为“淳化(990—994)以后宗师,无出汾阳禅师之右者”。因为善昭重视临济义玄提出的“三玄三要”,并通过对“三玄三要”的新解释,追求玄言,提高文字语言在明心见性过程中的功能。慧洪的《临济宗旨》,就是联系讲解善昭关于三玄三要的颂文,实现以文字解禅的。他在善昭主张的“三玄三要古难分”基础上,进一步把三玄分为句中玄、意中玄和体中玄,他说:“言通

---

① 慧洪:《云庵真净和尚行状》。

② 《古尊宿语录》卷45。

③ 《宝峰云庵真净禅师语录序》,见《大丞相请疏》。

④ 《宝峰云庵真净禅师语录序》,见《判府左丞请疏》。

⑤ 慧洪:《云庵真净和尚行状》。

⑥ 《住金陵报宁寺语录》。

⑦ 《洪觉范林间录序》。

⑧ 《石门文字禅》卷26。

大道，不坐平常之见，此第一句也，古(指荐福承古)谓之句中玄"[①]。以"言"沟通"大道"，成为慧洪所倡文字禅的基本特色，并在许多著作中作了反复论证。

慧洪指出：心之妙不可以语言传，而可以语言见。盖语言者，心之缘，道之标帜也。标帜审则心契，古学者每以语言为得道浅深之侯[②]。

这里的"心"，就是"大道"。心的神妙不可用语言传递，而可以用语言表现。心表现为语言，语言就成了大道的外在标志；标志明悉了，心即契会了。所以，"得道"，就可以从其所使用的语言上来衡量。据此，禅宗的修持自然也要归结到语言运用的技巧上来。慧洪很注意禅师的文字运用，他曾借曹洞宗僧人之口，批评某些公案记录的语言，谓"古人纯素任真，有所问诘，木头、碌砖，随意答之，实无巧妙。"所谓"实无巧妙"，本质上是指那种不事雕琢、缺乏文采的断流语。他认为："借言以显无言，然言中无言之趣，妙至幽玄"[③]。用语必须蕴含"无言之趣"，使人能体会到"幽玄"之旨，那才是值得肯定的。显然，要使用这样的巧妙语言，参禅者必须具有足够的文化修养。北宋以文字为禅的禅师，大都具备这样的条件。慧洪的诗文多，且词句优美，可作为他提倡的文字禅的一种标本。其中"十分春瘦缘何事？一掬归心未到家"[④]，被认为是他的得意之句。批评他俗情未泯，固然有理；说它表现探求心源的执著，也未尝不可。另有《赠尼昧上人》诗："未肯题红叶，终期老翠微；余今倦行役，投杖梦烟扉。"[⑤]似乎情浓于禅，很难避免正人君子的责难。传说王安石之女即称他为"浪子和尚"。事实上，慧洪本人是充满世俗情感的，以文字为禅，就是情不自禁的表现。文字禅特别能为士大夫所接受，苏轼就是最突出的一个例证。慧洪评论说："东坡居士，游戏翰墨，作大佛事，如春形容，藻饰万象。"[⑥]使文学走进佛事达到了自觉，也使文学步入禅境达到了自觉。北宋文字禅的兴盛，将有文化的禅师与士大夫联系得更紧密了。

②杨歧方会派

黄龙派从北宋末期开始衰落，进入南宋不久，便法系难考。代之而起的杨歧派，以临济宗的正宗和唯一代表自命，成为禅宗中的最大派系。

杨歧方会(992—1049)，袁州宜春(江西宜春)人氏，俗姓冷。二十岁在筠州(江西高安)九峰山出家，曾到潭州(湖南长沙)跟随石霜楚圆学禅，后被道俗迎至袁州杨歧山(江西萍乡县北)，庆历六年(1046)，迁往潭州云盖山。关于方会的言行，有《袁州杨歧山普通禅院会和尚语录》一卷，《杨歧方会禅师后录》一卷。方会在门庭设施上融会临济、云门两派风格。慧洪说他"提纲振领，大类云门"，"其勘验锋机，又类南院(慧

---

① 《临济宗旨》。
② 《临济宗旨》。
③ 《石门文字禅》。
④ 《石门文字禅》卷10。
⑤ 《石门文字禅》卷9。
⑥ 《石门文字禅》卷19。

颙)”[1]。方会不像黄龙慧南那样,用“三关”之类的固定格式启悟学者,而是侧重于灵活的机语,推崇机锋棒喝。“杨岐天纵神悟,善入游戏三昧,喜勘验衲子,有古尊宿之风”[2]。在巧言善辩方面,方会要远远胜过慧南。方会的嗣法弟子有12人,方会晚年曾“以临济正脉付守端”,白云守端则为上首弟子。

白云守端(1024—1072)是衡阳(湖南衡阳)人氏,俗姓葛,出家后从学于方会多年。28岁辞别方会游庐山,深得云门僧人圆通居讷的赏识,“圆通居讷见之,自以为不及,举住江州承天。”不久,守端辞去,应郡守之请,住舒州小刹法华寺。后又应士大夫之请,移住白云山。守端嗣法弟子十二人,其中五祖法演最为著名。

五祖法演(1024—1104),绵州(四川绵阳)人氏,俗姓邓。35岁出家,先在成都学习《唯识》、《百法》等法相经典,后来弃教习禅。张商英称赞他“应机接物,孤峭径直。”由于他常住湖北黄梅五祖山,故称“五祖法演”。从方会到法演,杨岐派辗转于江西、湖南、湖北一带活动,尽管势力不断扩大,但远不能与黄龙派相比。直到五祖法演弟子佛果克勤(与佛眼清远、佛鉴慧勤号称“三佛”)开始,杨岐派兴盛起来,佛果克勤的弟子大慧宗杲及再传弟子佛照德光广泛结交当时的理学家张九成、朱熹、陆九渊等,对其思想体系的形成给予禅学影响,这在后面加以论述。

3.1.6.2 宋明理学的发展

在自身的历史演变和发展过程中,宋明理学经历了五个阶段。

第一,北宋庆历年间,为理学的开创阶段。理学的开创几乎与庆历新政同步。它们一是政治领域的改革运动,一是思想领域的革新运动。周敦颐虽非庆历新政积极参加者,但被后来朱熹推为理学开山。周敦颐的贡献在于,他对佛道不是采取“人其人,火其书,庐其居”的简单办法,而是援佛、道入儒,为理学家如何出入佛、道开辟新路,为重建理学体系提供楷模。同时,他融会《易传》、《中庸》及佛、道思想,以“太极图”为框架,论述了儒家一系列重要范畴,其核心范畴是“性与天道”,成为理学讨论的重要问题。

第二,熙宁前后,为理学的奠基阶段。当时一些有志之士不满于“积贫积弱”的局面,要求革新,以图富国强兵。但由于革新的具体政策、方法、步骤不同,产生政治上的分野,形成理学主流派的“关学”张载,“洛学”程颢、程颐,非主流派的“新学”王安石,“蜀学”苏轼、苏辙等各派。各派之间都存在不同程度的矛盾。张载和二程被视为理学的奠基者,主要是在“道体”(指在自然现象和社会现象背后或之上有一个根本的本体)问题上有分歧。张载以“气”为哲学的本体,二程以“理”为本体,并对理、气这对重要范畴各自做了论述,为理学家追求自然、社会、人生的“所以然”(指自然、社会现象和背后的本体)和“所当然”(即自然、社会现象)奠定了基础。在哲学的伦理化、伦

---

① 《禅林僧宝传》卷28。

② 《佛祖历代通载》卷19。

理的哲学化上，张载和二程充分体现了本体论与伦理学的统一，即所谓"性（伦理）即理（本体）"，或天与人的合一之学，并提出"天地之性"和"气质之性"、"德性之知"与"见闻之知"、"理一分殊"、"心统性情"等命题，成为宋明理学的基本命题，规范着理学探讨的问题。

第三，南宋时期，为理学的集大成阶段。理学经北宋的发展，南宋时著名理学家辈出，主流派的正统派有朱熹、陆九渊及其门徒。朱熹、吕祖谦、张栻又被称为"东南三贤"。尤其是朱熹，他以儒家伦理学为核心，糅合佛道及诸子学说，把自然、社会、人生等方面，统统融入，建立了博大繁杂的逻辑体系，克服了张载、二程体系中的矛盾性和两重性，构筑了"理"—"气"—"物"—"理"的哲学逻辑结构。他不仅在更大的领域里丰富、发展了哲学内容，而且对这些范畴辨析精详，特别是探讨了这些范畴之间的联系，把古代哲学提高到了一个新的阶段。在天地与我同体的范围内，朱熹既区分"常"的本体世界与"变"的现象世界（即"理"世界与"气"世界），又联结理与气（本质与现象）。于是，理便是自然、社会、人生的"所以然之故"，即一切事物的内在根据，而"气"在某种意义上被赋予"当然之则"的性质。因此，"天命之性"与"气质之性"、"德性之知"与"见闻之知"、天理与人欲、道心与人心、王道与霸道，便来自理与气两个不同的世界，而又不离不杂，相依相分。这样伦理纲常既上升为理的本体世界，又表现在现象世界。天、地、人三才既为一，即极大的和谐，又有差别，克服了张、程强调一面之失，而为后来者所取法。

第四，明中叶以后，为理学的解体阶段。元代，南北统一，理学北传，"设科取士，非朱子之说者不用"。朱子学几成官方哲学，陆九渊学说受压抑。明初主朱子学，一时宋濂、方孝孺、薛瑄都为朱学巨擘，左右学风，其结果是以朱子学为正统，其他为异端。朱子学既为科场所主，便成为士子们死记硬背的教条。朱子学逐渐暴露其破绽，引发了人们的反思，于是孕育了王守仁心学的产生。王守仁虽"范围朱陆而进退之"，毕竟与朱子学相牴牾，是心学的集大成者。从理学发展总体看，逐渐显其解体趋势，原因是：从"道体"上看，陆、王都曾出入程、朱，揭示了朱熹哲学内在的矛盾。朱熹追求现象世界背后的超感性现实的抽象本体——理世界，认为"理"是一种"阴阳之外"、"万物之前"的形而上的东西，而现象世界被说成形而下的"气"。因而，分理与气、道与器为二。在陆王看来，"理"既是现象（气、器）世界的形而上，是超感性现实的先验本体，那又怎能返回现象世界呢？所以他们反对把理与气、太极与阴阳、道与器分为形而上、形而下，避免了朱熹哲学的矛盾。如果说朱熹注重形而上、形而下的分二，则陆王强调二者的合一，两者各为一极，均为片面。鉴于这种情况，便从理学内部出来一批理学的批判者，如罗钦顺、王廷相比及后来的王夫之、黄宗羲等。他们从陆、王"道器合一"中得到启发，开创出"理气统一"论，而以"气"为"理"的统一基础。因而，王守仁思想引发和开启了理学的解体。王守仁主张"心即理"，把一切外在的"天理"、"道心"、"天命之性"都转化成内在心中的感性欲求，即人欲、人心。天理便是人欲，这种思想随着明代资本主义萌芽的出现，便迅速与之相适应，而促使理学的解体。王守仁死后，王学分化，王艮发展为泰州学派，李贽走向反面。心学的分化是王学哲学逻辑结构内在矛盾发展的必然。作为理学的整个行程，亦标志着整个理学走向解体。

第五，明清之际，为理学的总结阶段。这时，中国正处在“天崩地裂”的大变动中，明亡使一批有识之士陷入了时代的沉思，进而开始了历史的反思。这种沉思与反思汇集了对宋明理学的总结和批判。在这个总结性的批判思潮中，顾炎武、王夫之、黄宗羲、方以智各有所重，而成为时代的巨人。从理论思维角度而言，王夫之可谓代表性人物。所谓总结性批判是指：纠正了以往哲学的错误，纠正了程朱、陆王在理气、道器、太极、阴阳、心物、有无等问题上的颠倒，确定了一两、动静、知行、能所、格致等关系，对当时哲学基本问题、认识路线问题，在理论上作了正确的阐述，并从理论思维高度总结了理学的经验教训。

3.1.6.3 宋明理学性质的讨论

理学是什么？它具有哪些性质？仁者见仁，智者见智，莫衷一是。但从朱熹和吕祖谦共同编辑的《近思录》中可窥其梗概。此书章次的确定、材料的取舍体现了理学的主要内容。它是以“道体”和“性命”为核心，以“穷理”为精髓，以“主静”、“居敬”的存养为工夫，以齐家、治国、平天下为实质，以“成圣”为目的的学说。

第一，理学也称为性命义理之学，它从理论上回答自然与社会现象统一性问题。它以探讨道体和性命为核心。道体是指自然、社会现象背后，有一个根本的本体。这就是理学家所追求的“所以然之故”。朱熹说：“衣食动作，只是物，物之理，乃道也。”这个“道”就是形而上者。尽管程朱讲“性即理”，性命统一于道体一理，陆王讲“心即理”，理统一于心，但都不否定现象世界有一个最后的根据，即终极的原因或本体。无论本体是内在的或外在的，都与人的本性相联系。

第二，以“穷理”为精髓。对自然、社会现象背后本体的认识，不仅是对道体理的自省或回归，而且是“圣贤气象”之理想人格的自觉，即所谓“脱然有悟处”。“理”是“欲知事物之所以然与其所然者而已”，亦是“尽性至命”，“寻个是处”，追求人性之根源。不能穷得理，便不能尽得性、尽得心。因此，穷理是贯通道体、理、性、命、心的中介，是明明德的工夫。它连接天人合一，达到万物与我同体的其乐无穷的“道通为一”的境界。

第三，以“存天理，灭人欲”为存养工夫。无欲故静，居敬而不蔽于外。理学家认为：自然、社会、人生以至人类历史上，凡是真的、善的、正的、美的、光明的都是天理，凡是假的、恶的、丑的、偏的、黑暗的都是人欲。他们重义理轻功利，立公去私，存理去欲。以此为社会重要教条，人人必遵而行。

第四，以“齐家、治国、平天下”为实质。理学家都是以“为天地立心，为生民立命，为往圣继绝学，为万世开太平”为己任，以“民吾同胞，物吾与也”的泛爱众的精神待人接物。作为“尽性至命”与“孝悌”的统一，“穷神知化”与“礼乐”的统一，把理这个普遍原则与人的道德伦理行为规范沟通起来，把现实的制度理想化，以求长治久安。

第五，以“成圣”为目的。理学避佛、老，辨异端，以“孟子没而圣学不传，以兴起斯文为己任”。虽然理学家出入佛、老，但构筑了与佛、老不同的新儒家哲学。理学不是宗教，不能与佛教、道教等同。它本质上是理性思维，是哲学的思辨。它从本体论和政治论、道德观上批评佛、老，为往圣继绝学，以发挥孔孟学说为职志。通过“为学”、“修德”而达圣贤气象的境界，这些就是理学的内涵与本质特征。

3.1.6.4 宋明理学的评估

今天如何评价理学呢？对此，与评价其他历史现象一样，既要肯定其应有的历史作用，也要看到它的消极方面。

从中国哲学发展史上看，理学是中国哲学发展史上的一个新阶段，是理论思维深化的表现。一般说来，人们对宇宙的认识是从简单的缺乏思辨性的问题开始。比如，首先考察宇宙是什么，世界是什么构成的，有没有神灵、造物主等等，即对宇宙的构成和生成的探索，然后进入对现象世界背后有没有一个根本的本体的探索，这是一个深化的过程。隋唐佛道思想属于承认有神论或有造物主的宇宙生成论、宇宙图式论的范围，而理学则以探讨“道体为核心”，是探讨世界怎样存在的、本质是什么、终极原因是什么，从理论上回答世界的本质、世界的统一性问题，即宇宙的本体论。从宇宙生成论、宇宙图式论到宇宙本体论，是理论思维的深化，这在中国哲学史上可谓是一次跃进。

理学还从理论上否定了儒学传统的“天命论”、董仲舒的“天人感应”神学目的论。理学家在复兴儒学时，不是重复以往儒家“天命论”，而是采纳儒家伦理纲常、道德名教，不是把本体“理”与有意志、有人格的“天”混同，而是否定对超自然的神的信仰。同时，“理学”尽管援引道教的宇宙生成、万物化生的理论和佛教的思辨哲学入儒，但仍保持儒家重生轻死的观点，在生死观点上，始终与佛道有别，并对佛道有神论的宗教迷信或神不灭论持批判态度。

理学又是中国以往哲学的发展。理学是在前所未有的全面而系统的自然科学知识和社会历史科学知识的基础之上兴起的。理学融自然、社会、人生为一体，包括政治、哲学、伦理、人性、教育各个方面，继承、改造、利用、发挥了以往哲学的几乎所有范畴，并提出了一些新的范畴，对这些范畴进行了综合研究。理学探讨的问题十分广泛，比如对本体与现象（理与气、心与物）、动静观、知行论、人性论以及道德修养方面的格物致知论等重要问题都进行了探索和研究。理学还构筑了像朱熹那样“至广大、尽精微、综罗百代”的惟“理”的客观唯心主义体系、王守仁的唯“心”的唯心论、集古代朴素唯物论和辩证法思想之大成的王夫之的哲学。可以说，理学无论从哲学逻辑结构的庞大和探讨问题的深度和广度，理论思维水平的提高，论证的精密，都大大超越了前代。从人类思维发展的历史看，理学无疑是中国古代哲学发展过程中一个重要的、不可缺少的环节。

理学虽在宋代未被重视，但随着时间的推移，理论价值日益被统治者所认识和推崇。元初恢复科举，理学特别是"朱子之学"列为科场程式，明初朱元璋、朱棣都尊崇理学，以朱熹《四书集注》和《五经》命题取士，理学便成了"官学"。从消极方面说，理学使人们思想僵化，成为统治阶级钳制人们思想的武器。经理学家们整理的四书、五经变成了死记硬背的教条，士子们利用它来猎取功名利禄。这不仅有利于封建专制文化的实行，而且也益于封建社会秩序的稳定。另外，被理学家强化了的"三纲五常"又是维系封建宗法关系的主要链条，是统治者强化礼教、维护宗法等级秩序、巩固封建统治的重要手段。同时，封建统治者把理学家宣扬的"存天理、灭人欲"的道德伦理规范和封建专制主义相结合，作为在上层建筑领域实行政治与文化专制主义的理论根据，以加强封建专制，镇压人民的反抗和改革要求。理学家"存天理，灭人欲"的影响给中国后期封建社会造成了两大恶果，一是文字狱大兴，一是"以理杀人"。特别是在"饿死事小，失节事大"的封建礼教桎梏下，无数的青春生命遭到窒息扼杀。随着封建社会向后期推移，理学的作用与影响愈来愈表现出消极的一面。

3.1.7 明清文化——明清实学

从明朝正德年间至清代鸦片战争前夕，随着封建社会后期社会总危机的爆发和资本主义萌芽的产生，从宋明理学中分化出一股新的社会进步思潮。有的学者将其称为"早期启蒙思潮"，有的叫做"自我批判思潮"，有的叫做"经世致用思潮"，有的叫做"个性解放和人文主义思潮"。本文从明清进步思想家的著作及其有关文献中摘出他们普遍使用的"实学"这一概念，来涵盖这一社会思潮，把它称为"明清实学思潮"。

明清实学如同宋明理学一样，是儒学发展到明清时期出现的一种新的儒学形态。明清实学的主要代表人物有王廷相、李时珍、张居正、李贽、顾宪成、徐光启、袁宏道、黄宗羲、顾炎武、王夫之、梅文鼎、颜元、戴震、章学诚、阮元、龚自珍、魏源等人。

1. 明清实学的精神实质

明清实学的基本特征是"崇实黜虚"。所谓"崇实黜虚"，就是鄙弃宋明理学的空谈心性、以己意解经，而在一切社会领域和文化领域中提倡一个"实"字，即"实体"、"实践"、"实行"、"实习"、"实功"、"实心"、"实念"、"实言"、"实才"、"实政"、"实事"、"实风"，等等。

"崇实黜虚"是明清时代精神的集中表现。它具体地表现为四种精神。

第一，是批判精神。"崇实黜虚"的时代精神，首先表现在针砭时弊上。不论是地主阶级的改革派还是新兴的市民阶层，尽管他们之间存在着某种差别甚至矛盾，但是他们都把批判矛头指向封建制度及其传统文化，构成一种强大的社会批判思潮。这一社会批判思潮，体现在两个方面：一是在意识形态领域。他们全面地对程朱理学、陆王心学和佛、道思想体系进行批判。其中有反映地主阶级改革派利益的实体派实学，也有表现市民意识的启蒙派实学。这一批判思潮，不只限于哲学领域，还表现于文学艺术、经学、史学、伦理学与自然科学等方面，从不同角度冲击了封建主义的传统思想，闪耀着新时代的火花。二是在社会领域，他们针对社会政治的积弊，全面地揭露了当时封建社会的腐朽黑暗和统治阶级的昏庸无道，批判了封建专制主义和各种禁锢人性的陈规陋俗。

第二，是经世致用思想。“崇实黜虚”的时代精神，落实到治国济世上，即表现为锐意改革社会的经世思想。为了挽救明代的社会危机和富国强兵，他们不但在政治、经济、军事、科举等方面揭露了当时的各种弊端，而且也提出了各种改革时弊的救世方案，甚至有的亲自发动和参加了社会政治改革运动（如张居正的“一条鞭法”改革）。明清之际，以顾宪成、高攀龙为代表的东林党人，面对“天崩地陷”的严峻现实，反对王学末流的“落空学问”，提倡士大夫“居庙堂之上则忧其民，处江湖之远则忧其君”①的治学宗旨。“风声、雨声、读书声，声声入耳；家事、国事、天下事，事事关心”这副对联是东林党人救世济民的崇高理想。以陈子龙为代表的复社君子，编印《皇明经世文编》，其目的也是“资后世之师法”。顾炎武的《日知录》和《天下郡国利病书》，黄宗羲的《明夷待访录》，王源的《本书》等，都是一代“明道救世”之作。清代道光、咸丰年间，龚自珍、魏源等进步思想家针对当时激化了的社会矛盾，提出了各种社会改革方案。明清时期的经世思想，虽立足于“补天”，但他们与当时理学家之“凭是天崩地陷，他也不管，只管讲学”的逃世态度形成了鲜明的对比，在历史上起过一定的进步作用。

第三，是科学精神。“崇实黜虚”的时代精神落实到探索自然上，即表现为新兴的自然科学。明初，由于宋明理学空谈性命、不穷实学，遂使自然科学处于冷落、沉寂时期。之后，由于发展经济的需要和资本主义萌芽的发展，再加上“西学东渐”，自然科学开始由沉寂转向复兴。这时，不但中国古典科学技术进入了总结阶段，而且也由西方输入了近代科学及其思维方法，出现了一批著名的科学家和划时代的科学巨著。如李时珍的《本草纲目》、朱载堉的《乐律全书》、徐光启的《农政全书》、徐弘祖的《徐霞客游记》、宋应星的《天工开物》、王锡阐的《晓庵新法》、梅文鼎的天算之学、刘献廷的舆地之学等等。这是宋明理学衰颓与明清实学思潮兴起的必然产物。他们在实学思潮的影响下，提出了许多有价值的科学思想，也开创了重实践、重考察、重验证、重实测的一代新学风。他们不但认真地总结中国古典科学，而且把目光投向近代的实验科学，为近代科学的发展开辟了新的方向。

第四，是启蒙意识。由于资本主义萌芽的产生和市民运动的开展，在思想文化领域，必然会出现反映市民阶层利益和愿望的启蒙意识。市民阶层的启蒙意识表现在许多方面。在土地制度上，他们已突破“均田”、“限田”的说法，反对封建土地所有制。王源提出的“惟农为有田”的主张，开启了近代“耕者有其田”的思想先河。在经济思想上，黄宗羲、唐甄、王源等人反对“崇本抑末”的传统思想，主张“工商皆本”。这是商品货币经济的发展与市民地位的提高这一客观现实的反映。王源以初步的所得税制代替封建的榷关制度，为近代所得税制开辟了理论先河。在政治上，他们以民本主义为武器，猛烈地抨击封建君权，多方地限制封建君权。黄宗羲在《明夷待访录》中提出

① 《高子遗书》卷八。

了“天下为主，君为客”的说法，指出“为天下之大害者，君而已矣”。企图通过“置相”（即设立宰相，接近于近代责任内阁总理）、“学校”（接近于近代议会）来实现他的“有治法而后有治人”的政治思想。顾炎武所谓“寓封建于郡县之中”以及他提供“众治”、反对“独治”的思想，都是限制封建君权的政治构想。唐甄继黄宗羲之后，指出“天子之尊，非天地大神也，人也”，认为“自秦以来，凡为帝王者，皆贼也”。在哲学上，以王艮、何心隐、李贽为代表的启蒙派哲学，除了大力宣扬人的主体意识与人的社会价值及鼓吹个性解放和人本主义以外，还针对宋明理学的“存天理，灭人欲”的说教，大力宣传理欲统一说，揭露“以理杀人”之本质，从而使封建主义的天理人性论变成具有近代意义的自然人性论。他们蔑视封建偶像崇拜，公开否定以孔子之是非为是非。在伦理道德上，他们针对封建主义的三纲五常，特别是君为臣纲，认为正常的君臣关系应是“师友之义”，而不是君尊臣卑的主奴关系。他们以朋友一伦来衡量君臣、父子、兄弟、夫妇四伦，含有民主、平等的启蒙思想。在文学艺术上，随着封建正统文艺的衰败，兴起了一股市民阶层反传统的浪漫主义的文艺思潮。徐谓的“本色论”、李贽的“童心论”、汤显祖的“至情论”、袁宏道的“性灵说”等等，都是对一切封建正统文艺的鄙弃。所有这些启蒙意识，都在原则上不同于地主阶级改革派的进步思想，不是“补天”，而是“拆天”，是新兴市民阶层的利益和愿望在思想领域的表现。

2. 明清实学的内容分类

明清实学思潮遍及于当时社会的各个领域，具有丰富的社会内容。按内容分类，明清实学主要分为实体实学、经世实学、科学实学、考据实学和启蒙实学。

所谓实体实学，是就明清实学的哲学基础而言。它包括以气这一物质实体为本的本体论、以实践（力行）为基础的认识论、以“性气相资”为基本内容的自然人性论、以“实功”为主要修养方法的道德论、以利欲为基础的理欲统一说（包括义利统一说）等多方面的内容。实体实学的代表人物有王廷相、罗钦顺、崔铣、杨慎、吴廷翰、高棋、唐鹤征、黄宗羲、王夫之、熊伯龙、颜元、戴震等人。所谓科学实学，是就明清实学的科学内容而言。它既包括中国古典科学，也包括从欧洲输入的“西学”。科学实学主要代表人物有李时珍、朱载堉、徐光启、宋应星、徐弘祖、傅山、方以智、王锡阐、梅文鼎、刘献廷等人。所谓考据实学，是就明清实学的经学研究而言。它在清乾隆、嘉庆时期达到极盛，故又被称之为乾嘉汉学、乾嘉学派。就学风纯朴而言，又被称之为朴学。明中叶以后，随着实学思潮的兴起和发展，在经学研究领域，出现了汉学和子学的复兴。以子学研究代替独尊经学，以专事训诂名物的汉学代替以己意解经的宋学。它是明清实学处于低态势的体现。它继承了汉代“修学好古，实事求是”的学风，主张“治经皆主实证”，极力反对宋明理学空疏的学风。它的主要代表人物有杨慎、焦竑、陈第、方以智、傅山、顾炎武、毛奇龄、戴震、汪中、焦循、阮元等人。所谓启蒙实学，是就明清实学的市民意识而言。它主要反映在哲学、文学艺术等领域，主要代表人物有王艮、何心隐、李贽、黄宗羲、徐谓、汤显祖、袁宏道等人。所谓经世实学，是就明清实学的社会政治内容而言。它既包括对社会弊病的揭露和批判，也包括对拯救时弊方案的构思与实施。经世实学的主要代表人物有高拱、张居正、吕坤、顾宪成、张溥、陈子龙、顾炎武、黄宗羲、吕留良、王源、万斯同、金祖望、章学诚、洪亮吉、龚自珍、魏源等人。

3.明清实学的历史考察

明清实学并不是一个静态的社会思潮，而是随着社会的变迁不断演化。它也如同客观事物一样，经历了一个产生、发展、鼎盛与衰颓的历史过程。大体上，可以分为三个历史阶段。第一，从明朝正德年间至万历前期，随着明王朝由盛转衰，社会矛盾和政治危机的初步展开，从封建社会母体中产生出一个与宋明理学相对立的实学思潮。这是明清实学思潮的兴起和发展时期。第二，从明万历中期至清康熙中期，社会处于一个"天崩地解"的大动荡时代。封建社会所固有的阶级矛盾和民族矛盾，特别是清兵入主中原和明王朝覆灭而引起的满汉之间的民族矛盾，随着资本主义又萌芽的发展而产生的市民阶层的反抗封建统治的斗争，再加上"西学东渐"处于全盛时期，从而把明清实学思潮推向新的阶段。这是明清实学发展的鼎盛时期。第三，从清康熙中期至鸦片战争前期，资本主义萌芽遭到严重摧残，"西学东渐"也处于沉寂时期，再加上清初统治者奉行的推崇朱子之学和文化专制主义，使明清实学思潮由高潮转入低潮，进入一个曲折发展过程。这是明清实学思潮的衰颓时期。

明清实学思潮产生于我国16世纪至19世纪中叶，有深厚的社会阶级根源和文化思想渊源。从16世纪起，中国历史上出现了地主阶级自我批判的时期。随着封建制度各种社会矛盾的暴露及宋明理学的衰败，特别是明王朝的覆亡，使许多进步思想家在痛苦的反思中都认识到，明朝之所以衰亡，根本原因是由宋明理学的空疏、迂腐本质所致，认识到"救弊之道在实学，不在空言"。所以，他们抨击理学，要求"由虚返实"的言论也愈来愈激烈，构成明清社会进步的主要潮流。与地主阶级改革派相呼应，还有新兴市民阶层反抗封建统治的斗争。这两股进步的社会势力共同构成了明清实学产生的社会政治条件。宋明理学的经世传统及其所蕴含的某些实学思想，以及明清时期的中国古典科学和复兴与"西学东渐"、中西文化的冲突与交融共同构成了明清实学所赖以产生的文化思想条件。明清实学就是在这些历史条件下孕育与发展起来的一股强大的社会进步思潮。

在儒学发展长河中，明清实学是中国哲人理性思维的伟大成果，具有重要的理论价值和社会价值。从它的理论价值看，它不但对宋明理学所探讨过的范畴、命题、问题，如理气、知行、理欲等作出了自己的新的解释与说明，进行了总结性的批判，达到了中国古代思想史的最高水平，而且如上述"启蒙意识"中所说，也提出了一些反映市民阶层利益和要求的新范畴、新命题、新问题，成为中国近代启蒙思想的理论先驱。明清实学一扫宋明理学的"存天理，灭人欲"、"舍利言义"的陈腐之说，为近代资产阶级的"富国强兵"和发展资本主义开辟了道路。明清实学的"舍虚就实"和经世致用的学风，引导近代资产阶级愤然抛弃心性玄谈，将视线投向现实社会，救亡图存。以徐光启、梅文鼎为代表的科学家所开辟的学术路线和治学方法，也是由中国古典科学进入近代实验科学的中介和桥梁。道光、咸丰年间经实学派提倡的今文经学，更是19世纪末叶康有为、梁启超变法的重要思想武器。明清之际的中西文化交流和龚自珍、魏源放眼看世界、向西方学习的开放精神，更开启了中国近代资产阶级向西方寻求救国救民真理的道路。

明清实学虽然是从宋明理学通向近代新学即西学的中介和桥梁，但它并没有把中国引向完全的资本主义，而是导致了半殖民地半封建的畸形社会。这主要是由于封建势力及其传统思想的强大和资本主义萌芽的微弱及其实学思想的不彻底性所造成的。所以，对明清实学应采取实事求是的态度，既要肯定它的历史功绩，又要指出它的局限。

3.2 西方文化的演进

3.2.1 西方古典文化

1. 古希腊文化

古希腊文化的精神是注重自由和现世的欢乐，突出的成就是科学、哲学和艺术。

希腊的科学，如几何学、天文学、数学、原子学及物理学都很发达，成为今天西方科学的源头，其中德谟克里特、阿基米得、毕达哥拉斯都是伟大的科学家，对后世影响很大。

希腊哲学最早产生在爱琴海东岸小亚细亚沿海的伊奥尼亚，由此开启了希腊哲学的历史。古希腊罗马哲学的历史大体上可分为三个时期。第一，公元前7世纪到公元前6世纪是希腊奴隶制形成时期。其哲学舞台是古希腊人的殖民地区，伊奥尼亚唯物主义出现在东方的小亚细亚沿岸，毕达哥拉斯和爱利亚派的唯心主义流行于西方的意大利南部和西西里一带(大希腊)。这时期的哲学称之为早期希腊哲学。第二，公元前5到前4世纪是希腊城邦奴隶制繁荣并走向危机时期。希腊本土尤其是雅典已经成为政治经济文化的中心，也是哲学斗争的主要场所。这一时期的希腊哲学更趋成熟，从内容到形式都更加丰富多彩，达到了它的黄金时代。其主要派别有：继承了伊奥尼亚唯物主义的阿那克萨戈拉和恩培多克勒的多元论，作为古希腊唯物主义最高成就的留基伯和德谟克里特的原子论，集古希腊唯心主义之大成的苏格拉底和柏拉图的理念论以及综合各家、企图调和两派学说的亚里士多德哲学。其中德谟克里特的原子论的唯物主义和柏拉图的理念论的唯心主义是古希腊哲学史上两条路线斗争的集中表现，也是两千多年欧洲哲学史上两条路线斗争的最早典型。第三，公元前4世纪到公元5世纪，希腊为马其顿所征服，而后又为罗马所吞并，即一般称之为希腊化时期和罗马时期。其哲学舞台除雅典还有罗马和新兴的亚历山大城。这时的主要哲学派别有：继承了原子论的伊壁鸠鲁和卢克莱修的唯物主义哲学，宣扬唯心主义和宿命论的斯多亚派以及各种怀疑主义、神秘主义派别。随着奴隶制的危机和瓦解，奴隶主阶级越来越走向反动，希腊罗马哲学也越来越表现得腐朽没落，最后公开和基督教相结合。

古希腊的艺术则是其文化中的一枝奇葩。希腊的农业环境不及埃及和两河流域，到处都是荒脊的石骨山地，没有大片的富饶肥沃的土地——这决定了它不会形成中国式的稳定封闭的大农业国家——只在许多可以耕种的山谷形成各自分立的农业区域社会。商业贸易显然比在两河流域文明中更加突出，因而各农业区域通常都环绕着一个靠海以便于贸易往来的城市。航海贸易及海外殖民成为他们谋求生存的必不可少的活动。环境的恶劣——从另一角度看或许也是优越——促成古希腊人与自然采取分离对立的态度。人及其行动，是古希腊文化最重要的主题。与中国古代神话世界始终是"踆鸟"、"雨狮"、"风伯"等代表着自然力的诸神不同，古希腊神话则由直接的自然力诸神"前奥林匹斯神系"转化为具有操纵自然力量神力的"奥林匹斯神系"，从原始的、拜物教的神变成了带有更多人文色彩和社会因素的神。几乎所有具有人格的神话中的文化超人阿波罗、雅典娜、普罗米修斯等都显示出古希腊人民征服自然的梦想。那些被雕塑艺术一再表现的众神——神形，即是理想完美的人形体，正表达着人类有多么了不起的自信。用大理石雕凿而成的完全是强健丰满的裸体的人形的诸神，直接依靠其体魄和力量显示神威。与诸神同样是雕塑表现对象的还有运动家、诗人、哲学家、战士，以至少女和儿童……当人们又一次唤醒对那一尊尊雕塑像不可磨灭的鲜明映象——米罗的维纳斯、列姆诺斯的雅典娜、望楼上的阿波罗、掷铁饼者、展翅欲翔的胜利女神、拉奥孔、高卢人和妻子的自杀等等时，可以说"希腊雕塑比在此之前以及之后的任何雕塑都更为热情洋溢，更富于人的本性"①。

希腊雕塑充分展示着精确再现形象与表现完美理想的有机结合，同样具有追求美与善、身与心、个人与图像、人与神的和谐的倾向。然而希腊人没有中国式的"通于神明"的直觉，而是处处表现出一种对对象的精细分析的态度。虽然这种追求精确性的认知态度也是从属于一种对于宇宙本体、万物本流统一和确定性的寻思，但是艺术的自然主义倾向的真实正仿佛时时处处在寻求着摹仿永恒的自然的"理式"。无论哲学家赫拉克利特的"艺术摹仿自然"，或是柏拉图的摹仿"理式"的思辨有什么差别，竭尽全力"摹仿"的古希腊艺术中，总能令人感觉出史前洞穴壁画以及爱琴海早期文明艺术中那种对待对象的注重细节真实的自然主义旁观态度的遗传。不可否认，这种遗传迹象一方面是由于"预成图式"效应，即远承着旧石器时代人类意识初醒的及由于狩猎生活所造成的人与对象对立的态度倾向；另一方面也由于古希腊时代社会经济生活所造成的人在自然环境中的独占性、主动性，即人与自然分离而对立的更强化的倾向。古希腊人已把注意力从动物对象转向人自身。为表现"美的灵魂寓于美的体魄"的人格理想，他们更加强了精确塑造形象的努力。这种努力必然伴随着对自然采取同样精细分析态度的科学求真的探索。艺术与科学的结合，艺术和科学的辉煌

① (英)迈克尔·列维：《西方艺术史》，杭州，江苏美术出版社，1987。

成就，使古希腊文化光耀千秋。

2. 古罗马文化

古罗马文化的重心是政治法律和组织权力，突出成就也在于政治和法律。

罗马法是古罗马文化的标志。罗马法是古罗马王政时期、共和国时期和帝国时期法律的总称，最著名的莫过于东罗马帝国查士丁尼大帝组织编撰的《国法大全》（又名《民法大全》）。如若论及罗马早期法的形成和标志，则必然涉及王政时期的塞维阿·塔里阿的改革和共和国初期的《十二铜表法》。它们是罗马法后来得以发达的基础和最早的成文形态。

罗马起源于古意大利半岛中部第伯河东岸的拉丁姆地区的一个村庄，后来扩展到整个意大利半岛，拥有了海上贸易的地理优势。罗马史从公元前 753 年传说中的罗慕路建立罗马城，自立为王开始，直至公元前 510 年，为罗马历史上的“王政时代”，实际上是罗马原始公社向罗马国家过渡时期。公元前 509 年，罗马共和国建立。

古典传统昭示人们，早在“王政时代”，罗马原始公社就有 300 个氏族、30 个胞群（每 10 个氏族组成一个胞族，称为“库里亚”）、3 个部落（每 10 个胞族组成一个部落，称为“特里贝”）。当时已有了王（勒克斯）、元老院、库里亚会议和步兵、骑兵等军队组织，但它们都只是原始性的军事民主组织。制约和调整各氏族组织及人们之间相互关系的规则是原始的习惯法。习惯法部分是长期形成的，部分是由氏族大会讨论产生的。“元老院像雅典 bulê（议事会）一样，在许多事情上有决定权，有权预先讨论其中比较重要的事情，尤其是新法律。这些新法律，最后由叫做 Comitia Curiat（库里亚大会）的人民大会通过。来参加大会的人按库里亚分组，而在每个库里亚内大概又按氏族分组；在通过决议时 30 个库里亚各有一票表决权。库里亚大会通过或否决一切法律，选举一切高级公职人员，包括勒克斯（所谓王）在内，宣战（但元老院媾和），并以最高法律资格，在一切事关到处罗马公民死刑的场合，根据各方的上诉作最后的决定”①。

法律虽然由氏族公民大会通过，但这并不意味着氏族之间是平等的。事实表明，贵族出自特权氏族，平民则出自普通公民。由于贵族独占政权，并把平民排除在罗马公社以外，从而构成了平民与贵族的对立。罗马氏族公社因被氏族贵族把持，便成为反平民的封闭血缘团体。越是封闭，贵族越是专权，平民则越是反抗。在此历史背景下，罗马公社王塞维阿·塔里阿不得不进行改革。

塞维阿·塔里阿改革的主要内容如下。

第一，废除原始的三个血缘部落。按照地域标准，将罗马城分为四个区域，构成四个新的地域部落组织。另外在乡村设立 16 个地域部落。重新划分居民后，取消了原来的氏族、部落界限。居民各自在居住地登记财产和户籍。

第二，不分贵族和平民，将全体罗马自由民一律按财产多寡分为五个等级。第一

---

① 《马克思恩格斯选集》第 4 卷，第 123 页。

等级拥有10万阿司(罗马钱币),第二等级为7.5万阿司,第三等级5万阿司,第四等级2.5万阿司,第五等级1.1万阿司或1.25万阿司。财产低于第五等级者不列级别,称为"无产者"。

第三,废除贵族特权,实行依财产分享服兵役权利的新制度。规定以百人团为单位。第一等级公民担任重装步兵和骑兵,组成步兵百人团80个,骑兵百人团18个;第二、四等级担任装备较轻的重装步兵,分别组成步兵团22个;第三等级组成步兵团20个;第五等级担任轻装步兵,组成百人团30个。没有纳入等级的"无产者"不服兵役,组成一个象征性的百人团,负责杂役。

第四,在百人团基础上,设立新的"森都里亚会议",以代替旧的氏族组织——库里亚会议。开会时按军事编制进行投票表决。每个百人团即"森都里亚"享有一票。"森都里亚会议"的主要职责以共和国时期为准,一是立法,一是选官,后来还有宣战、媾和以及外交和司法等大权。鉴于第一等级在当时193个百人团中占了98票的优势,因而"森都里亚会议"实际上已为拥有财产的贵族所控制。

经过这次改革,罗马氏族组织不复存在。罗马史的性质发生了根本性的转变。恩格斯说:"这样,在罗马也是在所谓王政废除之前,以个人血缘关系为基础的古代社会制度已经被破坏了,代之而起的是一个新的、以地区划分和财产差别为基础的真正的国家制度。……而罗马共和国的全部历史也就在这个制度的范围内演变,这里包括共和国的贵族与平民为了担任官职以及分享国有土地而进行种种斗争。"①

塞维阿改革以后,罗马帝国的法律得以继续发展的动力仍然是平民与贵族的斗争。斗争起因于罗马经济的发展和贵族的擅权。由于社会经济的发展,有些平民已成为富有者,但绝大多数平民日渐贫困。平民不但在政治上处于无权地位,在经济方面也不能参与国家公有地的分配和使用。罗马掠夺来的土地(公有地),平民也无权使用。而且,在共和国初期,连年的对外战争还加重了平民兵役和捐税的负担,很多平民沦为债务奴隶,广大平民起来反抗贵族,力图改善自己的政治地位和经济状况。由于贵族垄断了政权,少数富有的平民也反抗贵族。特别是当时的法律还是习惯法。习惯法的规范是很含糊的。而且,习惯法的解释权操在贵族法官的手里,贵族法官用没有成文法典的习惯法为贵族谋利益。于是,平民就提出了制定成文法的要求。

平民反对贵族并要求制定成文法的斗争是在保民官的领导下进行的。关于斗争的经过和激烈程度以及《十二铜表法》的制定和最后颁布,著名罗马史学家李维在其作品中作了十分生动的描述。书中写到保民官哈尔撒乘执政官外出期间,开始了向人民控诉贵族骄横气焰的行动。"他特别非难的是执政官的权力,以为在一个自由的共和国里,这是一件荒谬和不可忍耐的事,名义上这种权力虽然不像过去国王的那样令人厌恶,事实上它只有比国王的更加横暴、更加欺压人。他说,因为他们现在有了两个权力漫无拘束、漫无限制的暴君以代替过去的一个了。既没有什么可以抑制他

① 《马克思恩格斯选集》第4卷,第126页。

们的凶横，他们便可以用所有法律的威吓与惩罚来摆布平民了。为了一劳永逸地禁绝这种漫无拘束的恣睢放纵，他说，他要提出一项法案，建议成立一个五人组成的委员会，拟定各种法律来规定执政官的权力。任何高悬在人民头上的法律，都得是他们自己给予执政官的。这些而且只有这些，才是他可以引用的，绝不许他们把自己的放肆和任性当做法律。"①

哈尔撒的议案遭到了贵族们的强烈反对，直到公元前451年左右双方才逐渐妥协下来，组成一个立法委员会到希腊去考察。此后，委员们带回了雅典的法律，保民官们更加坚持应该编纂法典。于是决定成立十人委员会(即"十人团")，任何人不得对他们的权力上诉。关于平民是否应该容纳在内又引起了一番冗长的辩论。最后，保民官们对贵族做了让步，交换条件是：关于阿汶汀山的意契利司法案和其他神监法不得废除。于是《十二铜表法》开始制定和颁布。

"当从最高到最低的人都同样享受着他们敏捷公正、犹如神谕的判断时，他们同时也全心全意地注视着法律的制定。这部大家热切盼望的法律，终于刻在十块表上，在一个特意为此召集的民众会议上阵列出来。在做了一通祷告，希望他们的工作能把幸福和快乐带给国家、带给他们自己和他们的子孙之后，十人团叫他们去阅读阵列出来的碑文，还说：'尽十个人的智力和远见所能及，他们终于为大家制定了平等、上下一体沾惠的法律。但许多人的思考和建议是可以起更大的作用的。他们必须把每一条项目放在心里仔细考虑，而且和别人谈话时也要想出来讨论，把每一条条文中觉得累赘和欠妥的都提出来作公开的争议。罗马未来的法律应该做到一致满意，不光做到像别人建议之后由他们通过的那样就算，应该更进一步做到像他们自己建议出来的一样。当依据公众对每一条条文的意见对它们作了充分的修正以后，'十表'由百人会议通过了，即令在今日这种律例浩繁、法令铺床叠架地乱成一堆的时候，它仍然是一切公私律令的根源。在它们被批准以后，一般的意见都认为还缺少两块，如果把它们补加进去，罗马的这套法律就完备了。"②

在次年底，即公元前450年年底，又补充了某些条文，刻在两块铜表上，共十二块，故称《十二铜表法》。其十二表的标题依次是传唤、审理、执行、家长权、继承和监护、所有权和占有、土地和房屋(相邻关系)、私犯、公法、宗教法、前五表的补充和后五表的补充。

《十二铜表法》的颁布，标志着罗马成文法典的诞生，也标志着罗马早期法律形成的历程已告结束。此后，罗马法步入了更趋完备和成熟的道路。

《十二铜表法》是平民与贵族进行不懈斗争迫使贵族让步而制定的，因此，在内容上除增加的第十一表禁止平民与贵族通婚外，平民在私法上，已争得和贵族平等的地位。这是一个历史性的进步。除此而外，"贵族与平民的斗争不但导致了《十二铜表

① 李维：《罗马史》，第三卷，《罗马共和国时期》(上)，北京，三联书店，1957。

② 李维：《罗马史》，《罗马共和国时期》(上)，北京，三联书店，1957。

法》的产生，而且法律不再像从前那样只为贵族所知，使人感到神秘莫测。法典的部分内容为民众所知，它似乎是采取一系列命令的形式。该法典几乎完全是私法内容，且几乎完全是世俗的。虽然小部分观点吸收了希腊法，但主要是基于罗马习惯法。该法典一直受到高度评价并被看成是罗马制度的基本组成部分”。

罗马法是古罗马奴隶制商品经济在上层建筑领域里的体现，它表现出了罗马时期一定程度的平等、民主、法治的历史事实，从而成为古罗马文化的重要内容。在西罗马帝国灭亡后，欧洲进入由蛮族即日耳曼民族统治的黑暗的中世纪，罗马法与古希腊罗马的其他文化成就一样遭到了压制。但随着中世纪工商业的进一步发展，到了13世纪，在波尔多大学等地出现了复兴罗马法的热潮。这一运动与其后的宗教改革运动、文艺复兴运动（“三R运动”即the Revival of the Roman Law, the Religious Reform and the Renaissance）对于近代资产阶级启蒙文化的兴起、发展起了重大的推动运动。罗马法成为近代资产阶级民主法治观念的重要来源，进而产生了西方法律中与英美法系相媲美的罗马法法系（又称大陆法系、民法法系）。1804年制定颁布的《法国民法典》（也称《拿破仑法典》）、1896年制定颁布的《德国民法典》等就是以罗马法为蓝本制定出来的。

3.2.2 中世纪基督教文化

从公元5世纪末西罗马帝国灭亡（公元476年）到17世纪中叶英国资产阶级革命爆发（公元1640年）止，是西欧封建社会形成、发展和繁荣时期，历史上一般称为“中世纪”。从14世纪下半叶到16世纪末是封建社会解体和资本主义萌芽、形成时期，历史上一般称之为“文艺复兴时期”。

西欧的封建制是由罗马奴隶社会内部的农奴制逐渐发展而成的。西罗马帝国灭亡后，新的生产方式得到了发展。代替罗马贵族的日耳曼王公们建立了许多小的王国，把掠夺来的土地分封给自己的部属，向他们征收赋税。这样一层层分封下去，更促进了新的封建制度的确立。

在西欧封建社会的初期，生产力发展缓慢。闭塞的自然经济占绝对统治地位，商业不发达，城市衰落。直到8世纪中叶起，生产力才开始上升。公元800年，日耳曼民族法兰克王国国王查理在罗马称帝。公元962年，日耳曼民族的撒克逊王朝的奥托一世被教皇加冕，建立了所谓“神圣罗马帝国”。11世纪到13世纪，生产力有了较快进步，手工业和商业的发展在自然经济的樊笼上打开了缺口，形成了以工商业为中心的城市，出现了从事工商业的市民阶层（近代资产阶级的前身）以及受剥削受压迫的学徒、帮工等城市平民。

西欧封建社会和人类历史上其他封建社会一样，主要矛盾是封建地主阶级和农民阶级的矛盾。农民不断地进行反抗封建主的斗争，农民起义和战争不断。工商业城市兴起以后，又出现了城市市民、平民的反封建斗争。此外，在封建统治阶级内部，例如封建割据势力之间，封建割据势力与封建集权势力之间，教会与世俗政权之间也存在着争权夺利的矛盾和斗争。这种矛盾和斗争错综复杂，并交织在一起。西欧中世纪时期的文化就是在这种条件下产生、发展起来的。它与基督教在西欧封建社会中的统治地位有着更为直接密切的联系。

基督教大约产生于1世纪，即罗马奴隶制帝国初期。最初流行于当时罗马帝国所属的巴勒斯坦和小亚细亚一带下层犹太人民中间，后来在整个罗马帝国传播开来。到公元4世纪终于成为罗马帝国的国教，而后发展为世界性的宗教。基督教对于欧洲乃至全世界社会历史、思想文化的发展所产生的影响是很大的，而且与欧洲哲学思想的发展关系尤为密切。一方面，从基督教产生来说，古希腊罗马的唯心主义哲学，特别是晚期的斯多亚派和各种神秘主义学派，正是基督教的思想渊源之一；另一方面，基督教产生以后便直接地影响着欧洲哲学思想的发展。本文简要地介绍基督教的产生及其从下层群众的宗教演变为奴隶制帝国国教的历史过程。

关于基督教产生的年代及其创始者，西方存在着几种不同的说法。基督教是在1世纪罗马皇帝奥古斯都(公元前29年—公元14年)和提庇留(公元14—37年)统治下的巴勒斯坦产生的。基督教信仰上帝，说耶稣是上帝的儿子。为救世人，上帝派耶稣(经童贞女玛利亚之身)降临人间，所以他是一个神人。耶稣在人间行了许多神迹，宣讲了许多教训，传布了福音，招收了一些门徒，后来被提庇留皇帝派驻犹太的总督彼拉多钉死于十字架，但三天后复活升天，将来还要重新降临，来审判所有的活人和死人。基督教会就是由他在他的信徒中挑选的十二个门徒建立的。这些门徒在耶稣死后就到各地传教。根据基督教会的说法，耶稣生的那一年正是公元的开始。这个说法在西方世界曾长期而广泛流传。近代资产阶级学者对基督教的产生发展，对耶稣的生平事迹以及对基督教的经典曾作了大量的考证和研究。但是，对于基督教的所谓“创始者耶稣”及其十二门徒究竟是否是真实存在的历史人物，却没有任何可作为证明的可靠的历史材料。应该说：基督教的产生并不完全取决于某个神奇的人物，它实际上是古代奴隶制社会阶级斗争的产物。它的根源在于当时罗马帝国政治经济的发展以及意识形态，尤其是哲学和宗教上的特点。

正如前文所说，罗马奴隶制国家曾经历过几个世纪的向外扩张侵略，罗马对巴勒斯坦地区的征服就发生在公元前1世纪。公元前63年，罗马攻占了耶路撒冷，屠杀了一万二千名犹太人。巴勒斯坦就处于罗马控制之下，后来成为罗马帝国的附属国。公元6年，奥古斯都将巴勒斯坦的犹太和撒马利亚归属于罗马帝国的叙利亚省管辖，犹太国正式灭亡。在罗马的控制和统治下，犹太人从未停止过反抗斗争，起义的火焰从未熄灭，特别是犹太下层民众中的奋锐派(犹太教一支)的反抗尤为活跃。公元66年，爆发了巴勒斯坦犹太人大起义。公元70年，罗马军队攻陷耶路撒冷，大批犹太人被钉死于十字架，数万人被卖为奴。基督教正是产生于罗马帝国征服巴勒斯坦地区后不久、犹太人多次发动武装起义而屡遭失败的历史时期。武装反抗遭到挫折失败，罗马统治者的残酷镇压和疯狂迫害，使犹太人民处于极端痛苦之中，有一些人企图从精神上寻找出路。正如恩格斯所指出的：“在各阶级中必然有一些人，他们既然对物质上的解放感到绝望,就去追寻精神上的解放来代替,就追寻思想上的安慰,以摆脱完全的绝望处境。"①那么,这种精神上的出路又在哪里呢?它正是在宗教领域之内。

当时在犹太人民中间正流行着好几个宗教派别,它们都信仰犹太教先知的预言,那就是:将有一位救世主弥赛亚降临,在地上建立起神的统治。这种信念正适应了遭受迫害的犹太人民渴望得救的心理和寻找思想上的安慰的需要。因而从这些犹太教派中就逐渐形成了一种新的宗教,这就是基督教。新宗教在形成发展过程中又大量地吸取了当时在罗马世界盛行的哲学学说作为它的教义。例如,斯多亚派所宣传的服从命运、顺应自然的宿命论;恬淡寡欲的禁欲主义以及人和人都是兄弟的调和论;还有以斐洛为代表的犹太—希腊哲学、新毕达哥拉斯主义、新柏拉图主义所宣扬的神秘主义。其中特别是斐洛,他把犹太人所信奉的宗教和希腊哲学混合起来,对"逻各斯"作了神秘的解释。这些哲学学说是形成一种新的宗教所不可缺少的思想原料。所以,恩格斯引用青年黑格尔派神学家鲍威尔的研究结论说,斐洛是"基督教的真正父亲",而罗马的斯多亚派哲学家塞涅卡则可说是基督教的叔父。可见,基督教并不是某个传奇式的英雄人物随意创造出来的,它是在公元1世纪犹太人民争取解放斗争遭到严重挫折失败后,从犹太教中演变出来的一个新宗派,而希腊罗马的那些没落的哲学学说则为这个新宗派提供了养料。然而,这个新宗派之成为一个独占的宗教,乃至成为罗马帝国的国教,是经历了一个漫长的发展过程的。

如上所述,基督教最初是从被压迫的下层犹太民众中产生出来的。所以,最初的基督教徒基本上是奴隶和被释放的奴隶以及受苦受难的下层群众。他们没有社会地位,没有政治权利,没有生活保障。恩格斯说,基督教"最初是奴隶和被释放的奴隶、穷人和无权者、被罗马征服或驱散的人们的宗教"②。这些人蔑视有钱有势的富人,仇恨专横残暴的罗马统治者。这个时期,基督教的教义尚处于萌芽之中。根据考证和研究,基督教《圣经》中的《约翰启示录》可断定为基督教产生初期的作品。它写成于公元68年至69年之间,从中可以看到早期基督教的面貌。《约翰启示录》反映了最初的基督教徒对征服他们的罗马统治者及一切特权阶级的仇恨。它把罗马帝国比做"大淫妇",用七头十角的怪兽影射罗马的世界统治权和杀害基督教徒的罗马皇帝尼禄,认为罗马统治者及一切特权者都出于魔鬼,并预言世界末日已为期不远,救世主(基督)即将降临。他将战胜罗马皇帝,焚毁罗马城,无情地审判和严厉地惩罚罗马统治者,把魔鬼捆绑一千年,使其受到应有的处罚。罗马帝国及其一切制度将从根到顶彻底"倾倒",被永远抛到"硫磺火湖"中去,地上的君王、臣宰、将军、富户、壮士全将被剪除。正如恩格斯指出的:"这些观点都敌视当时的制度,敌视'当局'。"③因此,早期基督教徒曾经遭到罗马统治者的迫害和镇压。

---

① 恩格斯:《布鲁诺·鲍威尔和早期基督教》,见《马克思恩格斯全集》第19卷,334页。

② 恩格斯:《论早期基督教的历史》,见《马克思恩格斯全集》第20卷,525页。

③ 恩格斯:《启示录》,见《马克思恩格斯全集》第21卷,11页。

早期基督教的思想内容中同时也包含许多消极因素。例如，它并不号召被压迫者起来进行积极的反抗，投入变革社会的斗争之中，而是要人们“忍耐”、消极地“等待”耶稣基督降临人间，拯救世人。按早期基督教的说法，被钉死在十字架上而又复活升天的耶稣基督已经因自己的牺牲献祭而为人类赎了罪。基督很快重新降临。到那时，旧世界将被彻底毁灭，基督统治的“千年王国”将代替罗马帝国。而在这之前，上帝已将一切安排好了，也就是说一切都是命定了的，不需要起来作斗争（即使这样做也无用）。然而，这种所谓“救世主”的到来，“千年王国”的降临，实际上是在死后的天国，在彼岸世界而不是在现实世界中实现的。正如恩格斯所指出：“基督教和工人的社会主义都宣传将来会解脱奴役和贫困；基督教是在死后的彼岸生活中，在天国寻求这种解脱，而社会主义则是在这个世界里，在社会改造中寻求这种解脱。”①基督教的这种说教完全是建立在灵魂不死和死后得到报应和报偿的宗教信念之上的，是一种宿命和消极无为论，依然是麻醉人民的鸦片。正因如此，基督教在往后的发展过程中发生了很大的变化，并且很快就被罗马统治阶级所赏识和利用。

早期基督教的变化表现在它的成员和领导已逐步为剥削阶级所渗透和控制，也表现在它的教义、制度和整个思想体系逐渐和罗马帝国统治阶级的意识形态相融合，从而使它开始由下层群众的运动转变为剥削阶级愚弄人民的工具。基督教兴起之初，它的信徒主要是奴隶、被释放的奴隶和广大下层民众。不久，一些奴隶主和有钱有势的富人也入了教。后来，连罗马帝国的一些宫廷官员和军队成员也成了基督教徒，至于各地方官府中的基督徒则就更多了。基督教由下层民众逐渐扩展到了上层统治集团。一方面是因为在动荡不安的社会环境中，许多剥削阶级分子也需要寻找精神上的安慰，特别是想从新的宗教中寻求出路；另一方面也因为基督教会也迫切需要得到一些有钱有势人物的支持，否则它连进行宗教活动所必需的最起码的物质条件也得不到保证。这些剥削阶级分子入教以后，就逐渐地取得了教会的领导权，并且根据自己的需要，逐渐确定了以主教为中心的尊卑分明的教职教阶制度，以及一整套的教规和礼仪，同时还把符合奴隶主阶级利益的斐洛的希腊化了的犹太一神论和塞涅卡的斯多亚主义大量地塞进基督教的教义之中。它竭力向群众灌输逆来顺受、忍辱屈从的宿命论的伦理道德，要教徒放弃反抗罗马帝国的斗争，服从罗马帝国的统治，成为它的忠实奴仆；它大肆宣扬敌我不分、爱仇如己的阶级调和论，说什么“不要与恶人作对，有人打你的右脸，连左脸也转过来由他打”，“要爱你们的仇敌，为那逼迫你们的仇敌祷告”②；它公开为奴隶主统治阶级残酷镇压奴隶的罪行进行辩护，说奴隶的身体是属于主人的，应该为奴隶主服务，不应该反抗，因为一切现存的权威者，都是上帝指定的，无论谁若是反抗权威者，就是反抗上帝等等。总之，基督教完全改变了它最初对罗马帝国当局所采取的敌视态度，成为罗马帝国的工具。

---

① 恩格斯：《论早期基督教的历史》，见《马克思恩格斯全集》第 22 卷，525 页。

② 《圣经·新约全书》，马太福音，第 5 章，第 39～40 节。

在早期基督教演变的同时，罗马帝国当局对基督教的政策也相应的从迫害、镇压逐步地转变为扶植、控制和利用。特别是从公元3世纪起，罗马奴隶制帝国的“强盛时期”已经过去，各种社会矛盾空前激化，罗马统治阶级迫切需要一种具有广泛群众基础的思想工具，以维护和挽救摇摇欲坠的罗马奴隶制度。当然，罗马帝国当局对于基督教的政策上的转变也是几经反复的，中间也经过几次动摇不定和犹豫徬徨。公元313年，罗马皇帝君士坦丁颁布“米兰敕令”，确认基督教的合法地位，并赋予种种特权。公元325年，君士坦丁主持召开了全帝国的第一次基督教会议即尼西亚会议，企图统一与帝国相适应的教义、教规和组织。又经过一个时期的反复，到公元381年，罗马皇帝狄奥多西召开全帝国第二次基督教会议，即君士坦丁堡会议。公元392年，又颁谕禁止基督教以外的一切其他宗教的合法存在。至此，基督教正式在法律上完成了国教化，成为罗马帝国唯一合法的国家宗教。在国教化的过程中，基督教逐步形成了将基督教神学加以系统化的“教父哲学”，它就是中世纪经院哲学的前身。基督教的国教化说明欧洲的奴隶主阶级在意识形态上已经完全堕落了。

西欧封建制是在罗马帝国的废墟上建立起来的。日耳曼人的入侵使奴隶制的生产关系连同它的上层建筑遭到了彻底的破坏。正如恩格斯所指出的：“它把古代文明、古代哲学、政治和法律一扫而光。”①唯一保存下来的几乎就只有基督教。罗马帝国灭亡以后，基督教就由奴隶主的宗教转变为封建主的宗教，成为维护封建制度的工具。在西欧封建社会中，基督教会不仅支配着思想文化领域，而且有着强大的政治经济势力。在经济上，教会本身就是最有势力的封建领主，拥有天主教世界的地产的整整三分之一。教会利用土地直接剥削广大农奴，并向居民征收什一税，利用各种迷信活动敲诈勒索，教会的僧侣们过着奢侈腐化的生活。在政治上，教会按封建等级制原则建立了自己的教阶制，把整个西欧联合成为一个庞大的政治体系，成为西欧封建统治的国际中心。在教会势力极盛时期的11、12世纪，教皇在西欧纵横捭阖，力图把各国帝王置于自己的控制之下。至于思想文化领域，那更是基督教的一统天下。基督教会是最高的权威，教会教条同时就是政治信条，圣经词句在各法庭中都有法律的效力，政治、法律、哲学、文学都不过是从属于神学的旁系或分支，任何不合正统神学的思想学说都被斥之为“异端”而受到禁止和迫害。总之，基督教使西欧封建社会的各个方面都染上了宗教的色彩。

基督教在西欧封建社会中的统治地位，使中世纪哲学上的斗争有着特殊的形式。当时占统治地位的哲学是为封建制度和基督教服务的所谓经院哲学（scholasticism）。这种哲学是在古代基督“教父学”的基础上形成和发展起来的。它的目的和任务就是论证基督教教义。经院哲学随着欧洲封建制度的巩固和发展而不断得到发展，形成于公元9世纪至10世纪左右。它的成熟和系统化则是在公元13世纪，它的重要代表是托马斯·阿奎那。经院哲学家在早期较多地利用柏拉图主义。11世纪

① 恩格斯：《德国农民战争》，见《马克思恩格斯全集》第7卷，400页。

至12世纪，通过阿拉伯哲学的媒介，开始利用亚里士多德的哲学。公元13世纪后则避开柏拉图的哲学，大量利用亚里士多德的哲学。经院哲学内部围绕着一般(共相)与个别(殊相)的关系问题，一直存在着唯实论与唯名论的斗争。唯实论认为一般、共性、共相是真实的，个别、个性、特相是虚幻的、不真实的；唯名论认为个别、个性、殊相是真实的，一般、共性、共相则是虚假的。唯实论与唯名论的斗争，是中世纪哲学斗争的特殊表现形式。13世纪至14世纪，随着经院哲学的系统化，斗争日趋激烈，唯名论者形成了一股反托马斯主义的强大思潮，加速了经院哲学的衰落。此外，在中世纪还存在着以“异教”(heresy，即非基督教的宗教)或“异端”(heresy，即非正统的基督教)形式出现的农民与城市平民和市民之间的斗争。但是，“异教”、“异端”运动却不断遭到镇压，其思想理论也一直受到排斥。因此，欧洲中世纪的哲学主要就是经院哲学及其内部的斗争。

3.2.3 文艺复兴时期的文化

从14世纪到16世纪末叶，是欧洲封建社会瓦解和资本主义生产关系的形成时期。这个时期，欧洲各国还在封建制度的统治下，社会的主要矛盾是封建贵族与农奴之间的矛盾，农民和城市平民的起义此伏彼起，斗争十分尖锐。但是，资本主义生产关系已经萌芽，并且正在茁壮成长。

欧洲资本主义生产关系最早产生于意大利的一些城市。马克思曾明确指出：“在14世纪和15世纪，在地中海沿岸的某些城市已经稀疏地出现了资本主义生产的最初萌芽。”①这些城市就是意大利的佛罗伦萨、威尼斯、热那亚和米兰等。这些城市的资本主义经济主要是工场手工业，企业的组织和生产经营都达到了一定的规模，并且建立了行会组织。相应的，银行业和商业也有一定的发展。15世纪中叶到16世纪，在德国、英国、法国和尼德兰(现荷兰)等地也逐渐形成了资本主义关系，资本主义的工场手工业生产也正在发展起来。

15世纪末叶以后，资本主义发展的中心逐渐从意大利转向德国、法国、尼德兰和英国的一些沿海地区。其中，英国开展的资本的原始积累是最为典型的。

这个时期，存在着农民和城市平民反对封建贵族以及资产阶级反对封建贵族这两种不同的阶级矛盾和斗争。两股潮流虽然经常结合在一起，但由于阶级利益上的差别，斗争的坚决性和彻底性是大不相同的。农民和城市平民坚持起义的路线，而资产阶级则经常采取妥协改良、半途而废的路线。此外，新兴资产阶级与工资劳动者之间的矛盾和冲突也时有发生。英国的原始资本积累使封建主用资本主义方法经营土地，把原来农民耕种的土地圈起来养羊，以发展毛纺织业。历史上称之为“圈地运动”。农民被剥夺土地后，背井离乡，流浪四方。

这个时期的文化与这个时期自然科学的发展密切相关。中世纪的文化和自然科

---

① 马克思：《资本论》第1卷，784页。

学都被封建教会独占。封建贵族和封建教会不许人们从事科学研究，但科学仍在人民中间传播开来。占星术(Astronomy)、炼金术(Alchemy)以及民间的医学和药物学研究均有所发展。占星术逐渐发展成为近代的天文学，炼金术逐渐发展成为近代的化学，而民间的医药学则反对受经院哲学控制的医药学发展成为近代的新医药学。这些新的学科大多着重于对经验的考察，从而积累了各种科学的经验材料，也为这个时期的哲学和自然科学方法论提供了思想材料。

这一时期的哲学发展也借助于古希腊罗马自然科学著作以及哲学著作的发现与利用。

15 世纪君士坦丁堡(现土耳其伊斯坦布尔)沦陷以后，一些懂得希腊文的学者带着古希腊的著作逃到西方，给西方的科学和哲学带去了新的养料，因而使资产阶级的学者可以借助古代文化而创造出资产阶级的文化。人们把这个时期称为"文艺复兴时期"。"文艺复兴"(the Renaissance)这个词原意是"再生"。16 世纪意大利的艺术史家瓦隆里(1511—1574)在他所著的《绘画、雕刻、建筑的名人传》中使用了"再生"这个词。这个词反映了当时人们的看法，认为文艺在希腊罗马时期非常繁荣，中世纪衰落下去，这个时期又得到了"再生"、"复兴"或"新生"。当然，这个名称是不科学的。它不是用经济发展的阶段来划分时代，而且，这个名称所表述的概念也不清楚，使人以为这一时期只是回复到古希腊的文化。其实，"这是一次人类从来没有经历过的最伟大的、进步的变革"①。资产阶级并不是简单地利用古希腊文化，而是将它加以改造，使之成为资产阶级所需要的文化，并用它来摧毁长期居于统治地位的经院哲学，把停滞的科学技术推向前进，并为资产阶级革命作舆论准备。

1. 文艺复兴和人文主义的形成

"文艺复兴"这一概念的直接含义，是指公元 14 世纪至 16 世纪首先在意大利发生的提倡和复兴古希腊罗马文化的思潮和运动。这个运动很快扩及欧洲其他许多国家，有些学者认为甚至整个世界都发生了类似的复兴古代文化的思想运动。就其实质而言，所谓文艺复兴运动乃是这个时期封建专制主义瓦解、资本主义生产关系萌生，并逐渐取代封建主义生产关系这一重大历史演变在思想意识上的反映。那些致力于文艺复兴的思想家被人们称做人文主义者，原因是他们跟中世纪的神学家和经院哲学家有所不同，他们比较重视世俗教育，强调人的价值和人存在的意义，反对宗教神学的禁欲主义，主张人的自由。"人文主义"这一概念最早就是由他们提出来的。

人文主义(Humanism)一词源于拉丁文 Humanus(人的)。它的最初含义是指受过世俗教育的意思。这是人文主义者从古希腊思想家对人的论述中继承过来的。当时之所以提出"人"的问题，当然不是为了重复历史，更为重要的是针对着中世纪的神学和封建专制统治的。前者把神抬到至高无上的地位，它蔑视人，窒息了人生的意义和价值，使人丧失了尊严、自由和权利；后者则通过政治的封建法统，剥夺了人的一

---

① 恩格斯:《自然辩证法》,7 页。

切。人文主义思想家借着复兴古希腊、罗马文化的名义，来实现自己反对神学和封建专制主义的要求。他们大讲人的自然本性，强调人的尊严和价值，提出人的权利和自由等要求。所有这些就是资产阶级人文主义最初的含义，也是一直贯穿至今的最基本的含义。从社会意义来看，它不过是新兴资产阶级在意识形态领域内反抗封建主义的一面旗帜。

文艺复兴时期是人文主义发展的第一时期，主要有以下几个特点。

第一，明确地主张把人作为一个对象来加以考察和研究。

人文主义思想家虽然是继承并宣传了古代希腊、罗马思想家关于人的某些见解，但他们毕竟比前人有很大的进步。这表现在：在古代思想家那里，还不能把人从自然整体中分离出来，人不过是具有可感性的自然物，人的问题与整个宇宙的问题混在一起，还未能作为一个具有相对独立性的对象加以研究，而在人文主义思想家那里，人已经作为一个专门的领域而受到重视。人文主义思想家在神学的浓雾中去揭示和探索人的特性和本质。关于这一点，把人文主义者同中世纪神学家相比，就看得格外清楚。宗教哲学中，上帝是真正的对象，只有上帝的地位，没有人的地位。神学家鼓吹崇拜上帝，颂扬上帝的伟大，颂扬上帝全智全能，无所不在，无所不能，教父哲学的典型代表奥古斯丁曾这样描述上帝："我的天主，你究竟是什么？……至高、至美、至善、无所不能，至仁、至义、至隐、无往而不在，至美、至坚、至定，但又无从执持，不变而变化一切，无新无故而更新一切；使骄傲者不自知地走向衰亡；行而不息，晏然常寂，总持万机，而一无所需；负荷一切，维护一切，创造一切，养育一切，改进一切；虽万物皆备，而仍不弃置。"①同时，他们公开宣扬"人应当轻视自己"。实在论的著名代表安瑟伦说："轻视自己的人，在上帝那里就受到尊重。不顺从自己的人，便顺从了上帝。可见，你应当把自己看得很微小，这样，在上帝眼中，你就是大。因为你愈是为人间所蔑视，你就愈得到上帝的珍视。"②"在上帝面前，人只能是怯懦的、自卑的，只能自甘屈辱，驯服顺从。人文主义思想家则完全相反。当时，无论是绘画、诗歌、戏剧还是文学作品，人都被显著地突出出来。他们用对人的赞颂取代对神的歌颂，赞美人的高贵、伟大，人不比天使差，甚至超过天使。作为中世纪的最后一位诗人、文艺复兴时期的最初一位诗人，但丁曾写到："人的高贵，就其许许多多的成果而言，超过了天使的高贵。"③在但丁之后的彼特拉克提出："不认识自己，决不能认识上帝。"还说："属于人的那种光荣对我就够了。这是我所祈求的一切，我自己是凡人，我只要求凡人的幸福。"④"16 世纪英国剧作家莎士比亚简直就像是针对前文引用的奥古斯丁对神的赞美的那段话，在其名剧《哈姆雷特》中对人进行了热情的赞颂。他写道："人类是一件

① 奥古斯丁：《忏悔录》，5 页，北京，商务印书馆。

② 转引自《费尔巴哈哲学著作选集》下卷，53 页。

③ 引自《从文艺复兴到十九世纪资产阶级文学家艺术家有关人道主义人性论言论选辑》，第 3 页。

④ 同上书，第 11 页。

多么了不起的一件杰作！理想是多么高贵！力量是多么无穷！仪表和举止是多么端正，多么出色！论行动，多么像天使！论了解，多么像天神！宇宙的精华！万物的灵长！”[①]又如达·芬奇享誉世界的肖像画《蒙娜丽莎》，画了一个人间少妇的美丽形象。这在圣经题材绘画充斥画坛的情况下，无疑是一颗清新璀璨的新星。以上足可说明，在人文主义思想家那里，人已经占据重要地位。他们在神学烟雾的笼罩中发现了人，并去接近他、维护他、研究他、赞美他。这就是为什么历史学家通常把文艺复兴的最突出的成果归结为“人的发现”的缘故。人已经作为一个特殊的领域和对象，被人自己所重视。

第二，在抽象肯定神性的旗帜下，充分地、具体地宣扬人性。

人文主义思想家作为萌芽时期资本主义生产关系和阶级力量的理论代表，思想和理论尚不成熟，政治上也比较软弱。而且，他们自身同封建神学的种种联系，并非一朝一夕就能完全割断，这就决定他们既无力量，又没有真正的理论去推倒神学和封建专制主义的统治。人文主义思想家并不是无神论者，他们并不否定上帝存在和上帝创造人。不过他们一般都认为上帝创造人同创造的事物是有区别的，创造完了就听任人自由地去发展了，这样，就使得人具有人自己的特性，即人性。人文主义者认识到的人性有哪些呢？

首先，人具有理性。他们认为，人与禽兽之根本不同，就在于人有理性，人能行动，有理解能力。但丁说：“人类的本分工作，就整个来讲，乃是能完全实行其理解力的范围与发展；首先能实行思想，以辨别是非；其次，则将其所认定之是非悬为目的，而以行动达此目的。简单说，就是先思而后行。”[②]“先思而后行”，这的确是人的理性的根本标志。除了人以外，自然界中没有任何其他事物具有这种特性。

其次，人具有意志自由。瓦拉说：“上帝虽能预见到人做的某些将来的行为，可是这行为不是在强制下干的。”[③]这就是说，人所做的事还是他自愿干的，人是有自由的。皮科进一步指出：“上帝认定人是本性不定的生物。”[④]上帝给人的是一个自由意志，人不为任何限制所约束，可凭自己的自由意志决定人自己本性的界限。拉伯雷在《巨人传》中描写了他心目中的理想社会——特来美修道院。这个修道院只有一条规则：“随心所欲，各行其是。”只要本人愿意，随时可以出院，不受拘束。这个修道院不筑围墙，因为拉伯雷认为：“凡是前有墙、后有垣的地方，没有一处不闹阋墙与明争暗斗的勾当。”他认为，只有在这种意志充分自由的环境里，才能培养出全智全能的人。

最后，人具有满足自己欲望和追求享乐的本性。显然，这是对封建神学所宣扬的禁欲主义的反抗。瓦拉在《论享乐》中，明确提出把满足个人利益放在第一位，公开提

---

① 莎士比亚：《哈姆雷特》，61 页。

② 《从文艺复兴到十九世纪资产阶级文学家艺术家有关人道主义人性论言论选辑》，4 页。

③ 《从文艺复兴到十九世纪资产阶级哲学家政治思想家有关人道主义人性论言论选辑》，19 页。

④ 《从文艺复兴到十九世纪资产阶级哲学家政治思想家有关人道主义人性论言论选辑》，第 33 页。

倡个人主义。他说:“对我来说,我的生命要比整个宇宙的生命有更大的幸福。”他提出:“不道德的享乐是不存在的。”人文主义思想家在反对禁欲主义的同时,又对僧侣和封建贵族的禁欲主义和放荡淫逸进行了揭露和讽刺。爱拉斯谟在《疯狂颂》中写道:“喝得痛快,活得长久,尽情寻欢,你们这一些出色的醉心于愚行的人们!”他还揭露说:“这些人在凡夫俗子面前诽谤肉欲享乐,最恶毒地咒骂它,这纯粹是装腔作势!他们设法使别人远离肉欲享乐,是为了自己更痛快地享受。”①人文主义者甚至宣传“最愉快的生活就是毫无节制的生活”。这是资产阶级享乐主义的最初表现。

上述人文主义思想家们对于人和人性的了解,是人道主义的最初表现形式。这个时期的人文主义主要是针对神学和封建专制主义的,推动了资本主义生产方式取代封建主义生产方式的历史进程,因而在基本方向上,它是进步的。但是,这并不等于说,这个时期的人道主义就不存在理论上的缺陷和阶级局限性。理论上缺陷的突出表现,在于这种人道主义把人和人性抽象化,脱离人的生活环境和生产活动去考察人。结果,他们所颂扬的人和人性只是停留在书本上和宣传上。所以,人文主义并无科学的、扎实的基础。此外,他们的人文主义思潮代表的是新兴资产阶级的利益和要求。因此,这个阶级的进步性在他们理论中得到表现。这个阶级的局限性在他们的理论上也必然会反映出来,比如宣扬个人主义、利己主义、享乐主义等。而且由于资产阶级尚不成熟,封建势力依然很大,这就使得文艺复兴时期的人文主义思潮不具有反对宗教神学和封建统治的彻底性。它一方面宣扬人和人的本性,另一方面又拖着一根封建的、神学的长辫子,把他们讲的人性、人的意志自由以这样或那样的形式与上帝联系了起来。

2. 文艺复兴时期的哲学思想和自然科学中的认识论观点

文艺复兴时期的自然科学研究是反对封建制度、反对中世纪基督教神学和经院哲学、反对为基督教神学服务的伪科学的重要力量。这个时期的自然科学从天文学、物理学、数学、医学、医疗化学等方面,反对以唯心主义为指导的伪科学,努力创造以唯物主义为指导的自然科学方法论。但由于旧思想的影响,仍然有很多唯心主义的神学糟粕。

哥白尼(Nicolaus Copernicus,1473—1543)的最大功绩是提出了一种科学的宇宙体系——太阳中心说来代替托勒密的地球中心说。由于托勒密的理论是基督教的神学理论的依据之一,哥白尼提出“日心说”就是对封建制度和教会势力的严重挑战,必然会遭到残酷迫害,所以哥白尼是不能不有所顾忌的。他的理论大约在1510—1515年时就已经成熟。他写了一本叫《提纲》的小册子,说明他的新观点。这本小册子在1530年间已经以手抄本的形式流传,并且吸引了一位数学家乔治·莱蒂克斯(George Rheticus,1514—1576)的注意。他与哥白尼共同研究了一段时间,并且主持了《天体运行》一书的出版。这书出版时间是1543年,不久哥白尼就去世了。太阳

---

① 《从文艺复兴到十九世纪资产阶级文学家艺术家有关人道主义人性言论选辑》,29页。

中心说认为太阳是宇宙的中心，地球和其他行星是沿着以太阳为中心的轨道运行的，而人们所看见的太阳、行星以及恒星的运行是因为地球自转的缘故。

哥白尼的天体理论认为："天球从远到近的顺序如下：最远的是恒星天球，包罗一切，本身是不动的。它是其他天体的位置和运动必需的参考背景。有人认为，它也有某种运动……在行星中土星的位置最远，37 年转一周，其次是木星，20 年转一周，然后是火星，两年一周。第四是一年转一周的地球和同它在一起的月亮。金星居第五，9 个月转一周；第六为水星，80 天转一周。中央就是太阳。在这华美的殿堂里，为了同时能照亮一切，我们还能把这个发亮体放到更好的位置上吗？太阳被称为宇宙之灯，宇宙之心，宇宙的主宰。……太阳好像是坐在王位上统率着围绕它转的行星家族。……这种顺序显出宇宙具有令人赞叹的对称性和轨道的运动与大小的和谐，而这是其他的办法办不到的。"①哥白尼体系与中世纪作为经典的托勒密体系是完全不同的。后者认为地球居于宇宙的中心，是不动的，而日、月行星和恒星均绕地球运行。

哥白尼体系的哲学意义在于它是在反对经院哲学传统的精神指导下提出来的。哥白尼在《致最神圣的教皇保罗三世》(《天体运行》一书序言)中说："某些人听到我在《天体运行论》一书中提出了地球运动的观念之后，就会大叫大嚷，当即把我哄下台来。"②"对数学一窍不通的空谈家会摘引圣经的章句加以曲解来对我的著作进行非难和攻击。对这种意见，我决不予以理睬，我鄙视他们。"③哥白尼不顾压迫，把这个学说公布于世，批判了宗教的传统观念，开辟了自然科学发展的新途径，充分体现了文艺复兴时期的时代精神，对各方面都产生了很大的影响。一千多年以前提出来的"托勒密体系"不能说明肉眼所观察到的某些现象，如行星的顺行与逆行，以及各个行星运行时间有长有短等等，于是便杜撰了"本轮"与"均轮"之类的说法，做出了唯心主义的繁复的说明。所谓"均轮"就是按照托勒密体系而虚构出来的太阳和行星绕地球运动的圆形轨道，"本轮"就是在均轮上面再加上一个小的圆形运动轨道。针对这种虚构的理论，哥白尼指出他们"承认某些外来的而且完全不适当的东西"，认为他们使宇宙体系不必要地复杂化了。这个批判抓住了托勒密体系的方法论的唯心主义错误，打中了该体系的要害。对那些由于当时观察条件的限制而无法作出正确判断的问题，哥白尼也做了实事求是的说明。比如恒星是否运动的问题，按照旧的体系，恒星在天球上，天球不运动，天球以外就是上帝与天使的世界。哥白尼不能对恒星运动作确切的说明。他只说："恒星没有(这种运动的)现象，说明它们的距离太大，以致地球轨道同它相比也可忽略不计，从而不能看到视差现象。"④这正是体现了文艺复兴时期自然科学的方法论的特点。

---

① 哥白尼：《天体运行论》，32 页。
② 哥白尼：《天体运行论》，1 页。
③ 哥白尼：《天体运行论》，6 页。
④ 哥白尼：《天体运行论》，34 页。

一般说来，哥白尼是数学家。他对天体运行的观察不太多，因此，有的著作比较强调他的理论主要依据于数学，而不是天体的观测，但是，不能把这一点片面地加以夸大。哥白尼注意了古代人对地球运动的阐述，也利用了同时代人乔治·普尔巴赫(George Purbach，1423—1461)和约翰·谬勒(Johannes Muller，1436—1476)的天体观测材料。这是他之所以能提出新的天体理论的决定性因素。事实上，托勒密体系的错误就是由于天体观测与数学计算不相符合才被发现的。起初，天体运动的观测不精，只要少数的虚构的均轮和本轮就可以说明了。但是由于天体观测的精度提高，最后不得不加上七八十个本轮来说明这种假设与天体客观运动之间的矛盾。哥白尼之所以能提出他的天体理论，正是把观测材料与数学演算结合起来的结果。他说："从地球运动的假定出发，经过长期的、反复的观测，我终于发现，如果其他行星的运动同地球运动联系起来考虑，并按每一行星的轨道比例来做计算，那么，不仅会得出各种观测现象，而且一切星体轨道和天体之大小与顺序以及天穹本身，就全部有机地联系在一起了，以至不能变动任何一部分而不在众星和宇宙中引起混乱。"①这一段关于研究过程的自白，说明他在研究方法上着重于把观测与计算结合起来，所以能够比较正确地说明天体运行的规律性。

哥白尼在科学研究上也有一些缺点，比如他不愿意违背毕达哥拉关于天体运动是圆周的和均匀的论断，也认为天体运动是圆形运动，并用三十四个圆周来解释天体的表观运动，而开普勒只用了七个椭圆形就予以解释了，所以开普勒批评他没有察觉到伸手就可以取得的财富。

3. 文艺复兴时期的社会政治理论

马基雅弗利(Niccolo Machiavelli，1469—1526)出生于佛罗伦萨一个资产阶级家庭。由于他不是贵族出身，在佛罗伦萨的美狄齐贵族统治时代，始终未能得到正当的职业。1494 年法国推翻佛罗伦萨的专制统治并建立了城邦共和国之后，他才在 1498 年担任了共和国的官员，成了一名重要的外交家和军事家。1512 年，西班牙、德国与瑞士共同把法国在意大利的势力驱逐出去，而教皇朱丽第二又扶持美狄齐贵族恢复了统治，马基雅弗利辞去官职，从事著述。他的主要著作有《君主论》、《李威氏罗马史之研究》、《战争技术》、《佛罗伦萨史》等。

马基雅弗利在从事佛罗伦萨共和国的政权工作时，一方面取得了丰富的政治方面和外交方面的经验，另一方面，也目睹了政治上的欺诈弄权、阴谋陷害等贵族资产阶级统治的黑幕。所以，马基雅弗利的著作大多是讨论政治权术，特别是暴露、甚至是吹捧贵族资产阶级政治上的那些丑恶的东西，成为资产阶政治思想史中突出的代表。但是，他之所以这样把阴谋手段、尔虞我诈、下毒暗害也作为政治思想的一部分，是为了鼓吹意大利的统一。当时欧洲的一些民族国家大多已经统一了，而且走上了富裕强盛的道路，而意大利仍旧四分五裂。他大声疾呼由统一而达强盛，谋强盛则必

① 哥白尼：《天体运行论》，5 页。

统一。

马基雅弗利提出了形而上学的“人性”观点。他认为人的本性是永恒不变的，如同天空、自然现象和太阳的不变一样。他又认为人的本性向恶而不向善，人们自私自利、贪得无厌、胆小怕死、相互嫉妒、朝三暮四、忘恩负义，本性决定人们易于沾染上恶习而不会模仿善行。马其雅弗利利用这种理论来论证的首先是私有财产的神圣不可侵犯。他认为由于人的自私自利，他宁愿忘记父亲的死亡，却不愿意失掉自己的财产，而人总是不重视名誉而重视财产，为了取得财产就是身败名裂也值得。因此，马基雅弗利认为私有财产是神圣的，统治者应该保护私有财产，并且还要按照人的自私自利，以利益为诱饵，通过人对私有财产的爱好来引导他们。

马基雅弗利鼓吹利用人的这些弱点来统治人们、支配人们。他认为进行统治的方法有几种：一种是采用法律，一种是采用暴力。前者适用于人，后者适用于兽，但是法律时常是不中用的，不能不采用暴力。他认为统治者应当兼用对人对兽的两种办法，不然就不能保住他的统治。怎样采用兽的方法呢？他建议统治者要具备狮子和狐狸两种性格。狮子勇敢，但不能防陷阱，狐狸狡猾，但不能抵御狼。所以，要像狐狸那样知道有陷阱，像狮子那样叫狼害怕。这是要统治者有威有智，又高压又怀柔，不必讲信用，也不必讲原则，只要玩弄权术就可以了。

马基雅弗利认为，党派的斗争在所难免，统治者不要害怕这种宗教斗争，而是要利用它。利用的办法是不要模棱两可，也不能骑墙中立，要拉一派，打一派。他认为统治者应当明白宣布赞成某一党，反对某一党，则无论是他赞成的一方面，还是他反对的一方面都会拥护他。因为竞争胜利的方面会因统治者的支持而感谢他；而竞争失败的方面也会因为统治者没有以他们政治上的失败而将他们置于死地，转而依附他。这是一种相当卑鄙的政治权术。

马基雅弗利认为，为了达到国家的统一，可以采用一切手段，比如贿赂、暗杀、毒害、劫夺、欺骗，以至背信弃义、两面三刀、投机取巧、投降变节等等。

马基雅弗利的这些观点充分表现出这种政治理论是以资产阶级个人主义的厚颜无耻为基础的。他提倡只要依靠武力，可以不讲任何道德原则；只要可以达到目的，完全可以不择手段。这种理论一方面是从当时的政治实践中概括出来的，另一方面也预示了资产阶级以后的政治实践。

3.2.4 近代启蒙文化

18 世纪上半叶，法国资产阶级为行将到来的资产阶级革命制造舆论，掀起了规模宏大、来势凶猛的启蒙运动。这也是欧洲资产阶级继“文艺复兴”以来的第二次思想解放运动。法国资产阶级启蒙思想家高举“理性”的旗帜，把“理性”当做一切现存事物的唯一裁判者。他们不承认任何外界的权威，无论宗教、自然观、社会形式、国家制度等都必须在“理性”的法庭面前受到最无情的审判。他们认为过去由于专制制度和宗教窒息了人们的理性，致使人们长期处于愚昧和苦难之中，如今他们恢复了理性的权威，发现了"永恒的正义"。他们要求建立"理性的王国"，并真诚地期待共同繁荣昌盛。他们满怀着革命激情，猛烈地抨击封建专制统治和天主教会，他们的著作在本国不能印刷，就拿到国外去出版，他们本人则随时准备进入巴士底狱。马克思和恩格斯高度评价这些启蒙思想家："在法国为行将到来的革命启发过人们头脑的那些伟大人物，本身都是非常革命的。"①同时也指出，他们所谓的"理性实际上不过是正好在那时发展成为资产者的中等市民的理想化的悟性而已"②，所谓"理性的王国不过是资产阶级的理想化的王国"③，所谓"永恒的正义"只能在资产阶级的司法中得以实现。总之，"18 世纪的伟大思想家们，也和他们的一切先驱者一样，没有能够超出他们自己的时代所给予他们的限制"④。尽管如此，他们的历史功绩是不可磨灭的，影响是深远的。

18 世纪法国资产阶级启蒙运动促进了资产阶级革命形势的发展，同时也促进了资产阶级新文化，特别是唯物主义哲学的发展。

1. 法国启蒙运动和人道主义的发展

在欧洲历史上，文艺复兴时期掀起了第一次人道主义的浪潮，后来各国的人文主义思想家和哲学家继续对人的问题进行研究，几百年间并无间断。到了 18 世纪法国资产阶级大革命前后，法国的启蒙思想家和唯物主义哲学家再次掀起了人道主义高潮，把资产阶级的人道主义推向了发展的第二阶段。这个阶段有如下几个特点。

第一，是无神论和唯物主义思想影响下的人道主义。

用无神论和唯物主义的自然观考察人，是这个时期在研究人的问题上世界观方面的重大进步。这个进步是同资本主义生产方式逐渐成为社会的经济基础、资产阶级日益强大分不开的。比埃尔·培尔(Pierre Bayle，1647—1706)是法国启蒙思想家的先驱。他虽然没有公开表明不相信宗教，但他对上帝的存在、灵魂不死的教条表示怀疑。在《历史批判辞典》这部著作中，他抬高理性，贬低信仰和上帝，揭露宗教的荒谬性，认为宗教这种荒谬的东西是不能用理性去证明它的真理性的。马克思曾指出："在培尔伦理学中宣告了无神论社会的来临，表明无神论者能够成为可敬的人，玷污人的尊严的不是无神论，而是迷信和偶像崇拜。⑤"伏尔泰(Voltaire，原名弗朗斯瓦·马利·阿鲁埃，1694—1778)作为法国启蒙运动的领袖人物，推进了培尔的思想。伏尔泰宣言：对于上帝的属性和本质"我是生成不能理解他们的"。他认为人心中根本没有天赋观念，一切观念都来自对外物的感觉。由此他进一步揭露灵魂和灵魂不死都是虚妄的。在他看来，人的正义和善恶都不是先天的，而是与后天的教育和机缘有很大关系。他说："普天之下都一样，当他是幼儿的时候，他的天性像羔羊一样。那

---

① 《马克思恩格斯全集》第 20 卷，19 页。
② 《马克思恩格斯选集》第 19 卷，208 页。
③ 《马克思恩格斯选集》第 20 卷，20 页。
④ 《马克思恩格斯选集》第 2 卷，162 页。
⑤ 《马克思恩格斯全集》第 2 卷，16 页。

么，他是为什么、怎样地常常会变成狼和狐狸那样的呢？他既然生来是既非善亦非恶的，这难道不是教育——例如，他被授入于其下的政府，简言之，各种各样的机缘——决定他有德或无德的吗？"①这里伏尔泰继承了洛克的经验论，否认有天赋观念和天赋道德原则，反对把人性看做是先天的或是神赐的，而是认为由后天的原因所致。他用此观点具体研究了人的自由问题。他不满意以往"意志自由"这样的观点，认为一个得了中风症的人就没有解几何题的自由。他赞成洛克的自由是一种能力的意见，认为自由只是并且只能是做人想做的事的能力。当然，把自由解释为做事的能力未必就是科学的，因为能力若不是建立在对必然性的认识和掌握上，不仅不能获得自由，而且势必走向自由的反面。

启蒙运动时期的人道主义突出地表现为"天赋人权"的思想，让·雅克·卢梭(Jean Jacques Rousseau，1712—1778)是其主要代表之一。他认为未被私有制和文明污染过的人是自然人，处于自然状态下的人才具有真正的人的本性，人的本性即自然，就是指人生来具有的自保和自爱的本能及对同类同情和怜悯的本性，具有自由和平等的天性等。所有这一切都是天赋予人的权利。他在《社会契约论》一书中写道："这种人人共有的自由，是人的本性的结果，人的第一条法则是维护自己的生存，人最先关怀的是他自己；人一达到理性的年龄，单凭自己来判别适于自保的手段，就立即从而成为自己的主宰。"②卢梭以为，人的这种自然状态后来遭到了破坏，到了他所处的时代更是被破坏得不成样子。所以，他指责说："人是生而自由的，可是现在他处处带着镣铐。"这无疑是他对封建制度的控诉。为了维护人的本性，即维护人之为人的资格，就必须争取和捍卫天赋的人权。他说："放弃自己的自由，就是放弃自己做人的资格，放弃人的权利，甚至于放弃自己的义务。一个人放弃了一切，是不可能有任何东西做补偿的。这样一种放弃与人的本性不相容，使自己的意志失去全部自由，就等于使自己的行为失去全部道德价值。"③

伏尔泰、卢梭等所代表的启蒙运动思想家的人道主义思潮，虽然对18世纪法国资产阶级革命产生了巨大影响，并且这场革命本身就是在"人权、自由、平等"的口号下进行的，但是启蒙思想家还不是真正的无神论者。他们提倡"天赋人权"。这个天就是自然。自然对人有无限的、神秘的权利，所以他们是自然神论者。真正的无神论者是法国当时所涌现的一批唯物主义者，例如霍尔巴赫(原名保尔·亨利希·迪特里希，Paul Heinrich Dietrich d' Holbach，1723—1789)。他公开否认上帝的存在，指责"上帝要比最坏的人坏万倍"。同时，他承认物质的存在是不容置疑的。所谓物质，霍尔巴赫认为就是"通过某种方式作用我们感官的一切东西"。他们的这种唯物主义的自然观和无神论思想也反映在人道主义之中。

---

① 《从文艺复兴到十九世纪资产阶级哲学家政治思想家有关人道主义人性论言论选辑》，356页。

② 卢梭：《社会契约论》，9页。

③ 《十八世纪法国哲学》，168页。

克·阿·爱尔维修(Clande Adrien Helvetius,1715—1771)从感觉论出发,论述了人的本质。他认为意识是在感觉基础上去反映外部自然界的属性和性质的,因而感觉也可以直观人自身的性质。那么通过感觉观察到的人的性质是什么呢?他说:"人是能够感觉肉体的快乐和痛苦的,因此他逃避后者,寻求前者。就是这样经常逃避和寻求,我称之为自爱。"①这就是说人的本质就是避苦求乐。他认为人的这种本质是人肉体感受性的直接后果,因此为人人所共有,是永恒的和不可改变的。人的其他性质亦因此而定。他甚至认为,肉体的感受性是人的唯一动力。霍尔巴赫亦有类似观点,强调人的感官的作用,认为人是一个纯粹肉体的东西,因此"人在他的一切进步中,在所经历的一切变化中,永远只是遵照他的机体以及自然用来制造这个机体的各种材料所固有的法则而活动"②。"他提倡我们为人的肉体而工作吧,使人喜爱肉体吧,这样我们马上就会看到人的精神变得更优秀、更幸福,人的灵魂变得和平宁静,人的意志由于人们向他提供的那些现实的自然动机而决心奔赴美德"③。

众所周知,机械性是法国唯物主义特有的局限性,这一点也反映在他们对人的认识上。霍尔巴赫就曾把人比作机器。表现最典型的还是拉美特利(Tulien Offroy de la Mettrie,1709—1751)。他曾写过一本《人是机器》的书,书中写道"人是机器","人的身体是一架钟表,不过这是一架巨大的、极其精细的、极其巧妙的钟表"④。据此他认为,人的性质都是机械性的表现。他不仅把人的各种生理现象归结为机械运动,而且认为人的意识思维也是机械运动。由于受机械决定论的影响,在批评以往抽象的绝对的意志自由时,使得这些唯物主义者陷入了另一个极端:否认任何自由的存在。

第二,把人性善恶同社会的政治法律制度、社会教育和环境联系起来。

这是以无神论和唯物论去考察人而自然导致的结果。既然不能从上帝那里找到说明人性的根据,那么人性的根据必然存在于人生活于其间的社会中。这个思想在启蒙思想家伏尔泰那里就有明确的表述。他认为,人与动物不同,根本原因就在于人能结成社会。人如果绝对孤独地过活,他很快就会失去思想和表现自己的能力,就会成为自己的一个负担,最后只剩下使他变为野兽这一条路。

唯物主义哲学家提出:人性与社会环境有着密切联系,"人是环境的产物"。

爱尔维修把"避苦求乐"看做是人的本性。人怎样去实现自己的这种本性呢?他认为这取决于人所处的环境和所受的教育。他认为各个民族的性格和精神是随着它们的统治形式变化的。不同的统治形式轮流给予同一个民族以高尚的或卑下的、坚定的或轻浮的、勇敢的或怯懦的性格。人们在生下来的时候或者根本没有任何倾向,或者带有各种倾向。趋于一切对立的罪恶和美德,都是他们受教育的产物。

---

① 《从文艺复兴到十九世纪资产阶级哲学家政治思想家有关人道主义人性论言论选辑》,466 页。

② 《十八世纪法国哲学》,571 页。

③ 《十八世纪法国哲学》,625 页。

④ 拉美特利:《人是机器》,65 页。

爱尔维修认为，人或者有道德，或者十分残忍，全是由法律、统治形式和教育而使然。由于他一方面强调“自爱”即“自利”是人的本性，另一方面又认为这种本性受环境和教育决定，因此他在研究人性的一些具体表现时，总是离不开一定的环境，这就使他对人性的许多观念有着自己的解释。比如关于道德，他批判了前人在这个问题上存在的两种错误倾向：一是把道德看成是绝对独立的观念；二是把道德看成是人们武断的结果。他认为这两个哲学派别偏颇的共同原因，在于没有深切地去考察世界历史。如果深入地考察一下世界历史的话，那么就会发现：同样的行为先后成为有用的和有害的，于是依次被赐予道德和罪恶之名。

霍尔巴赫具有同爱尔维修一样的见解，也把人当做是环境的产物。他说：“我愿意把人造成怎样，就可以把他造成怎样。”①”他认为，一个伟大的人物如果只与强盗、窃贼、凶手经常接触，也就只是这一流的人。“牛顿如果生在鞑靼人或阿拉伯人中间，就只不过是一个凶狠的流氓。”②”反之，一个恶汉若是为有德行的父母所生，生活于贤明的政治统治之下，自幼就处于善人中间的话，就成为一个善人。霍尔巴赫过分强调环境对人性的决定作用，只承认必然性，认为一切都是由必然原因造成的，在人身上没有一个结果是产生于偶然原因。在他看来，偶然纯粹是一个空的、毫无意义的字眼。文艺复兴时期的人文主义思想家，曾把人说成是本性不定的生物，生来就有个性、意志并向往自由。霍尔巴赫从机械决定论出发，认为人之一生没有一刻是自由的。他认为“人既然不是他形体的主人，也不是他的观念或他的脑子的主人。这些观念的产生或改变，应归因于不管他愿意不愿意而且在他不知不觉中就不断影响他的那些原因”。“真的，人在自己的行动中有哪一刻是自己做主，是自由的呢？”③

法国唯物主义者把人性问题与社会环境联系起来，是有进步意义的。“人是环境的产物”这个命题的实际意义在于：要改变人性，就必须改变环境。启蒙思想家所说的环境主要是指立法、政治制度等。改变环境首先是改变立法、政治制度，这在当时是有革命意义的。但这种进步是有局限性的。因为照他们的看法人性本来是善的，是制度和环境使其变化的，要使人性由恶变善，即返本归原，就要靠好的立法、政治制度和好的教育，即通过立法、政治制度和教育以改变环境。这样他们就陷入了自相矛盾的境地：一方面说环境决定人，另一方面又说人的立法、政治制度和教育（他们称做“意见”）可以改变环境，表明他们对环境的实质并不理解。他们并未发现，当时也不可能发现，决定人性的因素究竟是什么。

综上所述，虽然启蒙思想家和唯物主义哲学家所代表的人道主义思潮具有一定进步意义，但就其所表现的历史观而言，仍然是唯心主义的。正因为如此，他们不可能对人性、人的本质有真正科学的认识。

---

① 《从文艺复兴到十九世纪资产阶级哲学家政治思想家有关人道主义人性论言论选辑》，476页。

② 《从文艺复兴到十九世纪资产阶级哲学家政治思想家有关人道主义人性论言论选辑》，476页。

③ 《从文艺复兴到十九世纪资产阶级哲学家政治思想家有关人道主义人性论言论选辑》，504页。

2. 孟德斯鸠的三权分立和制约学说

孟德斯鸠(Montesquien,1689—1755)是法国18世纪最著名的启蒙思想家之一。他出身于法国的一个贵族之家。其理论代表作是《论法的精神》(1748年)。该书结构复杂,全书大致可分为四部分:第一,总论,论法的定义和种类,其中包含着自然理论;第二,法与政体的关系,其中有著名的分权与制约学说;第三,法与地理、经济、人口、宗教等社会因素的关系,这实际上是广义的社会学;第四,法的历史和比较研究,包括对罗马法、法国法等各种具体法律制度的分析。

三权分立和制约学说是《论法的精神》中最精彩的部分,也是孟德斯鸠最主要的理论贡献。在自然法的作用下,人们自然而然地从自然状态进入社会状态。随后,为了调整人们之间的各种社会关系,各种法律应运而生,如国际法、公法和民法等。每一个社会都有一定的政府形式及其相应的宪法。《论法的精神》第二章至第十章详细阐述了从政府的性质直接引申出来的法律;第十三章在论及与宪政制度有关的政治自由的法律时,提出了著名的三权分立和制约学说。

作为洛克自由主义思想的赞同者,孟德斯鸠认为政治自由应是民主宪政制度的直接目的。在民主国家,人民仿佛爱做什么就做什么,但是政治自由不是无限制的自由,在法律指导下的社会里,自由仅仅存在于人们做应该做的和不被强迫做不应该做的权力之中。换言之,"自由就是做法律所许可的一切事情的权利"①。

依法行使自由权利是政治自由的必要条件,但不是充分条件。孟德斯鸠指出,只有在中庸政府(Moderate Government)的统治下,人们才可能发现政治自由。但是,即使在这样的政府统治下,政治自由并不总是可以被发现的。原因何在?因为"自古以来的经验表明,一切被授予权力的人都容易滥用权力"②。孟德斯鸠的这一揭示,犹如牛顿第一个发现了人们自古以来司空见惯却从未深思熟虑过的一个物理现象——万有引力作用。在人类的政治生活中,滥用权力的情况在一定意义上并不比树上苹果自然落地的现象少。但是,在孟德斯鸠之前,还没有一个人从这一熟视无睹的事实中真正悟出一条"以权力制约权力"的道理。即使孟德斯鸠所崇拜的古典自由主义创始人之一洛克,在提出立法权与执行权分立以防止权力过分集中和掌权者违背政府宗旨时,也未明确谈到以权力制约权力。如果说孟德斯鸠的三权分立和制约学说的前半部分是在洛克两权分立的理论基础上进一步完善而成,则后半部分以权力制约权力的思想却是前无古人的。

孟德斯鸠以赞美的口吻说到:以政治自由为政府直接目的的英格兰宪政制度是三权分立的典范。其实,当时英国是两权分立,真正的三权分立只有到1787年美国宪法制定后才逐渐在美国形成。孟德斯鸠认为:"在任何政府中都存在三种权力:立法权,与有赖于国际法的各事项相关的行政权;与有赖于民法(Civil Law,即国内

---

① Montesquien: The Spirit of Laws Vol I, p. 150.

② Montesquien: The Spirit of Laws Vol I, p. 150.

法—注)的各种问题有关的行政权。”①由此看来,洛克的分权理论对孟德斯鸠有明显的影响。洛克指出,行政权包括执行权和对外权。孟德斯鸠所说的行政权也包括对外与对内两个方面。他还明确指出,第三种权力是国王或执政官“惩罚罪犯或裁决个人之间争端”的权力,即司法权,而第二种权力则简称为国家的行政权。国家权力三分法的理论渊源于亚里士多德的《政治学》。但是,亚里士多德关于政体构成三要素(审议、行政、司法)的理论仅仅是对政体结构的描述,而没有将权力分立与保障公民政治自由,以权力制约权力相联系。

孟德斯鸠三权分立与制约学说的出发点是保障公民的政治自由。他说:“一个公民的政治自由是一种产生人人自感安全的心境平安状态。为了享有这种自由,就必须要有一个谁也不惧怕的政府。”②只有在没有畏惧感的情况下,公民才能心情舒畅地依法做他应该做的事,才不至于被迫去做他不应该做的事。应注意,孟德斯鸠所说的“惧怕”,主要是指公民惧怕掌握国家权力的统治者,而不单纯是个人之间的害怕。正是从这一点出发,孟德斯鸠强调三权分立的极端必要性。他指出:“如立法权和行政权集中在同一个人或同一执政机关之手,自由便不复存在。因为人们害怕同一个国王或议会将制定暴虐的法律,并以暴虐的方式执行这些法律。如司法权不从立法权和行政权中分离出来,自由也不复存在。如司法权与立法权合二为一,公民的生命与自由将被置于专断的控制之下,因为法官就是立法者。如司法权与行政权合二为一,法官将对公民施以暴力和压迫。如同一个人,或同一机构(无论是贵族或人民的机构)行使这三种权力,即立法权,执行公共决议权和审理个人间案件的权力,则一切都完了。”③

孟德斯鸠以如此明确的语言反向说明立法权、行政权与司法权的分立及其宗旨,因而视他为三权分立学说的真正创始人。

三权不仅要分立,而且更重要的是通过分立,以权力制约权力。“从事物的性质来说,要防止滥用权力,就必须以权力制约权力。(It's necessary from the very nature of things that power should be a check to power)”。孟德斯鸠的这一至理名言堪称人类政治生活中的“牛顿定理”。在西方,从古希腊城邦时期起,人们就在不断地探索什么是最好的政体这一重大问题。柏拉图在晚年曾提出兼顾君主制和民主制优点的中庸政体是最适宜的,并强调依法治国的重要性。此后,无论是亚里士多德,还是西塞罗都继承了柏拉图的这一思想。在近代,洛克进一步阐述了混合政体与以法治国的理论,并主张人民有最终的自卫权,以推翻暴虐的政府。然而,人们还没有找到一个在政府内部防止统治者滥用权力的有效方法。因为无论是中庸政体还是以法治国都无法从根本上防止统治者滥用权力。诚然,如洛克所说,人民可以推翻暴政,

① Montesquien: The Spirit of Laws Vol I, p. 151.

② Montesquien: The Spirit of Laws Vol I, p. 151.

③ Montesquien: The Spiirit of Laws Vol I, p. 151～152.

但这是一帖"以暴制暴"的"烈药"。相比之下,以权力制约权力,不仅可以防患于未然,而且这是政府内部自我制约的良好机制。孟德斯鸠说得好,只有以权力制约权力,才能防止滥用权力。这是权力这一事物的性质所决定的客观法则。

细心的读者可以注意到,孟德斯鸠所提出的是三权分立(Seperation)和制约(check)学说,而不是"制衡"(check and balance)。孟德斯鸠当时还没有进一步阐述如何使三权互相制约,最终达到一种权力平衡的状态。稍后,美国宪法的制定者们创设了三权分立和制衡的制度,并逐步通过实践,使之成为现实。不过,如果没有孟德斯鸠的昭示,美国宪法可能是另外一种模式。无怪乎美国宪法之父麦迪逊说:"在这个问题上,常常需要求教和引证的先知是著名的孟德斯鸠。"①

孟德斯鸠在西方文化发展史上第一次提出了三权分立和制约学说,继而被西方资本主义国家具体地外化为近代的宪政制度,此政在理论和实践两方面实现了"由权力支配法律到由法律支配权力的转变"。

3.2.5 现代人文主义文化

现代西方人文主义是现代西方哲学的一个重要方面,没有一种人文主义不贯穿着一定的哲学思想,也没有一种哲学不把人文主义作为自身的组成部分。所以,现代西方人文主义便是现代西方哲学这个概念应用的内涵。直到今天,学术界对于现代西方哲学这一概念含义的认识并不统一。有的学者指的是从19世纪上半叶德国古典哲学终结以来至今一个半世纪中,在欧洲北美各国产生和流传的主要资产阶级哲学流派;也有的学者指第一次世界大战和十月革命以后的马克思主义哲学以外的西方哲学;还有学者主张,仅仅是指第二次世界大战以后的当代欧美哲学。所有这些,给确定"现代人文主义"的含义既带来了困难,又提供了方便。所谓困难,就是说给"现代西方人文主义"规定一个确切的、世所公认的定义颇为不易;所谓方便,是说正由于它不确定反而可以较自由地确定。本文所论及的人文主义是指:19世纪中期以来在欧美诸国产生和传播的对世界产生过较大影响的资产阶级人文主义思潮。

1. 现代西方人文主义思潮的产生和发展

这个时期是西方世界哲学流派兴盛繁荣的时期,各种流派此起彼兴,名目繁多。有的学者曾统计过,在大约100年的时间内,每隔10年左右,就有一种或几种哲学流派出现,特别是20世纪以来,甚至每隔三、五年就出现一种或几种哲学流派。其实,有不少哲学家的哲学思想只不过是昙花一现而已,未必能形成真正的流派。一般现代西方哲学史家认为,如果不就形式而论,而从本质上去考察,可以把众多的现代西方哲学流派看做代表两股思潮:科学主义和人文主义。属于前者的有实证主义、分析哲学、结构主义等;属于后者的有唯意志主义、生命哲学、存在主义、实用主义、法兰克福学派、新托马斯主义和人格主义等。值得指出的是,上述流派中不少派别是两种倾

---

① The Federalist papers. Bantan Books, 1982, p. 244.

向兼而有之且交错在一起的。比如，结构主义中，人文主义色彩就很浓厚；而实用主义却又有科学主义的明显倾向。尽管这样，这种两分法为我们研究西方当代文化提供了方便。

现代西方人文主义并不是一个严密的理论体系，各个流派之间也不存在什么内在的逻辑联系。但这并不排除它们之间相互影响且在本质上存在许多共同之点，这在以后的介绍中可以清晰地看到。仅从时间上考察现代西方人文主义的产生和发展，大致分为以下三个阶段。

现代西方人文主义发展的第一阶段，亦即产生阶段，是从19世纪中期到第一次世界大战爆发前夕。这段时期，正是资本主义从自由竞争进入垄断的时期，西欧一些主要资本主义国家先后发展成为帝国主义。资产阶级的局限性及其所建立的资本主义制度的种种弊端，资本主义世界的各种矛盾，已经全面而深刻地暴露出来。在这些矛盾和困难面前，资产阶级已经无能为力。在政治上，它进一步变得保守甚至反动了。与此同时，无产阶级逐渐兴起，在马克思主义的指导下，无产阶级已经作为一种独立的政治力量登上了历史舞台。这给世界资本主义统治造成了巨大威胁。面对这种情况，资产阶级为了维护统治地位，愈益走上反动和专制的道路。与此种经济的、政治的转折相伴随的，是西方社会意识形态——特别是哲学的发展，也出现了新的重大转折。其主要表现就是以往以追求理性和进步为标榜的传统资产阶级哲学遭到了怀疑和否定。一些资产阶级哲学家开始厌恶传统哲学抽象的理论思辨，指责这种哲学无视现实、无视人的境况。因此，他们提出哲学应由对外部自然界和抽象思辨的研究，转而去研究人本身、人的内心和人的真实境遇；由对概念、原则的关心，转而去关心人。从而出现了由倡导、推崇理性转变为否定、蔑视理性。作为现代西方人文主义最早表现的唯意志主义的人道主义，就是在这种情况下产生的。

唯意志主义的代表人物是德国哲学家叔本华和尼采。他们是欧洲传统哲学非理性方向的开创者。与理性主义者不同，他们既不是把观念也不是把物质看做是世界的本质，而认为意志才是世界的真正本质。他们所讲的意志就是求得生存、表现生命力量的意志，即生命意志。生命意志是一种冲动、渴望和本能。他们认为，人就是这种生命意志的表现，人的本质和性质就是由这种意志所决定的。由此出发，叔本华断定人的意志、欲望无法满足，人是不幸的、悲惨的、无聊的，从而导致人生悲观主义。尼采则以生命意志作为衡量真伪善恶以至一切的标准，在西方思想史上第一次大声疾呼“上帝死了”、“重新评估一切价值”，从而建立起他的“超人”哲学，以“超人”取代了“上帝”。他认为，生命本身就是权力意志，人生应该是积极向上、奋发进取的。尼采提倡“超人”，认为只有“超人”才是充分体现生命意志的人。“他”超越自我，超越弱者；“他”主宰一切，敢于面对人类最大的痛苦和最大的希望；“他”能憎恨、能嫉妒、能自私、能自由、能严酷……尼采的“超人”哲学无疑是错误的。但不可否认，他所提出的“超人”实在是对当时资产阶级社会中那些庸庸碌碌、没有个性、苟且偷生的人的一种否定。仅此而言，“超人”哲学还是有其特定意义的。

以上表明，唯意志主义的人道主义同以往传统哲学所提倡的人道主义原则大不一样。他们不对以往文明歌功颂德，而是提出要"重新评估一切价值"。他们对人的本质和本性的了解，在一定程度上揭露了传统人文主义的虚伪性和欺骗性。但不可否认，唯意志主义的人道主义过于强调意志的能动作用，"超人"哲学导致了个人膨胀，与传统人道主义相比，许多地方背离真理更甚。从社会实践来看，它也为极端个人主义、法西斯主义提供了意识上的营养，起了反动和破坏的作用。

现代西方人文主义发展的第二个阶段，是从第一次世界大战、十月社会主义革命到 20 世纪 60 年代。在这一阶段中，世界经历了两次世界大战的空前浩劫，人类普遍遭受到战争灾难的袭击，受着经济危机的折磨，痛苦绵延不绝，而这一切都是在生产和科学文化远比古代发达的情况下产生的。如果说，资本主义的早期繁荣曾给人们带来对未来的希望和安慰的话，那么，现在人们失望了。他们内心感到茫然，感到没有寄托、没有依靠。他们孤独、失落了，对个人前途没有信心，对未来不抱希望。从思想意识上，人们对传统人文主义宣扬的人的高贵、人生自由、幸福等信条产生了巨大怀疑，有些人公开起来对之进行否定和批判。这样就出现了以下两种情形：一是以改头换面的方式，继续维护传统的人文主义，使之为帝国主义服务；另一种就是站在资产阶级唯心主义的立场上，起而批判传统人文主义，主张关心现代人的苦闷情绪和悲惨境遇，创立了所谓"新人道主义"。这个时期的各种哲学无不把人作为重要问题来研究，因而涌现出了众多的人文主义思潮，主要有弗洛伊德精神分析主义的人道主义、存在主义的人道主义、新托马斯主义的人道主义、法兰克福学派的人道主义。其中以存在主义的人道主义影响最为突出。

存在主义的人道主义虽然也是以反理性面貌出现的，但它与唯意志主义的人道主义的反理性不能同日而语。后者经过第一、二次世界大战，经过希特勒法西斯的疯狂表演，战后已声名狼藉。因而，若是简单重复唯意志主义人道主义显然不能为人所接受。存在主义以关心人的存在为己任，把存在主义哲学说成是真正"人的哲学"。存在主义也批判传统哲学的理性主义，但它不仅批判理性主义的基础原则，而且从本体论上去批判理性主义。也就是说，要铲除理性主义的根基。存在主义哲学指责以往哲学——不论是唯物论还是唯心论——出发点都是根本错误的。它们或者强调精神的存在，如黑格尔；或者强调物质的存在，如狄德罗。然而，它们都忘记了人的存在。存在主义的人道主义提出：这种哲学应当根本变革，代之以新的哲学。这种新的哲学即存在主义哲学，它主张哲学的基本问题不是什么思维与存在的关系问题，而是人的问题，研究个人的生存、个人的存在，关心和解决每个个人的生存问题，是哲学的核心和根本任务。存在主义认为，所谓存在，归根到底只是主观意识的存在，亦即个人的存在。人的存在与世间一切事物根本不同。后者无例外地都是本质先于存在，唯独人的存在先于本质，人是具有超越自我性质的、不断自我设计、自我造就的存在物。存在主义自称为人学，被说成是一种"新人道主义"。

存在主义的人道主义以无限关心人的面目出现，这是人们普遍感到孤独无救、迫切需要关怀的一种反映。存在主义人道主义揭示了人的恐惧、烦恼和绝望情绪，也是对现实中人的内心世界的暴露。这些不能说毫无意义。然而，人们能否指望这种哲学把自己从绝望、沉沦、恐惧、烦恼的状态中解脱出来呢？当今社会实际对此已经做出了否定的回答。原因不在于存在主义个别论断上的偏差，而是在于它的根本出发点同样也是错误的。它们的出发点并不是生活于现实中的具体的个人，而是所谓的主观性。这就决定了他们对于人的多种问题的研究以及提出的解决方案，都必然局限于主观性之中。只要不抱偏见，谁都应该承认，人类所面临的恐惧、烦恼、绝望等，决不是什么主观性所能完全解释了的。脱离对现今世界经济制度和政治制度的正确分析，绝不可能揭示当今社会中种种非人道现象的根源，而且不谈对资本主义制度的变革，所谓关心人的幸福、自由，关心人生的价值和人的尊严，依然不过是动听的空话。正因为如此，存在主义的人道主义虽然曾风靡一时，但 20 世纪 60 年代中期以后势头便渐渐减弱下来。

这个时期产生的其他人道主义思潮，也有与存在主义的人道主义类似的情形，本文从略。

现代人文主义发展的第三阶段，是从 20 世纪 70 年代至今。这个时期，上述各种人文主义思潮继续存在着，但已经明显地走下坡路，如弗洛伊德精神分析主义的人道主义，还有前面提到的存在主义的人道主义，就是在这个时期衰落下来的。有些人道主义思潮则一度有所抬头，如法兰克福学派的人道主义。这个学派也是当今西方世界中影响颇大的一个西方马克思主义流派。其特点是既揭露和批判现代垄断资本主义社会，又对社会主义进行批判，表面上是要对马克思主义做出新的探索和研究，但其中许多是违背甚至反马克思主义的。在对待资本主义制度和社会主义制度问题上，他们认为这两种制度都不适于人的生存。其根据是：在当今发达的工业社会中，人的物质享受提高了，但人变得与物一样，丧失了自己的特性，甚至成了物质的工具和奴仆，人已经失去了精神上的进步和冲动，成了残缺不全的东西。他们不加区别地认为，两种制度下的人都是如此，甚至认为社会主义制度在某些方面较资本主义还要严重。在对待马克思主义的理论问题上，他们简单地把马克思主义哲学也看成是一种人道主义，认为马克思主义哲学是西方人道主义思潮的必然产物。他们并不重视马克思主义的革命方面，而是强调马克思主义关于资本制度下人的异化理论，关心马克思主义对这种异化的揭露和批判。一句话，在他们看来，马克思主义也是一种人道主义。

这个时期另一个引人注目的特点是：科学技术突飞猛进的发展给社会生活各个方面带来了深刻变化。这不仅改变了人与自然的关系和人在生产过程中的作用，也改变了人本身，改变了人对自身的认识和人生的态度。一方面，计算机的发明和广泛应用，使它不仅用于几乎所有生产部门，而且运用于人们的日常生活；原子科学和电子技术的进步，既出现了原子能的和平利用，又生产了大量核武器；分子生物学、遗传工程、试管婴儿出世、宇航技术、海洋工程、光纤通信……所有这一切，都开辟了前所未有的新领域,对人类文明的发展起了巨大推动作用。另一方面,科学技术的发展,也给人类的生存和发展带来新的问题,比如环境污染、毁灭性武器的生产和贮存,使得整个人类以至整个地球都处于可能被毁灭的威胁之下。上述两方面的情形不可避免地会反映到对人的本性的认识上来,反映到人生态度和人的价值等问题上来。于是出现了科技乐观主义的人道主义和科技悲观主义的人道主义这样两股思潮。

科技乐观主义认为,科技发展会给人们认识自然、认识自己开辟前所未有的宽广领域,为人类改造和控制自然,从而创建真正适合人生存的社会,为人类的自由和解放,提供了无限美好的情景。随着科学技术发展的,必将是人类文明的进步,人类有能力克服和消除诸如环境污染、核战争等消极的东西。他们对人类未来充满信心,认为即使将来地球不可避免地要归于毁灭,能源会被完全消耗掉,人类凭自己的智慧和力量,也能在宇宙空间建立新的居住区,继续过着人的生活。人作为万物之灵的地位不会消失,人的本性将得到发展和完善。总之,乐观主义者认为,科技发展给人类带来的是一片光明,科技发展必将促进人对自身的认识和研究,人的奥秘将被真正揭开。

科技悲观主义者的看法则截然不同。他们认为科学技术和文明的发展,不能使人性进步,反而使人变得愈来愈坏、愈来愈堕落,使人越发丧失其本性。道理很明显。在科技发达的今天,不仅使每个人都"普遍化"了,即使人失去作为有个性的个人存在,而且更有甚者,使人与物等同,成了先进工具的奴仆,接受它的奴役,人被全面地异化了。对于传统人道主义所鼓吹的"科技发展会带来文明的进步,会创建使人类幸福、获得全面发展的社会,会使人的本性得到完善和恢复"这些说法,他们都表示怀疑。他们认为,世界变得越来越荒谬,人类的前途也越来越暗淡。人生没有寄托。科技越是发达,人就越是沉沦,恐惧感、孤独感、失落感和不安全感将包围着每一个人。这些观点早在存在主义的人道主义思潮中就有表现,到科技悲观主义者手里,这些失望的消极的人道主义思潮则进一步膨胀和发展,甚至导致人性虚无主义。他们不再相信"人是万物之灵"这句古老教条,认为人不如物,将会降为机器的奴隶和玩物,到那时人道主义将毫无意义。1972年,美国普林斯顿大学教授维克多·萨帕尼可夫和戴维·萨帕尼可夫在合写的获奖论文中曾提出这样的见解:进化计算机将继承数学,而且一般看来,最后将继承宇宙、世界,也许整个银河系都要被那些自我繁殖、自我改进、根本毁坏不了的无限进化到更高能力形式的计算机所统治和控制。人将成为计算机思想家的玩物和害虫,成为他们低级发展形式的回忆,保存在将来的动物园里。这种悲观主义论调,目前在世界上还有不小的影响。

以上是科技迅猛发展形势下出现的两股带有未来派倾向的人道主义思潮,观点虽不一致,但都是从一个角度反映了科技发展对人道主义的影响。

2. 现代西方人文主义的特点

与传统的人文主义相比,现代西方人文主义有以下特点。

第一,具有明显的非理性主义倾向。早期资产阶级是以反对封建主义的蒙昧和理性的姿态走上历史舞台的。他们推崇理性，主张意志自由；提倡人性，反对神性和愚昧，认为理性是人所独具的禀赋。在他们看来，人是什么？人是理性的动物，是万物之灵。正因为如此，人应有人的尊严和价值。他们鼓吹自由、平等、博爱。他们所憧憬的未来社会中，人与人将彼此平等、相爱，人们将是幸福自由的，这也就是他们所宣传的理性社会，完全合乎人的本性的美好社会。这些理论在当时的进步作用是无可否认的。但到了19世纪中期以后，资本主义生产关系所能容纳的生产力的发展逐渐达到了极限，经济危机的频繁出现和不可克服，表明这种生产关系已经过时。然而资产阶级仍然维护着这种生产关系，阻碍生产力和社会的进一步发展。这样的经济地位决定了他们在政治上是保守的、反动的。他们的思想家、理论家曾经向往的、许诺的美妙的理性原则和理性社会已经被残酷的现实所摧毁。剥削和压迫代替了自由和平等；弱肉强食、尔虞我诈代替了人人相爱；社会中种种弊端和丑恶现象代替了美好的幻想。在这种情况下，以理性原则为基础的人道主义普遍遭到了怀疑和否定。资产阶级哲学家内部许多人深切感到传统理性原则的无能为力，乃至荒诞。他们决心抛弃这些东西，重新开拓新的道路。既然现实的一切已经无可救药了，于是他们就把目光转向人本身，转向人的主观性。这样便形成了以个人利益为出发点，以个人主观意志、主观意识甚至无意识和人的主观体验、情绪等为基础的所谓“新人道主义”，亦即一般称做非理性主义的人道主义。上面提到的唯意志主义人道主义和存在主义人道主义，就是典型的代表。

第二，现代西方人文主义往往把人的问题本体论化，不仅从本体论角度去解释人的本质，而且从本体论角度去解释人的特性。例如：存在主义人道主义者一般都认定人，特别是个人的唯一存在。哲学的基本问题就是人的问题。传统哲学把思维与存在的关系当做哲学的基本问题，唯物主义者执著于物质的存在，唯心主义者则执著于精神的存在。他们的共同错误是都忘记了人的存在。他们都不关心人的生存状况，不能解决人的生存问题，他们不能真正揭示人的本质和特性。一句话，这种哲学不是人的哲学。这就使得那些抱有反感情绪的哲学家决心要跳出传统哲学的窠臼，另辟新路。他们去创立以人为中心的新哲学，去寻回被遗忘了的人，重新确立人的地位和价值。他们要用新的观点去研究人，以期把在现实中不断异化的人、沉沦失落的人挽救出来。

现代人文主义的有些流派不仅把人本体论化了，当成是宇宙中一切存在物的根据和本原，甚至对人的特性也从本体论上去说明。唯意志主义讲的意志，存在主义讲的自由、超越、烦、畏、死等，都带有本体论色彩。例如，在唯意志主义者那里，人是意志，意志也就是人；在存在主义者那里，人是自由的，自由也就是人。

把人及其属性本体论化，在于否认古老的哲学基本问题，超越哲学的党派性。一方面，其实质是改头换面了的唯心论；另一方面，他们的确达到了把人的问题突出的目的。虽然突出未必能给予正确解决，但由于他们的努力，使得人们更关心自己。这即便是在现代也是有积极意义的。

第三,与第二点有直接联系。现代人文主义思潮标榜他们特别关注个人的存在,关怀个人的生存状态。他们认为传统人文主义和现实社会都把人一般化了、普遍化了,结果使个人消融于集体和社会之中,失去了个人自我的存在。实用主义人道主义、法兰克福学派和存在主义的人道主义对于传统哲学进行批判的一个重要方面,就是指责它不去研究、关怀特殊的、个别的人,只是从一般的、抽象的人性概念出发去考虑人。认为这种研究毫无意义,根本解决不了个人的生存处境,不能使人从异化中,从压迫、恐惧、烦恼、绝望中解脱出来。在存在主义人道主义看来,只有从存在也就是个人的存在出发,从"此在"即从此时此刻的人的存在出发,才能真正关怀人,给人生指明正确的道路。

现代资产阶级人道主义的这些指责不无道理。因为建立在纯理性基础上的人道主义的确存在着把人一般化、抽象化的缺陷。它们往往以一般的、抽象的人的概念为前提,去探讨人的概念的特性。对于具体的现实的人他们并不关心,至多被当做个别的例子。比如,黑格尔哲学的这个缺点更加突出。这正是历来非理性主义者总是首先把攻击的矛头指向他的原因。当然,任何理性研究都不能避免一般化和抽象化的过程,人的理论研究也不能例外。问题在于纯理性主义者不是从具体的现实的个人到抽象的一般的人,他们或者是丢弃了前者,或者是用后者去规定前者。在这两种情况下,他们的人道主义即使从资产阶级人道主义立场上看也不可能没有缺陷。那么,现代资产阶级人道主义是不是毫无缺陷,真正能揭示人的本质和特性,并为人生提供正确的指导呢?事实表明,他们关于人的本质的许多结论,他们所揭示的人的若干特性,以及他们关于指导人生的种种说教,仍然是漏洞百出,难以使人信服。不过他们突出个人的处境,关怀个人的生存,一定程度上推进了人道主义的研究。

第四,现代西方人文主义思潮与现代科技革命相关,受到科技革命的冲击,这是其又一特点。无论是存在主义,还是新托马斯主义和法兰克福学派,它们的人道主义思潮,既受现代科技发展的影响,又力图使这种理论与科技术发展结合起来。

新托马斯主义的人道主义就是一个典型的例子。它虽然不像存在主义和法兰克福学派那样,过分强调科技革命进程中的人的异化。但它也认为,在原子和电子时代,人的生存和尊严越来越受到威胁。科技革命的飞快发展增加了人的恐惧和不安,整个世界无一片乐土,哪里也不是安宁之乡,人人都处在死亡的威胁之下。新托马斯主义人道主义认为,那种以人为中心的人道主义已经不能解救人类的危难,不能使受苦的民众获得解脱,唯一的办法就是从人转向神,建立以神为中心的人道主义,把希望寄托在上帝身上,只有把人与上帝联系在一起,才能使人获得自己的价值和尊严。新托马斯主义者把它们这一套标榜为"新的或完满的人道主义"。另一方面,他们又受科技革命的影响,力图把他们以神为中心的人道主义与科技发展联系起来,宣称"应努力使新托马斯的基本原理不断地体现现代化科学的研究成果"。上世纪五六十年代,还出现一些托马斯主义者强烈要求修改老托马斯主义的陈旧教义,使托马斯主义现代化的倾向。这些人主张把托马斯主义同现代具体科学联系起来,同其他资产阶级哲学流派联系起来，利用它们的成果来论证和推进新托马斯主义。所谓新托马斯主义的存在主义，就是这种表现之一。对于托马斯主义同科学的对立，许多资产阶级哲学家都并不否认，然而今天的一些新托马斯主义者却做出要与科技发展成果协调起来的姿态，可见科技革命对它的影响之大。但新托马斯主义果真能实现神学与科学的结合和协调吗？果真能实现"完满的人道主义"吗？事实上是不可能的。他们的这些说法不过是一种宣传罢了。

至于科技革命发展中直接引出的乐观主义和悲观主义两种人道主义思潮，前面已有论及。它们与科技革命发展的联系甚为明晰，无需再述。

第五，反对和歪曲马克思主义哲学，是现代西方人文主义的一个共同特点。这有两种情况：一是在马克思的《1844 年经济学—哲学手稿》(以下简称《手稿》)问世之前，西方人文主义者把马克思主义与人道主义绝对地对立起来，指责马克思只讲阶级斗争、暴力革命、无产阶级专政，不讲人性和人道主义。他们把马克思主义看成是不近人情、没有人性的怪异体系。当然也有不少西方马克思主义研究者认为马克思主义并非青面獠牙的怪物，它是人类文明的伟大成果，但他们也认为不关心人、不讲人道主义是马克思主义的一个重大缺陷。

1932 年，《手稿》公之于世，立刻引起世界论坛的重大震动，其突出表现之一就是掀起了马克思主义人道主义热潮。一些西方马克思主义研究者认为，以《手稿》为代表的早期马克思是人道主义的马克思；而以《资本论》为代表的马克思，即马克思后期丢弃了人，成了阶级斗争的马克思，这就是流行于西方论坛的两个马克思的对立。还有一部分西方马克思主义研究者认为，马克思本人无疑是研究人和关心人的，他主张维护人的权利和尊严，提倡人的自由和解放。但是恩格斯和列宁把马克思主义修改了。他们强调残酷的阶级斗争、暴力革命，不讲人的存在，把人吞没在观念中，因而使马克思主义出现了所谓"人学的空场"。总之，《手稿》问世之后，指责马克思反对人性和人道主义的人不多了；相反，出现了另一种倾向，即竭力把马克思主义人道主义化。

把马克思主义污蔑为不讲人性、不人道的怪异体系，这是资产阶级学者的偏见和恶意中伤。但把马克思主义简单地看做是一种人道主义的表现，这也未必是对马克思主义的正确理解。毫无疑问，马克思主义是研究人和关心人的，根本不存在"人学空场"的问题。但不能忽视，它同资产阶级人道主义意识形态之间存在着根本分歧。一是世界观和历史观不同，这是显而易见的。人道主义不管是什么样的流派，他们的世界观和历史观基本上是唯心主义的，而马克思主义则是在辩证唯物主义和历史唯物主义基础上建立的科学理论体系。它的关于人的理论也是在这种世界观指导下建立起来的。正因为如此，它的关于人的重大问题的见解与资产阶级人道主义的观点有着根本区别。如：资产阶级人道主义所讲的人是指一般的人、抽象的人。当然，这并不是说他们所讲的人没有其具体的阶级属性，而是指他们打着代表全体个人、全人类这个幌子。马克思主义的出发点是"现实的人，现实中的个人"。"这些个人是从事活动的，进行物质生产的，因而是在一定的物质的、不受他们任意支配的界限、前提和条件下能动表现自己的"①。二是从马克思主义形成的历史看,它并不是对资产阶级人道主义道路的延伸和拓宽,而是另外发现了一条崭新的道路。它不是资产阶级人道主义发展的产物,恰恰是同资产阶级人道主义斗争的一个结果。有一个事实是很清楚的,马克思如果不批判、否定费尔巴哈的人本主义,那么马克思主义就绝不能建立起来。当马克思同费尔巴哈人本主义未能真正划清界限时,他的理论就不是成熟的马克思主义。一旦马克思主义理论发展成熟,费尔巴哈人本主义的影响就被克服了。

这里,本文不想全面地去论证这个问题,只想表明这样一种意思:仅就上述两点来看,把马克思主义简单地当做一种人道主义的看法是多么不妥当。

3.2.6 现代科学主义文化

现代西方文化的发展与现代自然科学的发展也是紧密相连的。19世纪末、20世纪初自然科学发生了革命性变革,现代物理学取代了牛顿的经典物理学。第二次世界大战以后控制论、信息论的产生和发展,以及电子学的发展,使20世纪50年代发生了新的技术革命。自然科学的迅速发展不仅对文化的发展产生了巨大影响,使现代西方文化中产生了科学主义思潮,如实证主义、马赫主义等,而且在科学主义思潮中产生了科学哲学。现代科学主义思潮主要有逻辑经验主义、波普尔的批判理性主义和库恩的历史主义等。

1. 西方近代实证主义的产生和演变

西方近代实证主义产生于19世纪三四十年代,几乎和马克思主义同时出现,但却是走着另一条道路的文化思潮。实证主义的创始人是法国的孔德。英国的斯宾塞是早期实证主义的主要代表。他们被称为"第一代实证主义"。到20世纪初,马赫、阿芬那留斯等人在歪曲地解释当代经验科学成果的基础上建立了新的实证主义,被称为"第二代实证主义"。以下以孔德和马赫的思想为代表,阐述实证主义的主要观点及其演变。

孔德(Auguste Comte, 1798—1857)是法国的哲学家和社会学家,是社会学的创始人。他最早把自己的哲学称为实证主义或称实证哲学。在他看来,哲学的任务是要使自己成为一种实证的科学。他在洋洋六大卷的《实证哲学教程》中,幻想建立一个包罗万象的理论体系,而他的实证哲学则是这个体系的最后说明。

孔德的所谓实证哲学,是一种仅仅研究经验现象,并力图向人们提供关于现象的精确知识的哲学。他明确地说:"实证哲学的基本性质,就是把一切现象看成服从一些不变的自然规律;精确地发现这些规律,并把它们的数目压缩到最低限度,乃是我们一切努力的目标。"②孔德这里所谓的"自然规律",是指各种现象之间的先后关系

① 《马克思恩格斯选集》第1卷,29页。
② 洪谦:《西方现代资产阶级哲学论著选辑》,30页。

和相似关系。他认为，对现象的研究必须抛弃那些探索原因的企图。“真正的实证精神用对现象的不变的规律的研究来代替所谓原因（不管是近因还是第一因）。一句话，用研究怎样来代替为何。”这样，科学只能叙述事实，不能说明事实，只能知其然，不能知其所以然。如果人们超出这一点，还要追问或研究经验现象的本质、规律的客观必然性，进而追问宇宙的起源、第一因等等。这些都是不确实的，是无法用经验证明的，是人的能力根本无法把握的问题，因而是毫无意义的“形而上学”，是产生一切争论和谬误的根源。

孔德认为，哲学应该是实证的，哲学必须能够接受经验的检验，而且只有那些经过经验检验的知识才是确实可靠的、实在的和有用的，而一切不能由经验检验的哲学都应作为形而上学（Metaphysics）加以抛弃。显然，孔德的实证主义完全是从休谟（David Hume 1711—1776，英国哲学家）式的经验论出发的。他把科学和哲学的研究局限于经验现象的范围，把对事物的本质和规律性的研究看做是应该抛弃的形而上学。这些直接影响和造就了各种实证主义流派，并且成为当代西方实证主义的普遍特征。

马赫主义产生于19世纪七八十年代。它的创始人马赫（Ernst Mach，1838—1916）是捷克出生的奥地利物理学家和哲学家。在物理学研究上，马赫对当代物理学的发展，特别是对爱因斯坦相对论的提出有很大贡献，是一个出色的物理学家。但是在哲学上，他却是一个主观唯心主义者。他根据物理学研究的成果，提出了一个独特的哲学理论世界要素说，把世界上的一切现象都看成是由于要素的不同排列组合而成的。这种要素说的目的是要摆脱唯物主义和唯心主义的划分，把自己凌驾于两者之上。对这种所谓中立的要素说，列宁在《唯物主义和经验批判主义》中做了深刻地揭露和批判，指出了它的“最纯粹的唯我论”性质①。

马赫直接继承了孔德的实证主义思想。他认为，只有与我们的感觉发生关系的东西才是真实的、实在的，而所有承认在感觉现象之外存在某种实在的哲学都是形而上学，应该加以抛弃。他说：“我的观点是排除一切形而上学的问题，不论这些问题被认为只是此刻不能解决的或是根本永远无意义的。”②但是，马赫主义作为新的实证主义，与老的实证主义相比毕竟有所不同。马赫主义完全否定了第一代实证主义者还没有完全否定的感觉现象之外的东西的存在，认为世界的本质就是感觉经验。马赫明确宣称：“我所有观察到的东西，即我的感觉。”③同时，马赫也放弃了第一代实证主义建立一个综合的包罗万象的哲学体系的企图，而把哲学归结为所谓科学的认识论。它不研究认识与世界的关系，而只是描述各种符号以及它们之间的关系。马赫反对把哲学看做是包罗万象的“科学之科学”，强调哲学与各门自然科学的密切联系。

① 《列宁选集》第2卷，36页。
② 马赫：《感觉的分析》，135页。
③ 马赫：《感觉的分析》，135页。

这是正确的。但是,他进而把哲学归结为对表达经验现象的符号的描述,不去探求经验现象的客观规律,不去研究人类思维活动与外在世界之间的内在关系,这就大大削弱了哲学的世界观和方法论作用,哲学仅仅成为科学的附庸和仆人。马赫主义的这些观点,直接影响了逻辑实证主义(逻辑经验主义),成为它"反形而上学"和"哲学即逻辑分析方法"这些思想的重要理论来源。

2.逻辑实证主义(逻辑经验主义)

在哲学主导精神上,逻辑实证主义继承了西欧传统经验论思想,从洛克到穆勒的英国经验论传统在这种哲学中始终占据着特殊的重要地位。但是,在逻辑实证主义和传统经验论之间有两个重要区别,这就是,是否重视数学和逻辑,是否强调传统哲学的语言方面。这使逻辑实证主义具有与传统经验论不同的显著特征。

逻辑实证主义是维也纳学派的理论主张。维也纳学派是由石里克(Mritz Schlick,1882—1936)创立的维也纳小组形成的哲学学派。1921年,石里克应聘担任了维也纳大学归纳科学哲学讲座的教授。这个讲座的第一任教授就是马赫。1924年,石里克在讲座的基础上建立了一个关于经验科学的哲学问题小组,专门讨论逻辑和认识论问题,这就是著名的"维也纳小组"。先后参加这个小组的有卡尔纳普(R. Carnap)、纽拉特(O. Neurath)、克拉夫特(V. Kraft)、考夫曼(F. Kaufmann)、魏斯曼(F. Waismann)、费格尔(H. Feigl)等哲学家,还有一些对哲学感兴趣的数学家和物理学家,如哈恩(H. Hahn)、弗兰克(P. Frank)等。1929年,纽拉特、卡尔纳普和哈恩等人共同起草了纲领性宣言《科学的世界观:维也纳小组》。这篇宣言介绍了这个小组的成员、研究方向和目标,正式宣告维也纳学派成立。

维也纳学派自形成之日起,人物众多,观点庞杂。但他们都共同关心如何把科学建立在具有明晰性和简单性的语言基础之上,一致认为有关事实的问题只能靠科学经验的方法才能判定,而不需要用经验来判定的问题不是逻辑和数学问题就是语言问题。由此出发,维也纳学派提出了逻辑实证主义的基本观点。

第一,反对形而上学。维也纳学派把西方哲学史上对分析命题和综合命题的传统区分作为反对形而上学的新的重要依据。他们认为,一切有意义的命题或者不依赖于经验的分析命题,或者是求助于经验证实的综合命题,而形而上学不属于这两种命题。形而上学问题不是事实问题,而是语言问题,是由于人们在语言使用上的混乱。形而上学命题是伪陈述,它们不会产生任何实际效果,因而没有认识意义,应该抛弃。

第二,是意义标准和证实原则。维也纳学派认为,要证明一个命题有无意义,必须看它是否属于逻辑和纯数学的命题,或者属于经验科学的命题。如果一个命题既不能用经验证实,又不能借助于逻辑推论证明,人们就无法判断它的真假,因而只是无意义的虚妄命题。命题有无意义在于它是否可以得到证实,"一个命题的意义就是证实它的方法"。这就是维也纳学派作为意义标准的证实原则,它是以维也纳学派为中心的逻辑实证主义的一个重要观点。

第三，哲学的任务是逻辑分析。这主要是受到罗素和维特根斯坦思想的启发。在维也纳学派看来，任何陈述只要有所断言，就必定具有经验性质，就属于经验科学。给哲学留下的不是陈述，也不是理论和体系，而只是一种方法，即逻辑分析的方法。哲学不是知识的体系，而是一个活动的体系，即从事对语言的逻辑分析活动。哲学是确定或发现命题意义的活动。这是维也纳学派的又一重要理论观点。

第四，是物理主义和科学的统一。这是对现象主义的修正。证实原则要求，一个命题有意义，必须是从原则上能够被归结为用感觉材料的语句表达经验内容的命题。由于这种现象主义过于主观，缺乏主体间性，无法解决普遍命题的证实，卡尔纳普等人就提出用物理主义语言取代现象主义语言。物理主义把物理学语言作为科学的普遍语言，它能使所有使用这种语言的人都观察到用这种语言描绘的事件，具有所谓的主体间性，任何科学领域内的语言都可以在保存原来内容的前提下翻译成物理学语言。这样，就可以在物理学语言的基础上实现科学的统一。

与传统的经验论和实证主义哲学相比，维也纳学派的逻辑实证主义思想有以下基本特征。

首先，在哲学性质上，维也纳学派认为，哲学的唯一任务是对语言的逻辑分析活动，哲学的目的在于为科学命题提供清楚的意义，是一种授义活动。哲学的授义活动是一切科学知识的开端和归宿。这种哲学观强调哲学与科学的密切联系，抛弃了过去那种把哲学看做是“科学之科学”的观点，是有积极意义的。它把哲学的任务仅仅限于逻辑分析，把哲学看做是一种活动的体系，却否定了哲学的世界观性质，否定了哲学具有一定的理论形式，也就否定了哲学本身。

其次，在哲学对象上，维也纳学派认为，哲学应该研究关于感觉的陈述与关于物理对象的陈述之间的关系。它的任务就是通过逻辑分析，使两种陈述达到一致。可见，他们是把语言作为哲学研究的对象。在他们看来，形而上学的出现是由于不正当地使用语言造成的结果，而一切哲学和科学问题归根到底都是语言问题。因此，无论是为了反对形而上学还是为了澄清有意义的命题，都必须把语言作为研究对象。正如维持根斯坦所说：“我的语言界限就是我的世界的界限。”维也纳学派对语言的逻辑分析，强调分析语言的各种形式规则和符号本身，而不涉及语言所谈论的内容，这必然导致约定论。同时，维也纳学派要求用物理主义语言表述一切科学命题。这种还原论思想无法解释普遍的科学命题的真理性，最终仍然没有摆脱主观主义的唯我论。

最后，在哲学研究方法上，维也纳学派抛弃了传统经验论的心理分析，仅仅采用了逻辑分析的方法。他们认为，逻辑分析方法的最大优点在于它可以使人们在分析和澄清命题意义中排除任何心理因素，客观地表述命题的意义和真假，使所有使用同一命题的人都能对它做出相同的理解，这就避免了心理分析带来的混乱。从正确表述哲学思维的角度看，维也纳学派的这一套研究方法的确有一定的积极意义和建设性的意义。但是，维也纳学派不仅把逻辑分析看做哲学研究的方法，更重要的是把它看做哲学研究的全部内容。它规定哲学的唯一任务就是对科学命题进行逻辑分析，这就使维也纳学派的哲学观过于狭窄了。

维也纳学派是逻辑实证主义的主要代表，但不是这种哲学的唯一代表。自从维也纳小组出现以后，在欧洲其他国家也相继建立了一些与他们的观点相类似的哲学团体，例如德国的赖欣巴哈(H. Reichenbach)、亨普尔等人的“经验哲学学会”被称为“柏林学派”，波兰的卢卡西维茨(J. Luckasiewicz)、塔尔斯基等人的“华沙学派”，英国的艾耶尔、拉姆赛(F. P. Ramsey)，以及法国、丹麦、芬兰和瑞典的不少哲学家都是逻辑实证主义在各自国家的重要代表。其中艾耶尔是最早把逻辑实证主义介绍到英语国家的人之一。他和亨普尔在逻辑实证主义的传播和发展中发挥了极其重要的作用。

3. 库恩的历史主义——科学革命的结构

库恩(T. Kuhn)是当代美国最著名的科学哲学家之一。1943 年毕业于哈佛大学物理系，1949 年以关于理论物理学的论文获博士学位。以后，他先在加利福尼亚大学柏克利分校任教，后来在普林斯顿高级研究所任研究员，在麻省理工学院任“科学、技术与社会”课程的主任教授。

库恩的科学主义思想受到汉森、图尔明、皮亚杰、奎因等人和格式塔心理学的重要影响。1962 年库恩发表了他轰动科学哲学界的代表作《科学革命的结构》一书，从而在西方科学哲学界开创了科学主义文化中历史主义的新阶段。他的主要著作还有《哥白尼的革命：西方思想发展中的行星天文学》(1957)、《必要的张力》(1977)等。

库恩把科学哲学的首要任务看做是：“我们必须首先弄清楚科学究竟是怎样进步的。”①在库恩看来，要解决这个问题，必须注重科学史，特别是必须引进心理学和社会学。因为，科学家关心什么课题、选择什么理论、抛弃或发展什么学说，都不仅仅是采用某种科学逻辑的结果，而是受科学家的世界观和科学的社会体制所制约的。由此，科学的进步必然牵涉到影响科学家世界观的社会价值体系和意识形态以及传播它们的社会制度。库恩写道：“解释归根到底是心理学或社会学的，就是说必须描述一种价值体系、一种意识形态，同时也必须分析传递和加强这个体系的体制。知道科学家重视什么，我们才有希望了解他们将承担些什么问题，在发生冲突的特殊条件下又将选择什么理论。”②

在库恩的科学哲学中，范式和科学共同体是两个关键性概念。

(1)范式

什么是范式呢？库恩在《科学革命的结构》一书中处处讲究范式，却没有一处为范式下过明确定义。之所以如此，是与他接受维特根斯坦的“家族相似说”有关③。按照维特根斯坦的“家族相似说”，词的意义在于词的用法，一个词的用法是多种多样

---

① 库恩：《必要的张力》，284 页。

② 库恩：《必要的张力》，285 页。

③ 库恩：《科学革命的结构》第 5 章。

的，因而词的意义在不同场合下只具有家族那样的相似性，而不是一致性。与此相同，库恩的范式也没有一致的用法。据有的学者统计，在《科学革命的结构》中库恩的范式竟有22种意义不同的用法。正是范式的用法有如此多的不同，库恩认为“范式的存在甚至并不一定意味着有什么整体规则的存在”①。不过就像没有什么确切的规则规定什么是游戏、什么不是游戏但游戏仍然存在一样，库恩也坚持范式的存在是合理的。大体上说，在库恩那里，范式一词有这么两类意义不尽相同的用法：一是用来指某一科学家集团或科学共同体在某一学科中所具有的共同信念；二是用来指在科学实际活动中为某一科学研究传统的出现提供了模型的某些被公认的范例。库恩认为，这些共同信念和公认范例使科学共同体在采纳一般性假设时能达成某种默契，从而导致科学家去取得成就②。

范式概念在库恩科学哲学中的重要性首先表现在：它是划界标准。范式有两个特点：一是它可以把一大批坚定的拥护者吸引过来；二是它为这些拥护者留下了各种有待解决的问题。因此，范式对科学工作者既有心理上的定向作用，又有实际工作上的定向作用。从而在它所支配的科学领域内规定着科学工作合理或不合理的标准，并协调和引导在规范内工作的科学家集团解决难题的活动。据此，库恩把有无范式的存在看做区分科学与非科学的标志。按照他的说法，科学共同体拥有共同的范式，并按照这一范式去从事研究，取得的成果便是科学，便是常规科学。库恩认为，牛顿力学、波动光学和经典电磁学全都曾经拥有或构成，并也许仍然拥有或构成范式，因而有资格被称为科学；而大部分社会学科至今仍然缺少范式，因而没有资格被认为是科学。

其次，范式概念的重要性还表现在：新旧范式的更替是科学革命的标志。他说：“科学革命就是旧范式向新范式的过渡。”库恩把这种新旧范式的更替看做是“格式塔”转换、世界观演变或宗教信仰的改宗。这些不同的格式塔图像、世界观或宗教信仰是根本对立的，它们的支持者们有不同的科学评判标准、不同的看待世界的方式和描述世界的语言。因而，没有那种在范式之间评判谁优谁劣的统一标准。而没有统一的评判标准，对立的规范就是不可比的。同时，规范的产生也不是科学家理性思维的结果，而是科学家灵感和直觉的产物。这样，无论是规范的产生，还是规范的选择和接受都有着浓厚的非理性色彩。

(2)科学共同体

与范式概念紧密相连的概念是“科学共同体”。一个范式是也仅仅是一个科学共同体成员所共有的东西；反过来说，也正是由于有共有的范式，科学共同体才得以组成。所以，所谓科学共同体就是指在共有范式下组成的科学家集团。这一科学家集团的成员受到过大体相同的教育和训练，具有共同的探索目标和评判标准。科学知

① 库恩：《科学革命的结构》，37页。

② 库恩：《科学革命的结构》，37页。

识实质上是科学共同体的产物，科学事业就是由科学共同体所推进的。可以看到，科学共同体概念是库恩用来说明科学知识的本质和推动科学进步的主体的关键，它集中体现了库恩科学哲学中的社会因素。他说："科学尽管是由个人来研究的，但本质上却是集团的产物，如不考虑到创造这种知识的集团的特殊性，那就既无法理解科学知识的特殊效能，也无法理解它的发展方式。这从一点说，我的书本质上是属于社会学的，但也绝不容许这个问题离开认识论。"①

(3)常规科学与科学革命交替的模式

理解了范式和科学共同体这两个概念的含义，库恩为科学发展所勾画的模式也就清楚了。库恩的科学发展模式既不同于逻辑实证主义逐渐积累的模式，也不同于波普的不断革命模式，但又吸取了它们各自的一些长处。他把它称做"常规科学和科学革命交替的模式"，也可叫做"阶段革命和不断革命相结合的模式"。库恩关于科学如何进步的图景可以概括为如下图式：

前科学→常规科学→反常与危机→革命→新的常规科学→
新的反常与危机……

所谓前科学，就是尚未具有范式的原始科学。其特点是研究者对于他们所从事的学科的基本原理，甚至有关观察现象还没有一致意见，而是众说纷纭、莫衷一是。可以说，在这个领域内有多少研究者就有多少种理论。简言之，研究者们各有各的信念，而无共同的范式。库恩认为，牛顿以前的光学就是光学处于前科学阶段的例证之一。那时，各家各派对光的本质都有独特的看法，从而反映出各自独特的世界观和信念。只是18世纪牛顿为光学提供了微粒说的范式之后，光学才真正结束了自己前科学的历史而成为科学。

常规科学就是从前科学演化而来的。它是成熟的科学，是正常条件下的科学。常规科学区别于前科学的特点正在于科学共同体拥有统一的范式，并按照这种统一范式去从事研究活动。因此，所谓常规科学，就是指在范式支配下，科学共同体的科学研究及其成果，就是指在范式指导下科学共同体的解难题活动及其成果。这里的难题包括理论与实验两方面。

在常规科学时期，范式为在范式内工作的科学家提出了一系列明确的问题以及他相信对于解决那些问题是恰当的方法。这样，常规科学家满怀信心地集中精力于研究工作。如果解决某一难题失败，那只是被看成科学家的失败，而不是被看成范式的缺陷。但出现无法解决的问题毕竟意味着反常，只是反常并不就是证伪。库恩认为，范式总是会遇到困难的，因而反常迟早都会出现。只有那些被看成是对于范式基本原理的打击，而又顽固地拒不服从于科学共同体为消除它们而做出努力的反常才会被认为是严重的。这样的反常在特殊条件下日益增多就会动摇人们对范式的信心。而当反常终于被认为构成了某一范式的严重问题时，危机时期就开始了。

---

① 库恩：《必要的张力》，12页。

在危机时期内，试图解决反常的努力越来越激进，而范式所规定的解决问题的规则却变得越来越没有约束力。于是，常规科学家们开始从事哲学或形而上学的争论，试图用哲学的论据来为他们那些从范式的观点看是可疑的革新辩护。科学家甚至公开对占统治地位的范式表示不满和反对，而一些科学家提出的对立范式的竞争力的加强又进一步加深了危机。一旦某一范式已被削弱和动摇到它的支持者们对它失去了信心的地步，革命的时机就成熟了。旧的范式最后被新的范式所取代。新的范式得到公认后，科学又进入了新的常规科学时期，如此循环往复，科学就不断得到进步。

由此可以看到，不仅反常不足以证伪，而且引起科学革命的也不是个别科学家，而是作为整体的有关科学共同体。库恩说："各种范式之间的竞争不是那种可以由实验来解决的战斗。[①]""革命实质上是科学共同体从忠于一种范式转移到忠于另一种范式"[②]。而要使科学共同体成员改宗新的范式，使用宣传、鼓动甚至劝诱等方法都是常见的。正是由于越来越多的个别科学家因多种多样的原因而放弃旧有范式，改宗新的范式，革命才能取得成功。至于少数保守的持不同意见者，则将被排斥在新的科学共同体之外，最终被历史所遗弃。库恩认为，这一过程与政治集团通过斗争而推翻旧制度、建立新制度的政治革命过程有相似之处。

由于范式的不可比性，理论选择和科学进步的标准只能是因科学共同体而异，而没有客观的合理标准。库恩说："还有什么是比科学共同体的决定更好的标准呢?"又说："革命前后的常规科学传统是不能比较的。"照此推论，除了常规科学时期有统一的标准来衡量科学的进步之外，整个科学史是没法说明其进步的。这样，库恩取消理论选择和科学进步的合理标准，走到主观主义和相对主义的立场上去了。其结果，库恩力图说明科学究竟是怎样进步的，却又否定了科学的进步。

后来在《科学革命的结构》第2版中，库恩修改了自己的部分看法，而提出科学进步的客观标准是解决疑难的能力。他说："后来的科学理论比起较早的理论来，就它们在常常很不相同的环境里被应用于解决疑难而言，是较好的。这不是一个相对主义立场，它表明在什么意义上我是一个深信科学进步的人。"

尽管如此，由于库恩的基本立场没变，他仍然没有真正地克服理论中的上述困难。

由于注意阶段革命与不断革命相结合，注意质变与量变相结合，库恩的科学发展模式无疑比逻辑实证主义和批判理性主义的科学发展模式更加符合科学发展的实际。但范式的不可比性、理论选择的主观性和科学进步的非理性，使库恩的科学哲学引起很大争议并遭到来自各方面的批评。

4. 卡尔·波普的证伪主义

波普生于1902年，他的成长期是在第一次世界大战后狂暴的维也纳度过。他16岁离开学校，开始到维也纳大学旁听讲座。年轻时他曾是马克思主义者，但他抵

---

① 库恩:《科学革命的结构》,122页。

② 库恩:《科学革命的结构》,125页。

制了1919由左派煽动的街头骚乱，这次骚乱中有示威者死亡。同年，他学习了弗洛伊德的精神分析理论，并一度跟从 Alfred Adler 做精神病医生工作。他开始对哲学学习发生兴趣，并下决心要成为一名教师。1919年，波普成为 Arthur Eddington 的关系亲密的学生，这位先生曾成功地验证了爱因斯坦的相对论。他注意到，爱因斯坦对待自己理论的批判性态度，与马克思、弗洛伊德、阿德勒及其追随者的"教条态度"适成鲜明的对比。

1922年他被维也纳大学录取。为实现自立，他给一位家具工匠做学徒，并从事社会工作。为实现当学校教师的理想，他后来又重返校园，1928年获得哲学博士学位，1929年获得教师资格证书。20世纪20年代晚期，他开始与维也纳著名的逻辑实证主义学派成员来往，这个杰出的知识分子群体试图证明科学对于哲学的重要性。1934年他出版了一本论述科学之逻辑基础的著作，当时几乎无人关注，但却相当经典。然后在纳粹反犹主义的威胁下被迫离开奥地利。他先到新西兰，并在那儿获得大学教职，第二次世界大战后回到英国，出任伦敦经济学院科学哲学教授，一直到退休。

卡尔·波普是批判理性主义的创始人。20世纪30年代他以《研究的逻辑》(后来的英译本改名为《科学发现的逻辑》)一书跻身于国际学术界。在这本书里，他系统地提出了一种科学观。波普认为任何一种科学理论都不过是某种猜想或假设，其中必然潜藏着错误，即使它能够暂时逃脱实验的检验，但终有一天会暴露出来，从而遭到实验的反驳或"证伪"。科学就是在这样一个不断地提出猜想、发现错误而遭到否证，再提出新的猜想的循环往复的过程中向前发展的。科学也包含错误，要经受经验的检验，这不是科学的缺点，而恰恰是它的优点，它的力量所在，或者说，"可证伪性"正是科学之为科学的标志。宗教神学和一切形而上学都不具备这一优点。这就是波普所提出的著名的"证伪主义"原则。在反对机械论和教条主义的热潮中，波普的这一"崭新"主张无疑深深地影响了一部分中国学者。而波普对马克思主义历史决定论的攻击在"证伪主义"的掩护下也渗透进一些中国学者的思想，造成历史非决定论思潮在中国的泛起，且在中国学界引起了一定的思想混乱，迫切需要马克思主义哲学给予有力的回答。

波普是在批判实证主义的证实原则过程中提出自己的证伪主义的。实证主义者认为一切科学陈述都是可证实的，不可证实的陈述是没有意义的胡言乱语。波普反对这个原则，他认为表述科学定律的陈述都是关于无限个体的全称断定的，任何有限的关于个体的陈述都不足以证实一个科学定律，因此可证实性作为划界标准势必会使得真正的科学定律被排除在科学之外，所以他提出了与此相对的证伪主义。他认为一切科学理论都是科学家的自由猜测和假设，是针对问题的试探性理论，是可错的，科学的标志就在于理论的可证伪性，理论在经验的检验中终将被证伪。而科学知识是通过下面的途径增长的：

$$P1 \rightarrow TS \rightarrow EE \rightarrow P2$$

其中P1是初始问题，TS是试探性理论，EE是对尝试性理论进行消错的过程，P2是

结果,新问题的产生。考虑到对一个问题会有多种理论尝试,这一公式可表述为:

TSa→EEa→P2a

P1　　TSb→EEb→P2b

⋮

TSn→EEn→P2n

针对问题,提出试探性理论,并把理论交付经验检验,理论在检验中遭到证伪进而被淘汰,然后用一个新的更好的理论来代替旧的理论。波普认为这样的证伪主义原则同样适用于历史领域。"行为从而还有历史,都可以解释为解决问题,而我根据猜测和反驳的图式所做的分析也适用之。"①我们怎么评价波普的证伪主义呢?怎样看待它在历史领域的应用呢?

第一,辩证理解证实和证伪。证实有存在的价值,而证伪并不是每次都摧毁理论。根据波普的观点,归纳推理就是从单称陈述过渡到全称陈述,形成假说或理论。而对全称命题我们不能保证它永远被证实。他说:"不管我们已经看到多少白天鹅,也不能证明这样的结论:所有的天鹅都是白的。"②他把"归纳推理是否得到证明"称做"归纳问题",这本来是正确的,恩格斯和列宁都看到了这一点。但是发现归纳法的不足之处是一回事,反归纳法又是另一回事。波普进而用证伪主义来代替归纳法更是另一回事。无疑,"证伪"有它一定的意义,每一理论都应受到经验事实的检验,都应是开放和自我批判的。但是把理论的发展归结为"证伪"则是不对的。因为很明显,在科学中,不仅有表述一般规律的全称命题,也有表述特殊规律的存在命题。比如:"至少存在一只非白的天鹅",对这样的命题却只能进行证实,而不能进行证伪。因为只要我们发现一只天鹅是非白的就证实了它,而发现一万只天鹅都不是非白的也没有证伪它。在科学发展的历史上,反证并不是每次都摧毁假说或理论,有时却促使人们将假说或理论完善起来。比如,哥白尼提出日心说的时候,他并没有掌握任何新的观测证据,在没有惯性运动和万有引力等概念的条件下,他面临的反证是不计其数的,地球为什么不飞出轨道,地球为什么不飞散,河流为什么不倒流等等。这不计其数的反证在两千年前只是阻止了古代日心说的成长,但却没有消灭它。直到一个多世纪以后,牛顿力学把它从理论上完善起来了。又过了两个世纪,天文学观察才证实了它。而牛顿力学在统治科学界的二百多年间,同样曾经不断地遇到反证。比如,水星运动。但他并没有因此而立即放弃自己的理论,而一直坚持到19世纪末期。爱因斯坦的相对论发表后,最初的一批实验也对它很不利。爱因斯坦甚至依靠某种类似"宗教感情"的对宇宙和谐的信念而紧守了阵地,结果不是反证否证了相对论,而是被相对论所解释了。如果我们按照波普的证伪主义来办事,一遇到反证就放弃理论,那么结果将是可想而知的。任何真正的科学都不可能是脆而不坚的瓷器,不可能一碰即碎。科学理论必然包含一定的相对真理,我们必须想方设法使它在被新的更高

---

① 卡尔·波普。《科学知识进化论》,见《波普科学哲学选集》,376页,北京:三联书店,1987。

② 卡尔·波普。《科学知识进化论》,见《波普科学哲学选集》,15~16页,北京:三联书店,1987。

的理论取代或包容之前充分发挥其内部所潜藏的一切生命力和积极作用。这就要求我们对任何理论都既抱着批判的态度，又要抱着利用的精神，这里的关键就是辩证地理解绝对真理与相对真理的关系。只承认绝对真理而否认真理的相对性，我们就会犯教条主义和保守主义的错误；而只看到理论的相对性，看不到其中包含的真理颗粒，则会导致否定一切，批判一切的相对主义、怀疑论、不可知论等等。马克思的历史哲学在这方面提供了光辉的典范，对前人的理论成果既继承又批判，对自己的理论不作教条的解释。

第二，唯物辩证地理解“观察”与“问题”的关系。关于“归纳问题”，并不是波普首先发现的。18 世纪的休谟已经提出了对归纳法的怀疑：从已往经验的归纳中无法逻辑地得出可适用于未来的必然性。因此波普正确地称之为“休谟问题”。休谟否定了通过感觉经验的归纳而不断地从特殊上升到一般，从偶然上升到必然。但休谟的进一步回答是令人失望的，因为他认为，人们相信归纳的真理，只不过是一种出于习惯的非理性信念。他把经验科学建立在“习惯”基础上了。康德不满足于休谟对问题的解释。康德为自己提出的问题是，科学怎样保证只能开始于经验的知识具有普遍必然性吗？他是这样解决问题的。借助于人的先天理智的创造能力把后天经验加以整理、组合，把理智的可靠性传输给经验，从而使经验科学成为可能。波普指出：“康德极力以归纳原理(他称做‘普遍因果性原理’)是‘先验地正确’来摆脱这个困难。但是我认为他为综合陈述提供一个先验的证明这种机敏的企图，并不成功。”[①]波普面对“归纳问题”，他的态度很坚决，那就是彻底否定归纳概括的可能性。他提出的一个重要观点就是，科学是从问题开始而不是从观察开始。他说：“没有观点就没有观察。”在《科学发现的逻辑》一书中，波普做了这样的工作，他“把设想一个新思想的过程同从逻辑上考察它的方法以及由此得出的结果加以截然的区分。”。他说：“不管我们已经看到多少白天鹅，也不能证明这样的结论：所有的天鹅都是白的。”[②]前者是认识心理学的任务，后者才是认识逻辑学的任务。在《历史决定论的贫困》一书中，波普把这两个任务用两个问题表达：即“你最初是怎样发现你的理论的呢？”和“你是怎样检验你的理论的呢？”他认为只有后一个问题在科学上才是重要的，而前一个问题“从科学的观点来看，是无关紧要的”。因为，它“只涉及纯属私人的事情”[③]。波普就是这样克服休谟和康德的不足之处的，多么轻松简单！观察和问题之间是个相互更替的链条，正如“实践—认识—实践”一样，可是波普只抽出或截取一段，从问题到观察，而对问题从何而来，他轻飘飘地说，那纯属私人的事情。这能说是科学的严肃认真的态度吗？不过，对这个问题，无论在《科学发现的逻辑》还是在《历史决定论的贫困》中，波普并不是没有回答。实际上，对这样一个重要的问题，波普是无法回避的。他说：“一切科学发现都包含‘非理性因素’，或柏格森意义上的‘创造性直觉’。”[④]“没有观点就

① 卡尔·波普：《科学知识进化论》，见《波普科学哲学选集》，17 页，北京：三联书店，1987。

② 卡尔·波普：《科学知识进化论》，见《波普科学哲学选集》，19 页，北京：三联书店，1987。

③ 卡尔·波普：《历史决定论的贫困》，107 页，北京：华夏出版社，1987。

④ 卡尔·波普：《科学知识进化论》，见《波普科学哲学选集》，20 页，北京：三联书店，1987。

没有历史;历史和自然科学一样必定是有选择的,否则历史就由一大堆不相干的乏味材料所塞满。"①根据什么选择呢? 这就是波普所说的"非理性因素"了,"写我们感兴趣的那种历史……对于与我们观点无关因而我们不感兴趣的那些事实,我们就不必多费心思了。"②写历史是多么惬意的一件事啊! 每个人都可以凭自己兴趣,按自己的观点在历史的资料库中撷取自己需要的东西,而把其他的一切当做废物扔掉。这样历史就成了每个人手中的玩物了。"既然这种选择性观点或历史兴趣中心不能成为可检验的假说,所以我们就把它称为历史解释。"没有历史科学也没有历史理论,有的只是"多如星星"的历史解释,那么这不是历史的相对主义,不是历史不可知论又是什么呢?

第三,证伪原则并没有逻辑必然性。在《科学发现的逻辑》一书中,波普运用充分条件假言三段论中由否定后件推出否定前件证明证伪原则的必然性,其公式如下:

$$((T\rightarrow P)\cdot \bar{P}))\rightarrow \bar{T}$$

P是一个陈述系统的一个结论,T包括理论和初始条件。这个公式读作如果P可以从T导出,而且如果P是假的,那么T也是假的。这就是波普的一次性证伪的观点。表面来看,这个证明是具有说服力的,但科学发展的事实却表明证伪绝不是如此简单。深入地分析理论的被检验过程,我们发现证伪并不具有逻辑的必然性。

波普并不否认一个理论只有和初始条件结合在一起才能导出一个结论,他只是认为这不影响必然证伪,因此没有必要区分理论和初始条件。但问题的症结正出在这里。因为当推导出来的结论被证明为假时,若观察证据是无误的,那造成结论为假的原因有三种可能:待检理论为假;初始条件为假;或者二者都为假。推理形式如下:

$$((T\cdot C\rightarrow P)\cdot \bar{P}))\rightarrow \overline{T\cdot C}$$

如果是第二种情况,即初始条件为假,那么只要修改初始条件,待检理论就可免于被证伪。科学史上就有这样的例子。1781年发现了天王星后,人们根据牛顿的引力理论,推算了天王星的轨道。然而,实际观察与根据理论所推算的轨道不符。这就是说,推算出来的轨道数据被否定。因此,天王星轨道成了万有引力理论的"反常",但这个反常并没有证伪万有引力定律。因为后来海王星的发现说明了导致推测错误的不是引力理论,而是当时所依据的背景知识。当时人们只知道太阳系中的七大行星,在推算时根本没有把其他因素的影响考虑在内,而海王星的发现,补足了背景知识,理论推断的正确性显现出来了。所以不论从逻辑上还是从事实上来看,一次证伪都不具有必然性。这也就是说,作为波普全部思想观点的支柱或核心的证伪主义本身是成问题的,那么他的其他思想观点的正确性也就成问题了。

最后,我们顺便看一下在《历史决定论的贫困》一书之后,波普怎样"由于纯粹的逻辑理由",证明了历史决定论是错误的。波普把其对历史决定论的反驳概括如下。"①人类历史的进程受人类知识增长的强烈影响。②我们不可能用合理或科学的方

① 卡尔·波普:《历史决定论的贫困》,119页,北京:华夏出版社,1987。

② 卡尔·波普:《历史决定论的贫困》,120页,北京:华夏出版社,1987。

法来预测我们的科学知识的增长。③所以我们不能预测人类历史的未来进程。④……没有一种科学的历史发展理论能作为预测历史的根据。⑤所以历史决定论方法的基本目的是错误的；历史决定论不能成立。”[①]这一论证的核心是，人类知识增长对历史进程发生强烈影响，人类不能预测知识的增长，因而不能对历史发展做出预测。

这个论证从逻辑上讲是无懈可击的，但其基本观点则是错误的。首先，在波普看来，知识就是猜想，就是假说。那么试问，作为猜想和假说，没有任何确定性可言的“科学知识”，如何对社会历史进程发生强烈影响？其次，退一步说，即使科学知识的增长对人类历史的发展是有越来越重要的作用（事实也正是如此），但无论这个作用如何重要，对历史进程都不可能成为决定的作用。波普把科学进步的作用加以绝对化，把科学看做是脱离人、脱离人们的经济关系、脱离物质生产及其他一切人类活动借以实现的全部社会条件和政治条件的、社会发展的独立因素，似乎整个人类社会的发展都依赖于科学的增长，这是错误的。其实，科学离不开人类的物质生产活动，科学的发展与人们的生产关系也有极其密切的关系，生产力的发展，生产力与生产关系的矛盾运动决定着科学的进一步发展，而不是相反。

① 卡尔·波普。《历史决定论的贫困》，1页，北京：华夏出版社，1987。

4 中西文化的交流

4.1 西学东渐

中国的学术思想前后有两次受国外学术思想的影响。前一次是西汉末年，印度佛教的输入；后一次是西学东渐，即西方思想文化传入。西学东渐分为三个时期概述。

4.1.1 西学东渐的第一期

蒙古勃兴于欧、亚两洲之间，并建立了一个空前的大帝国，东西交通十分发达。1245年至1247年之间，罗马法王因诺建(Innocent)四世派人访钦察汁拔都于萨来，又访元定宗于喀喇和林。1253年，法兰西国王路易九世派人访元宪宗于喀喇和林，以谋弘布基督教。1293年，罗马法王尼古拉司(Nicholas)又命孟德可儿威诺(Joan du Monte Corvino)至燕京，得元世宗允许，建立教堂，一时信徒达六千余人。自此以后，欧洲人来中国传教者，相继不绝。当时元帝国用人，不问国籍，不分种族，故女真人、波斯人、阿拉伯人以及欧洲各地人来华登仕者很多。1275年，意大利人马可·波罗(Marco Polo)来中国，仕元历时17年之久，归国后著《马可·波罗游记》，广布全欧，遂开启日后欧洲人东来的动机。此外，还有法兰西及意大利的技术家、画家、职工也相继来中国。西洋学术，于是逐渐流入中土。蒙古帝国瓦解以后，东西交通一时断绝，欧洲亦因宗教改革等问题，无暇东顾，所以在东西文化一度接触之后，并无进展，就彼此隔绝了。以上所述，可以说是西学东渐的发端。

到了15世纪中叶，即明代中叶以后，全世界换了一个新局面。此间，哥伦布于1492年发现了新大陆，瓦斯科·达·伽马(Vasco Da Gama)于1497年发现了印度新航路。麦哲伦(Magellon)于1520年环绕地球一周又告成功。自此以后，葡萄牙人及西班牙人便纷纷向东方进取，继之而起的又有荷兰人，最后为英吉利人(英国人)和法兰西(法国人)人。印度、南洋群岛、菲律宾以至中国、日本,都是他们当时侵略的区域。1563 年,葡萄牙人租借澳门,是为欧洲向中国进攻之始。澳门便成为欧洲人侵略中国的根据地。欧洲人的传教事业与通商事业,由此更有进展。

1517 年,德国人马丁·路德倡导宗教改革,新教势力很盛,而罗马旧教(天主教)大受挫折。旧教中人因此组织耶稣会,力谋改革。等到葡萄牙人在东方已取得许多属地时,葡萄牙国王就委托耶稣会中人去东方传教。所以明代中叶以后,这些旧教徒便相率东游。

1552 年,他们的东方布教长方齐各来中国,行至广东上川岛便死。1580 年,利马窦(Matteo Ricci)继至,居留广东肇庆,习汉语,着华衣,从事传教活动。1601 年,利马窦与其友庞迪我(Diego de Pantoja)至北京,献方物及基督圣母图,并自述其制器观象的学力,以表明他不专靠布教为生。神宗念他们远道而来,礼遇优渥,得令于京内外建立礼拜堂。利马窦颇有学术,其传教又能参酌中国习俗古义以求调和,所以朝臣如徐光启、李之藻等人,都很信服他。1601 年利马窦去世,南京方面群起反对西方人布教。1616 年,明朝廷便下令禁止传教,在北京的教士均被逐回澳门。后来因为明王朝和皇太极作战,需要使用铳炮,于是在 1622 年又从澳门召回教士阳玛诺(Emmanuel Diaz)、罗如望(Jodnnes de Rocha)等制造铳炮。次年又召用艾儒略(Julio Alenio)、毕方济(Francesco Sambasi)等,教禁遂解。不久,明朝又因历法舛误,亟待改正,于是汤若望(Johann Adam Schall, von Bell)、罗雅谷(Jacobus Rho)、邓玉涵(Johann Terrenz)等到北京修正历法。其他如龙华民(Nicolao Longobardi)等,相率入京布教。明亡清兴,清圣祖好西学帮,尝令徐日升(Thomas Pereira)、张诚(Jean Francois Gerbillon)、白进(Joachim Bouvet)、安多(Antoniws Thomas)诸人轮流进讲。又令南怀仁(Ferdinand Nerbiest)为钦天监副,恩理格(Christianus Herdfricht)和闵明我(Philippo Maria Grimaldi)二人亦因精于历法,得以留居北京。圣祖又命费隐(Xaverius Fhrenbertus Fridolli)、杜德美(Petrus Jartroux)、雷孝思(Joannes Beptist Regis)、麦大成(Franeiscus Joannes Cardoso)、潘如(Bonjour)、汤尚贤(Petrus Vincentius du Tartre)、冯秉正(Joseph Francois Moyra de Maillac)和德玛诺(Romanus Hinderer)等,往各地测绘,成《皇舆全览图》。计自 1622 年召用教徒至 1717 年《皇舆全览图》完成止(明熹宗天启二年至清圣祖康熙五十六年),称为西学东渐的第一期。在这一时期,西学输入中国者,可分为四类,分述如下。

第一,天文历算之学。利马窦来中国,初译《几何原本》。其后,明代所用《大统历》即元代《授时历》,沿用 270 余年,累生舛误,遂议改行西法。思宗时(1628—1643),命利马窦之徒徐光启改订历法,成《历书》230 余卷。清代因之,遂用西法所制之历为《时宪历》。后又用汤若望、南怀仁掌历政,其间虽经杨光先等攻击,仍用《大统历》,然因西法推测精密,所以终清之世,均用《时宪历》。

第二,力艺之学。力艺之学,始自邓玉涵的《奇器图说》和明泾阳王征之《诸器图说》。邓书大旨谓:天地生物,有数,有度,有重。数为算法,度为测量,重即力艺之学,均相资而成。所以先论重之本体,说明立法之所以然,共 61 条;次论各种器具之法,共 92 条;再次为“起重”、“引重”诸图,每图均有说明,其余农器水法,更为翔实。王书共图 11 幅,亦各有说明,并附以铭赞。

第三,舆地测绘之学。利马窦来中国,有《万国全图》,中国人始知地球有五大洲。又看《乾坤体义》,谓地与海合而为一,地球居于天中。1623 年,艾儒略依利马窦旧本,著《职方外纪》五卷,为中国有五洲万国地志之始。而 1717 年的《皇舆全览图》(又名《康熙内府图》),尤影响中国的学术思想界。

第四,农田水利之法。农田水利之法,以徐光启之《农政全书》60 卷为最有系统,计《农本》3 卷、《田制》2 卷、《农事》6 卷、《水利》9 卷、《农器》4 卷、《树艺》6 卷、《蚕桑》4 卷、《蚕桑广类》2 卷、《种植》4 卷、《牧养》1 卷、《制造》1 卷、《荒政》18 卷,均受西方文化影响。另外,熊三拔(Sabbatinus de llrsis)撰《泰西水法》6 卷,亦很可观。

以上所论之四类,系西学东渐第一期之成果,欲知其详,可参阅郑鹤声、郑鹤春合编的《中国文献学概要》第五章。

4.1.2 西学东渐的第二期

由上所述,可知西学之输入与旧教传教事业有密切关系。康熙执政中期(1691 年)以后,有了变化。原来旧教徒如利马窦等在中国布教,很能参酌中国风俗,允许中国教徒一面奉教一面拜孔子、拜天、拜祖先。后来传到罗马法王那里,罗马法王认为破坏教规,遂于 1704 年派遣铎罗(Tourmon)来中国,并令凡不遵教规之教徒,一律退出中国。圣祖因此大怒,下令逮捕铎罗,送至澳门,并命令凡不遵守利马窦法的教徒,一律出境。世宗(1723—1735)即位,更令凡不在钦天监供职的教徒,不得居留内地,并改教堂为公所,禁止人民奉教。这种禁令,经高宗(1736—1795)、仁宗(1796—1820)两朝均未解禁,直到宣宗时鸦片之役(1840 年)以后,为和约所限,西方人布教事业始大进展。

1807 年,玛礼孙(Dr. Rohert Morrison)受英国传道会委托到中国布教,原拟在澳门登陆,因旧教徒妒忌,乃往麻拉甲暂时居住,以植基础,从事著作,完成第一部《华英字典》,并将基督教《圣经》译成汉文,以供华人阅读,为新教一派布教到中国之开始。此后,来华教徒都奉玛礼孙所著字典及所译《圣经》,以此为圭臬。鸦片战争之后,中国将香港割让给英国。此时玛礼孙已死,英国人为纪念玛礼孙布教之功,遂于香港建立玛礼孙学校一所。英人既得香港,并以此为对中国通商布教的大本营。1844 年,《中美条约》和《中法条约》相继成立。此后,又有英法联军之役,1858 年订立《天津条约》,资本主义列强侵略中国。同时,国内又有太平军之革命运动,从 1851 年起,至 1864 年始告平定。在这内外多事之秋,中国的闭关锁国主义已经无法维持,深感中国固有学术之不足,而渐有倾向西学的表示。

鸦片战争以后,魏源便于 1844 年著《海国图志》,1849 年徐继畬又著《瀛环志略》,从中可看到中国学者倾向西学的趋势。中国经过几次失败以后,一般知识分子都感到西洋物质科学的可怕。而在政治上最有力量、在社会上最有声望的如曾国藩、李鸿章、左宗棠这批人，因为在军事上、外交上和西洋人接触的机会多，并且目击西人华尔、戈登助清朝剿灭太平军的力量，更感觉西洋学术之可怕。于是在平定太平军之后，他们就努力从事“洋务”。当时“洋务”中最有影响的事件有：

1863 年，设外国语言文字学馆于上海；

1865 年，设江南机器制造局于上海；

1866 年，奏设轮船制造厂于福建；

1867 年，江南机器制造局内添设翻译馆；

1870 年，设机器制造局于天津；

1872 年，挑选第一批学生并派容宏指导赴美留学，请开煤铁矿，设轮船招商局；

1875 年，筹建铁甲兵舰，设洋学局于各省，分格致、化学、电学、炮法、兵法、火轮、机器、舆图、测算诸门，派通晓时务大臣主持，并于考试功令稍加变通，另开洋务进取一格；

1876 年，派武弁赴德国学习水陆军械技术，又派福建船政生出洋留学；

1880 年，购置铁甲兵舰，设水师学堂于天津，设南北译电报局，奏请建设铁路；

1881 年，设开平矿务商局；

1882 年，筑旅顺军港船坞，设商办织布局于上海；

1885 年，设武备学堂于天津。

以上这些新政，都是曾国藩、李鸿章、左宗棠创办的，尤以李鸿章创办的最多(仅在 1861 年，北京即设有同文馆，附属总理各国事务衙门，同文馆聘洋人为教习，教授英、法、德、俄四国语言文字，分天文、化学、算学、格致、医学诸科目)。曾国藩死后，左宗棠又以全力经营新疆，于是李鸿章就成为主持洋务的中心人物。另如郭嵩涛、曾纪泽、薛福成诸人，也是鼓吹洋务最有力的分子。他们都认定西洋所长的是物质科学，是船坚炮利，所以编译之书，亦多偏重于这方面。当时翻译西籍，以同文馆、翻译馆为中心，西方教会教徒也多从事翻译。1903 年，梁启超撰《西学书目表》，把译出诸书，分为学、政、教三类。除教类之书不计外，其余诸书，分为三卷：

上卷为西学诸书，包括算学、重学、电学、化学、声学、光学、天学、地学、全体学、动植物学、医学、图学各类；

中卷为西政诸书，包括史志、官制、学制、法律、农政、矿政、工政、商政、兵政、船政各类；

下卷为杂书之类，包括游记、报章、西人议论之书，无类可归之书均归此类。

以上各书，共计 353 部，893 本。从事翻译者，有西人傅兰雅、林乐知、金楷理、李提摩太、艾约瑟，另如李善兰、华蘅芳、赵仲涵等亦任翻译。他们都学有根底，对于所译诸书，都能忠实。不过当时所译各书，偏重物质科学，忽视社会科学，却是一个很大的缺陷。从这一点正可以看出当时人士的眼光。其后张之洞亦谈洋务，其目光亦只限于西洋物质科学，他的“中学为体，西学为用”竟成为这一时期的口号。以上所述，便是西学东渐的第二期。1894 年,甲午战争失败后,国人目光开始大转变,逐渐着重于社会科学。

4.1.3 西学东渐的第三期

1894 年,甲午战争中国战败及《马关条约》的签订,震动和刺激了中国社会各阶层人民。当时许多爱国志士认为,日本之所以能够打败中国,是因为它采取了西方的先进技术,发展了资本主义,中国要想富强,必须向日本学习。他们把发展资本主义当做挽救民族危亡的手段,大声疾呼要求设厂自救,提出了自办铁路、开采矿藏、设立工厂,提出"抵制洋商洋厂"的主张。据统计,1895 年至 1898 年,新创办的规模较大的商办厂矿企业有 50 余家,资本总额达 1 200 万元①,著名的当属商人楼景晖创办的合义和丝厂、华侨商人张振勋创办的张裕酿酒厂、严信厚创办的通久源纱厂、杨宗濂创办的业勤纱厂、夏粹芳创办的商务印书馆等。辛亥革命前 7 年间,在资产阶级领导的爱国运动推动下,民族资本主义近代工业获得了初步发展。从 1901 年到 1911 年,全国新设的厂矿有 340 家,资本达 1 亿多元,这 10 年新设的厂矿和增加的资本都是此前 20 年间的两倍以上。这时的企业,主要仍在轻工业方面,特别是纺织、食品等行业,卷烟、造纸、火柴、玻璃等轻工业也都有较显著的发展。第一次世界大战期间,中国的民族工业得到了进一步发展。1911 年至 1913 年注册设厂 72 家,平均每年 24 家;1914 年到 1918 年 5 年间,注册设厂 183 家,平均每年近 37 家。此期间兴办的工厂以纺织和面粉工业进展最大;重工业部门也得到较大的发展,如临榆柳江煤矿、江苏铜山贾汪煤矿等;同时,电力、交通运输业与金融业也发展了起来。此谓西学东渐中实用科学传入的第三期表现。

维新运动是西方社会政治学说在中国传播的第一个时期。从 1895 年到 1898 年,资产阶级维新派建立了 103 个学会、64 家报馆、185 家学校②。1895 年成立的强学会是维新派的第一个政治组织,又是一个译书机构。在维新派的倡导下,大同译书局、东亚译书局等一批译书机构相继出现。维新派创办的《中外纪闻》、《强学报》、《时务报》、《知新报》和《国闻报》等成为维新派宣讲变法、传播西学的主要舆论阵地。在这场大规模的宣传西方社会政治学说的运动中,康有为、梁启超、严复为最主要代表。

康有为(1858—1927),广东南海人,出身于官僚地主家庭,自幼接受严格的儒家教育,然而,清王朝的腐败,祖国的危亡,使年轻的康有为感到失望和不安。随着年龄的增长,他越来越怀疑儒家那一套治国安邦的道理,同时对清政府所宣扬的文治武功予以蔑视。他感到社会正处于危亡之中,中国需要进行一次改革。1879 年他到香港、上海游览参观,直接接触到资本主义事物,耳闻目睹,他感到新鲜。以后他又陆续研读介绍资本主义各国政治制度和自然科学书籍,逐步认识到西方资本主义制度比

---

① 《中国近代史》,268 页,北京,中华书局,1979。

② 张其昌:《近代以来中国与世界》,129 页。

中国封建制度先进。他接受了魏源“师夷长技以制夷”的爱国思想，留心西学，主张学习西方，抵抗侵略，使中国成为独立、富强的资本主义强国。1894年清政府在甲午海战中惨败，次年，李鸿章赴日签订《马关条约》。消息传来，举国愤怒。康有为和他的学生梁启超发动了来自全国各地的举人1300多人，联名上书，反对卖国条约，史称“公车上书”。他们提出了“拒和、迁都、变法”等主张。“公车上书”后，维新派在北京组织了强学会，十天集会一次，讲演“自强之学”。随后，又在全国各地组织学会，创办报刊，开设学堂，编译著作，掀起了一次很有声势的宣传运动，为变法从组织上和思想上做好准备。1897年11月，德国强占胶州湾。康有为第五次上书光绪帝，痛陈民族危亡的局势，要求皇帝主持大计，实行变法。不久，康有为又于1898年1月第六次上书，系统地提出了变法的纲领——《应诏统筹全局折》。他强调变法的三条措施：①大誓群臣等以定国是；②立对策所以征贤才；③开制度局而定宪法。他把自己著的《日本明治变政考》、《俄罗斯大彼得变政记》呈交上去，指出“能变则全，不变则亡；全变则强，小变仍亡”。在康有为等维新派的推动下，1898年6月11日，光绪帝颁布“明定国是”诏书。“戊戌变法”正式开始。在6月11日到9月21日的103天里，维新派通过光绪帝下达了大批推行新政的诏书。总结起来诏书有以下四方面内容：

第一，政治方面，重订一些法律制度，裁减和淘汰中央和地方无用的衙门及官员，鼓励创办报纸、组织学会，实行一定的言论和出版自由；

第二，经济方面，在中央设立中央银行、农工商总局、矿务铁路总局，各省设立商务局，并允许成立农会和商会，保护和奖励农工商业，修筑铁路，开采矿藏，鼓励商办各种工厂企业，编制国家预算，公布岁收岁入；

第三，军事方面，设厂制造军火，训练新式海陆军，加强国防力量；

第四，文化教育方面，废除八股文，改革考试制度，在各地开办各种专门学堂和中、小学堂，在北京筹办京师大学堂，设立编译局，翻译书籍和刊物，派人到外国留学，办理邮政，奖励发明。

从这些措施可以看出，以康有为为首的维新派希望通过变法改革现状，挽救民族危亡，使中国向西方学习，走上君主立宪之资本主义道路。由此还可以看出，以康有为为首的维新派把改革封建专制制度和制订资本主义法律制度定为变法的核心和关键。他们肯定了自由、民主、平等等资产阶级观念，并以此作为变法的理论基础。由此可见，以康有为为领导的维新变法运动，也是一次西方社会政治学说的传播运动。

梁启超（1873—1929）是戊戌变法运动的第二号人物。早在变法前，他就追随康有为做变法宣传工作和组织工作。1895年，他赴北京会试，参与“公车上书”活动，主办《中外纪闻》。8月，梁启超任强学会书记员，1896年8月任上海《时务报》主笔，所作《变法通议》等著名政论，在国内政界、文化界产生很大影响。1897年11月任长沙时务学堂总教习，与谭嗣同一起组织南学会，办《湘报》、《湘学新报》，宣传变法，鼓吹“民权”学说。他的文笔生动流畅、通俗形象、热情奔放、极富感染力和鼓动性。变法失败后，长期寓居日本。在日本期间，他有机会接触卢梭、伏尔泰、孟德斯鸠、福泽渝吉、中江兆民等东西方启蒙思想家的原著，所谓“畴昔所未见之借，纷触于目，畴昔所未穷之理，腾跃于脑”，“所得之益极多极多”，致使“脑质为之改易，思想言论与前者若出两人”①。这时他的思想越来越倾向激进的民主主义。他所创办的《清议报》，公然申明，“伸民权”乃为该报“独一无二之宗旨”。在该报上，他尽量把东、西诸哲学家的启蒙学说“输入中国”。1902 年，他又创办了《新民丛报》，该报内容更加进步。他曾赞美卢梭说：“民约论者，法国大革命之动力也；法国大革命者，19 世纪全世界之原动力也。”总之，梁启超在维新变法中及变法之后在宣传、介绍西方社会政治学说方面起了极其重要的作用。

严复是维新变法运动中宣传西方政治学说的又一位旗手。严复(1853—1921)，福建侯官人，初名传初，曾改名宗光，字又陵，又字畿道，福州船政学堂第一届毕业生。毕业后，在军舰上实习五年，曾至新加坡、槟榔屿及日本各地，初步开阔眼界。1877 年赴英国留学，入格林尼次海军大学，观察英国的社会制度，研究资产阶级的社会政治学说，辨析“西学”与“中学”之异同。1879 年学成归国，任福州船政学堂教习。次年任天津北洋水师学堂总教习，后升总办，执教达 20 年。中日甲午战争后，在天津《直报》先后发表《论世变之亟》、《原强》、《救亡决论》、《辟韩》等论文，斥历代帝王为“大盗窃国者”，反对顽固保守，主张向西方学习，提倡新学，实行改良，认为培养民力、民智、民德是使中国富强的根本办法。他的具体方案为：禁止鸦片和缠足而崇尚武士精神，废除八股而提倡西学，废除专制政治而实行民主立宪。同时，他通过翻译工作向中国社会直接介绍西方社会政治学说，其中最著名的是他译述了赫胥黎的《天演论》，以“物竞天择，适者生存”的进化论观点，唤起国人救亡图存的意识，对当时思想界影响极大。他曾协办北京通艺学堂，主办天津《国闻报》。“百日维新”期间，严复受光绪帝召见，被询问办理海军及办学堂事。戊戌变法失败后，严复异常悲愤，不甘屈服，继续从事理论翻译工作。从 1899 年到 1903 年，他接连翻译《穆勒名学》、《原富》、《法意》、《社会通诠》、《群学肄言》等五部西方名著。这些占其全部译书的一半。同梁启超一样，这时期也是严复一生中最活跃、影响最大的黄金时期。由于严复在介绍西方社会政治学方面的巨大功绩，被时人尊为“西学之第一人”，被后人推为近代启蒙思想家。

维新运动是中国历史上第一次资产阶级启蒙运动，是一次空前的思想大解放。维新派集会结社，上书言事，打破了朝廷的禁令，改变了社会风气。他们废科举、办学堂、设报馆、译西书，大力引进和传播了西方资本主义的社会政治学说和自然科学知识，促进了中西文化的交流，打破了几千年所形成的闭塞心理和狭隘守旧的传统思维，否定了封建正统观念的神圣地位，因而从根本上转变了以往向西方学习的自发状态和被动局面。

辛亥革命前后是西方社会政治学说传入的第二个时期。戊戌变法失败，标志着

① 丁文江，赵丰田：《梁启超年谱长编》。

中国资产阶级救亡图存、建立资产阶级君主立宪体愿望的破产。从此，推翻封建统治，建立资产阶级民主共和国的资产阶级革命思潮兴起。在宣传资产阶级革命思想过程中，涌现出孙中山、章炳麟、邹容等一批资产阶级革命家。

孙中山(1866—1925)名文，号逸仙，出生于广东省香山县翠亨村的一个农民家庭。他 13 岁到檀香山，在其兄华侨资本家孙眉资助下，先后入英、美，在当地办的教会学校读书，1883 年回国，相继就读于广州和香港的医学院校。1892 年，孙中山毕业于香港西医书院，并在澳门和香港行医。中日甲午战争前，孙中山虽然已有了革命要求，但他还没有摆脱改良主义思潮的影响。1894 年春，他曾草拟《上李鸿章书》，提出"人尽其才，地尽其利，物尽其用，货畅其流"的主张，希望政府进行一系列有利于资本主义发展的社会改革。孙中山到天津投书李鸿章，被拒之门外，又跑到北京探听清政府的虚实。当时，甲午战争已经爆发，中国军队在牙山战役中失败，昏庸的清王朝却在大修颐和园，准备庆祝慈禧太后 60 大寿。严酷的事实深深地教育了孙中山，从此他摒弃了改良主义思想，走上了革命道路。1894 年秋，孙中山又来到檀香山。11 月，他联合华侨中 20 多个经营小商店、小农场的反清人士，建立了中国资产阶级第一个革命团体——兴中会。在会员入会誓词中提出了"驱除鞑虏，恢复中华，创立合众政府"的革命纲领。1905 年，在孙中山的推动下，中国同盟会在东京成立，大会通过了《同盟会章程》，选举孙中山为总理，建立了领导机构，同时决定创办《民报》作为宣传革命的刊物。在《民报》发刊词中，孙中山把"驱除鞑虏，恢复中华，建立民国，平均地权"的同盟会纲领阐发为"民族"、"民权"、"民生"三大主义，简称"三民主义"。三民主义是孙中山领导辛亥革命的指导思想。

章炳麟(1869—1936)字枚叔，号太炎，浙江余杭人。早年，他受改良主义思想影响，参与了维新变法的宣传活动。后来，他吸取了戊戌变法失败的教训，转变了政治立场，倡言革命排满，走上了民主革命道路。1903 年，他在上海《苏报》上发表了《驳康有为论革命书》，猛烈地抨击了康有为宣扬的"中国只可立宪，不可革命"的论调，指出"公理之未明，即以革命明之；旧俗之俱在，即以革命去之"。这篇论文对于批判改良派的君主立宪主张、启发人们的民族民主革命意识起了很大的作用。

邹容(1885—1905)字威丹，四川巴县人。1902 年自费留学日本，阅读了大量西方名著。在资产阶级民主革命思潮和熏陶下，他成为一名勇敢的革命战士。1903 年他参加了爱国学社组织的活动，并积极投入到抗俄运动中去。他的光辉政治论著《革命军》，旗帜鲜明地宣传资产阶级革命。文章深刻地揭露了清政府的腐败，热情地歌颂了反清革命，主张用暴力手段推翻清朝的统治，提出了在中国建立中华共和国的主张。孙中山把《革命军》一书作为主要的革命宣传品，对于推动资产阶级民主革命起了重要作用。

以孙中山为首的资产阶级革命派，与康梁维新派在政治思想上的一个巨大差异，就是他们对清政府不抱任何幻想，对封建专制公开鞭挞、彻底否定。在政治取向上，更加明确地提出建立欧美式的共和政体。革命派的代表人物，绝大多数都曾留学海外，身受欧美风雨的熏陶。回国后，他们便把那充满活力的新的社会政治学说输入中国这个古老的机体。因此，与维新运动相比，辛亥革命时期的社会政治学说的传播，是更加直接的西学东渐。

“五四”新文化运动是西方社会政治学说传播的第三个时期。在这一时期，陈独秀、钱玄同、鲁迅、胡适、刘半农、吴虞等人举起了科学与民主的大旗，以西方资产阶级的民主自由、个性解放为思想武器，对中国传统文化进行了深刻的批判。1915 年 9 月，陈独秀在上海创办《新青年》，吹响了新文化运动的号角。新文化运动的主要内容是提倡科学与民主。民主是指资产阶级的民主思想和民主制度，以资产阶级的民主政治反对封建专制和军阀独裁，反对为专制服务的封建旧理论、旧道德。科学主要指提倡科学思想，以科学的态度对待传统观念和一切社会问题，反对迷信，反对崇拜偶像，宣传进化论与无神论。很多留欧、留美学生怀抱科学救国的理想，积极组织学会，创办刊物，传播西方最新的科学技术知识与政治论学说。“五四”运动以后，伴随着对封建文化的批判，启蒙性的文化运动表现出向更深层次发展的趋向，各种学会与刊物、学说和思潮纷纷出现。包括“五四”运动前出版的《新青年》、《每周评论》在内，宣传新思想的刊物增加到 400 多种，各种社团大约有 300 至 400 个。这个时期，马克思、恩格斯的科学社会主义，施蒂纳的无政府个人主义，蒲鲁东的社会无政府主义，巴枯宁的团体无政府主义，克鲁泡特金的无政府工团主义，欧文等人的合作主义，柯尔等人的基尔特社会主义，伯恩施坦、考茨基的社会民主主义，还有资产阶级上升时期的民主主义、人文主义、实用主义、新实在主义、生命哲学、新康德主义，以及帝国主义时期的哲学流派，统统被作为新文化和新思潮介绍到中国，并且引发了激烈的论战。西方资产阶级哲学大师杜威、罗素来华讲学，更为西方社会政治学说的传播架设了桥梁。一批有志青年远涉重洋，以勤工俭学为手段赴欧洲寻找真理，为下一时期改变中国面貌准备好新的思想武器。

西学即西方近代文化，它既是多元的统一体，又有许多层次。列宁曾经指出：“每一种民族文化中，都有两种民族文化。”人们通常所说的西方近代文化，只是就西方资产阶级文化而言。其实，自从马克思主义诞生以来，西方的无产阶级就有了自己完整的文化形态。所谓西方文化，主要就是由无产阶级和资产阶级两大阶级的文化构成的。从 19 世纪中叶开始，先是西方资产阶级文化，随后是无产阶级文化，传入中国。确切地说，从鸦片战争到“五四”前期新文化运动期间，传入中国的西方文化，主要是建立在资本主义大工业基础之上的、以民主和科学为中心的资产阶级文化。

以民主为核心的政治学说传入中国的同时，各种科学学说也传入中国。

19 世纪 60 年代以后，自然科学如天文、地理、动物、植物、矿学、物理、化学等知识大量传入。公私机关和各学术团体、书局，如同文馆、广学会、上海排印局、江南制造局翻译馆、益知书会、墨海书院、湖南新书局、时务报社、上海译书局、格致书室、湘学报社、天津机器局、天津学堂、农学报社、求是报社，华美书馆、汇文书院等等，出版大量西学书籍，载于《东西学书录》的，有 1 000 多种。傅兰雅、徐寿、徐建演编译有

《格致须知》、《代数学》、《化学鉴原》、《化学分原》、《化学考质》等。林乐知译有《格致启蒙》。谢家术编译有《算学三种》。藤田译有《物理学》。潘慎文、谢洪赉译有《八线备旨》。李天相译《化学新编》。王术烈译有《物理学》三编、《植物学》。黄英译有《动学》、《生理学》等。以上所列为较著名者。

历史学也大量传入。1895年,李提摩太、蔡尔康、周庆云等编译有《泰西新史揽要》8册。1902年,秦瑞玠编有《西洋历史》。1903年,樊炳清译有《东洋史要》、《西洋史要》,胡景伊译有《欧罗巴通史》。1904年,邵希雍译有《万国史纲》。1906年,作新社编有《万国历史》,陈寿彭译有《万国史略》,张枬译有《日本历史》。1909年,商务印书馆编译有《世界文明史》、《泰西民族文明史》、《世界近世史》等。这时期译的各国专史有《美国独立战史》、《法国革命战史》、《英国革命战史》、《苏格兰独立之史》、《瑞士建国志》等。这些著作不但丰富了中国人的知识,而且增长了中国人的斗志,特别是《法国革命战史》、《意大利独立战记》、《彼得兴俄记》、《波兰衰亡史》等书,起到了政治著作的作用。

西洋伦理学也随之传入中国。1903年,樊炳清译有日本上哲次郎的《伦理教科书》数种,广智书局译有日本元良勇次郎的《中学教育伦理学》,大学堂译书局译有《东西洋伦理学史》,樊炳清译有《伦理教科书》总说。1907年,戴裕著有《伦理学讲义》、《女子伦理教科书》。1909年,四川速成师范编有《伦理学》。伦理学的传入,对中国几千年的纲常名教是一个大冲击。争女权、男女平等成为新的社会改革的潮流。女子不缠足、男子死后女可再嫁、夫妇不相合可离婚、男子不娶妾等观念在社会上渐有影响。

20世纪最初几年,西洋教育输入中国。1903年,大学堂译书局译有《垤氏实践教育教学》五册、《欧洲教育史要》三册、《格氏特殊教育学》、《独逸教授法》。1909年,四川速成师范编有《教育史》,孙清如著有《教育史》,商务印书馆编译有《教育学》,中国图书公司编《教育学》、《心理学》、《幼儿保育法》,文明书局编有《小学校训练法》、《各种教授法》等。临时政府成立后,蔡元培出任教育总长,制订了教育革新计划。资产阶级对教育给予极大的关注和支持。在革命党人的热心倡导下,各省和各种专门性质的教育会纷纷成立,有力地推动了教育事业的发展。这一时期著名的教育家黄炎培、陶行知、张謇等人,都为教育改革做出了卓越贡献。外国教育家杜威、蒙台梭利、海尔巴脱、纳法尔等人的教育学说也介绍到中国。中国开始研究教育理论。

此时,逻辑学及语言学也传入中国。1903年马建忠著《马氏文通》。他根据拉丁语法设计出汉语语法,这是中国第一部现代语法书。同年,艾约瑟译有英国哲芬斯所著的《辨学启蒙》,严复译有英国穆勒著的《名学》,是中国最早翻译的逻辑学著作。1906年,章士钊著《中等国文典》,这是比《马氏文通》更加实用的语法书。1909年,商务印书馆编译有《汉文典》、《英文典》、《英文教程》。1910年,商务印书馆编译《初学英文规范》、《简要英文法教科书》、《英语作文教科书》等。逻辑学和语言学的传入,对同时开始的白话文运动起了很大的推动作用。

法学此时也传入中国。法学名著，如孟德斯鸠的《法意》，卢梭的《民约论》，约翰·弥勒的《自由原理》，斯宾塞的《干涉论》、《社会学原理》等已于上世纪最初几年由严复、杨适栋、赵兰生等介绍到中国来。1909 年，四川速成师范编译有《行政法大意》、《法学通论》等法学著作。

此外，大量的文学作品也传入中国。据《涵芬楼新书分类目录》所载，翻译小说近 400 种，实际上要超过此数。在翻译外文小说方面，最著名的人物是林纾。据统计，他翻译的小说共 171 部，主要有英国 99 部、美国 20 部、法国 33 部。他所介绍的著名作家，有英国莎士比亚、狄更斯和司各特等；在美有欧文、斯托夫人；法国有大仲马、小仲马、巴尔扎克；在挪威有易卜生；在西班牙有塞万提斯；俄国有托尔斯泰。他所翻译的作品影响最大的是《巴黎茶花女遗事》及《黑奴吁天录》。翻译名家还有吴梼、陈冷血、包笑天等。吴梼译有《薄命花》、《塞桃记》、《车中毒针》、《银纽碑》、《黑衣教士》等；陈冷血译有《白云塔》、《侠恋记》、《火星罪人》、《土星罪人》、《大侠记》等；包笑天译有《铁世界》、《秘密使者》、《一捻红》、《侠奴血》等。外国小说的传入，不但"有关世道人心"，而且直接影响了中国小说创作。当时的小说家，从取材到描写，取法于外国小说的地方不少。

科学研究之风也由西方刮入中国。1914 年 6 月，留美学生组织科学社，次年由任鸿隽、赵元任、杨诠等人发起刊行《科学》杂志，向国人灌输科学知识，"阐发科学精义及其效用"，并广译各国科学书籍，设立图书馆、博物馆、研究所，组织科学演讲团，以促进国内实用科学的发展。1916 年留日学生陈启修等组织丙辰学社，印行《学艺》杂志，讲求科学真理，促进科学交流。此后，讲求科学的风气在中国留学生中逐步推广，国人也逐渐认识和重视科学之价值，科学研究风气初开。这时在科学研究方面取得重要成果的科学家有化学家侯德榜、地质学家丁文江与翁文灏、水利工程专家李仪祉、铁路工程师詹天佑等。他们的科学研究成果，推动了中国的科学研究走向成熟，推动了科学事业的发展。

19 世纪末 20 世纪初，也是基督教在中国传播最兴盛的时期。自 1900 年以后，基督教的传教活动出现了一个新的趋向，主要表现为外国传教士利用清政府的巨额赔款兴办医院、学校和其他文化慈善机构，以推动传教工作。

教会所办的医院，在 1900 年以前仅百余处，而且大多为教堂附设的诊疗所。到 1920 年，新教教会医院增至 246 所，诊疗所 380 处，天主教教会医院及养老院也有 200 多处。教会学校，特别是大学，有较大发展。1900 年以前，教会学校有 1 100 余所，90%为小学，10%为中学，没有大学，只在一些中学里有大学班。1895 年在天津建立的北洋大学堂，是我国第一所工科大学。此后 20 年，基督教建有上海圣约翰大学、杭州之江大学、成都华西协和大学、武昌华中大学、南京金陵大学、福州华南女子文理学院、长沙湘雅医专、南京金陵女子文理学院、上海沪江大学、广州岭南大学、福州协和大学、北京燕京大学与济南齐鲁大学、北京辅仁大学、上海震旦大学、天津工商学院等。到 1920 年，仅新的各类教育机构就有 7 382 所，其中有大学 14 所，在校学生共 21 万多人，其中大学生 2 000 多人。在文化慈善事业的掩护下，基督教的传教活动开始了持续 20 多年的全面发展时期。1900 年以前，新教教徒主要集中在广东、江苏、浙江等少数省份，到 1920 年时，已遍布除西藏以外的全国各地。据当时出版的《基督教占领中国》一书统计，在全国所有 5 万人口以上的城市中，只有 18 个还没有见到传教士的足迹。这些教徒分属 130 个教会的 6 204 名外国传教士，在各地建立 1 037 处传教基地，教堂和礼拜场所超过万座。中国籍牧师从 1906 年的 345 人增至 1 305 人，超过了外国籍牧师的人数。在教会任职的中国人，也从 1906 年的 9 661 人增至 28 396 人，为当时外籍传教士人数的 4 倍多。全国新教徒剧增，由 1900 年的 8 万人增至 1920 年的 36 万人。天主教的发展更为迅速。1900 年，全国天主教徒已有 74 万，至 1920 年猛增到 200 万①。

1920 年到 1949 年，是基督教徒传教事业的更大规模发展阶段。

4.2 东学西传

2 世纪上半期，希腊商人马埃斯·蒂蒂安奴斯(Maës Titianus)派遣经办人东逾帕米尔贩运丝帛。这是最早见于文献的欧人东来的记载。当时欧人东来，目的为获取中国的丝织品。中国因出产精美的丝织品而名闻遐迩，因此得名丝国，联结东西往来的商路也被后人赐予佳名——丝绸之路。此后千年，欧洲与中国时有往来，中国的养蚕、缫丝、造纸等技术也相继西传。但是，严格说来，东西双方尚谈不上对对方的文化有多么深入的了解和认识。直到 13 世纪下半期威尼斯商人波罗兄弟东来中国之后依旧。1260 年，尼考拉·波罗和弟马菲·波罗启程东来。1275 年，尼考拉携弟与子马可·波罗(1254—1324)再来中国。马可·波罗年轻有为。仕元十七年，他几度风尘仆仆往返中国与欧洲，执行忽必烈汗沟通中西的使命，对欧亚内陆交通和元初社会情况有比较全面的了解。他返国后留下的回忆游记——《世界珍闻录》，介绍了东来途中的见闻，其中有中国的形势，大都(北京)宫城的雄伟壮丽，中国的施政措施及其效率，扬州、杭州等历史名城的富庶繁荣，经济和工艺技术的高度发展。他介绍的情况一时被欧洲视为海外奇谈，甚至被某些人认为是欺世盗名的谎言。马可·波罗直到临终之前，仍重申自己的见闻的真实性，声明他"在中国的所见所闻，记述下来的还不到一半"。今天看来，情况确实如此。然而，值得注意的是，马可·波罗的《世界珍闻录》与蒙元时期东来的约翰·蒙特哥维诺(John Montecovino)等欧洲人的《行纪》一样，对中国的传统文化和学术思想无一语道及。看来，马可·波罗即便有机会完成他还没有记述下来的另一半见闻，但是否会介绍中国的传统文化和学术思想，从他主要掌握波斯语而不懂汉语的情况推断，甚可怀疑。从当时的《游记》、《行纪》来看，不介绍中国的传统文化并非偶然，实际上反映在蒙古人一统天下的时期，东来的

① 周燮番:《中国的基督教》,141～143 页。

欧洲人还没有感到有了解中国传统文化的必要。

中国传统文化和学术之开始传入欧洲，归功于我国明清之际欧洲资本主义兴起初期来华传教的耶稣会士。耶稣会士初到中国是在1552年。从1552年至1795年清高宗(乾隆皇帝)去世，来华的耶稣会士约450人，但实际上超过此数，有姓名可考的到过中国的耶稣会士达到800人左右。四百余年来，西方人对中国传统文化的认识随着世界形势和中国形势的变化而变化，可以把"东学西传"分为以下几个时期。

4.2.1 东学西传的第一期

1552年，循海路从印度果阿(卧亚)而来的耶稣会士方济各沙勿(Francisco Xavier,1506—1552,西班牙籍)抵达珠江口上川岛。稍晚，另有个别的耶稣会士取陆路来华，例如1602年末至1605年间鄂本笃(Bento de Goës,1563—1607,葡萄牙籍)即从拉合尔经新疆叶儿美、吐鲁番、哈密抵达肃州(酒泉)。鄂本笃及其随从取陆路来华的目的在于证实契丹就是中国，元代大都(汗八里)就是北京。

耶稣会成立于16世纪40年代。在资本主义兴起初期，在欧洲宗教改革的冲击下，它是天主教教派中最保守的一派。建立耶稣会的宗旨在于维护天主教的地位，反击进行宗教改革的新教势力。耶稣会有着严明的准军事化的组织纪律，吸收那些信仰虔诚、学识渊博、行动坚毅、富有献身精神的教士作为自己的成员。耶稣会教士以布道海外、重整天主教的声威为职责。东来中国的几百名耶稣会士中，英籍的只有一人(安德鲁·杰克逊)，其余均来自欧洲大陆上的天主教势力比较牢固的国家和地区，以葡、西、法、意、比籍者为多，弗兰德尔、德、奥、波、捷等籍者次之。

与耶稣会同来东方传教的还有天主教的多明我会、方济各会、奥古斯丁会。在这些教团中，耶稣会因严密组织，并依靠会士们的坚韧不拔和多才多艺而使该会较早打开了局面。在早期来华的耶稣会士中，利玛窦(字泰西，Matteo Ricci,1552—1610,意大利籍)利用机遇于1583年8月进入广东。这位年富力强的教士甫抵中国，即奉当时在日本传教的范理安(Alessandro Valignano,1539—1606,意大利籍)神父之命学习汉语，并认真研究中国传统文化，以期尽快找到接近中国士大夫阶层及至中国君主的途径和方式，为顺利布道创造条件。不久，利玛窦一方面将欧洲科学著作中既不违背天主教教义，又适合中国的某些篇章译为汉语，另一方面，利用他的西方科学知识和他已具备的汉文化修养，积极结交一批明代朝臣和士大夫。他的努力得到了报偿，耶稣会得以在北京和上海建立了布道基点。利玛窦因采取这一做法而取得的令人瞩目的成果，并深深打动了当时和后来来华的耶稣会士。耶稣会士竞相效仿，致力于学习汉语和中国传统文化。他们在向中国介绍西方数学、天文、舆地等科技知识的同时，以书简、札记、日记、行纪等形式源源不断地向教士和本国发回有关中国状况和中国传统文化之报告。当时欧洲的印刷日趋发达，教士们的著述得到刊布，并被人广泛阅读。如此，耶稣会士出于传教的目的对中国传统文化所作的介绍和探讨，客观上促进了欧洲形成研究中国传统文化的风尚。今天，人们共认，在沟通中西文化和促进

17 世纪及 18 世纪欧洲研究中国的风气上，耶稣会士的功绩是巨大的。例如，正是早期来华的耶稣会士首先翻译并介绍了儒家经典。人们经常提到柏应理（信末，Philippe Couplet，1622—1663，比籍）、殷铎泽（觉斯，Prospero Intorcetta，1629—1696，意籍）、恩理格（性滔，Christian Herdtricht，1625—1684，奥籍）、鲁日满（谦受，Francois de Rougemont，1624—1676，比籍）、郭崇仁（德施，Inacio da Costa，1603—1666，葡籍）以及稍晚的卫方济（Franciscus Noël，1651—1729，比籍）等人翻译的四书五经和他们关于中国儒家学说、孔子传略等大批著作。这些著作的木刻本刊于中国，活字排印本多刊于果阿（卧亚）和巴黎。从考狄（Henri Cordier，1849—1925）编纂的《中国文献学总览》（Bibliotheca Sinica）中，即可了解当时介绍和研究中国风物以及中国传统文化的著述之宏富。然而，正像耶稣会士立足于布道，向中国介绍当代西方科学知识时有所选择一样，他们基于同一立场，在向西方介绍中国传统文化时也做出了分明的抉择。他们翻译四书五经，介绍孔孟之道，目的在于从中发掘涉及上天、上帝的资料和中国古圣先贤尊天重道的言论。在天主教各教团中，就中国信徒可否效天、祀孔、祭祖和遵行某些礼仪等问题展开过激烈的争辩（这也是一种“僧净”）。耶稣会士为了从汉文典籍中选用什么字眼来指称天主教的“真主”曾经煞费苦心。他们力图使用中国士庶熟悉的字眼（如“天”、“上帝”等词）来向中国对象解释天主教教义。例如，利玛窦选择了“天主”一词来翻译 Deus（上帝）。与此同时，耶稣会士从宣扬天主教教义出发，本能地反对宋明儒家的理学、心学。明末的利玛窦在《天主实义》、清乾隆朝的孙璋（德昭，析津居士，Aenandre de ha Cherme，1695—1769，法籍）在《性理真诠》中都曾竭尽全力予以驳斥。他们援引四书五经有明确的意图，即用孔孟之道来反对宋明理学，反对释老。这是一种不根据中国文化的自身发展和本来面貌而根据耶稣会士布道的需要，对中国传统文化作出的有倾向性的介绍。

从 17 世纪中叶起，法国成立的海外布道会开始积极活动。这个布道团体得到了法国波旁王朝的国王路易十四（1643—1715）与一些大臣如柯尔柏（Jean B Colbert，1619—1683）的大力支持。法国君臣显然抱有向海外扩张商业和殖民的野心。他们利用葡萄牙、西班牙等早期殖民国家衰落之机而谋求向加拿大、印度支那和中国扩张势力。1684 年，在华的耶稣会士柏应理向路易十四宫廷推荐了一位年轻的中国籍耶稣会士，名叫辛弥坚（Michel Sin）。辛弥坚掌握了中世纪拉丁语和某些欧洲语言，因而奉命前往意、法、德、英等国宫廷。这位中国教士的访问可能进一步提高了欧洲对中国和中国文化的兴趣。在 1685 年，路易十四便向中国派出了六位精选的卓越数学家兼耶稣会士前往北京的康熙宫廷，这一行动并非偶然。六位耶稣会士有五位于 1688 年 2 月到达北京，他们是白进（明远，Joachim Bouvet，1656—1730）、李明（复初，Louis Daniel he Com-te，1666—1727）、张诚（实斋，Jean Francois Gerbillon，1654—1707）、刘应（声闻，Claude de Visdelou，1656—1737）和洪若翰（登，一作洪若时，Jean de Fontaney，1643—1710）。这批法国宫廷派遣的御前数学家兼耶稣会士所负使命不局限于传教，他们还奉命进行学术交流，研究中国文化，观察和记述中国的情况，为刚刚建立的法国王家科学院(Institut de France)搜集中国史学、哲学著作和文艺书籍。

这批法国耶稣会士在中国展开了多方面的活动,张诚参加了1689年中俄尼布楚条约的谈判与签订,并为康熙绘制了《皇舆新图》。洪若翰、刘应介绍西方医学,因用奎宁为康熙皇帝治愈疟疾而获准在北京建立北堂。白晋以研究《易经》著称,康熙鉴于他对易经理论颇有研究而对他十分器重。他作为德国伟大学者莱布尼茨的文字朋友,通过通信把《易经》介绍给莱布尼茨。李明兼通天文、地理、博物之学。他作为杰出的观察家和当时法国的卓越作家,对中国的文化和事物有细致深刻的描述,反映在他的《中国现况新记》(Nouvsaun Memoires sur I,estat présent de la China,巴黎,1697年)一书中。他们写回欧洲的报告起到了向欧洲人介绍中国时局和中国历史、文化的重要作用。

通过耶稣会士的努力,一批批汉文典籍运到了凡尔赛宫。1697年,白晋返国组织增援人力时,向路易十四呈递了康熙皇帝赠送的41部中国书籍。1700年,洪若翰、李明送来了更多的中国图书,其中有张诚绘制的《皇舆新图》,清内廷绘制的草本图册。1722年运到法国的中国书籍达4000种。这批书籍构成了今天法国国家图书馆东方手稿部的最早特藏,为19世纪法国汉学的兴旺打下了物质基础,欧洲学者也得到了无须长途跋涉即可利用汉文资料的便利。

为了利用这批汉文资料,当时法国王家科学院院长让·保罗·比农(Lean Ranl Bignon)做了认真的规划。为编纂和出版汉语语法、汉法辞典,比农任命了一位由耶稣会士培养的、当时在巴黎的福州人黄卡阿德(Arcade Houang)为路易十四国王的第一任官方翻译,黄成了向西方介绍中国的第一位中国人。他的译述包括《中国训言选》、《中国字书》、《儒林外史》(选译)、《汉语关键词汇》、《中国历书》、《日用大全》等。他还在法国培养出一批法国汉语人才,其中有著名的傅尔蒙(Arcade Tourmont)、弗勒雷(Niclas Fréret)以及后起之秀雷慕沙(Abel Rémusat,1788—1832)。

此后,在中国的耶稣会士和在欧洲的耶稣会士开始相互配合研究中国。例如,生活在法国的耶稣会士杜赫德(Du Halde)利用在华耶稣会士的书简和他们有关中国地理、历史、年代、政治、制度、文物、民族的报导而编纂成《中华全志》(Deseription de la Chine,4卷,巴黎,1735;海牙,袖珍版,1736年;伦敦,1741)。在中国的耶稣会士冯秉正(瑞友,Jose phde Maicla,1669—1748,法籍)翻译《通鉴纲目》,并补写宋至清初史实,成《中国通史》十二卷。此外,耶稣会士重译了中国许多儒家经典和史书,钱德明(Jean J. M. Amict,1718—1793)等人翻译经书的质量与明末译本相比有较大的进步。新编中国史书也远比1585年刊行的门多萨(Menpoza)用西班牙语编写的《中华帝国史》等为优。

欧洲另外一些殖民主义国家也向中国伸张势力。1655年,联合省(今荷兰)东印度公司代表团扬·纽霍夫(Jan Nieuhof)访华,提出并刊行了有关报告;1793年,英国马嘎尔尼(George Maeartney)使团访问北京和热河的清廷,随员也写有访问记。这些报告和访问记在促进欧洲了解中国上产生了多方面的影响，例如纽霍夫报告中的多幅插图、马嘎尔尼使团中擅长绘画的随员亚历山大（William Alenander）留下的图画，曾经影响到欧洲宫廷和上流社会的风尚，为17世纪和18世纪欧洲部分地区流行的所谓罗珂珂风（Rococo or Rocaille）增添了内容，并起了推波助澜的作用。罗珂珂风的内容之一是堆砌假山。堆砌假山无疑是受中国的影响。一时间，欧洲的庭园盛行堆砌假山，建筑、家具、壁纸、陈设上面的装饰无不模拟山水、卷纹花草等为基本纹样。罗珂珂风以法国国王路易十五时期（1710—1774）最为兴盛。在意大利，某些典型的罗珂珂装饰被称为"耶稣会"式样（"Jesuitstyle"）。罗珂珂式样在英、德也曾风靡一时。

关于绘画方面的影响，还可以指出耶稣会在清宫廷充任西洋绘士的郎世宁（Giuseppe Castiglione，1688—1766，意籍）、艾启蒙（性安，Ignaz Sichelbarth，1708—1780，波希米亚籍）以及为乾隆绘制《准噶尔回部等部得胜图》的王致诚（Jean-Denis Attiret，1702—1768，法籍）、贺清泰（Aloïs de Poirot，1735—1831，法籍）、蒋友仁（Michel Benoist，1715—1774，法籍）等人的作用。《得胜图》曾在法国雕制铜版并印刷，当然有助于西方更形象地了解中国。

在这种背景下，由耶稣会士开端，欧洲涌现出一大批署名或不署名的论述中国传统文化的著作，如《孔子道德论》、《中国哲人孔子的道德》、《中国人的政府和道德观念》、《大禹和孔子》、《中国道德哲学与政治立法》、《自然法典——孔子之诗》、《孔子的道德观》、《中国的哲学》等等。

富有讽刺意味的是，耶稣会士译述中国儒家经典，介绍中国传统文化，本意在于证明中国人的事天和敬奉上帝类似于犹太教和基督教之信仰天主（Deus）。可是，这些出于耶稣会士的手笔，使人强烈地感到其中某些内容类似于西方相当流行的理性主义、自然神论。众所周知，18世纪的欧洲除了启蒙思想家之外，大多有教养的人士也在向理性主义、自然神论者转变。所谓理性主义，在18世纪哲学中，系指任何确立人的理智是唯一的、终极的判断准则和认识主要来源的思想体系而言。它反对一切教条和说教，否认任何外来的权威，提倡任何个人为自己研究一切事物，只相信理智证实的事物的有效性。1740年至1840年间，理性主义在反对神学中更具有特殊的意义，即在哲学的理性主义的影响下，教会内部也出现了启蒙运动（Aufklärung），一种泛神论的思潮席卷欧洲。在英国以自然神论为代表；在法国强调自然精灵；在德国，号称德国理性主义之父的泽姆勒（J. S. Semler，1725—1791）开创了在神学史上怀疑圣经、考证圣书的风气，其直接影响所及在于日后康德提出理性信念。在这种历史背景下，耶稣会士有关中国文化的介绍尽管已做了删减加工，但还是帮助了当时欧洲的知识分子从另一种文明——中国传统文化中找到了他们的观点的旁证。欧洲的理性主义、自然神论决非起源于中国，也并未受中国的影响而有多大变形；但是，欧洲的自然神论者确实由于中国传统文化的引进而深受鼓舞，从而坚定了他们的信念和斗志。在他们的著作中，"天"之概念取代了基督教之"真主"。以传播天主教义为职志的耶稣会士的活动,间接促使其达到这样的客观效果,的确是文化交流史上饶有趣味的现象。

不仅如此,中国唯心主义的哲学,特别是耶稣会士着急排斥的宋明理学、心学的观点,进而被欧洲启蒙时期的唯物论者引为同调,18 世纪的欧洲知识界一时眼光都转向了东方的中国,形成了以东方为楷模而相呼唤的风尚。

在大力提倡中国儒学的人物之中,德国的莱布尼茨(G. W. Leibnitz,1646—1716)是极为突出的一位。他早年即认真搜求、阅读有关中国的著述。他的学术思想体系的形成,除了希腊哲学之外,还深受中国儒家思想的影响。他倡议在德国设立奖励科学、艺术的科学院,提出将中国列为科学院的研究科目。他与耶稣会士白晋通信讨论《易经》,以易卦之阴阳二元论与二进制数学相匹配,至今仍是学界津津乐道的佳话。莱布尼茨之所以如此推崇孔子,颂扬中国传统文化,盖亦有说。一些学者指出,这实际是他有感于德国之经历 30 年战争(1618—1648)创巨痛深而发,比较中西,莱氏认为中国良可效法。

继莱布尼茨之后而推崇中国经典和儒家思想的是德国又一位哲学家兼数学家沃尔夫(Christian Wolff,1679—1754)。沃尔夫在哈雷讲授数学与自然哲学,鼓吹理性主义。哈雷是誓死反对路德新教的虔诚派的大本营。沃尔夫在这里讲学,用数学求证的精确性来贬低神学之"真理",意在打击虔诚派,终于导致 1721 年与虔诚派公开决裂。沃尔夫发表《论中国的实践哲学》的演讲,颂扬孔子道德学说之纯洁,指出孔子之训教是导致人的理性通过自身努力而无须靠神的启示即可取得的道德真理的力量。从此,沃尔夫受到 10 年攻击,最后普鲁士国王剥夺了他的职务,限其 48 小时离开普鲁士土地。他的被逐引起了世人对他的哲学的普遍注意,中国孔子哲学因而也更为欧洲人所知。1737 年以前,支持和反对沃尔夫的书刊出版了 200 余册,这还不包括沃尔夫及其追随者们写的许多系统性论文,例如沃尔夫的《自然法论》。此书的君臣义务一章,显然受了儒家"修齐治平"思想的影响。

法国的启蒙思想家和百科全书派与德国同行一样,也充分利用中国传统文化作为抨击法国偏见和神学束缚的思想武器。孔子及其儒学关于伦理道德和重视教育的学说,激励他们追求真理和智慧,反对盲从和愚昧。以伏尔泰为例,伏尔泰(Voltaire,真名阿茹埃,F. M. Aroue,1694—1778)作为法国 18 世纪最大的作家、政论家、哲学家、"新思潮的代言人"、"社会舆论的领袖",即从自然神论立场出发,否认灵魂不灭,无情地反对宗教迷信和偏见。他的思想除了受意大利伽利略和英国的洛克、牛顿、贝勒等人的影响之外,中国儒家思想也是来源之一。他为《百科辞典》写的许多条目(后人收入他本人的《哲学辞典》),在种种障眼物的掩饰下,集中火力射击圣经、天主教和现实,在他酣畅犀利的笔锋下,中国被描绘成没有西方黑暗的教会和腐败的贵族阶级,由哲人治理的富于理想、井然有序的唯理主义道德国家。在这种情绪支配下,有的启蒙主义者公然声称,"欧洲政府当以中国为模范",并主张以儒教代替基督教。由此可见,启蒙思想家也走向了某种极端,他们根据自己头脑中设想的开明专制制度而极力将中国理想化。他们引中国的儒学为自己的学说张大其军，企图把中国变为西方的镜子，以此宣扬理性主义的自然法则、开明专制等观念。他们的进步的立场固然值得称颂，但是带着特定屈度的眼镜进行观察，得到的必然是不合实际的景象。认识上的失实，例如对中国专制制度的极权特征的忽视，必然招来某些反驳的意见。

在一片对中国传统文化的颂扬声中，孟德斯鸠对中国封建社会的政治制度和传统文化提出了异议。

4.2.2 东学西传的第二期

西方早期对中国传统文化的研究既然与殖民、传教活动密切相关，因而随着殖民、传教活动的情况不断变化，西方对中国传统文化的认识也不断变化。欧洲人眼中的中国形象，除了受研究水平的制约以外，在很大程度上也受他们本国的政治事务的影响。这种对中国传统文化认识上的变化，也自然而然地反映到欧洲资产阶级意识形态和欧洲汉学中。

从1700年起，耶稣会士与明多我会关于中国天主教徒是否遵守郊天、祭祖、祀孔的中国礼仪之争，发展成为教皇与清帝康熙之争。教皇克雷芒一世（Clément Ⅰ，1700年～1721年）于1704、1707、1715年三次发布通谕，将中国礼教斥为异端，清康熙皇帝则将教皇的这种做法视为干预中国的内政，因而禁止对方的传教活动。1742年，教皇本笃十四世（Benedictus ⅩⅣ，1742—1758）下“自上主圣意”谕，坚持罗马教廷1715年的禁令，严格禁止中国教徒遵守中国礼仪。清乾隆皇帝则以断然驱逐教士的行动相回敬，直到1842年英国强迫清政府缔结南京条约的百年间，西方研究中国主要是在远隔重洋的欧洲靠书本进行的。这种情况到19世纪初一些基督教新教传教士在南洋重新活动才开始有所变化。

在18世纪的一段时间内，欧洲人仍对中国传统文化多有溢美之词。对于欧洲思想界来说，莱布尼茨、伏尔泰等人为给他们的政治主张寻找注脚，为追求理性与现实生活的结合而大力美化赞扬中国的儒家思想，其影响是不能低估的。在宗教传说深远的欧洲，越来越多的人认识到在宗教权威之外还有伦理道德的权威，而这种伦理道德的权威竟然不是来自上帝的启示而是像中国那样来自所谓“理性”、“良知”，这真是思想意识方面的巨大发现。中国的一套维护封建专制制度的学说被移植到欧洲之后，竟然成了批判欧洲专制制度及其所依赖的宗教权威的“他山之石”，助长了启蒙思潮的声势，这远非耶稣会士们始料所及。

中国传统文化不仅对思想界起了影响，一些试图进行某些实践改革的人物有时也借鉴中国。法国政治经济学家、重农学派的代表人物魁奈（F. Quesnay，1694—1774）在1767年发表了《中国的专制制度》一书。他为了替欧洲寻求政治稳定的方案而把中国社会表述为敬畏上天的自然神的社会，这里没有世袭贵族，产权有着切实保障，君主同样遵纪守法，帝王和官吏担心民众起事而懂得多方自我节制。魁奈的许多主张和见解为他博得了“西方孔夫子”的美名。魁奈及其学术同行的政治经济观点也得到了当时率领学生游学巴黎的亚当·斯密(Adam Smith,1723—1790)的某些肯定的评价。

然而,中国的传统文化毕竟是在长期的封建制度下成长和发育成熟的。人们尽可以大力表彰中国伦理化的美好政治秩序和儒家思想在国家政治生活中的决策作用,这样做的意图无非是为了鼓吹理性主义、自然法则,借以否定西方存在的黑暗腐败的教会、贵族阶级的横暴和君主专制。这种鼓吹毕竟反映不了中国传统文化的全貌,为时不久,人们听到了越来越多的对中国传统文化有所贬损的声音。

这方面的代表人物可举孟德斯鸠为例。孟德斯鸠阅读了耶稣会士杜赫德编纂的《中华全志》、1719年~1725年多次随使中国的俄国使团人员朗伊的行纪和某些商人、将领的报导后,对中国得到了全然不同的印象。

他写道:"我们的传教士告诉我们,幅员辽阔的中华帝国的政府是值得称道的,它是令人畏惧、荣誉和道德三者的混合物。"在传教士看来,中国的立法者孔子及其弟子冶宗教、法律、风俗、礼仪于一炉,铸成了一套道德和礼仪的体系,中国君主就是遵循这种道德礼教而获得成绩。但是,孟德斯鸠注意到,以礼教为指针的中国并没有使人免除贪欲、放纵和欺凌。他引用了杜赫德书中"统治中国的是棍棒"这句话之后提出如下疑问:"我不晓得,一个国家只有使用棍棒才能让人们做些事情,究竟还有什么荣誉可言。"①他还指出,来华商人并没有像入华耶稣会士那样侈谈中国人的品德,他们举出的是官吏榨取、皇帝专制的例证。那里想使法律与专制权力合而并施,但是不论什么东西,包括伦理道德,一旦与专制权力相联系,就归于有名无实,丧失了它本来的价值,而且外加的钳制足以增加的专制制度的凶暴(严复在译《法意》的这段意思时附加译语说,这就是"君主之必无德,专制之必无礼")。因此,孟德斯鸠得出结论说:"中国是一个专制国家,这个专制国家的原则则是令人畏惧。"

另外,我们还看到,对于中国思想家就形而上学所显示出来的任何热忱和兴趣,德国哲学家康德(I. Kant,1724—1804)一概持否定态度。康德的这种态度很可能是针对中国道家的某些神秘说教而发的,以他的下列意见为证:"老子称道的'上善'在于'无'。这种说教以'无'为'上善',也就是一种通过与神格相融合,从而通过消灭人格而取得自我感觉消融于神格深渊之中的意识。中国哲学家为了具备这种状态的实感而把自己关闭在暗室之中,闭眼不看经验而一味沉思他们的'无'的概念,这的确是一个随之而瓦解了的他们的理解力,使所有思维自身都趋于终结的概念。"②

康德显然对中国的哲学缺少全面的了解。但是,康德的上述见解反映了他对中国传统文化某些认识。

欧洲对中国看法的这种转变,或许在德国哲学家冯·施雷格尔(F. Von Schlegel,1772—1829)的《历史哲学》中表述得最为明显。他认为"曾经激起了欧洲许多学

---

① 孟德斯鸠:《论法的精神》第1卷,第8章,第21节,127页。

② 康德:《论历史》。

者高度热忱的中国儒家的纯理论说教妨碍了人们形成对中国整个哲学的正当评价。"①

失实、失当的评价必然要遇到物议，这是不难理解的。但是，更重要的是，18世纪后半期以来，欧洲资本主义日益发展，某些欧洲学者开始以西方资本主义社会的观念作为衡量世界的标准。他们依据西方近代资本主义社会发展的经验论证中国是根本不同于西方的一种社会。黑格尔(G. W. F. Hegel，1770—1831)对比了东方世界(其中包括中国、印度、伊朗)与希腊世界、罗马世界和日耳曼贵族世界，而后把现代社会归结为日耳曼世界。他认为，日耳曼世界经历了继承罗马世界阶段、教会和国家冲突阶段，而后达到了最后的"精神"开始意识到自身"自由"阶段。相比之下，东方世界虽然实现了理性的发展，但是没有发展到"主观的自由"。中国人把追求理性、探求"道"的各种形式视为最高的学术。实际上，这种学术与直接用以治国安邦的各种科学研究并没有什么联系。构成中国风俗礼义的根基的孔子的著作，诚然包括许多正确的、体现道德的箴规，但是都在反复申述一些至理名言，其中包含着一种反省和迂回，使得他的思想不能超越于平凡之上。黑格尔认为中国民族的特色就是凡属日耳曼世界的那种"精神"的一切都离开中国人很远，中国的各种科学只是作为一种知识的技能用来服务于实际目的。这里没有自由的、理想的、精神的王国，能够称得上科学的学术仅仅属于经验的性质，而且绝对是以国家实用为主的经验。

黑格尔从他的"世界精神"的基本概念出发，把以家族关系为基础的中国形容为一个父道的政府，一个不含诗意的帝国。这个帝国之所以不含诗意，关键在于中国形式无限性、理想性的对峙还没有展开。人们都知道黑格尔把包括中国在内的东方国家表述为仅仅属于空间的而非历史的持久、稳定的国家，这绝不是说东方国家的相互地位没有变化，内部没有叛乱冲突。恰恰相反，这些国家的相互地位一直处在不断变化之中，它们内部各自的争夺杀伐从不停息，从而导致一些古国迅速毁灭。黑格尔清楚地看到了东方社会现象的循环往复。他所说的东方的停滞指的是它的生存原则缺乏变化。

黑格尔以"西方"与"亚细亚"相对比而得出的许多看法有多方面的影响，乃至有的学者把东方视为一种特殊的社会体制。马克思、恩格斯就此提出了"亚细亚生产方式"。

与欧洲思想界纷纷评述耶稣会士介绍的中国传统文化之同时，欧洲开始形成两支新的研究中国的力量。一支力量是完全在欧洲成长起来的汉学家队伍，另一支是19世纪初开始冲击中国沿海门户的殖民主义者。

在欧洲本土成长起来的汉学家队伍是1742年在华教士被驱逐和情况发生变化的产物。在19世纪40年代以前，汉学被认为是在中国本土活动的传教士们的专有学问，当时人们根本不相信离开中国当地条件能够做什么有关中国的语言和文化的

---

① 罗伯逊:《历史哲学》，131页。

研究。1742年以后，欧洲人不得不在欧洲学习汉语、研究中国。

法国人雷慕沙(J. P. A. Rémusat，1788—1832)是通过书本，刻苦学成汉文的欧洲第一位汉学家。1814年，他出任法兰西学院第一次开设的汉语讲席。1822年，他在巴黎创立"亚洲学会"，并出任第一任秘书。雷慕沙有志于研究中国哲学，他的《四书札记》阐述了孔子和儒家学说，为人们提出了远比阅读耶稣会士卫方济的陈旧译文更为正确的概念。他对老子和道家思想的研究不怎么成功。他承袭了耶稣会士钱德明的一种引申附会的说法。钱氏认为《老子道德经》中有讽喻基督三位一体说的地方，雷慕沙略加改变，认为应当解释为上帝耶和华的名字。此外，雷氏还试图从古希腊哲学家毕达哥拉斯学派中探求道家理论的起源。可见，雷慕沙并不能完全跳出前人的窠臼，译述和著作中仍然充满了附会与臆断。如果说，雷氏的译文在一定程度上传达了汉籍的本意，不是由于他对汉籍的词句做出了正确的理解，而是由于他具有一定近乎神奇的直觉判断。

雷慕沙的后继者是他的学生儒莲(Stanislas Julien，1799—1873，参看王韬《法国儒莲传》、《弢园文录外编》卷11)。儒莲支配了法国汉学界一个世纪之久，他编译了汉学中的五花八门的著作。他翻译的《孟子》显示了他的特色是善于严格处理译文。此后他不再重复传教士们已经做过的工作，转而翻译前人没有碰过的《礼记》等儒家经书，并大量翻译中国小说，如《今古奇观》、《白蛇传》、《平山冷燕》、《玉娇梨》等。他还从《元人百种曲》中选译了《包待制智勘灰栏记》、《赵氏孤儿》等。《赵氏孤儿》早有耶稣会士马若瑟(J. H.-M. de Prémare，1666—1736)的译本，杜赫德将此译本收入《中华全志》第三册。该剧风行一时，启发伏尔泰写出同一情节的悲剧。

当时欧洲一些汉学家颇热衷于翻译内容平庸、结构拙劣的中国小说。这是因为传教士被逐出中国，清廷又采取了锁国政策，小说便成了西方观察中国各阶层的风俗人情和了解中国各种人物的心理、嗜好的窗口。通过这些小说了解中国文化，认识的肤浅可想而知。令人惋惜的是，19世纪初西方形形色色的人物东来中国，恰恰就是带着在欧洲预先形成的对中国的这种印象。可以说，欧洲成长的汉学家的作用之一就是向来华的欧洲人灌输了先入为主的印象。

19世纪初，英国在印度逐步确立了统治地位，进而开始谋划叩击中国的门户。为此，英国继派马嘎尔尼使团(1792—1794)之后，又于1816年派阿美士德(W. P. Amherst，1773—1875)使团来华。阿美士德的随员之中有汉文正使德庇时(J. F. Davis，1795—1890)。他在鸦片战争之后历任英驻华公使、商务监督等职，在中国先后逗留长达二十年之久，写成介绍中国的著作如《中国诗歌论》(1829年)、《中国人、中华帝国及其居民概述》(二卷，1836年)、《中国见闻录》(二卷，1841年)、《交战时期和缔约媾和以来的中国》(1852年)和《中国杂记》(1865年)等。此外，他还翻译中国戏剧和小说。可以说，德庇时实开19世纪以来大批西方外交官兼事研究汉学的风气之先，从此继西方传教士兼汉学家之后，又开始形成一支一代复一代的外交官兼汉学家队伍，直到1949年新中国成立为止。这种外交官兼汉学家不乏父子相继的情况，例如，多年在华任领事兼汉学家的翟理斯(H. A. Giles，1845—1933)及其诸子翟比南(B. Giles，1874—1928)、翟林奈(Lionel Giles，1875—1958)、翟兰思(Lancelot Giles，1878—1934)。

与殖民活动相配合，基督教新团体开始了传教活动。19世纪初，重要的代表人物是英国伦敦会的玛礼逊、米怜等人。他们对汉语和中国文化的研究有助于他们随同军队、外交官和商人先在沿海活动，而后步步深入内地。

从19世纪初至40年代打进中国的外交官兼汉学家、传教士兼汉学家已经没有了16世纪以来耶稣会士、17世纪以来欧洲思想家探讨中国哲学的那种热忱。他们带着傲慢的优越感，似乎对介绍中国的阴暗面更感兴趣。他们的作品的共同特征是更加务实，并在评述、评价中国传统文化时随时随地地流露出贬低中国的情绪。

鸦片战争以后，中国人开始向西方传播中国文化。这些人包括三部分：饱读经书，经过"科举"正途而跻身朝士行列的驻外使节；长年居留国外，但时刻关心祖国命运的有识之士；出于求知求学的目的到国外进行考察游历的官员和文人学者。

1866年以在中国担任"总税务司"的英国人赫德为向导，由斌椿父子率领同文馆的德明(张德彝)、凤仪和法文馆的彦慧一行5人，赴西方游历。这是经清政府派遣的第一批亲自去接触和了解西方文化的代表。他们耳闻目睹了西方文明，也或多或少传播了中国文化。当西方人向斌椿"询问大中华，何如外邦侈"时，他答"以我圣教，所重在书礼；纲常天地经，五伦首孝悌"。在出国的船中，有一位日耳曼乘客请张德彝题中国字，他"磨墨草诗二章赠之，其人大喜，如获拱璧"。王韬到西欧后，喜欢结交学士文人，如所遇法国博士儒莲"足迹虽未至禹城，而译书已裒然盈尺"，"通中国文字，能作笔谈"。不仅如此，王韬还和"通中土语言文字之学，精于畴人家言"的苏格兰牧师湛约翰讨论《春秋》朔闰和日食记录。《漫游录·伦敦小憩》中访问牛津大学的记载，对王韬在英国宣传中国文化做了细致描述："英之北土曰哈斯佛，有一大书院，素著名望。……监院者特邀余往，以华言讲学。余备论中外相通之始，言：……三百年前，英人无至中国者；三十年前，中国人无至英土者。今者越重瀛若江河，视中原如堂奥，无他，以两国相加，故得至此。……一堂听者，无不鼓掌蹈足，同声称赞墙壁为震。其中肄业生年长者……特来问余中国孔子之道与泰西所传天道若何？余应之曰：'孔子之道，人道也；有人此有道。人类一日不灭，则其道一日不变。泰西人士论道必溯源于天，然传之者必归于本人；非先尽乎人事，亦不能求天降福，是则仍系乎人而已'"。王韬丝毫没有自卑感，而是在"素著名望"的英国最高学府里坚持了"中国之道"。出使英国的郭嵩焘精通中国传统文化，旅欧期间，他曾有机会和外国学者讨论东方文化。如法国立瀚(里昂)"东方公堂"即邀郭氏入会，并请其准备论文，题目之一为"中国孔子之前何教？老子学问与今道士绝异，何以道士皆宗老子？"郭嵩焘为此做了认真准备。这类接触，都有助于郭氏对中西文化思想进行比较研究和对中国文化的传播。

以"以中国人而毕业于美国第一等之大学校，实自予始"而自称的容闳，所接受的传统文化教育不多，但在命运转折的十字路口上，中华文化对他的影响立刻表现了出来。当容闳要报考耶鲁大学时，他坚决拒绝了勃朗先生和海门校长为他安排的使其成为传教士的前途。他写道："予虽贫，自由所固有。他日竟学，无论何业，将择其最有益于中国者为之。纵政府不录用，不必遂大有为，要亦不难造一新时势，以竟吾素志。……传道固佳，未必即为造福中国独一无二之事业。……志愿书一经签字，即动受拘束；将来虽有良好机会可为中国谋利者，亦必形格势禁，坐视失之乎？……盖人类有应尽之天职，决不能以食贫故，遽变宗旨也！"在这简短文字间所流露出的爱祖国爱人民的热情，无疑是对中华民族优秀传统文化的最有力的传播。

在近代向西方传播中国文化过程中，还有一个著名人物辜鸿铭。他是福建厦门人，名汤生，1875 年生，自幼留学英国，入爱丁堡大学学习，曾交厚于著名学者卡莱尔。他遍游德、法、意、奥等国，精通欧洲多种语言。他在 30 岁时回到国内，曾任两湖总督张之洞等人的幕僚，后任外部左丞。辛亥革命后，任北京大学教授，推崇孔子学说，曾将《论语》、《中庸》等译为英语，并以英文撰《尊王篇》、《春秋大义》等，对中国文化的向外传播做出了重大贡献。

如果说上述只限于精神文化的传播方面，那么，1876 年中国参加费城万国博览会则突出了物质文化的传播。中国此次参展的展品有 720 箱，价值白银 20 万两。美方由于事先估计不足，不知道中国会有这么多物品参展，所以安排给中国的参展场地较小，"颇不敷用"。中国展区在展览大厅的西门内，左有智利、秘鲁，右有日本、埃及、土耳其，对面有意大利、挪威、瑞典等国。中国展厅建有木质大牌楼一座，上面大书"大清国"三字，牌楼两旁有东西辕门，上插黄地青龙旗。整个建筑颇似国内的宫府衙门。根据德璀琳的建议，牌楼上还题有对联，横额是"物华天宝"，左右联是"集十八省大观，天工可夺；庆一百年盛会，友谊斯敦"。中国参展的物品几乎都是手工艺品，如绸缎、牙雕、玩物、银器、瓷器、漆器、绣品、镜屏、各式乌木椅榻、宁波雕木器、古玩、字画等等。中国展厅的展品都按中式陈列，即使像陈列物品用的木架、橱柜，以及桌椅铺垫等都"悉遵华式"制造。纯粹地道的中国风俗，"悉为他国游览官民目未经见，无不赞叹其美，且云今而后，知华人之心思灵敏，甚有过于西人者也"。除手工艺展品外，中国参展的物品还有由海关经办的丝、茶、药材等传统出口物品，展出的药材不下 700 种。在博览会上，中国的展品最受欢迎的有茶、瓷器、丝、绸缎、雕花器、景泰蓝等，铜器、银器、藤竹器次之，而玉器几乎无人问津。通过此次参展，扩大了中国文化在西方的影响。

此外，中国文化在西方影响的扩大也同近代一些政治风云人物的传播有关。戊戌变法失败以后，康有为流亡国外，组织保皇会。在为保皇摇旗呐喊的同时，也宣传了一些中国文化。康有为撰写了《爱国歌》和《爱国短歌行》。《爱国歌》热情地讴歌了万里神州的自然条件、悠久的历史和灿烂的文化，赞颂了伟大可爱的祖国，激励同胞只要齐心发愤，就可迎头赶上世界强国。由于歌词太长，难于记忆传唱，后将其浓缩为《爱国短歌行》。歌词凝聚着作者对祖国一草一木的无限热爱，对祖国腾飞的坚定信心和急切期望。歌曰："神州万里风泱泱"，"地大物博冠万方"，"我祖黄帝传百世"，

“大地文明无我逮”,“我人齐发可突飞”,“舞破大地黄龙旗”。这两首歌对启发华侨的爱国思想、树立民族自信心和自豪感、增加凝聚力和向心力起了巨大作用。华侨长居西方,歌曲在华侨中传唱,无疑地增进了西方对中国文化的了解。

此后,胡适留学美国期间,“各处讲演,谈论中国民族文化”。他的博士论文以《中国古代名学方法之发展》为题,指出古代中国实用哲学批判标准的应用,这就向西方粗线条地传播了一些中国文化中古代的哲学思想。

4.2.3 东学西传的第三期

自18世纪下半期以来,在中西文化的碰撞中,西方人对中国传统文化采取了贬损的态度,造成了欧洲中心主义又日益得势。这种现象直到20世纪初才有所转变。这个转变以解释社会学家马克斯·韦伯(Max Weder,1864—1920)对中国传统文化的认识为代表。韦伯继承了黑格尔历史哲学、英国古典政治经济学家亚当·斯密(Adam Smith,1723—1790)和英国自由主义经济学家詹姆斯·穆勒(James Mill,1773—1836)、约翰·斯图亚特·穆勒(John Stuart Miu,1806—1873)父子、理查·琼斯(Richard Jones,1790—1855)关于“东方社会”、“亚细亚政治模式”以及马克思的“亚细亚生产方式”的观点而对比了东西方社会的不同。在这方面,韦伯的比较社会学、解释社会学的许多观点因其至今仍对西方许多学者起着极大的启示性作用而应为我们重视。韦伯与黑格尔不同,他从来没有扬弃过中国文化不断进步的观点,只是认为中国文化的过于早熟导致中国官僚国家的较早诞生。此后中国社会被专制在官僚士大夫精英构成的寡头政治之下而具有长久、稳定的特征。但中国社会仍存在着不断的起伏、突变和革新,其间也有物质文化和精神文化的协调发展。他认为战国和唐宋盛世就是如此。

韦伯专门研究了儒家和道教并写成专著。他特别注意观念和利益之间的关系。他从观念的意图和实效而不是从观念的表面价值来解释观念。在他看来,历史上的观念如果不和物质利益相结合就没有力量。一切起作用的观念必然具有深刻的心理反应,研究特定的观念应与研究特定层次的社会状况相结合。韦伯对中国思想研究的贡献在于他开辟了密切联系社会历史实际来研究观念的蹊径。用韦伯的比喻来说,观念有时起着“铁道转辙扳道员”的作用,正是这个“扳道员”决定着“受利益驱遣的行动所遵循的轨道”。韦伯注意到了为什么独独只有欧洲才产生了带来近代科学技术的文化。他对比了东方宗教脱离红尘的理想与基督教新教“内心世界”的禁欲主义之异同。他认为,儒家的最高理想要求士子阶层放弃出世的念头,代之以自觉地、深思熟虑地从礼仪和风度的培养之中寻求内心修养的最高的可能的境界;而在西方,人们则是通过直截了当地适应“日常需要”的活动与现实世界建立联系。这个现实世界就是一切西方特有“人格”观念的基础。同时,西方人还力图以实践方式发现不依赖于人的法则和规律来驾驭世界,并以此实现纯客观的理性主义。通过这种比较,韦伯发现代表中国传统文化的儒家思想之中确实存在着扼杀“系统化的自然主义思想”、“合乎理性的技术”的充分发挥的思想因素。

韦伯在研究思想过程中首先提出了传统与现代化的问题。从今天来看，韦伯可能把两者的对立看得过于绝对了，以致忽略了传统本身往往包括某些与现代化接榫的合理因素。实际上，传统与现代化并非迥不相侔。此外，韦伯还认为，现代化的标准不应仅指资本主义所体现的一些标准，应有一系列自己的标志，如平均收入指数、分工的复杂化、技术的进步、官僚化程度、群众参与政治活动的程度、教育普及率和生死率等等。

韦伯关于思想和文化问题还有一系列值得注意的见解。就专题研究的具体和细致而言，韦伯对中国文化的研究可能赶不上某些汉学家的著作，如葛兰特（Marcel Granct，1884—1940）的《中国思想》（巴黎，1934 年）、福克（Alfred Forcke，1867—1944）的《中国人的世界概念》（伦敦，1925 年）。但是，韦伯通过对比提出了一系列理解传统文化的新概念却突破了 19 世纪以来西方研究中国传统文化的格局。在第二次世界大战后西方学者研究中国传统文化的工作中，他的影响表现得日益明显。

二次世界大战之后兴起的民族独立潮流改变了西方在世界政治中的地位，欧洲中心文化已然度过了它的极盛时代。人们还认识到，民族运动兴起本身也是对昔日文化观的冲击。例如，《国际政策的文化基础之研究》的作者诺思罗普（F. S. C. Northrop）就发现，世界各国人民的分歧不在于政治而在于文化。这种分歧深深植根于各自传统的不同概念之中，因此，本来的公平、和平的世界应当是对自己文化之外的文化也持尊重态度的多元文化世界。

二次世界大战以后的新认识导致对中国传统文化的研究出现了如下一些变化。

第一，通过寻求即便不能达到相互理解，也应做到相互尊重的立场。尽量从中国传统思想本身的发展脉络去体会认识它的本来精神和价值。西方学者自知完全摆脱西方的观念的影响是不可能的，因为谁也不可能脱离个人的立场来观察事物。但是，意识到应从中国传统的产生、发育的自身环境来理解中国文化，不能不说是西方学者迥然不同于以前的学风的一大变化。许多学者还建议按照中国整个传统延续下来的课题来研究问题，对中国思想的研究应该写成中国思想史而不能写成西方式的哲学史等等。总之，西方学者开始认识到，如果想要对中国传统文化获得真切的理解，就不能脱离中国传统文化产生、发展的时代背景，也不能脱离中国人历来思考的课题来进行工作。

正是出于这种认识，1951 年春，美国研究中国的主导人物费正清倡议同行协作研究中国思想。是年春末，中国思想研究会作为美国远东研究协会属下的学术研究团体之一宣告成立。1952 年 9 月召开了第一届中国思想讨论会。这次会议的论文集入芮沃寿（Arthur Wright）主编的《中国思想研究》（芝加哥，1953 年）中。研究会的任务结束于 1962 年，在此期间共刊出了《中国思想和制度》（芝加哥，1957 年）、《儒家行止》（斯坦福，1959 年）、《儒家说教》（斯坦福，1960 年）、《儒家人物》（斯坦福，1962 年）五部论文集。这些论文集中的论文从多学科的角度出发，并借助文化人类学、社会学的“文化结构”、“基本个性”、“大小传统”等模式和概念来研究中国传统思想，特别是儒家思想的观念构架及其内在演变。这些研究澄清了许多误解，并通过中西文化比较的方法取得了一些富有洞见的认识。五部论文集的出版标志着美国研究中国思想起步虽晚，但是迅速取得了可观的成绩。

此后，西方学者通过重估、新诠中国传统思想而对中国文化有了越来越全面的认识。例如，美国哥伦比亚大学教授狄百瑞（W. Th. de Bary）研究儒家思想，特别是研究宋代理学和明末清初黄宗羲的思想，指出儒家既尊崇过去的理想和典范而具有保守主义的倾向，也提倡人秉承于天的伟大天赋，从天人合德、人可成圣出发而主张某种为生民立命的社会改革，因而又具有类似西方意义上的某种自由主义改良派的色彩。狄百瑞从中国传统思想之中探求自由主义传统而不以偏概全的治学态度显然标志着西方研究中国传统思想的进步。

现在，西方已然普遍接受了如下看法：封建帝制下的儒学既是强有力的、又是柔韧的信条，它的强有力足以使它把它的价值观强加于世人，它的柔韧足以使它在长达两千年间不断自我调节而适应着不断变化的形势。它曾经使一些有作为的人物屡被毁灭，使另一些人物备遭挫折，但是，它也提供了为人立世之学，使中国社会一再回归于漫长的稳定时期和富有创造性的阶段。儒家作为中国文明这一巨大的人类成就的中心传统，值得人们重视和尊重。而且，当人们认真探讨中国人的关键意念及其影响、人的性格的形成及中国传统文化的作用等问题时，将发现中国传统文化的很多阶段和很多现象尚待深入考察。

第二，强调中西比较以达到相互理解。早在20世纪40年代末，法籍汉学家白乐日（Etienne Balazs）就明确声言，在当今世界，人们的交往日趋频繁和紧密，西方工业化社会当对东方前工业社会的生活方式的影响有充分的了解，而且研究中国传统文化对西方认识自己也具有重要的参考价值。自此，西方越来越多的人认识到，在不同种族、不同语言、不同信仰、不同意识形态的世界上，至少应当建立一种相互理解的文化关系和寻求最低限度的共同的价值标准观。西方即使已对欧洲的长时期的历史运动有了比较清晰的理解，不妨再对中国传统经验做比较性的研究，以取得某些新的认识。这种研究将具有莫大的启示、教诲意义。通过比较既易于发现各自文化的独有特征，也易于发现彼此之间或明或暗的差异，比较实际上是提供簇新的见识、取得深刻的理解的源泉。这样做的潜在好处是，不仅有助于人们理解为什么极其相似的背景可能产生相去日远的差异，为什么极其不同的环境后来也可能日趋接近，有助于人们确定导致差异和趋近的远源和近因。美国汉学家卜德（Derk Bodde）在20世纪50年代初发表过一篇论文《论中国哲学的和谐与冲突》。文中强调指出，对中国思想不仅应当注意内在的研究，也应当注意与西方思想模式的比较。显然，近来西方学者的研究成果日益反映着这种认识。

在西方科学技术发展突飞猛进、物质生活日益丰富充裕的今天，西方人日益陷入物质欲望之中而缺少精神的平衡。西方学者探讨中国儒家的宋明理学阶段，似乎正起着类似毕加索从非洲雕塑、西方形象主义派，从中国古诗、印象派，从日本木刻汲取灵感和教益的那种作用。很可能，西方的物质生活将从东方获得精神文明的补充。某些第三世界国家如新加坡提倡儒学，某些华裔学者提倡第三阶段的儒家思想，其用意也在于此。

第三，是对中国传统文化的研究日益精细和高度综合。关于精细的研究，可举1974年以来在法国的商迪伊市(Chantilly)每隔三年举行一次的启蒙时期中国与欧洲关系讨论会为例。该讨论会由"国际汉学研讨会"主持。第一次会议(1974年)讨论了17世纪和、18世纪法国在北京的传道会对沟通中国与欧洲文化的作用；第二次会议(1977年)讨论了安多平施(Antoine Thomas，1644—1709年)在清廷的活动；第三次会议(1980年)讨论了17世纪以来欧洲对中国传统文化的评价；第五次会议(1986年)讨论了欧洲如何接近中国。

关于高度综合，研究中国科学技术史的著名英国学者李约瑟提供了范例。李约瑟为了解答中国文化为什么原来领先后来落后，中国为什么没有发生科学革命等问题，深入地研究了整个中国社会结构和文化程度，以求从中寻求产生现代科学所需要的基础环境和条件。伟大的物理学家爱因斯坦也曾对此进行了探讨。在他看来，"西方科学的发展是以两大成就为根基的，这就是希腊哲学家们发明(见于欧几里德几何学)的形式逻辑系统和(文艺复兴)发现通过系统的实验可能找出因果关系。我认为，中国的智者们没有跨出这两步"。(爱因斯坦致J. E. Switzer的信)李约瑟对这个问题的解答经历了漫长的复杂、细腻的过程。他日益明确地看到，必须分析一系列综合性的事态才能解释这一难题(参看《伟大的滴定：东方与西方的科学与社会》)。他在综合考察东西方不同的社会背景和相异的文化传统时，吸取了许多专家学者的意见，甚至包括法国研究中国近代史的学者谢诺(Jean Chesneaux)、欧德里库尔(Ardré Haudricourt)的启示性意见。从综合考虑诸多因素的意义上来说，阅读李约瑟的著作可以开阔人们的视野，启发人们的思路。人们可以对中国儒家过于重视内在德性的修养和升华，以求此心此性通达天心天理的功过利弊中得出更加清醒的认识。这实际上堵塞了主体精神向客观世界做理论探讨的道路。

李约瑟对这个问题不断做出的一个个答案也启发研究中国的学者对中国传统社会和传统文化做综合探讨。1968年英国汉学家马可·埃尔文(Mark Elvin)就深感需要对中国的社会、经济、文化发展的历史进程与欧洲的历程做一种系统的比较研究，后写成《中国往世的模式》(伦敦、斯坦福，1973年)一书。埃尔文看到：与欧洲的近代早期相比，中国是发达的，但是，此后不仅落后于欧洲，而且即便与自身的隋唐宋盛世相比，发展也显然趋于缓慢。埃尔文认为，中国没有享受到格申克隆(Gerschenkron)所说的西方那种"落后的种种好处"(the advantages of backwardness)。中国由于落入了"农业高级平稳的陷阱"(the high level equilibrium traping agriculture)而无从靠自身力量前进。

埃尔文接受拉达·辛哈(R. Sinha)的启发而提出的"陷阱说"的大意是：在农耕、

运输等技术已发展到非工业科学时代的极限，亦即已无重大改善余地的情况下，中国封建传统经济的投入—产出关系陷入了无法依靠自身力量加以改变的困境。这时候，农户、商人的合理战略是少投资本而多用廉价劳动力，社会不存在发明机械以节约劳力的需要。因此，科技发明实际是一种社会现象，而不仅仅是与直接的经济原因相关。

辛哈—埃尔文的"陷阱说"能否成立，大有商榷的余地。埃尔文把科学的停滞归咎于理学的束缚也引起了驳议。然而，西方对中国传统文化的讨论现在已经直接、间接地涉及到对中国整个社会的综合探讨。

5 中西文化的比较

5.1 中西文化的特质

中国传统文化产生与发展的经济基础是“以农立国”的农业经济。小农业和家庭手工业相结合的、一家一户为一个生产单位和消费单位的、男耕女织自然分工的、自给自足的自然经济是中国传统文化赖以存在和发展的深厚基础。根据马克思主义关于经济基础决定上层建筑的理论,可知自给自足的自然经济的性质和特点决定了中国传统文化的特质。这种经济形式具有浓厚的封闭性和内向性,缺乏戡天役物的精神。它追求的是天人合一、顺应自然。这就使得中国传统文化从产生之日起就走上了反省内求的道路。这种文化追求所产生的结果则是关于如何“正心、诚意、修身、养性”等一系列伦理道德观念和规范及其在治国安邦等现实社会中物化出来的经世致用之学。故而伦理道德及经世致用就成为中国传统文化的重心。中国古代所谓的“学问”,不是关于自然的纯知识,而是如何安身立命的道德信条和如何治国平天下的经世致用之学。

西方文化产生于欧洲。欧洲位于欧亚大陆的西部,西临大西洋,南濒地中海,东南是黑海、里海,北临波罗的海、北冰洋,东部以乌拉尔山脉与亚洲相接。欧洲海岸线曲折,多天然优良港湾,适于发展海洋贸易和海洋运输。欧洲土地面积狭小(总面积与我国相差无几),平原小,山地、丘陵较多,发展农业生产条件欠佳。古代欧洲人自始就注重利用海洋优势,发展海洋贸易和海洋运输等商品经济。古希腊罗马就发展出了当时世界最发达的商品经济。商品生产和商品变换成为古代欧洲经济的一大特色。商品经济的特点是互通有无,具有开放性和外向性,在这种经济基础上所产生的欧洲文化也就具有了外向性和开放性的特征。西方文化自始走的就是向外部世界寻求的道路。古代欧洲人向外部世界寻求并对这种寻求过程及其结果进行计算,产生了自然科学。而“商品经济又是天生的平等派”,商品经济又给欧洲文化带来了平等、民主观念。因而西方文化以科学和民主为重心，西方文化的两大成就是科学与民主。

中国传统文化和西方文化是世界文化中两个根本不同的体系。它们是随着历史的发展先后出现且并列平行发展的两个文化系统。在1840年鸦片战争(The Opium War)以前，两者是各自独立发展的，并没有明显的冲突和融合。随着社会生产力的发展、科学技术的进步以及“新航路”的开辟和国际间交流的频繁，特别是由于西方列强在近代对外侵略扩张，使两种文化开始正面交锋、日益冲突和斗争。从而开始了近代中西文化论争与比较的历史。在1919年的“五四运动”中，儒教从根本上受到了批判，但是在第一次世界大战之后，反而出现了要重新认识中国传统文化的强烈呼声。这一呼声与出现在当时欧洲的西方行将没落的论调正相对照①。它反映了这样一种东方主义的思想：物质性的西方文化有局限性，而精神性的中国文化却比其优越。梁启超的《欧游心影录》(1919年)和梁漱溟的《东西文化及其哲学》(1922年)是这种思想的代表作。梁先生认为，在中华民国时代，拯救民族的唯一出路在于使传统的村落自治以获得新的生机。他还从研究印度文化的学者立场出发，比较了中国、西方和印度的文化，对未来文化作了展望。他认为现代西方文化的霸主地位，将来先由中国文化所取代，进而又由印度文化来取代中国文化。这种比较方法对以后中国研究自身的思想史也产生了某些影响。有代表性的学者是冯友兰，著有《人生理想之比较》。1949年中华人民共和国成立之后，重点放在了专门普及马克思主义这项工作，对中西文化问题似乎变得不那么关心了。改革开放不仅使中国的经济取得了长足进步，也使文化欣欣向荣。进入20世纪80年代，在“文化热”的大潮中，人们又把目光集中在中西文化问题上。下文对中西文化做一比较，以揭示它们的根本差异。

5.2 中西文化的根本差异

5.2.1 静止与运动

从辩证唯物主义的角度说，静止与运动属于既对立又统一的哲学范畴。中国传统文化主静，西方文化主动，两者各执一端，形成尖锐对立，这已是学术界公认的事实。

中国传统文化的奠基人孔子所创立的儒学主张天人合一，即寻求人与周围环境、自然界的协调。这使得儒学在静止与运动上偏重于静止。它主张通过“静坐”等方式修养心性，以实现心灵的宁静及与外界的平衡。与儒家相抗衡的道家学派的创始人老子对哲学本体论和辩证法的发展做出了重大贡献。他的“贵柔尚弱”的辩证法在解释静止与运动的关系时，曾提出了一些合理思想，但在追究两者的最终关系时，老子最后得出了“静为躁君”的结论，即静止支配、主宰着运动，在心性修养途径上提出了

① 施宾格勒：《西方的没落》。

"心斋",即通过"心斋"之方式达到与周边事物的和谐,以获得身心之清静。由印度传入的佛学更是强调静的重要性。它倡导以"禅定"方式达到心性的平和和安宁,以进入与天地万物融为一体的境界。儒、道、释是中国传统文化中的三个重要派别。中国古人都遵循"以儒治世,以道养身,以佛修心"的生活模式,故而它们的主静观念对中国文化及中国人都发生了重大的影响。汉儒董仲舒据儒道两家的观念提出了"道之大原于天,天不变道亦不变"的形而上学观念,对中国超稳定的古代社会结构的形成起了重大的促进作用。中国传统文化及中国人好静的品质是处处可见的,人们常说"安土重迁"、"淡泊以明志,宁静以致远"、"万物静观皆自得"、"以静制动"、"以不变应万变",以及以"文静"赞誉女孩子,以"稳重"夸奖男孩子。中国人所喜爱的游戏诸如"下围棋"、"搓麻将"、"打桥牌",教室里挂上写着"净静敬"的招牌等等,都体现了中国传统文化重静的观念。

西方文化则与中国传统文化反其道而行之,偏重运动。古希腊著名哲学家赫拉克利特在提出关于"火"和"逻各斯"的学说之后,又提出了"一切皆流,万物皆变"的主动观念。他十分形象生动地用奔腾不息的河水来说明世界上一切事物都在不断地运动、变化,不断地产生、消亡。他说:"我们不能两次踏进同一条河",因为河水常流,再入水时,已非前水,"踏进同一条河的人,不断遇到新的水流","我们踏进又踏不进同一条河,我们存在又不存在"。这些思想史上的名言说的都是同一个道理:万物皆流,无物常驻。万物连人在内永远是在运动和变化之中,固定不变的物是不存在的,运动和变化是绝对的、普遍的。赫拉克利特主张事物运动变化的绝对性的同时并没有否定事物的相对稳定性,承认在变化的过程中,也有暂时的稳定和静止状态,即相对固定的"存在"。但是他的门生如克拉底鲁却否认事物的相对静止和稳定。赫拉克利特说,没有人能两次进入同一条河流;克拉底鲁则说,连一次踏进同一条河流都不可能。这就是说,没有相对的稳定或静止的状况,所以天下事物变化莫测。克拉底鲁将运动极端化、否认相对静止的观点虽是不正确的,但它对西方文化偏重运动之品质的形成起了不可低估的作用。

文艺复兴时期的天文学家哥白尼经过观测和数学计算提出了"太阳中心说",明确地否定了地球不动的地球中心说,认为太阳是宇宙的中心,地球和其他行星是沿着以太阳为中心的轨道运行的,而人们所看见的太阳、行星以及恒星的运行是因为地球自转的缘故,从而将西方文化的运动观发展到一个新的更高阶段。

德国古典哲学家黑格尔以唯心主义的观点揭示了运动与静止的辩证关系,为马克思提出静止与运动的正确关系创造了条件。马克思明确指出:运动是无条件的、绝对的、永恒的,静止是有条件的、相对的、暂时的,静止是运动的特殊状态。西方文化中的运动观由此达到了科学阶段。

西方文化重运动的品格,对西方人产生了重大的影响。国际性的奥林匹克运动会即起源于西方文化发源地古希腊的雅典城邦。西方人偏好冒险以发现新事物。15世纪的冒险家哥伦布、麦哲仑、达·伽马等人经远洋航行开辟了新航路,发现了"新大陆”等。这些都与西方文化崇尚运动的品质密切相关。

5.2.2 和平与斗争

儒家文化的代表——孔子主张“礼之用，和为贵”，儒家文化在汉代“罢黜百家，独尊儒术”之后成为中国古代社会的统治思想。这种和谐对称的观念也深刻地影响了中国社会各方面，尤其是建筑和对外关系。汉高祖刘邦在“楚汉相争”取胜之后，面临的困境是北方少数民族匈奴的入侵。他曾御驾亲征，没有取胜。为了稳定边疆，他采取了“和亲”的政策，即将宫女封为公主送与匈奴首领单于为妻，以联姻寻求和平。东汉的“昭君出塞”是其继续。而后唐代文成公主入藏与松赞干布联姻，明代与北方少数民族瓦剌的“和亲”等都是中国文化爱好和平品质之体现。现代中国在20世纪50年代处理与印度、缅甸国际关系时所倡导的和平共处五项原则就是中国传统文化崇尚和平之思想在现代政治外交活动中合乎逻辑发展的必然结果。20世纪末在全世界范围内出现的和平运动，“和平与发展成为世界的两大主题”，不能不说是受中国传统文化影响所致。在建筑上，作为中国古代社会建筑象征的“四合院”是中国传统文化和谐对称观念的外化。门房、东西厢房、正房以居中的甬路为对称轴，形成了完美的格局。北京的故宫即是四合院的经典体现。

西方文化则以斗争为本位。赫拉克利特不仅提出了“一切皆流”、“无物常住”的运动观，而且他还在西方思想史上首次提出了关于对立面的统一和斗争的学说。他不仅看到了对立面的统一，看到了对立面之间的相反相成、相互依赖和转化，而且还十分强调对立面之间的斗争。在他看来，对立物之间的斗争是普遍的、正常的，而且正是事物运动变化的根源。他说：“应当知道，战争是普遍的，正义就是斗争，一切都是通过斗争和必然性而产生的。”“战争是万物之父，也是万物之王。”3世纪的第欧根尼·拉尔修在他的《哲学家传记》中也谈到，赫拉克利特认为，“引向产生的”（产生万物的）是“战争与冲突”，“引向焚烧的”（毁灭万物的）是“和谐与和平”。正如运动和变化是绝对的，而稳定或静止是相对的一样，赫拉克利特也把斗争看做是绝对的，而把和谐看做是相对的。他反对荷马，说要把荷马从赛会中赶出去加以鞭笞，除了因为荷马鼓吹多神崇拜外，还因为荷马祈祷和平，而不知斗争若平息了，万物也就要灭亡了。

黑格尔在《权利哲学》一书中曾指出：每个国家的主权在其外交活动中是绝对的、不受约束的，不能用相互协商来处理的国家间的争端，只能靠战争解决。他把这种战争制度看做是维护民族内部健康和活动所必需的和有益的制度。这一理论对西方世界的影响是巨大的。在20世纪前50年，西方发达资本主义国家为掠夺原材料、能源产地和产品销售市场，开始了全世界范围内的侵略扩张活动，其间发生了国家之间的冲突、纠纷和矛盾，导致了第一、二次世界大战的爆发。可以说给人类造成巨大的物质损失和精神痛苦的两次世界大战是由以战争为本位的西方文化造成的。

5.2.3 平均与非平均

中国文化崇尚平均。求均属于经济思想方面。先秦儒、道两家，在这方面思想一致，都认为人民经济生活要平等。《管子》中有“衣食足而后知荣辱，仓廪实而后知礼仪”。儒家的荀子也曾有“养人之欲，给人之求”的思想。这是求足，不是求均。《论语》中记载孔子先富而后教之说，以及有若“百姓足，君孰与不足”之言，主张人民应先求富足。同属于儒家，经济思想就有求均与求足的不同。求足，然后能够克服贫穷，这是西方近代经济学上颇具领导性的一个观念。现代中国人，也不能脱离这一思想。这种思想，既为中国所固有，为什么在两千多年的历史中，求足的思想未能落实和产生功效，求均的思想反被普遍接受。原因之一，是受到价值观念的影响。先秦各家，价值观念有分歧之处，但普遍要求人民知足、安贫，在这一系列价值观念上，大抵是相同的。这一系列的价值观念，与求足的经济思想互相排斥，与求均的经济思想则可彼此协调。原因之二，是受到农业经济的影响。在农村社会里，生产有一定的来源，产量也有一定的限制，但因受多子多福的观念和农耕需要人力的影响，人口的增长不但未受到限制，反而受到鼓励。在这样一个社会里，求足事实上已不可能，而求均则比较容易被接受。

在贫困的农业社会里，求足固不可能；但求均若无富足的基础，也是要落空的。讲经济平等，如果不是均富，而只是均贫，结果只有使大家更贫而已。孔子“不患寡而患不均”主张，似乎一开始就是价值观念制约下的产物。也就是说，孔子这种主张，是为了要达到知足克己的人生理想，不是为了解决人民的经济问题。要解决人民的经济问题，则生产比分配更重要，求足比求均更重要。

求均——经济生活的平等，是人类的一个理想。但这种理想在一个贫困的社会里是毫无效验的。在贫困的社会里，要解决贫乏，唯一的办法是改进生产技术。在中国的传统社会中，知识分子是向来不朝这方面用心的。他们永远把持着一套不切实际的价值观念，于是使经济问题走向一条不通的道路。王莽新政的失败，就是代表这一理想试验的失败。而后世知识分子并未接受这一失败教训，一直到宋儒，仍然坚持着要恢复井田，经由井田制度达到经济生活的平等。这一历史演变的事实，足以说明被蒙蔽在价值观念之幕中的知识分子是无法真正考虑现实问题的。

在传统的中国，求均的思想曾多少限制了经济的发展。在经济未曾高度发展的社会里，提供经济平等的理想，总是有害而无益的。

西方文化非平均观念始于亚里士多德。他通过对正义的分析确立了非平均观念。他认为，正义是隶属善的道德品质。“在研究正义和非正义时，我们必须考虑它实际上涉及哪些行动，它属于哪一类正义，正义的另一端是什么”①。正义是指人们实施的正当行动和以正当的方法行事，并希望有正当的东西。正当的行动也是合法

① Aristotle, Ethics, p. 171.

的、公正的。在这个意义上，法与正义完全是一致的。

特殊的正义是指具体的分配正义和纠正正义。分配正义表现在社会共同体成员间分配名誉、金钱或其他财产时的正义。纠正正义旨在调整各种交易的条件。亚里士多德认为，人们之间的交易包括自愿的和非自愿的两种。前者指始初的交易阶段是自愿的，如买卖、有息或无息借贷、抵押、寄存和租赁等。后者要么是秘密的，如盗窃、通奸、投毒、介绍娼妓、诱使他人为奴、暗杀、作伪证等；要么是暴力的，如抢劫、非法监禁、凶杀、强奸、致他人伤害、毁坏名誉以及公开侮辱等。显然，非自愿交易也就是犯罪行为。

分配正义包含一种几何比例。不正当的人或行为都是不公正的或不平等的，因而在不平等的情况下，总有某种平等的媒介因素。亚里士多德所说的平等不是“均等”，而是有比例的相等，如 A∶B＝B∶C。这是一个极其重要的概念。柏拉图尚未明确地提出分配正义的问题，亚里士多德首先用正义的观点去看待希腊城邦政治生活和财产分配中的棘手问题，将一个人应得的东西与他的贡献相联系。按照这种分配正义，某一对城邦贡献大的人可以得到相应较多的荣誉和财产。这就避免了平均主义。

纠正正义具有算术比例。不论是一个好人欺骗一个坏人，还是相反，也不论一个好人或坏人通奸，法律将一视同仁。法律要解决的问题是：某人有没有实施了非正义，另一个人是否遭受了非正义。法官尝试通过体罚或减少收益，将非正义的不平等再平等化。这种平等是指收益与损失之间的平均值。亚里士多德强调：“法官的工作就是恢复平等。”①这种平等似乎难以理解。从《伦理学》的阐述来看，算术比例的平等意味着尽量使不平等状态中实施非正义的一方收益减少，遭受非正义的一方损失减少即 B－A＝D－C。

特殊正义也可说是政治正义。因为正义只有在那些由法律调整其相互关系的人中间才可发现，而法律只有在那些对非正义负责的人中间得以发现。法律的正义就是区分什么是正当的，什么是不正当的。非正义意味着不正当的行为。在政治生活中，由法律来调整人们的相互关系，就可实现平等（包括分配正义中的几何平等和纠正正义中的算术平等）。如让一个人来治理，他就可能为自己谋利益，成为暴君。“这就是我们为什么不允许人治，而要法治的原因”②。

政治正义既可以建立在自然的基础上，也可用具体的法律加以规定。亚里士多德说：“自然的正义在任何地方都具有相同的效力，并且不依赖于接受。法律的正义是指那种制定时可采取不同形式，一旦制定后便具有决定意义的正义。”③自然正义又称为自然法。它是永恒的、始终不变的。由人制定的法律并非到处一样，因为政体

---

① Aristotle，Ethics，p. 181.

② Aristotle，Ethics，p. 188.

③ Aristotle，Ethics（trans. by J. A. K. Thomson），Penguin Books，1976，p. 189.

的形式是多种多样的。

亚里士多德最先提出了诸如分配正义、纠正正义、政治正义、法律正义和自然正义等此类特殊正义的概念，为后人的进一步研究奠定了扎实的基础。尤为重要的是，他在分析特殊正义时，反复强调"平等"或"相等"(equality)的重要性，并区分几何与算术性质的平等。按照分配正义的标准，城邦根据某人的贡献决定他应得到的荣誉和财富。在西方文化传统中，平均主义的观念远不如中国那样浓厚。这是自亚里士多德时代起，西方人较注重分配正义中的几何比例的缘故。亚里士多德的这种观念经近代资产阶级思想家的发展，到19世纪形成了私有财产神圣不可侵犯、过错责任原则、契约自由等资产阶级民法三大原则。这三大原则集中体现了西方文化的非平均特质。

5.2.4 直觉思维与逻辑思维

思维方式是人类文化的重要组成部分，是人类文化的最高凝聚，是人类文化的主体设计者与承担者。也就是说，思维方式是人类文化现象的深层本质，属于文化现象背后的、对人类文化行为起支配作用的稳固因素。研究思维方式，揭示人类思维的奥秘，对提高人类思维能力与推动人类文化的发展具有重要意义。

人类思维方式可以分为逻辑思维(理性思维)和直觉思维(非理性思维或顿悟)两种基本类型。逻辑思维是人们所熟知的。广义地说，它包括人类的一切认知形式，即通常所说的感性认识形式——感觉、知觉、表象和理性认识形式——概念、判断、推理等。狭义地说，它是理性的思维方式。人作为主体，精神生活并不是纯理性的，也还存在着非理性的成分。非理性成分与理性成分互相联系、互相作用、相辅相成地共同构筑了主体意识的丰富内容。而中西文化对此则有明显的差异。中国传统文化重直觉思维，而西方文化则尚逻辑思维。

1. 中国传统文化以直觉思维为本位

中国先哲们提出的"体认"、"诚明之知"、"湛然之知"、"藏识"、"禅定"等等都不同程度地表达着直觉的含义。庄子认为，穷竭思虑充其量不过是获得"小知"，而神秘直觉则能达到"大知"(即道体合一)。法相宗的第八识(阿赖耶识)有别于前六识(即眼耳鼻舌身意)和"末那"(保持前六识与第八识之间的交通)，它不与外物直接接触，是起永恒主宰作用的"藏识"。张载肯定在人们的"天地之性"中有"不萌于见闻"而能"合内外于耳目之外"的"天德良知"。朱熹曾将与直觉异名同义的"体认"、"体道"解释为"置心物中"。他认为直觉是指一些真正渗透到主体自身之中的内在经验，这种内在经验的本原源于客观物质，其内容也是如此。同时，这种内在经验以感觉为主，但这种感觉与通常所说的感性认识阶段的感觉不一样。它在一定程度上已渗透了某些理性认识，是对事物某种质的认识，这就像平时所说的"历史经验"的经验，其经验已是对某事物的概括和总结。所以它不仅具有直接性和简单性，而且具有间接性与复杂性。它既能单刀直入、简洁明了，又能刺入底蕴、揭示本质。

中国化的佛教——禅宗是以“不立文字，教外别传，直指人心，见性成佛”著称的，是以“顿悟成佛”为精髓的。所谓顿悟，是强调瞬间开悟，即一念之悟、刹那间之悟。在禅宗的意识发展史上，顿悟往往通过公案表现出来。禅宗公案与禅悟有非常密切的关系，它推动了禅悟的发展。公案是指古代禅师的逸话，或是禅师与弟子之间的问答，以及禅师提出的命题、提问。禅运用它作为开启人心、达到禅的真理的方法。禅修行的目的在于获得观察事物的新见解。禅称这种新见解的获得为悟。禅的生活也是从这种悟开始的。悟是禅宗所追求的最高境界。悟可以定义为与知的或逻辑的理解相对的直觉的洞察。悟是禅的全部。禅以悟为开始，又以悟为结束。没有悟，就没有禅。悟是禅的尺度。悟是一种瞬间整合反应过程，是主体经过充分准备之后，受到某种偶然的、看起来似乎不相干因素的刺激，突然一下子大彻大悟，发生认识的质变与飞跃，其过程如电光石火，瞬间完成。这个偶然因素是悟的导火线。禅宗历史上，禅师及其弟子们在参禅时，受到某种偶然的、看起来似乎不相干的因素的刺激，突然获得禅的真理的例子是相当多的。在科学发展史及文学艺术史上，科学家、文学家、艺术家思考某个问题久不得其解，在某个机会里受到一个偶然事物的刺激，在脑海里突然闪现出难题的答案，这样的例子也是屡见不鲜的。由此可见，禅悟不是心理变态，不是脱离现实的恍惚状态，不是意识分裂的宗教迷狂。就一般意义来讲，它属于创造性的思维，是不经过经验实证、不通过概念范畴的逻辑推演，是运用直觉体验一下子领悟最高原理的非理性思维方法。禅悟是以佛教的宗教形式体现出来的，只要剔除其中的宗教神秘成分，即可使之转化为科学的创造性的直觉思维。

由此可见，儒、道、释都注重直觉思维，使之成为中国传统文化中占主导地位的思维方式。

2. 西方文化以逻辑思维为本位

爱因斯坦在总结西方文化成就时曾说：西方科学的成就应归功于两大因素，即亚里士多德创立的形式逻辑和近代兴起的科学实验活动。逻辑学在西方文化中是一支耀眼的奇葩，逻辑思维则是西方文化中占统治地位的思维方式，它是其本位观念之一。

亚里士多德十分重视逻辑学，他称之为分析学。他认为逻辑是获得真正可靠的知识的方法、工具，人们必须掌握这种方法或工具，才能进行科学和哲学研究。逻辑学也可以说是哲学的导论，该思想后来也为黑格尔继承。亚里士多德对形式逻辑进行了系统的研究，确定了形式逻辑的基本内容，使之成为一门科学。他提出了形式逻辑的三大基本规律，即同一律、矛盾律和排中律。他研究了概念、判断、推理等逻辑形式，首创了三段论推理的格和规则的学说。他把逻辑论证分为两个方面：从个别引出一般和从一般推出个别。他虽然着重研究了演绎推理，但也提出了归纳推理。他认为演绎和归纳是不可分的，前者是从一般推出个别，后者则是从个别得出一般。他强调逻辑不但要求论证形式的正确性，而且要求论证内容的真实性。

弗兰西斯·培根则是近代出现的科学归纳法的创始人。他把用来阐明新的归纳法的著作称为《新工具》。他的归纳法是以观察和实验为基础的。他提倡科学研究要立足于观察实验，但是又主张对收集到的感性材料运用理性方法加以整理。在把材料收集来列成三张表，以及后来对它们进行所谓“适当的拒绝和排斥”的工作时，运用的是理性分析的方法和比较的方法。在舍弃和排斥掉那些与研究的目的无关的材料之后，根据一些极其明显地表露出事物本质的例证得出最后结论时，运用的是归纳即综合的方法。对培根的归纳法的实质和内容，马克思曾予以总结，指出：“科学是实验的科学，科学就在于用理性方法去整理感性材料。归纳、分析、比较、观察和实验是理性方法的主要条件。”①

19 世纪英国哲学家穆勒以培根的归纳法为基础，对培根的方法所包含的内容进行展开和条理化，创建了包括契合法、差异法、共变法和剩余法四种基本形式的较为完善的科学归纳法，从而使之真正适用于科学的发现与发明。

5.2.5 求同与求异

中国封建社会的一体化政治结构，要求社会和个人的信仰和观念一元化、一体化、同步化，造就了传统文化的“大一统”思想。秦始皇的“焚书坑儒”是压制异己的先例；“汉代孔子”董仲舒的“罢黜百家，独尊儒术”为大一统提供了思想基础。“春秋大一统者，天地之常径，古今之通义也”。董仲舒认为一统是天经地义的事。儒家倡导三纲五常，宣扬礼乐教化，维护封建“大一统”。“礼”要求社会秩序化，“仁”要求人伦关系规范化；“天人合一”、“天人感应”寻求人与自然同一、人与社会同一。科举考试制度要求按统一的八股文格式写同类文章，表达同种观念和同类观点。经过儒道互补的两汉经学和儒、道、释三位一体的宋明理学，经过长期的积淀与强化，传统文化以儒家思想为正统，以维护君权专制为核心，以皇帝圣旨为最高权威，形成金字塔式的等级特权制度，强化一元化的政治结构，把不同思想视为异端。正如有的学者所说，中国文化的发展如同一人长跑，西方文化的发展如同多人接力。西方智者对于自然奥秘充满了好奇心，形成了探索未知世界的科学精神。古希腊哲学家苏格拉底、柏拉图和亚里士多德虽是三代师生关系，但在探索、求知的某些问题上既有继承性又有求异性，这正如亚里士多德所说，“吾爱吾师，吾更爱真理”。自古至今，西方思维方式善于随着不同时代、不同地域、不同思潮尤其是科学发展的不同历程而变化。综观西方哲学史，各个时期都有不同的学术思想和理论体系，可谓流派繁多、思潮澎湃、人才济济、你追我赶、前仆后继，如同多人接力。例如近代以笛卡儿、培根的哲学思维和牛顿的经典力学为规范的理性“分析程序”模式就不同于古代直观的整体思维模式；以现代量子力学、相对论为规范的理性“综合程序”模式又否定了理性“分析程序”；以培根、洛克为代表的经验主义倡导归纳法，贬低亚里士多德的演绎法，而以笛卡儿、莱布尼茨为代表的理性主义又主张演绎法，贬低归纳法。笛卡儿的“怀疑论”主张思想自

---

① 《马克思恩格斯全集》第 2 卷，163 页。

由,“破除学界之奴性”。摆脱前人之束缚。西方思维的批判性首先是由理性主义决定的。理性主义把主体与客体对立起来,主体如旁观者认识客体,以批判的眼光看待已有的知识,总认为无垠的世界高深莫测,是个“永恒的谜”,只是“部分地可以认识”(爱因斯坦),求知永无止境,批判不是为了废除知识,而是为了增长知识。这种求异忌同、标新立异的开拓精神使西方科学文化在继承、怀疑、批判、挑战和否定的呼声中不断推陈出新,出现了明显的阶段性,产生了名目繁多的理论体系、彼此各异的思潮和枝叶横生的流派、学派。产生于科学与民主氛围之中的求异性思维使西方人形成个体主义,勇于探索,敢于挑战甚至否定前人、别人、智者、权威的名言、结论,不易随意苟同他人而喜欢各抒己见,思维方式趋于多元化,注重多思路、多方向、多角度、多侧面、多层次、多方法,寻求新的方面、新的途径和解决问题的新办法,重视追根穷源,不断处在“为什么”—“是什么” —“为什么”这种无限的反复推进的过程。具有发散性、开放性,而非收敛性、封闭性,因而有利于发挥创造精神。

5.2.6 后馈与超前

中国封建社会的一体化政治结构和“大一统”思想促使传统思维方式具有唯圣、唯书、唯上的后馈性特征。两汉以后,独尊儒术,儒家“六经”成为神圣的经典。孔子说:“述而不作,信而好古”(《论语·述而》),朱熹就此作注:“述,传旧而已。作,则创始也”(《四书章句集注》),这就奠定了传统思维的后馈性传统。中国贤人膜拜祖先,崇尚圣人、经典、权威,以圣人之是非为是非,以经典之学说为信条,以权威之结论为根据。贤人们饱读经书,满腹经纶,开口子曰,闭口诗云,喜欢引经据典,“温故而知新”(孔子),“言必称三代”(孟子),嗜好对经书进行训诂、注疏和考据(即所谓“经学”),以先王之法、圣人之言作为推论的前提、证明的论据或思维的结论,但又缺乏严密的逻辑论证,这已成为许多人著书立说的习惯思路。经过长期积淀,这一传统使中国人重视回顾自己的历史,崇拜祖先,尊重经验,推崇传统,以托古求认同,以“古已有之”为立论准则,以“故纸堆”而非自然界为研究对象。习惯在古人、圣人、前人、权威的思维模式和历史结论中再思维,强调历史的继承性,不敢怀疑和批判,缺乏否定和超越的精神,以求得心理上的安全感。中国人崇古敬老的传统表现在学术上重经史、社会上崇祖先、心理上怀古旧和思想上好常恶变、求稳怕乱的倾向。近代以前的中国人对未来不大感兴趣,但对过去却甚为自豪,把“祖述尧舜”、祖宗遗训、圣贤教诲作为超越时空的真理。封建统治者排斥非圣人文化,禁锢非传统的新文化和外来文化。这种厚古薄今、排外用中的致思倾向具有浓厚的历史意识,因而思维方式倾向于因循守旧、求同排异。中国非宗教的宇宙观和人生观注重现世,不像西方基督教文化那样注重来世。中国半封闭的大陆型地理环境和长期封建专制、闭关锁国的社会环境,使中国人的思维视野局限在本土之内,善于总结前人的经验教训,从过去了解现在并推知未来,因而偏向于注重时间而非空间。西方人注重时间的纵向思维,视野在于过去、现在和未来;而中国人却注重过去,这就导致中国人具有较强的历史意识,而空间意识较弱。中国传统思维方式不像西方思维方式那样具有明显的阶段性，这与中国文化数千年绵延不断的超稳定性密切相关。始于秦朝的中国封建社会是在朝代不断更迭、“城头变换大王旗”之下发展的，因而中国思维方式的传统色彩特别浓厚，远甚于西方。在“大一统”的思想框架里，传统思维方式世代相袭，难有较大的发展和变化。从人类思维发展的历史看，中国传统思维方式基本上属于近代分析性思维以前的直观综合、整体把握的阶段，尚有待于从“传统”转变为“现代”，从“向后看”转变为“向前看”，从“后馈性”转变为“超前性”。始于古希腊城邦制的公民文化以及崇尚民主、自由、科学和理性的传统是西方文化的主流。西方智者对自然奥秘富于好奇和想象，不断探究事物的本质和规律，对未来的发展善于提出预测和预言，进而运用预见、理性和科学信念，面向现实和未来，不断提出假设、理论和方法，不断探索、开拓和创新。自古以来，预测性、超前性思维使西方人产生无数的理论和学说，如柏拉图的理想国，圣西门、傅立叶和欧文的空想社会主义，马克思、恩格斯的科学社会主义和共产主义。哥白尼的日心说，门捷列夫的元素周期表以及关于人口、生态、空间、海洋等的种种预测和展望。1943 年，德国弗勒希特海姆首创未来学，主张像研究历史一样研究未来。未来学注重各种预测，包括社会预测、经济预测、科技预测和市场预测等。超前意识和个体主义使西方人不迷恋历史，不崇拜权威，不固守前人已有的思维模式，而强调怀疑、批判和否定的精神。正是这种精神使西方人勇敢地反叛了黑暗的中世纪，深刻地批判了封建专制主义文化、神学、经院哲学和先哲们的许多观念。西方科学的不断开拓和创新推动西方文明史的发展。开放的海洋型地理环境和长期自由、民主的社会环境，使西方人的思维视野不受地域限制，因而偏向于重视空间，注重全球乃至太空，同时也注重现在和未来。注重空间的横向性思维，视野宽广，遍布微观、宏观的物质世界和精神世界，因而有利于探索、开拓、进取和创新，也有利于培养超前性意识。

5.2.7 受指主义与能指主义

以中国为代表的东方文明走上了“受指主义”的轨道。中国的第一位大思想家老子在他的著作《道德经》中不遗余力地否定语言的终极表达功能：“道可道，非常道；名可名，非常名。”他甚至否定语言是知识的来源：“知者不言，言者不知。”最后用反诘的形式做出判断：“名与身孰亲？”答案当然是“身”（受指）高于“名”（能指）。“名实之辨”更是儒家的看家本领，它的思维立足点是“实”（受指），用“循名以责实”的方法达到道德教化的目的。儒家否定语言的客观真理性，要看说话者本人的道德修养，即“道德”高于“文章”。尽量用超分析性、超逻辑演绎性的思维方式，很少论证和说明，文字向内凝缩，意义朝外涨溢，强调“言不尽意”、“得意忘言”，超越语言符号的限制，“事实胜于雄辩”。中国人对语言和能指的高度不信任和怀疑，直接导致了精神生活方面的内省传统，社会制度方面的人治传统以及知识艺术领域的寓言（传授技术后就把语言忘掉）。

而与之相对的传统西方哲学的根本立足点是“能指”主义，对语言高度信任。大家知道，西方文明的两大源头分别是希腊哲学－数学传统和希伯莱宗教－律法传统。而“能指”主义在这两者之中都得以充分体现。希腊第一位大哲学家同时又是发现勾股定理的大数学家毕达哥拉斯认为是“数创造了整个宇宙”，而数是一切人类符号中最能指代的符号。柏拉图则认为世间一切事物是从“理念”即纯能指中派生出来的。希伯莱旧约第一篇《创世纪》开宗明义：“上帝说，要有光，于是就有了光......”上帝说出一个词，就有了一个对应物，说出了一切词，就有了一切物。总之是先有词，后有物。在西方人眼里，语言就像上帝一样全知全能，世上根本不存在用语言和数学表示不了的东西。这种对语言和能指的高度信任和崇拜，直接导致了西方人精神生活方面的告解传统、社会制度方面的法律传统以及知识艺术领域的辩论传统。“真理越辩越明”，可以说西方世界的能指主义世界观及思维方式导致了西方文明的一切。

5.2.8 模糊与精确

中国传统文化具有模糊特征，而西方文化具有精确性，这是中西文化各自主张直觉思维、逻辑思维带来的必然结果。

直觉思维不是由局部到整体的渐进的认识过程，而是一种特殊的直接明了整体的悟彻过程，即“整体直观”、“瞬间明察整体”，即从整体上把握事物。它是瞬息而现的、灵活多样的，它有利于打破传统思维定势，能创新、求异及动态地、整体地把握世界。它超脱了概念思维精确性要求的限制，显得异常活跃，思维速度快、流量大。它追求的是整体、绝对的知识，而不是部分、有限的知识。它不是逻辑的、分析的和在分析基础上的综合，而是注重定性分析，不注重定量分析。由于不注重量化，致使中国传统文化有模糊性，例天、道、气、理这些概念都带有模糊性。

而逻辑思维正好与之相反。逻辑思维注重分析、分解，即把事物由全体分解成各个部分，然后对各个部分进行研究。逻辑思维在定性与定量分析中，更注重定量分析，偏重于对事物进行量化研究。这种量化研究使得西方文化带有精确性、严密性、唯一性、缜密性。牟宗三先生把逻辑思维的精神称之为“分解的尽理之精神”，而把直觉思维之精神称为“综合的尽理之精神”。他认为西方文化基本精神之一是“分解的尽理之精神”，中国传统文化基本精神之一是“综合的尽理之精神”。这里“分解”一词，是由“智之观解”而规定。第一，含有抽象义，一有抽象，便须将具体物打开而破裂之。第二，含有偏至义。一有抽象，便有舍象。抽出那一面，舍去那一面，便须偏至那一面。第三，含有使用“概念”，遵循概念之路以前进之义。一有抽象而偏至于那一面，则概念即形成而确定，而且唯有遵循概念之路以前进，始彰分解之所以为分解。分解之进行是在概念之内容与外延之限定中层层前进。由此三义，再引申而说，分解的精神是方方正正的，是层层限定的(这就是遵守逻辑教学以前进)。因此，显示出有主角而为多头表现。综上，可以说这是“方以智”的精神(《易经》语)。而中国“综合的尽理之精神”，则是“圆而神”的精神(《易经》语)①。西方文化之重“方以智”精神、重精确，因而推动了自然科学与技术的发展。

5.2.9 整体与个体

中国传统文化以直觉思维为本位导致的结果就是整体本位观念。直觉思维的特点是瞬间明察整体。儒家代表孟子主张“万物皆备于我”，道家代表庄周提倡“与天地并生，而与万物为一”。新儒学大师董仲舒继承发展了这种天地万物一体的整体观念。他曾这样解释国王的“王”字，上下三横代表天、地、人，一竖代表皇帝，皇帝作为天的儿子(天子)秉承天的旨意来统治人间，这样就把天、地、人联结成一个有机的整体。董仲舒的解释未免牵强附会，却体现了中国古人朴素的整体观念。中国文化强调天人合一、情景合一、知行合一、德刑一体、诸权一统。诸权一统造就了两千多年的“大一统”观念，“大一统”则成为历代封建帝王的最高政治追求。整体思维观念在人们日常生活中也有诸多体现，如中国的姓氏是家族整体的姓在前，家族个体成员的名字则在后(例如毛泽东，毛则为家族整体之姓，泽东则是其个人名字，以与其他毛氏个体相区分)，而西方则正好相反，家族的姓在后，个人的名字在前(例弗拉基米尔·伊里奇·乌里扬诺夫，弗拉基米尔是列宁的名字，乌里扬诺夫是其家族的姓，伊里奇则是其父的名字)。汉语中常说：他生于辽宁省沈阳市，总是先说大的地方，然后说小的地方，而翻译成英文则是：He was born in ShenYang city，LiaoNing province。先说个体，然后再及整体。中国文化对每个人好坏的评价往往使用“人品”二字。“品”乃三口，三在古汉语中为多之不定数，所以许多人说你如何即如何，个人是无法改变的，故中国人常说“众口铄金，积毁销骨”、“人言可畏”等等。

中国传统文化之整体本位观念带来的后果即是忽视个体、个性，这就使得中国传统文化强调义务与责任，轻视个体的权利。其最高的现实表现就是强调国家利益、集体利益高于个人利益的集体主义精神。

西方文化注重逻辑思维、分析思维导致了它注重个体。分析思维将对象分解为各个部分加以研究，这就把部分、个体突出了并将其置于首要位置，于是西方文化中产生了个体主义、自由主义的哲学观念。这种观念将个体、个人作为社会的逻辑元点和价值元点，反映在民法上就是权利本位观念。权利本位产生出西方的人权观念、民主观念，西方的法律由此发展起来。

5.2.10 性善与性恶

在人性论上，中华传统学术突出强调性善。儒家孔子提出“性相近，习相远”，孟子则提出人性善。他举例说，人突然看见一个小孩爬在井边有掉下去的危险，立刻会产生一种恻隐之心，怕小孩掉下去，想法去救他。这个人与小孩的父亲不是老朋友，

① 牟宗三：《论中国文化的特质》，《文化危机与展望》上册。

也没有什么利害关系，他也不是为了得到乡亲们的夸奖，他的恻隐之心是真情实感，是自然感情，是内在的。孟子认为这就是人的先天本性，这种本性是善的。孟子说："恻隐之心，仁之端也；羞恶之心，义之端也；辞让之心，礼之端也；是非之心，智之端也。""仁义礼智非由外铄我也，我固有之也。"仁义礼智都是善的内容，不是外力强加的，而是内在于人心中的。这种性善论在中国传统文化中居于统治地位，对中国古代的政治法律思想产生了重大的影响，构成了古代社会德治、人治的理论基础。

西方文化则主性恶，认为人是自私自利的。基督教《圣经》(《The Bible》)上说，上帝创造了人类的始祖亚当与夏娃，让他们在伊甸园(Paradise)中生活，并给他们制定了戒律。在自私自利之心的驱使下，他们违背了戒律，偷吃了禁果，犯了罪，惹怒了上帝，上帝将他们驱逐出伊甸园。由于他们犯了罪，所以他们的子子孙孙生下来就有罪(原罪，original sin)，人生下来就要赎罪(atone for one's crime)，这就是基督教的性恶论。英国著名哲学家霍布斯认为人的本性是自私自利的，面对有限的财富，人与人之间就是狼与狼的关系。著名哲学大师黑格尔则认为主张性恶比主张性善要好得多，明确地肯定了性恶在历史发展中的作用。恩格斯对此在《路德维希费尔巴哈和德国古典哲学的终结》一书中作了如下表述：在黑格尔看来，恶是历史发展的动力借以表现出来的形式。这里包含两方面的意思，一方面每一种的进步必然表现为对某一神圣事物的亵渎，表现为对陈旧的、日渐衰亡的但为习惯所崇奉的秩序的叛逆；另一方面，自从阶级对立产生以来，正是人的恶劣的情欲、贪欲和权势欲构成了历史发展的杠杆。西方法学家往往都是基于人性之恶来建立法治理论。他们认为人生来就是利己的、排他的，于是人与人之间就要发生冲突和纠纷，而需制定一系列的法律规范来解决人们之间的矛盾纠纷，以维护社会的稳定。

5.2.11 人治与法治

1. 中国传统文化以人治为本位

在治国形式上，中国传统文化偏重于人治。儒家继承了周公"明德慎罚"的思想，主张"礼治"、"德治"，由此必重"人治"。"人治"是从"礼治"、"德治"派生出来的。礼治的基本特征是维护等级制，级别愈高，特权愈多，权力也愈大，尤其是西周以来的宗法世袭制，各级贵族在自己的封地内享有相对独立的行政、立法、审判等世袭特权。一方面突出统治者个人的作用。另一方面，要求有能以身作则充分发挥道德感化作用的统治者实行德治。这就与主张法治、重视法律作用的法家发生了"人"与"法"在治理国家方面谁起决定作用的论争，形成了"人治"与"法治"的对立。在这一论争中，儒家始终坚持"人治"，其基本论点如下。

第一，是"为政在人"。这是从以孔、孟为代表的儒家正统思想中得出的结论。他们认为，政治的好坏取决于统治者，特别是最高统治者个人的好坏。因此，他们希望统治者都能成为像他们所理想的尧、舜、文、武、周公那样的"圣贤"，因而主张"祖述尧舜，宪章文武"的"贤人政治"。国家的治乱既然等于统治者个人的贤与不贤，其结论也就必然如《礼记·中庸》以孔子名义所说的"为政在人","其人存则其政举,其人亡则其政息"和《孟子》所言的"惟仁者宜在高位"。

第二,是"有治人,无治法"。这主要是荀况的观点。荀况是先秦儒家中最重视法律及其强制作用的一个。但就"人"与"法"在治理国家上所起作用来比较,他仍然认为关键是"人"(统治者,特别是最高统治者)而不是法,提出了"有治人,无治法"的著名论断。理由有三:首先,法对于治理国家虽然很重要,"法者,治之端也",但法毕竟是人制定的,仍然取决于"人","君子者,法之原也"。其次,即使有了"良法",也得靠"人"来掌握和贯彻,否则便成空文:"故法不能独立,类不能自行。得其人则存,失其人则亡。"①再次,国家大事复杂多变,法既不能概括无遗,又不能临机应变,完全仰仗"人"的灵活运用。因此,他强调说:"故有良法而乱者,有之矣;有君子而乱者,自古及今未尝闻也。"②荀况的观点把"人治"与"法治"之争提到了法理学的高度。

儒家重"人治"、轻"法治",是从对比"人"与"法"在治理国家方面谁起决定作用的角度说的,不是一般轻视,更不是否定法律和法制的作用。不但荀况重视法律和法制,孔、孟也要求严格遵守他们所维护的"礼制"。孔子主张"正名",即要求纠正各种违反等级名分的混乱现象,孟轲也反对"上无道揆,下无法守"。

西汉思想家董仲舒继承发挥了先秦儒家的人治思想并力图在实践中加以贯彻。他在《举贤良对策》中说:故为人君者,正心以正朝廷,正朝廷以正百官,正百官以正万民,正万民以正四方,正四方,远近莫敢不喜于正。

宋代儒学大师朱熹面对种种内忧外患,提出了自己的修内攘外思想。而其修内思想则属于人治论范畴。

所谓修内,即内修德政,以德治国。朱熹继承孔子"为致以德"的思想,提出"以德为本"的德治主张。他说;"德与政非两事.只是以德为本,则能使民归。"③朱熹重视道德的价值,将其运用于政治实践,便是以德王天下,着眼伦理本位,以道德的原则作为治理国家的基本原则。朱熹把德治体现在恤民上,认为只有做到了以德为本,才能使民心归顺,否则民将不从。其具体的恤民措施包括:"恤民之大者有六:曰重放税租,曰通放米船,曰劝分赈乏,曰截留纲运,曰严禁盗贼,曰纠劾贪懦。区区念此,至熟悉矣。"④表现出对民生的重视和对民众疾苦的同情,这正是儒家重民思想的体现。朱熹不仅提出恤民思想,而且把它贯彻到治理的实践中。在知南康军任上,遇到了灾荒,朱熹上疏请减地方税钱,大修荒政,"凡活饥民大人一十二万七千六百七口,小儿九万二百七十六口" ⑤;又于乾道七年(公元 1171 年)创社仓于五夫里,以解决农民青黄不接问题;后来奏请朝廷颁行社仓法,使其在各路推行。并在南康以工代赡,募饥

① 《荀子·君道》。

② 《荀子·王制》。

③ 《朱子语类》533 页,卷二十三。

④ 《朱文公文集》卷二十六,《与周参政劄子》。

⑤ 《朱于年谱》卷之二下。

民修筑江堤。朱熹还访民隐，以至废寝忘食，查出一批贪官污吏的劣迹，与之展开坚决的斗争。他弹劾衢州守臣李峄不留意荒政，掩蔽灾情，置百姓疾苦于不顾；参劾金华县富豪朱熙绩不伏赈粜，在粜米时又"减剋升斗"，要求将其重加黜责，以作为豪右奸猾不恤乡邻之戒。朱熹又弹劾知台州唐仲友的不法行为，不惧丞相王淮与唐为姻家的关系，坚持六次上书，揭露唐仲友的问题，直至将其罢官，但因此而遭到了支持唐仲友的人的打击报复。

朱熹提出"以德为本"，内修德政以恤民，但并非不重视刑罚，而是把为政以德与为政以刑结合起来.他说："为政以德，非是不用刑罚号令，但从德先之耳。以德先之，则政皆是德。"①强调把德放在优先的位置，这就是德政.然而不能只讲德礼，而不讲刑政。在回答"道之以政"的问题时，朱熹说："圣人之意，只为当时专用政刑治民，不用德礼，所以有此言。谓政刑但使之远罪而已；若是格其非心，非德礼不可，圣人为天下，何曾废刑政来！"②指出政刑和德礼各有各的应用范围，政刑的社会功能在于使人免于犯罪，而德礼则是从内心深处消除人们犯罪的动机，是一种内化于心的自我约束力量；二者不可偏废，即使圣人治天下，也不曾废弃刑政，可见朱熹对刑政的重视。进而，朱熹主张："先立个法制如此，若不尽从，便以刑罚齐之。"③又以立法制为先，当人们不服从法制时，则加之以刑罚，使之顺从。尽管朱熹对刑政非常重视，甚至主张为政"当以严为本，而以宽济之"④，但他仍然反对"只靠政刑去治民"，认为"专用刑政，只是霸者事。"⑤朱熹的观点是，既不可专恃刑政，又不可只讲德礼，应把二者有机地结合起来。他指出："圣人谓不可专恃刑政，然有德礼而无刑政，又做不得。"⑥虽然德礼与刑政二者不可偏废，但朱熹仍以德礼为本，在德礼之中便包含了政刑。他说："有德礼，则政刑在其中。"⑦这便是朱熹在德刑关系问题上的基本观点。

与"以德为本"，以刑政辅之的观点相联系，朱熹在人治与法治关系问题上，提倡人治而亦讲法治。他说："大抵立法必有弊，未有无弊之法，其要只在得人，若是个人，则法虽不善，亦占分数多了；若非其人，则有善法，亦何益于事！"⑧这种人治观念把对国家大事的管理主要系之于统治者个人的素质上，但也不排除法治，主张"立一个简易之法，与民由之，甚好。"⑨朱熹虽然认为立法必有弊，但也承认有善法的存在，只不过要求法须简易，使民易明易行。所以他说："平易近民，为政之本。"⑩表现出朱熹以

---

① 《朱子语类》534 页，卷二十三。
② 《朱子语类》547 页，卷二十三。
③ 《朱子语类》549 页，卷二十三。
④ 《朱子语类》689 页，卷一百八。
⑤ 《朱子语类》550 页，卷二十三。
⑥ 《朱子语类》550 页，卷二十三。
⑦ 《朱子语类》549 页，卷二十三。
⑧ 《朱子语类》2 680 页，卷一百八。
⑨ 《朱子语类》2 683 页，卷一百八。
⑩ 《朱子语类》2 689 页，卷一百八。

人治为主，亦不偏废法治的主张。

在以人治为主的前提下，朱熹给法治亦留下一定的位置。对于法治的推行，朱熹主张古今结合，既依照祖宗之法，又不尽除今法。他说："居今之世，若欲尽除今法，行古之政，则未见其利，而徒有填烦扰之弊。又事体重大，阻格处多，决然难行。要之，因祖宗之法而精择其人，亦足以治，只是要择人。"[①]对待法治，朱熹不同意尽去今法，而是主张把今法与祖宗之法结合起来；对待人治与法治的关系，朱熹主张既因祖宗之法，又精择其人，二者结合，足以为治，但其要在择人，仍是把人治置于首位。

朱熹的修内思想通过内修德政，以善为本；恤民，惩治贪官污吏；德刑结合，人治与法治结合，以德礼、人治为主等方面体现出来，均贯彻了义理思想的指导，是其天理治国论的具体体现儒家的人治论为封建统治者所采纳，并成为封建正统法律思想的核心。

2. 西方文化以法治为本位

西方历史上的法治观念始于古希腊的梭伦变法，至亚里士多德时已经理论化。亚里士多德的法治理论是在否定柏拉图的人治思想的基础上形成的。柏拉图是西方历史上最著名的思想家，地位相当于孔子在古代中国和东亚的地位。在治国问题上，柏拉图的全部主张可以概括为"人治论"。柏拉图在其生命的大部分时间里对法律治理社会持否定态度，而竭力主张贤人(哲学家)统治。他说，在一个理想的国家中，最佳的方法并不是给予法律以最高权威而是给予明晓统治艺术、具有才智的人以最高权威。他讥讽立法家们是可怜虫，他们"不停地制定和修改法律，总希望找到一个办法来杜绝商业上的以及……其他方面的弊端，他们不明白，他们这样做其实等于在砍九头蛇的脑袋"[②]。并说，用法律条文来束缚治理国家的哲学家国王的手脚是愚蠢的，就好像强迫一个有经验的医生从医学教科书的处方中去抄袭药方一样。他之所以反对法，乃是在他看来，法律绝不可能发布既约束所有人同时又对每个人都真正最有利的命令。法律在任何时候都不能完全准确地给社会的每个成员做出何为善、何为正确的规定。但是，柏拉图晚年意识到法律在社会生活中的作用，明确提出了以法治国的方案，作为未来理想国的预选方案之一。他说，每一个城邦都应该有法律的支配。如果一个国家的法律处于从属地位，没有权威，这个国家一定要覆灭。当然，如果一个国家的法律在官吏之上，而这些官吏服从法律，这个国家就会获得诸神的保佑和赐福。

柏拉图之后，其学生亚里士多德在认真思考"由最好的一人或最好的法律统治，哪一面较为有利"这个问题之后，明确主张"法治高于一人之治"[③]，并对法治的内容及其作用做了较为系统的论述。他说："法治应包含两层意义：已成立的法律获得普

---

① 《朱子语类》2 682 页，卷一百八。

② 柏拉图：《理想国》，143 页。

③ 亚里士多德：《政治学》，167～168 页。

遍的服从,而大家所服从的法律又应该本身是制订得良好的法律。[①]"法治之所以高于人治有三条原因。第一,法治代表理性的统治,而人治则难免使政治混入兽性的因素。因为即使最好的贤人也不能消除兽欲、热忱和私人情感,往往在执政时引起偏见和腐败,而法律正是免除一切情欲影响的理性的体现。第二,法治是以民主共和为基础的。民主共和政体有助于消除危及城邦幸福和和谐的某些个人的情欲和兽欲。因为群众比任何一个更能做出较好的裁断,多数群众与少数人比较不易腐败,正如物多不易腐败,大泽水多则不朽一样。第三,法治内含着平等、正义、自由、善德等社会价值,推行法治也就是在推进这些社会价值。正如他说:"法律不应该被看作自由相对的奴役,法律毋宁是拯救。"[②]

古罗马的法学家们同样主张"以法为据"。他们除制定了完备的法律,尤其是反映发达的简单商品生产关系的私法之外,在法治理论上也颇有建树。他们借助于"自然法"、"理性"、"正义"等概念,来说明法律的本质,强调法律的权威和作用。例如,西塞罗曾写道:"既然法律统治长官,长官统治人民,因此确实可以说,长官是能言善辩的法律,而法律是沉默寡言的长官。""我们是法律的仆人,以便我们可以获得自由。""事实上最终并不依赖皇帝或罗马统治者的任性,而是依赖法庭的正义。握有统治权杖的人可能更替,而罗马法却没有改变。""罗马帝国成功的秘诀在于罗马法的魔力。"[③]

古希腊、罗马的法治思想对西方法律文化产生了深远的影响。近代资产阶级法治理论很大程度上就是以古希腊、罗马法治思想传统为基础而形成和发展起来的,而其时代内容是崭新的。中世纪的欧洲也存在着法治观念。教会法学家比得·伦巴德曾提出若非已有禁令,罪孽亦不存在的论断。这一观念在近代演化为"法无明文规定不为罪、亦不处罚"这一法制原则。但中世纪的法治观念是在神学的夹缝中得以存在和发展的。

西方社会进入近代以后,源自对商业经济产生出来的资产阶级利益的关切,出于对教会和封建贵族统治的憎恨,基于对西方社会历史的反思,资产阶级启蒙思想家打出了"理性"、"民主"、"法治"的旗帜,并就何为法治、何以需要法治、如何实行法治等问题进行系统的理论阐述和论证。他们的斗争和理论工作,促使法治观念成为占支配地位的意识形态,并推动了法治理论制度化和现实化。

在英国,哈林顿、洛克以极大的热情和理智提出并论证了法治。哈林顿在代表作《大洋国》中围绕着"怎样才能使一个共和国成为法律的王国,而不是人的王国"进行了详细的论述。他指出,"每一个政府的基础或中心就是它的基本法律"[④]。所有正

---

① 亚里士多德:《政治学》,199页。

② 亚里士多德:《政治学》,276页。

③ G. H. 萨拜因等:《政治学说史》上册,206～208页。

④ 哈林顿:《大洋国》,104页。

当法律的总和构成共和国的存在，强调自由是法律的国王。只有在法治的共和国中才存在法律统治下的自由；而在人治社会，实行的是个人或一些人的专制。这种社会中的法律也是依据个人或一些人的私利制定的，它极大地扼杀了人的自由。同样，“一个共和国的自由存在于法律的王国之中，缺乏法律便会使它遭受暴君的恶政”[1]。洛克把自由与权力的有机平衡作为法治的表征和目标。他强调指出，政治权力源于个人自由权利，政治权力应以保护个人自由权利为宗旨。因此，政治权力首先必须是通过既定的、公开的、有效的法律来行使。这样，“一方面使人民可以知道他们的责任并在法律范围内得到安全和保障，另一方面也使统治被限制在他们的适当范围之内”。其次政治权力应当被划分为不同的部分，分别由不同的机关行使，从而成为分权学说的创始者，为孟德斯鸠创立三权分立奠定了基础。洛克强调执行和遵守法律，认为这是法治社会的标志。他说：“法律一经制定，任何人也不能凭自己的权威逃避法律的制裁；也不能以地位优越为借口，放任自己或任何属下胡作非为，而要求免受法律的制裁。公民社会中的任何人都是不能免受它的法律的制裁的。”[2]

在法国，卢梭、孟德斯鸠把法律看作是“由事物的性质产生出来的必然联系”，把法治看做自由和平等的屏障，说没有法治，就没有政治自由，没有平等，就必然导致凭一己的意志为所欲为的专制统治。为了保障和实现法治，孟德斯鸠提出了著名的“三权分立”学说。即一切有权力的人都容易滥用权力，这是万古不变的一条经验。有权力的人们使用权力一直到需要遇有界限的地方才休止。社会中不能有绝对的权力，应该确定一种权力合理划分、权力互相制约的政制。以此为目的，孟德斯鸠在吸收洛克分权学说的基础之上，主张将权力划分为立法权、行政权和司法权。三种权力分属于不同的机构，并根据法律合理行使。

在德国，康德、黑格尔等崇尚“法治国”的思想家们，把法治的要素确定为：公布一部法律，特别是通过权力分立制度来明文限制国家权力的成文宪法；通过基本权利来保证个人的不可侵犯、不受国家干预的活动范围；法院为防止国家权力侵犯公民的公权和私权而提供的法律保护；对因征用、为公献身和滥用职权而造成损失的国家赔偿义务；法院的独立性；保证法定审判官制和禁止刑法的追溯力；最后是行政机关依法办事的原则。

在美国，潘恩和杰斐逊全盘接受了英法两国启蒙思想家关于民主和法治的理论，并在他们的治国实践中运用。他们比其先驱更坚定地宣布，在专制国家中国王是法律，在自由和民主的国家中法律应是国王。国家的权力源于宪法，而宪法来自人民的同意和契约。他们把政府分为相互独立的三个部分，并伴以复杂的制衡制度，以防止权力滥用而侵害人民权利。并且还强调正当程序和平等保护，把这两个原则也作为法治的基础。

---

① 哈林顿：《大洋国》，20 页。

② 洛克：《政府论》，59 页。

在 16 至 18 世纪，西方启蒙思想家在探索具有正当性的社会秩序的过程中. 提出了法治的思想；但是，他们并没有对法治的概念及其要素予以明确界定，自 19 世纪后期，才有学者开始系统论述法治的概念、原则、要素。他们所论述的法治，主要是民主形式的法治。实践中，这种法治在西方自由资本主义时期也成为主导的形式。

在 19 世纪后期，英国法学家戴雪结合本国的宪政和法治实践，提出了法治三项原则，它们是："除非明确违反国家一般法院以惯常合法方式所确立的法律，任何人不受惩罚，其人身或财产不受侵害"；"任何人不得凌驾于法律之上，且所有人，不论地位条件如何，都要服从国家一般法律，服从一般法院的审判管辖权"；"个人的权利以一般法院中提起的特定案件决定之"①。毫无疑问，戴雪从理论上对法治含义的界定，为后来法治理论的发展奠定了重要基础。同时，他的法治三原则，对于反对封建特权、保护公民权利与自由具有重要价值，因而对西方乃至非西方国家的法治理论与实践产生了很大影响。但是，戴雪的法治理论的局限亦十分明显。首先，他的法治原则仅仅基于英国的经验，不具有普遍性。例如，实践证明，采用戴雪所极力反对的行政法院体制和主要通过实体法保护个人权利和自由的欧洲大陆法治模式，同样行之有效；其次，他虽然强调法律至上，但并没有考虑到"恶法"之治的可能性；最后，他所要保护的自由仍然是消极自由，即免于被非法干预的自由；他所强调的法律面前人人平等，仍然是一种掩盖实际不平等的形式平等。实际上，英国当时连形式平等也没有做到，在 1948 年之前，英王始终依据"王不为非"(The King can do no wrong)的原则，享受特免权；而存延至今的世袭贵族制度，则是对人人平等信条的一个现实讽刺。戴雪所倡导的法治是一种形式法治。

自戴雪之后，越来越多的人开始关注法治问题。他们从不同角度表达了关于法治的观点，在多种多样的法治理论中，占主流的始终是形式法治的观点，其中英国学者拉兹的法治主张可作为形式法治观点的代表。拉兹认为，法治字面含义是"法的统治"，有广义和狭义之分：广义是"人们应服从法律并受法律统治"，但在政治和法律理论中，法治取其狭义，即"政府应依法律统治并服从法律"②。他认为，法治的优点在于限制或防止专断独裁，有助于稳定社会关系，增强人们对自己行为和活动的预见能力；有助于保护个人自由，即禁止某些干预个人自由的行为；有助于维护个人尊严③。拉兹提出了法治八项原则：①法不应溯及既往，应公开和明确；②法律应相对稳定；③特别法的制定应受公开、稳定、明确的一般规则指导；④保障司法独立；⑤遵守自然正义原则，公开审理、不得以偏见司法；⑥法院应对其他原则的执行握有审查权，即指审查议会和行政立法等；⑦法院应易于接近，省时节费；⑧预防犯罪的机构在行使裁量

① A. V. Dicey: Introduction to the study of the constitution, p. 183－201, London: Macmillan and Co., Ltd., 1926.

② J. Raz: The authority of law: essays on law and morality, p. 212, Oxford: Clarendon Press, 1979.

③ J. Raz: The authority of law: essays on law and morality, p. 220, Oxford: Clarendon Press, 1979.

权中不得滥用法律[1]。虽然拉兹认识到一般法可能含有宗教或种族歧视方面的规定，从而在法治原则中包括了特别法，但他同时强调特别法要受一般法原则的指导，最终维护了一般法的绝对权威。拉兹所说的“自然正义”，不具有实质内涵的正义原则，而是指司法程序的公正。拉兹所提倡保护的自由，是消极的个人自由。简言之，拉兹所主张的法治是典型的形式法治。

在西方，对法治问题的研究并不限于法学家，其他领域的学者也常涉足其中。著名经济学家哈耶克关于法治的论述曾经产生了广泛影响。他从维护自由、放任市场经济的立场出发，提出了法治的概念：“撇开所有技术特征不论，法治的意思就是指政府在一切行动中都受到事前规定并宣布的规则的约束——这种规则使得一个人有可能十分肯定地预见到当局在某一情况下会怎样使用它的强制权力和根据对此的了解，计划他的个人任务。”[2]他突出强调法的一般性和事先规定：“法治就含有限制立法范围的意思，它把这个范围限于公认为形式法律的那种一般原则，而排除那种直接针对特定的人或者使任何人为了这种差别待遇的目的而适用政府的强制权力的立法。它的意思不是指每件事都要由法律规定，而是指政府的强制权力只能够在事先由有法律规定的那些情况下，并按照可以预先知道的方式被行使 。因此，特定的立法能够破坏法治。”[3]哈氏强调立法的重要性，而他的立法明确反对包括“正义”等实质性标准，他主张的法治原则是：一般且抽象的规则；稳定性：平等，即平等地适用任何人。他认为虽然形式法治下可能会容忍“恶法”[4]。但法的一般及抽象的特性会将“恶法”肆虐的危险减至最小程度。哈氏作为一位古典自由主义的捍卫者，在反对法律实证主义对政府权力放纵的同时，反对自上而下的理性建构，力倡自发秩序，认为只有这种秩序才能最大限度地保障个人自由和权利，任何理性设计都可能带来人为的灾难，集体主义或“福利国家”措施会导致集权和专断，妨碍个人自治与自决。在他看来，倡导“社会正义”和走向“福利国家”都是”通往奴役之路”。显然，哈氏坚持形式法治的观点。

拉兹等法律实证主义者主张形式法治本不足为奇，但是，新自然法学派的某些代表人物也主张形式法治，似乎有些令人费解。以《法的道德性》为题的富勒在论证法的道德基础时，提出了法治的八项原则：①法应具一般性；②法应公布；③法不溯及既往；④法应明确；⑤法不应自相矛盾；⑥法不应要求不可能实现之事；⑦法应稳定；⑧官方行动应与宣布的法律保持一致[5]。富勒的法治原则虽然涉及自然法观念，但他

---

① J. Raz：The authority of law：essays on law and morality，p. 214－219，Oxford ：Clarendon Press，1979.

② 弗里德利希·冯·哈耶克：《通往奴役之路》，王明毅等译，73 页，北京，中国社会科学出版社，1997。

③ 弗里德利希·冯·哈耶克：《通往奴役之路》，王明毅等译，83 页，北京，中国社会科学出版社，1997。

④ 弗里德利希·冯·哈耶克：《自由秩序原理》（上册），邓正来译，第 11～16 章，北京，生活·读书·新知三联书店，1997。

⑤ Lon L. Fuller：The morality of law， p. 46－91， New Haven：Yale University Press，1969.

认为与法治相关的是“程序自然法”，而非“实体自然法”①。尽管富勒关注法的道德性，但他所主张的法治原则“并不是道德性质的”②。实际上，虽然富勒强烈反对以哈特为代表的法律实证主义者，“恶法亦法”的主张，认为违反最低限度道德的法律根本就不是法律。但他所倡导的法治原则，仍然是一种形式法治。他的法治原则的适用仍然不能从根本上防止“恶法”。另一位自然法的代表人物芬尼斯与富勒不同，虽然也强调法的道德基础，但他重视实体自然法，并提出了作为实体自然法的原则。然而，在关于法治的原则上，他却与富勒大体相同。他的法治八项原则是：①规则可预见，不溯及既往；②规则可被遵守；③规则应公布；④规则应明确；⑤规则应互相一致；⑥规则应稳定；⑦在特定情况下的特殊规则应受公布的、明确的、稳定的和较为一般的规则的指导；⑧官方制定和执行规则者本身应遵守规则，并在执法中始终贯彻法律精神③。芬尼斯的法治原则几乎与富勒的法治原则没有差异。当然，他在论述中表现出一些矛盾心态。例如，他坚持私有财产的优越性，同时主张超出个人及家庭需要的“剩余财产”应该用于济贫等公益事业④；主张权利是有条件的，同时又认为某些权利是绝对的⑤；主张自然法指导实在法，同时又认为自然法并不动摇实在法的效力：即便对于不正义的法律，公民仍然有服从的义务，撤销不正义的法律是统治者的职责⑥。从总体上看，芬尼斯所主张的法治仍没有超出形式法治的范围。

美国学者所罗姆认为，法治不只是一堆规则统治，作为一种规则统治的概念是有缺陷的，因为它并不说明司法在塑造法律观念方面的作用。贤能法官的衡平实践并不忽视法律的规定。忠实于法律的词句是司法整体性优点的一部分。但尊重法律规则并非司法的全部。在有些情况下，法官可以其实践的睿智，贯彻法的精神而偏离法律规则。有时正义和法治需要维持衡平⑦。然而，他在提出法治原则时，仍然体现了形式法治的主张。他的七项原则是：①不得施加法外制裁；②政府及其官吏的行为应服从一般且公开规则的规定；③法应公开；④法应具有一般性；⑤法应正规，即类似案件应类似处理；⑥法应有公正和正规的程序；⑦法应体现应当意味能够的观念⑧。

20 世纪 50 年代以来，越来越多的人开始关注实质法治。不过，1955 年终雅典举行的国际法学家大会上，所宣布的法治原则基本上仍属于形式法治。1959 年新德里国际法学家大会上，与会者经过讨论提出了法治概念，同时，《德里宣言》中还包括实

---

① Lon L. Fuller: The morality of law, p. 96—97, New Haven: Yale University Press, 1969.

② Lon L. Fuller: The morality of law, p. 200, New Haven: Yale University Press, 1969.

③ J. Finnis: Natural law and natural rights, p. 270—273, Oxford: Clarendon Press, 1980.

④ J. Finnis: Natural law and natural rights, p. 172—173, Oxford: Clarendon Press, 1980.

⑤ J. Finnis: Natural law and natural rights, p. 225, Oxford: Clarendon Press, 1980.

⑥ J. Finnis: Natural law and natural rights, p. 361—362, Oxford: Clarendon Press, 1980.

⑦ L. B. Solum: Equity and the rule of law, in The rule of law, p. 145, New York: New York University Press, 1992.

⑧ L. B. Solum: Equity and the rule of law, in The rule of law, p. 122, New York: New York University Press, 1992.

质法治价值取向，如提及保障个人维护尊严的条件是："在自由社会"，法治"不仅保障和促进个人的公民与政治权利，且应确保个人合法期望与尊严得以实现的社会、经济、教育和文化条件"[①]。这种实质法治的内容受到了以英国拉兹为代表的形式法治主张者的尖锐批评。1961 年在尼日利亚拉格斯举行了国际法学家大会。会议决议重申了《德里宣言》中的上述观点。1962、1965 及 1966 年的国际法学家大会，又在以前的基础上，将消除贫困、饥饿与失业以及人权保护作为与法治相关联的内容[②]。国际法学家大会具有民间性质，参加者包括来自西方和非西方国家的代表，它的决议或宣言反映出不同社会和文化背景法律界人士就法治所达成的共识，其中包括对于实现法治条件的强调，在一定程度上超越了形式法治的概念，对后来西方法治理论的发展产生了深远影响。

实际上，第二次世界大战以来，西方国家法治的价值导向发生了较为明显的变化：这种转变除了见诸学者的观点，也正载入正式国际人权文件。深受西方价值观影响的《世界人权宣言》中，除了强调公民与政治权利，还涉及经济、社会与文化权利。其中第 22 条宣布："每一个人，作为社会成员，享有社会保障权利.有权通过国家努力或国际合作并根据各国的组织与资源情况，实现对于其尊严与人格自由发展所必需的经济、社会与文化权利。"第 25 条宣布了人人享有维持个人或家庭的"最低生活水准权"。1966 年联合国大会通过的《经济、社会和文化权利公约》序言中指出："只有在创造了使人可以享有其经济、社会及文化权利，正如享有其公民与政治权利一样的条件的情况下，才能实现自由人类享有免于恐惧和匮乏的自由理想。"该公约全面确认了人应享有的经济、社会和文化权利。西方发达国家全都批准或签署了这个公约[③]。对于经济、社会和文化权利的确认与保护，已经成为当今西方法治的应有之义。

20 世纪 70 年代以来，虽然坚持形式法治的观点仍然大有人在，但许多西方学者已经或明或暗地在法治论述中包含了实质法治的价值取向。

美国学者莫尔在他的法治概念中，明确包含了实质法治的内容：①分权；②平等和形式正义；③自由和事先规定；④实质公正；⑤程序公正；⑥有效的审判[④]。他的实质公正概念是指法律不应超出公民的合法期望。他认为，由此而取得的善不同于自由的最大化，当人们对某些问题的现实期望被法院确认，就促进了公正。善是公正，

---

① International Commission of Jurists: The rule of law and human rights: principles and definitions, p. 66, Geneva, 1966.

② International Commission of Jurists: The rule of law and human rights: principles and definitions, p. 68—71, Geneva, 1966.

③ 王家福，刘海年：《中国人权百科全书》，1033～1040 页，北京，中国大百科全书出版社，1998。

④ M. S. Moor: A natural law theory of interpretation, Southern California Law Review, 1985, 58: p. 227—398.

不是自由[①]。在论述了上述六项法治原则之后，他提出了注重结果的原则，即关注理论解释产生何种结果，“任何导致产生更好结果的理论都是可取的”[②]。莫尔的法治概念中包括两个实质性的考虑：一是类似民众正义感的民众期望；二是考虑结果。显然，这两点都是形式法治所反对的。

澳大利亚学者沃克对法治问题进行了系统研究，主要观点表达在他的《法治：宪法民主的基础》一书中。他考察了以前有影响的法治理论，批评了法律实证主义者的法治观点，随后列出 12 项法治原则。它们是：①法律对抗私人压制，即有法可依，避免无法或无政府状态；②政府在法律之下；③法具有确定性、一般性和平等性；④法与社会价值相协调；⑤司法对抗私人压制；⑥政府执法必须依据法律原则；⑦司法独立；⑧独立的法律职业；⑨自然正义、公正审判；⑩法院易于接近；⑪公正和诚实执法，对法治的态度；⑫法治不是良好社会的完美原则，但无法治则无良好社会[③]。在沃克的法治概念中，尽管他的自然正义原则主要是指无偏见的法庭、双方到庭参审、审判公开、无罪推定等程序公正，尽管他列举的法治原则有些相互重叠交叉，略显庞杂琐碎，但是，其中却包含了实质法治的意旨。在法律稳定性、一般性和平等性问题上，在指出它们相对于专断、特权的形式含义之后，他立即解释说：“稳定性要依灵活性的需要予以权衡，否则，法律将有远离公众舆论之险，将变成进步的障碍。规则有其限度，完全的预见性等于停滞。法律面前平等也不能仅仅是形式的原则，而应该意指法律对待人们的关系在性质上是平等的”；“平等对待境况不同的人们，与不平等对待境况相同的人们，同样专断。”[④]在第④项原则中，他强调法律应与实践特别是民众的意识相协调，因为实践和大众意识通常是社会流行价值的体现，脱离它们可能导致法律不被尊重[⑤]。

论及实质法治，不能不提到罗尔斯。他的《正义论》一书被认为是 20 世纪关于正义伦理学和政治学的经典之作。罗尔斯从他假定的社会契约论出发，建构了独具特色的正义理论。虽然在制度层面他主张一种程序正义，但着眼他的整个学说体系，可以发现他的形式法治观点的背后潜含着实质法治的意旨。

罗尔斯论述了法治的必要性。法治保护自由，“法治和自由显然具有紧密的联系”。因为“一个法律体系是一系列强制性的公开规则。提出这些规则是为了调整理性人的行为并为社会合作提供某种框架。当这些规则是正义的，它们就建立了合法

---

① M. S. Moor: A natural law theory of interpretation, Southern California Law Review, 1985, 58: p. 317.

② M. S. Moor: A natural law theory of interpretation, Southern California Law Review, 1985, 58: p. 319.

③ G. de Q. Walker: The rule of law: foundation of constitution democracy, Melbourne: Melbourne University Press, 1988.

④ G. de Q. Walker: The rule of law: foundation of constitution democracy, p. 26, Melbourne: Melbourne University Press, 1988.

⑤ G. de Q. Walker: The rule of law: foundation of constitution democracy, p. 27, Melbourne: Melbourne University Press, 1988.

期望的基础。它们构成了人们相互信赖以及当他们的期望没有实现时就可直接提出反对的基础。如果这些要求的基础不可靠，那么人的自由的领域就同样不可靠。”①“为了确实拥有并运用这些自由，一个组织良好的社会中的公民一般都要求维持法治。”②

罗尔斯认为法治与形式正义相关联：“形式正义的观念和有规则的、公平的行政管理的公共规则被运用到法律制度中时，它们就成为法律规则……我们可以把有规则的、无偏见的、在这个意义上是公平的执法称为‘作为规则的正义’。这个说法比‘形式正义’的措辞更具有启发性。”他指出：“如果法律秩序是一个对理性人提出来的公开规则体系，我们就能解释与法治相联系的正义准则。它们是这样一些准则：任何充分体现了一种法律体系观念的规范体系都要遵循它们。”法律的正义性在于防止“推进独裁者利益或仁慈君主的理想的特殊法则”。“在其他条件相同的情况下，如果一种法律秩序较完善地实行着法治的准则，那么这个法律秩序就比其他法律秩序更为正义。”③

罗尔斯提出的法治准则其一，应当意味着能够：①不提出不可能履行的义务；②立法者应真诚地相信所立之法是可实施的；③不把无力实行视为无关紧要之事。其二，类似情况类似处理。其三，法无明文规定不为罪。此外，各种审判必须是公开的、公平的，不能因公众的吵闹而带有偏见④。

罗尔斯的法治原则在性质上属于形式法治，但是，他认识到了形式法治的局限。他指出，法律制度在被平等实施时可能包含着非正义。类似情况类似处理并不足以保证实质正义。他认为形式正义要求的力量或遵守制度的程度，有赖于制度的实质正义和改造它们的可能性⑤。如果我们将他的形式法治主张置于他的两个正义原则之下，结合他的正义论所体现的基本精神加以分析，就会发现他的法治主张中包含着实质法治的价值取向。

第一，自由优先原则。他从一种契约论假定出发，论证了人们在“无知之幕”(veil of ignorance)条件下选择两个正义原则的必然性，其中自由是人们的首选原则。据此，他反对“在基本自由和经济社会收益之间进行交换”，认为对“平等自由制度的违反不可能因较大的社会经济利益而得到辩护或补偿”⑥。他主张某些法律和制度，不管它们如何有效率、有条理，只要它们违反正义，就必须加以改造或废除。他虽然认为自由并非是绝对的，但主张只有为了自由本身的缘故限制自由才是正当的。他虽然认为社会制度的安排寻求一种程序正义，但同时主张，如果各种形式的政治制度

① 约翰·罗尔斯：《正义论》，何怀宏等译，226页，北京，中国社会科学出版社，1988。
② 约翰·罗尔斯：《正义论》，何怀宏等译，229～230页，北京，中国社会科学出版社，1988。
③ 约翰·罗尔斯：《正义论》，何怀宏等译，225～226页，北京，中国社会科学出版社，1988。
④ 约翰·罗尔斯：《正义论》，何怀宏等译，226～229页，北京，中国社会科学出版社，1988。
⑤ 约翰·罗尔斯：《正义论》，何怀宏等译，54～55页，北京，中国社会科学出版社，1988。
⑥ 约翰·罗尔斯：《正义论》，何怀宏等译，57、59页，北京，中国社会科学出版社，1988。

“不能体现良心自由、思想自由、人身自由和平等的政治权利，就不是一个正义的程序”①。可见，他虽然主张程序正义，但并没有就此止步，而是试图寻求实质性价值。

第二，拒绝服从不正义的法律。他认为，任何政治制度都不能完全避免不正义的法律，为维护法律权威和社会秩序，只要基本的社会安排是正义的，不正义的法律没有超出某种界限，就不得不承认它的效力。但他同时认为：“当法律和政策偏离了公认标准时，在某种程度上求助于社会的正义感大概是可能的。”②具体救济措施是“良心拒绝”(conscientious refusal)与“非暴力反抗” (civil disobedience)(又译“公民不服从”)：如果某人确信某场战争是不正义的，就可以抵制，“只有当征兵是为了保卫自由本身时，征兵才可以被允许”。③ 他认为：“对平等自由原则的侵犯是非暴力反抗的较合适对象。”④他同时指出，只要对不正义的法律的合法方式没有获得成功，非暴力反抗作为一种最后手段，是必不可少的。⑤ 20 世纪六七十年代的美国，越南战争引发了一场争论：公民是否有权以违反良心或宗教信仰为由，拒服兵役并以非暴力方式拒绝服从有关法律。根据形式法治的观点，得不出肯定的结论。罗尔斯的上述观点显然超越了形式法治的范围。

第三，自由应是一种平等的自由。罗尔斯虽然承认“差别原则”，即“允许财富和收入的分配受能力和天赋的自然分配决定”，但同时认为，不平等只有在以下情况下才是允许的：“某些财富和权力的不平等将使每个人都比在这一假设的开始状态中更好”，而“这种不平等能改善每一个人的状况”，应“适合于最少受惠者的最大利益”⑥。差别原则有利于效率特别是经济效率的提高，而根本的正义性在于“最后的结果有利于整个社会，有利于最少得益者”。⑦ 他反对以牺牲少数人利益为代价的功利主义效率观，尤其强烈反对“由竞争来决定总收入的分配，因为这样忽视了需求的权利和一种适当的生活标准”⑧。他还提出了限制财富分配不平等的一些措施，诸如家庭津贴和对生病、失业的特别补助以及收入分等补贴等。他认为，财富的不平等达到一定程度，就要危及自由。因此应通过征收遗产税和累进制所得税等方式，避免财产过分集中在少数人手里。实际上，他将“帕累托最优”原则引入他的分配正义概念。这就突破了形式法治所坚持的形式平等原则，含有追求实质正义的意旨。难怪他的理论受到了那些坚持形式法治自由主义者的指责。

德沃金是当代西方法学界最有影响的学者之一。他没有专门论述法治问题，而

---

① 约翰·罗尔斯：《正义论》，何怀宏等译，187 页，北京，中国社会科学出版社，1988。

② 约翰·罗尔斯：《正义论》，何怀宏等译，187、340、341 页，北京：中国社会科学出版社，1988。

③ 约翰·罗尔斯：《正义论》，何怀宏等译，369 页，北京，中国社会科学出版社，1988。

④ 约翰·罗尔斯：《正义论》，何怀宏等译，361 页，北京，中国社会科学出版社，1988。

⑤ 约翰·罗尔斯：《正义论》，何怀宏等译，362 页，北京，中国社会科学出版社，1988。

⑥ 约翰·罗尔斯：《正义论》，何怀宏等译，79 页，北京，中国社会科学出版社，1988。

⑦ 约翰·罗尔斯：《正义论》，何怀宏等译，74 页，北京，中国社会科学出版社，1988。

⑧ 约翰·罗尔斯：《正义论》，何怀宏等译，267 页，北京，中国社会科学出版社，1988。

是关注权利问题。不过,在他的学说体系中,他把法治作为权利得以确认和发展的前提性社会架构。从他的权利论中,我们可以看到他对形式法治主张的明确挑战。

首先,维护道德权利。第一,这种道德权利超越法律权利。他对法律实证主义提出了批评:"法律家们对于道德哲学对法律的渗透很恐惧,特别是对谈论权利的哲学家感到恐惧,这是很可以理解的。因为那一概念的鬼怪的暗示威胁到了理性的墓园。"①他反对法律实证主义将法律等同于命令,认为"如果政府忽视法律同野蛮的命令的区别,它也不能够重建人们对于法律的尊重"②。他主张一种道德权利,认为道德权利是法律不能剥夺的基本权利。像罗尔斯一样,他认为"良心拒绝"和"非暴力反抗"之所以是正当的,是因为"个人具有反对国家的道德权利"③鉴于以多数决定为特征的现代民主有时可能造成"多数的暴政"。德沃金主张个人"有权利保护自己免受大多数人侵犯,即使是以普遍利益为代价也是如此"④。这些观点表明,德沃金主张个人有抵制不正义法律的权利。

其次,反对形式平等。他主张给予弱势群体以更多的保护。他认为:"经济功利主义是不公正的,因为它把贫穷当做效益的手段而使之永存"⑤。认为一个社会的财富最大化应有助于使所有人受益,"分配应使任何一个种族或人种集团并不比其他集团更差"⑥。为了减少不平等,他支持对弱者群体采取的优待"补偿行动"和所谓的"反向歧视"。他认为这些措施并不违反"平等保护"的宪法原则。没有侵犯公民"作为一个平等的人而受对待的权利",而"一个优惠少数民族申请人的政策可能由于它有利于整个社会而合理地得到支持",因为它"使社会上全体更为平等"⑦。

最后,捍卫法律原则。他认为,在疑难案件中法院应该遵守法律原则处理案件。他所说的法律原则,不是通常意义上的法律原则,而是指"作为该社会制度和法律基础的道德原则",是指"法律规则之外的其他准则"。遵循这些原则,是"因为公平、正义的要求",而对违背这些原则的最高法院的判决,个人有权拒绝⑧。他反对法院判决"无正确答案"的观点,认为基于道德权利和道德原则,解决案件有"正确答案"可寻,而法院应该致力于寻求这样的正确答案⑨。由以上叙述可见,德沃金的权利论中明显包含着实质法治的精神和价值。

---

① 罗纳德·德沃金:《认真对待权利》,信春鹰、吴玉章译,200页,北京,中国大百科全书出版社,1998。

② 罗纳德·德沃金:《认真对待权利》,信春鹰、吴玉章译,270页,北京,中国大百科全书出版社,1998。

③ 罗纳德·德沃金:《认真对待权利》,信春鹰、吴玉章译,198页,北京,中国大百科全书出版社,1998。

④ 罗纳德·德沃金:《认真对待权利》,信春鹰、吴玉章译,256页,北京,中国大百科全书出版社,1998。

⑤ 罗纳德·德沃金:《认真对待权利》,信春鹰、吴玉章译,5页,北京,中国大百科全书出版社,1998。

⑥ 罗纳德·德沃金:《认真对待权利》,信春鹰、吴玉章译,127页,北京,中国大百科全书出版社,1998。

⑦ 罗纳德·德沃金:《认真对待权利》,信春鹰、吴玉章译,301页,北京,中国大百科全书出版社,1998。

⑧ 罗纳德·德沃金:《认真对待权利》,信春鹰、吴玉章译,112、141、283页,北京,中国大百科全书出版社,1998。

⑨ 罗纳德·德沃金:《认真对待权利》,信春鹰、吴玉章译,365～380页,北京,中国大百科全书出版社,1998。

英国著名法学家威廉·韦德从法治的核心是依法行政的角度指出，法治有许多不同的含义和推论。

法治的基本含义或第一层含义是任何事情都必须依法而行。将此原则适用于政府时，它要求每个政府当局必须能够证实自己所做的事情是有法律授权的，几乎在一切场合这都意味着有议会立法的授权。否则，它们的行为就是侵权行为（例如征购某人的土地）或侵犯了他人的自由（例如不批准他人的建设计划）。政府行使权力的所有行为，即所有影响他人法律权力、义务和自由的行为都必须说明它的严格的法律依据。受到影响的人都可以诉诸法院。如果法律依据不充分，法院将撤销此行为，他就可以不去理睬它，而不会产生任何后果。

法治的第二层含义是政府必须根据公认的、限制自由裁量权的一整套规则和原则办事。行政法的许多原则是用于限制议会非常随便地向部长们和其他当局授予巨大权力的原则。因而，法治的实质是防止滥用自由裁量权的一整套规则。当代的强有力的政府不能不具备许多自由裁量权。既然议会的法律是由政府执掌的，那么授权常常是用笼统的语言表述的。法治要求法院阻止政府滥用权力。为此，法院采用了许多引人注目的方法，从法律的字里行间找出弦外之音，既从实体上、也从程序上发展出把行政权力控制在恰当导向之内的普通原则。合法性原则是一个明确的概念，但是，对自由裁量权所加的限制则有程序上的差别。议会可以不顾权力被滥用的危险而随便授予。对此，法院必须努力在需要公正有效的行政与需要保护公正就受行政专断之间做出平衡。这里，它们必须依靠自己的判断，体会什么是宪法所要求的这两者之间的相互关系。每种法律制度都有自己的评判滥用自由裁量权的标准。英国的制度为此而设计的法治是客观的、非政治的，确实表明了一种特别的司法立场，不论对何种政治内容的法律它都可以不偏不倚地运用。没有这些规则，各种各样的滥用行为都有可能，法治就可能被专断权力所代替。因此，它们的存在对法治而言是不可缺少的。它们自身是法律原则，而不是政治。

法治的第三层含义是从第一层含义中推演出来的。那就是对政府行为是否合法的争议应当完全独立于行政之外的法官裁决。在由高度独立的法官组成的普通法院里提起与政府的争议条件，是英美法治概念中的重要成分。

法治的第四层含义是法律必须平等地对待政府和公民，然而每个政府必须拥有特别权力，显然，就不可能对两者以同样的对待。法治所需要的是，政府不应当在普通法律之上享有不必要的特权和豁免权。

法治在公共行政之外还有其他重要的含义。例如，罪刑法定——除法律明文规定外，任何人不受惩罚等等①。

---

① W. 韦德：《英国行政法》，载《法学译丛》，1992(3)，19～24 页。

6 中西文化的展望

从起源角度来看，每个民族的文化就是该民族对其生存环境所作挑战的一种回应。这种回应的结果，就是生活的样法，生活的样法就是文化。世界文化体系就其发生来看，本来就是多元的、纷繁复杂的。中国传统文化与西方文化是世界文化体系中两个最大的分支。中国传统文化属于原生型态的文化，其发生、发展和成熟的基本路径是：我国古代的地缘（具有典型的封闭性）→自给自足的自然经济活动→天人合一→反省内求的致思方式（主客合一、置心物中、瞬间明察整体的直觉思维）→伦理道德及经世致用之学。西方文化则是非原生型态的文化，其发生、发展和成熟的基本路径是：欧洲古代的地缘（具有典型的开放性）→以商品生产与交换为主要内容的商品经济活动→天人为二、堪天役物→向外寻求的致思方式（主客为二、着重量化分析的逻辑思维）→科学与民主。

在人类历史上，中国传统文化与西方文化曾经长期分区并立，平行发展，各自为人类的发展做出了自己的贡献。自 1840 年鸦片战争以来，两者开始正面交锋，开启了处于强势地位"西学东渐"与处于弱势地位的"东学西传"共同构成的中西文化交流时代。在这一时期，出现了对以"夷狄之有君，不如诸夏之亡也"以及"吾闻有用夏变夷者，未闻变于夷者也"为核心价值观的"中华文化中心论"的怀疑与批判，"西方文化中心论"得以盛行，中国文化遂走向低潮。但西方文化不久也面临着严重的挑战。它的冲突、纠纷、斗争、战争等本位思想，被德国思想家黑格尔发展到极致，他认为：对于主权国家的冲突和纠纷，在通过和平的外交方式不能加以解决的时候，就要诉诸战争，战争是焕发民族生命力的一种有益制度。由此可见，德国在 1871 年实现统一后，在与主要西方国家发生冲突的背景下，它就挑起了第一次世界大战，战败后，短期内崛起后，又挑起了第二次世界大战。世界大战是西方文化斗争、战争本位思想的产物。在 20 世纪前期，面对西方社会问题的困扰，斯宾格勒、汤因比等学者领导了对"西方文化中心论"的思想批判运动，进而肯定了以中国文化为代表的东方文化的特殊价值。随后，属于儒家文化圈的日本与"亚洲四小龙"在东亚地区的经济腾飞，以其儒家文化的特色，再次彰显了儒家文化的影响。1978 年以来，随着在世界的崛起，中国逐渐成为多极世界中最重要的一极，有人提出，“21 世纪是中国的世纪”。这种说法有时来自西方：一些学者借助中国的重新崛起来散布对中国文化的恐惧，大肆宣扬“中国威胁论”；而另一些学者正在改变他们对中国文化的传统偏见，注意到中国文化发展的新趋势。这种说法有时也来自中国人自身，虽说它表现了中国人对未来的一种自信心，但在根本上说是不理智的，缺少儒家文化应有的自明、自省和自律的修养。由于它可能被视为中国民族主义的情绪和表现，认为中华民族一方面否定与批判“西方文化中心论”，而另一方面企图代之以“中国文化中心论”。这在客观上歪曲了中国文化的形象，无助于现代中国文化的发展。

未来的世界是多民族和谐共存的世界，未来的世界文化仍然是多民族文化共同发展、共同完善的多元格局的文化，这是文化发展的客观规律，是世界现代文化发展、繁荣和多样性的体现。“中华文化中心论”与“西方文化中心论”是世界文化发展史上的特殊事例，而且已经成为历史，但这为现代世界文化体系必须具有中国文化元素与西方文化元素奠定了牢固的基础。中国文化与西方文化都是这一多元格局中的一分子，它们是平等的，相互学习、相互借鉴、取长补短、共同发展是它们未来的共同目标；更为重要的是，它们都有权利选择自己所要走的现代化的道路与现代化的形式，它们必将以自己的民族特色对世界现代文化做出自己的贡献。

从长远看，随着中国的进一步崛起，整个世界都会更多地反思西方模式带来的问题、乱象乃至灾难，特别是“市场原教旨主义”和“民主原教旨主义”的荒谬性。中国独特的文化传统、独特的历史命运和独特的民情国情决定了中国自己的道路选择，决定了中国未来的方向。在探索自己的发展道路上，中国已经取得了决定性的成功。英国历史学家汤因比就曾预测：中国可能“有意识地、有节制地融合”中国与其他文明的长处，“其结果可能为人类文明提供一个全新的文化起点”。中国已经这样一路走来，中国将沿着这条道路继续前行，实现中华民族的伟大复兴，并为整个人类文明做出自己独特的贡献。

参考文献

[1] 论语[M].北京:中华书局,1980.
[2] 杨伯峻(译注).孟子[M].北京:中华书局,1960.
[3] 梁启雄(简释).荀子[M].北京:中华书局,1983.
[4] 老子(诸子集成本)[M].上海:上海书店,1986.
[5] (明)湛若水.湛甘泉先生文集(清初刻本)[M].康熙辛酉(1681)黄楷(山东大学图书馆存).
[6] (明)王阳明.王阳明全集[M].上海:上海古籍出版社,1992.
[7] (明)陈邦瞻.宋史·纪事本末[M].北京:中华书局,1977.
[8] 宋史(全四十册)[M].(元)脱脱等.北京:中华书局,1977.
[9] (清)黄宗羲.宋元学案[M].全祖望,补修.北京:中华书局,1986.
[10] (宋)陆九渊.陆九渊集[M].北京:中华书局,1980.
[11] (宋)周敦颐.周子通书[M].上海:上海古籍出版社,2000.
[12] 马端临,武英殿本.文献通考[M].台北:台北新兴书局,1963.
[13] 张君劢.新儒家思想史[M].张君劢先生奖学金基金会,1957.
[14] 曾春海.陆象山[M].台北:东大图书股份有限公司,1966.
[15] 陈钟凡.两宋思想述评[M].北京:东方出版社,1996.
[16] 徐梵澄.陆王学述[M].上海:上海远东出版社,1994.
[17] 洪修平,孙亦平.惠能评传[M].南京:南京大学出版社,1998.
[18] 刘文英.儒家文明——传统与传统的超越[M].天津:南开大学出版社,1999.
[19] 刘文英.精神系统与新梦说[M].天津:南开大学出版社,1998.
[20] 刘文英.漫长的历史源头[M].北京:中国社会科学出版社,1996.
[21] 刘文英.中国古代意识观念的产生和发展[M].上海:上海人民出版社,1985.
[22] 刘文英.中国哲学史[M].天津:南开大学出版社,2002.
[23] 刘文英.中国哲学史史料学[M].北京:高等教育出版社,2002.
[24] 冯友兰.中国哲学史[M].上海:华东师范大学出版社,2000.
[25] 刘述先.儒家思想开拓的尝试[M].北京:中国社会科学出版社,2001.
[26] 张世英.天人之际——中西哲学的困惑与选择[M].北京:人民出版社,1995.
[27] 祁润兴.陆九渊评传[M].南京:南京大学出版社,1998.
[28] 蔡仁厚撰述.宋明理学(南宋篇)[M].台北:台湾学生书局,1961.
[29] 刘宗贤.陆王心学研究[M].济南:山东人民出版社,1997.
[30] 郑晓江,李承贵.杨简[M].台北:东大图书公司印行,1974.
[31] 李之鉴.陆九渊哲学思想研究[M].郑州:河南人民出版社,1985.
[32] 赖永海.佛学与儒学[M].杭州:浙江人民出版社,1992.
[33] 崔大华.南宋陆学[M].北京:中国社会科学出版社,1984.
[34] 张立文.走向心学之路——陆象山思想的足迹[M].北京:商务印书馆,1992.

[35] 朱汉兴.宋明理学通论[M].长沙:湖南教育出版社,2000.
[36] 侯外庐,等.宋明理学史(上卷)[M].北京:人民出版社,1984.
[37] 郭朋.宋元佛教[M].福州:福建人民出版社,1981.
[38] 张立文.宋明理学研究[M].北京:中国人民大学出版社,1985.
[39] 钱穆.朱子学提纲[M].北京:生活·读书·新知三联书店,2002.
[49] 何忠礼.南宋史稿[M].杭州:杭州大学出版社,1999.
[41] 杨东纯.中国学术史讲话[M].北京:东方出版社,1996.
[42] 陈运宁.中国佛教与宋明理学[M].长沙:湖南人民出版社,2002.
[43] 方立天.佛教哲学[M].北京:中国人民大学出版社,1986.
[44] 孙昌武.佛教与中国文学[M].上海:上海人民出版社,1988.
[45] 方立天.中国佛教与传统文化[M].上海:上海人民出版社,1998.
[46] 汪传发.陆九渊与王阳明[M].贵阳:贵州人民出版社,2001.
[47] 梁启超.中国近三百年学术史[M].北京:北京市中国书店,1985.
[48] 钱穆.中国近三百年学术史[M].北京:中华书局,1986.
[49] 汤用彤.理学·佛学·玄学[M].北京:北京大学出版社,1991.
[50] 刘文英.梦的迷信与梦的探索[M].北京:中国社会科学出版社,1989.
[51] 张岱年.中国哲学大纲[M].北京:中国社会科学出版社,1982.
[52] 张岱年.中国古典哲学概念范畴要论[M].北京:中国社会科学出版社 1989.
[53] 冯友兰.中国哲学史新编[M].北京:人民出版社,1984.
[54] 蔡仁厚.儒家心性之学要论[M].台北:文津出版社 1980.
[55] (美)马克斯·韦伯[M].儒教与道教.南京:江苏人民出版社,1993.
[56] (美)傅伟勋.从西方哲学到禅佛教[M].北京:生活·读书·新知三联书店,1992.
[57] 余英时.士与中国文化[M].上海:上海人民出版社,1987.
[58] 钱逊.先秦儒学[M].沈阳:辽宁教育出版社,1991.
[59] 方东美.原始儒家道家哲学[M].台北:黎明文化事业公司 1961.
[60] 罗光.中国哲学思想史·魏晋隋唐佛学篇(下册)[M].台北:台湾学生书局,1980.
[61] 范寿康.朱子及其哲学[M].北京:北京师范大学出版社,1990.
[62] 陈德.象山心学之比较研究[M].台北:台湾学生书局.1975.
[63] 铃木大拙.禅与生活[M].北京:光明日报出版社,1988.
[64] 铃木大拙.禅者的思索[M].北京:中国青年出版社,1989.
[65] (日)忽滑谷快天.中国禅学思想史[M].上海:上海古籍出版社,2002.
[66] 怀特海.思维方式[M].天津:天津教育出版社,1989.
[67] 罗素.西方哲学史(上卷)[M].北京:商务印书馆,1963.
[68] 罗素.西方哲学史(下卷)[M].北京:商务印书馆,1976.
[69] A W 沃尔夫.十六、十七世纪科学、技术和哲学史[M].北京:商务印书馆,1985.
[70] 波普.科学知识进化论[M].上海:上海三联书店,1987.
[71] 库恩.科学革命的结构[M].上海:上海科技出版社,1980.
[72] 伽达默尔.真理与方法[M].上海:上海译文出版社,1992.
[73] B A 什托夫.科学认识的方法论问题[M].北京:北京知识出版社,1981.

[74] 亚里士多德.政治学[M].北京:商务印书馆,1981.
[75] 雅·布克拉特.意大利文艺复兴时期的文化[M].北京:商务印书馆,1979.
[76] 波波夫.逻辑思想发展简史[M].上海:上海译文出版社,1984.
[77] 约翰·洛西.科学哲学历史导论[M].武汉:华中工学院出版社,1982.
[78] 伊姆雷·拉卡托斯.科学研究纲领方法论[M].上海:上海译文出版社,1986.
[79] 赖辛巴哈.科学哲学的兴起[M].北京:商务印书馆,1983.
[80] 萨顿.科学史和新人文主义[M].北京:华夏出版社,1989.
[81] AN 怀特海.科学与近代世界[M].北京:商务印书馆,1959.
[82] 亚里士多德.工具论[M].广州:广东人民出版社,1984.
[83] 梅因.古代法[M].北京:商务印书馆,1996.
[84] 弗里德利希·冯·哈耶克.通往奴役之路[M].王明毅,等,译.北京:中国社会科学出版社,1997.
[85] 弗里德利希·冯·哈耶克.自由秩序原理(上册)[M].邓正来,译.北京:生活·读书·新知三联书店,1997.
[86] 约翰·罗尔斯.正义论[M].何怀宏,等,译.北京:中国社会科学出版社,1988.
[87] 罗纳德·德沃金.认真对待权利[M].信春鹰,吴玉章,译.北京:中国大百科全书出版社,1998.
[88] DICEY A V. Introduction to the study of the constitution[M]. London:Macmillan and Co., Ltd. 1926.
[89] RAZ J. The Authority of law:essays on law and morality[M]. Oxford:Clarendon Press, 1979.
[90] LON L FULLER. The morality of law[M]. New Haven:Yale University Press,1969.
[91] FINNIS J. Natural law and natural rights[M]. Oxford:Clarendon Press,1980.
[92] SOLUM L B. Equity and the rule of law[M]//SHAIO I,et al. The rule of law,New York: University Press,1992.
[93] International Commission of Jurists. The rule of law and human rights:principles and definitions[R]. Geneva,1966.
[94] MOOR M S. A natural law theory of interpretation[J]. Southern California Law Review, 1985,58.
[95] WALKER G Q. The rule of law:foundation of constitution democracy[M]. Melbourne:Melbourne University Press,1988.

后　记

对于中华学人，为学有三境界：知今而不知古，谓之盲瞽。知古而不知今，谓之陆沉。知中而不知外，谓之鹿砦。知外而不知中，谓之转蓬。知文而不知理，谓之浮华。知理而不知文，谓之质朴。这是说，做学问要做到：博古通今，融贯中西，文理会通。

第一句知今而不知古，谓之盲瞽。知古而不知今，谓之陆沉。见之东汉思想家王充名著《论衡·谢短篇》：夫儒生之业，五经也。南面为师，旦夕讲授章句，滑习义理，究备于五经，可也。五经之后，秦汉之事，不能知者，短也。夫知古不知今，谓之陆沉，然则儒生，所谓陆沉者也。五经之前，至于天地始开，帝王初立者，主名为谁，儒生又不知也。夫知今不知古，谓之盲瞽。五经比于上古，犹为今也。徒能说经，不晓上古，然则儒生，所谓盲瞽者也。意思是治学者只有了解古今，今以古鉴，古为今用，才能明晓事理，学以致用。

第二句知中而不知外，谓之鹿砦。知外而不知中，谓之转蓬。闻之时谚座谈。鹿砦是指用伐倒的树构成的鹿角形的障碍物，分为树干鹿砦和树枝鹿砦，通常设置在有树可利用的阵地前沿和森林边缘、林间道路、林间空地以及有行道树的道路上。树干鹿砦，主要用以防装甲战斗车辆。转蓬即随风飘转的蓬草。《后汉书·舆服志》："上古圣人，见转蓬始知为轮。"《文选·曹植〈杂诗〉》："转蓬离本根，飘飖随长风。"李善注引《说苑》："鲁哀公曰：秋蓬恶其本根，美其枝叶，秋风一起，根本拔矣。"唐岑参《送祁乐归河东》诗："鸟且不敢飞，子行如转蓬。"这一句是说做学问要做到融贯中西，否则，在目前的中国学界，或有闭门造车、坐井观天之嫌，或有不能进入学术核心圈以致被边缘化之嫌。

第三句知文而不知理，谓之浮华。知理而不知文，谓之质朴。同样闻之时谚座谈。浮华与质朴都是完美的学术境界不应具备的，是当今学人应当克服、超越的。孔子言：质胜文则野，文胜质则史。文质彬彬，然后君子也。这一句是说，做学问要做到自然科学、社会科学、工程技术的兼顾，将其融为一体，以期文理会同。

一般来说，1840 年以前，中华学人达到了博古通今的境界。如孔子"述而不作，信而好古"、"祖述尧舜，宪章文武"，进而成了著名的思想家、教育家，被称之为中国文化的至圣先师，成为中国文化的象征。1840年以后，西学随着坚船利炮强势地介入，中华学人认识到仅仅凭借中学并不能解决实际问题，这样，魏源提出了“师夷长技以制夷”，开创了“博古通今”基础上的“融贯中西”的先河。经过康有为、梁启超、严复的不懈努力，至胡适等人彻底实现了中西融合。胡适的实用主义思想的研究和传播与其“整理国故”运动，使其足以成为“中西融合”之翘楚。蒋中正在其去世时所送的挽联：新文化中旧道德的楷模，旧伦理中新思想的师表。也可以证明。

胡适等人所代表的博古通今、融贯中西的学术境界迄今在学界仍居于主导地位。我们望前驱之英华卓荦，应后起之努力追踪，要在博古通今、融贯中西的基础上，实现文理会通，亦即达到科学精神与人文精神的融合，创立中华学人更新的学术境界。这就涉及了我们最为熟知的“大师之问”、“大家之问”的问题。钱学森先生的“大师之问”、“大家之问”，表面上看是“科学之问”、“体制之问”，实际上是“历史之问”、“文化之问”、“思维方式之问”。

创新思维是科学发现的源泉，是大家、大师的首要素质。创新思维是在实践基础之上，逻辑思维经过长期的历史积淀的前提下，逻辑思维与直觉思维相互促动，进而由直觉思维引发的一种新颖的、实用的思维方式。逻辑思维是创新思维的基础与程序保障，直觉思维是创新思维的导火索。没有逻辑思维的长期的历史积淀，创新思维则难以发生。中国学术发展史上，逻辑思维处于弱势地位，而直觉思维一直处于强势地位。在“圣王不作，诸侯放恣，处士横议”（孟子语）的诸子百家、百家争鸣背景下，出现了13家学说颉颃以傲世的多元文化格局。其中的名学及其代表惠施、公孙龙等思想家创立了中国古代的逻辑学，孕育并发展了逻辑思维。汉武帝“罢黜百家、独尊儒术”后，名学及名家就失传了，这其中除政治原因之外，也有那时国人并不喜欢抽象思辨等等因素。直觉思维由此成为主导中国文化乃至国人精神系统的思维方式。其显著特点是：瞬间明察整体、置心物中、主客合一、重定性分析而忽视定量分析。这种思维方式是典型的非规则思维、非程序思维，它不注重循序渐进的研究，而追求“整体明了”，生动形象地说就是认为：石称丈量，径而寡失；铢铢而较，至石必谬。利剑斩束丝。它本身不注重规则、程序、循序渐进，由此我们就理解了为什么国人习惯于说：成则王侯，败则寇。而现在社会上盛行的“短平快”现象，自然是传统的影响。此外，置心物中、主客合一的思维方式是反省内求，而不是向外寻求，儒家、道家以及传入中国而被两者同化的中国佛教都推崇直觉思维，均不注重向外寻求。作为儒道释最高凝聚的宋明理学的主要代表陆象山曾写读书诗：读书切戒在慌忙，涵泳工夫兴味长；未懂莫妨权放过，切身需要急思量；自家主宰常精健，逐外精神徒损伤；寄语同游二三子，莫将言语坏天常。这道出了国学的精髓，也道出了国人的传统性格。至于“尽日寻春不见春，芒鞋踏遍岭头云；归来偶过梅花下，春在枝头已十分”为国人广泛吟唱，也就不足为怪了。爱因斯坦曾说：承认一个远离人的日常生活世界而独立自存的纯粹的客观自然界是一切自然科学的前提。国学的这种主体思维方式，它主张万物一体、大化流行，即：万物皆备于我，反身而诚，乐莫大焉（孟子语）；天地与我并生而万物与我为一(庄子语);民吾同胞,物吾与也(张载语)等,不是将世界二分为主体世界与客体世界,不是基于主体世界(科学世界、日常生活世界、此岸世界、现象世界)而去追求客体世界(未知世界、纯粹自然界、彼岸世界、自在之物世界),并对这种追求过程及其结果进行知识性计算,故而宗教、哲学、科学难以产生并获得充分发展。所以,我们在国学中难以找到成熟的宗教、系统的哲学以及有充分发展的科学。离开逻辑思维长期积淀的基础,直觉思维也只能演化出如何诚意、正心、修身、齐家、治国、平天下的伦理道德规范与经世致用之学。

逻辑学、因明学、名学是世界三大逻辑传统。因明,梵文 Hetuvidyā 的意译,指古印度的逻辑学。它与声明(语言文字学)、工巧明(工艺历算学)、医方明(医学)、内明(各学派自己的学说,对佛教来说则指佛学)合称五明,为古印度的五门学科。因,指推理的根据、理由、原因。明,指显明、知识、学问。因明学是佛教用来诠解哲学思想的形式方法,它是关于理由的智慧学术,特别是在藏传佛教中,因明学是义学一门重要的科目和论辩方式。产生于西方文化中的逻辑学,成为近现代以来为人们广泛接受、使用的思维工具。英国著名数学家、哲学家、过程哲学创始人阿尔弗雷德·诺夫·怀海德(Alfred North Whitehead,1861 年 2 月 15 日—1947 年 12 月 30 日)说:十九世纪最大的发明是发明了发明的方法。这是他基于对西方文化中逻辑思维、直觉思维与科学发展之间的关系的了解,做出非常有价值的判断。与许多人将十九世纪的成就归结为机器大工业飞速发展、资产阶级民主宪政制度确立、各种学科纷纷独立、科学发现层出不穷(以细胞学说、进化论与能量守恒和转化定律为代表)相比,怀海德的认识显然要深刻得多。嚆矢于柏拉图、亚里士多德,而后经过培根、笛卡儿等人发展,最后到穆勒所完成的逻辑学,对西方文化中创新思维的形成与发展并在实践中予以体现,起到了基础性促进作用。后来西方国家科学发现及技术创新的接连出现,是西方文化创新思维厚积薄发的结果。德国则是最典型的代表,德国发明了两种主义学说(共产主义与法西斯主义),挑起了两次世界大战,在两此都被联合打败的情况下,都迅速崛起,不能不说得益于其文化软实力,而这又取决于其非同一般的创新思维能力,其创新思维能力又离不开该民族在世界各民族中独一无二的高度抽象的逻辑思维能力。若此,我们就不难理解恩格斯所说的:一个民族要站在科学的顶峰,没有高度的抽象思维能力是不行的。

我国现在急需培养出大师级、大家级的科学家、思想家,这需要以不断推进经济市场化、政治民主化、文化理性化作为基础。更为重要的是,要不断推进文化软实力建设,要着重培养中华学人的逻辑思维能力,为科学研究人员创新思维能力的形成、发展、成熟与完善提供程序上的保障,进而为我国科学发现、技术创新实现厚积薄发提供长效机制。

20 世纪 80 年代中期,适值中西文化热再次兴起之际,我满载父母的期望,怀着乡愁的冲动,走出乡关,负笈担簦,万里追师,受诲于河汾门下,耳提于耆寿耇老之鸿学硕儒,面命于鵷动鸾飞,聆教于黉序胶庠翘楚,问学于学界渠魁,求教于文化巨擘,交游于各界贤隽，同学于婉娈才俊。在其影响下，我广泛阅读了东西方经典名著，形成了“以经典名著阐释社会与历史，以社会与历史阐释经典名著”的治学思路，进而产生了对中西文化的一些感受、看法，并在吸取学界同仁一些研究成果的基础上，撰写成此书。在此，向其表示谢意！张劢、刘春兰、包海涛帮助我校对了部分书稿。张赟、杜文放、张璐、刘长亮、张祎、王鹏程、王春丽、杨媛媛等为收集、整理资料做了大量工作。书中不足之处，敬请广大读者予以批评指正！

本书出版之际，适值北洋大学——天津大学一百二十年华诞，偶成四言句以贺之：

天降生民，倥侗颛蒙。黉宇以教，黼国黻家。国学之光，普照汉唐。星转斗移，理不常泰。道咸以降，国门洞开。西学东渐，科学蹇来。蕴藉仁人，弘扬新学。谡谡志士，创建北洋。科学救国，自此滥觞。光阴荏苒，日上日妍。岁月递嬗，不忝典范。厚积薄发，双甲璀璨。中华梦想，责无旁贷。家国情怀，愈益勔偲。追思前迹，缵衍厥绪。兴学强国，流誉奕世。

作者志于天津市中海御湖翰苑鲒腒斋

2014 年端午节